U0605467

Toward the Modern Public Finance System

Reform and Exploration of Zhejiang's Public Finance in 40 Years Reform and Opening-Up

迈向现代财政制度

改革开放 40 年浙江财政的改革与探索

钟晓敏 等◎著

40

Toward the Modern
Public Finance System

Reform and Exploration of Zhejiang's
Public Finance in 40 Years Reform and Opening-Up

中国财经出版传媒集团

经济科学出版社
Economic Science Press

序

　　对于进入新时代的中国而言，全面推进国家治理体系和治理能力现代化，既是一个确定不移的宏伟目标，又是一项极为宏大的系统工程。无论是实现这一宏伟目标，还是完成这一系统工程，都需要首先打好基础，筑起框架。财政和财政体制的改革就是可产生如此效应的基础性和支撑性要素。作为一项最具基础性的基本制度安排，财政和财政体制不仅要着眼于自身的不断完善，而且要立足于为全面深化改革"铺路搭桥"。这一基本判断，对区域治理体系和治理能力的现代化建设同样具有重要的启示和指导意义。

　　改革开放40年来，浙江始终站在改革开放前列，勇立潮头，不断创造着改革开放的新成就。透过从人均不过半亩地的资源小省一跃成为经济社会发展走在全国前列的经济大省这一堪称奇迹的现象，可以清晰地看到，富有特色的浙江财政改革是非常重要的"幕后英雄"之一。

　　经济决定财政，财政反作用于经济，这是一个人们熟知的基本规律。事实上，放眼全国范围，浙江一直都是财政管理体制机制创新的重要源发地。财政创新实践的先发性、创新成果的原创性以及创新举措的实效性，也使浙江财政体制机制创新产生了广泛的影响。

　　可以信手拈来的例子，就有如下几个。浙江一直坚持并不断完善的省直管县财政体制，在21世纪初就为全国近20个省区所学习、借鉴和移植；不断推陈出新的财政分类管理改革，体现了浙江财政务实创新和与时俱进的作风；浙江义乌首创的"收入一个笼子、预算一个盘子、支出一个口子"的"三个子"综合预算管理模式，自实施之日起，便引起了省内外的广泛关注，客观上为我国开启现代财政管理制度改革提供了开创性经验和启示；生态环保财力转移支付和专项性一般转移支付都是浙江财政在转移支付领域内所推出的具有首创性的改革举措，并在全国具有重要影响；多年前就出台的关于加强地方政府性债务管理的通知及其实施细则，是在全国范围内最早以省政府名义发布的管控地方政府性债务的文件。其中的许多内容，对当下地方债的管理仍具参考价值；从30年前温州吸收民间资本参与城市基础设施建设中，我们看到了现在PPP的雏形；浙江温岭的"参与式预算"实践作为民主财政的有效载体，先后成为全国许多相关财政制度创新的原型，有效地推进了预算民主化改革的进程；浙江长兴的教育券制度，在全国首开凭单制供给公共服务的改革先河。

记得 2002 年获邀参加"浙江公共财政改革"座谈会时，我就曾做出过诸如"浙江公共财政改革的灵魂是制度化和规范化"、浙江也是"规范政府收支行为及其机制的先行者"的判断。可以说，丰富多彩的浙江地方政府理财思想和适应市场经济发展需要的公共财政改革创新与实践，不仅为浙江的经济社会发展创造了良好的外部环境，而且为推进区域治理体系和治理能力现代化进程做出了重要贡献。这些可称之为浙江经验、浙江模式和浙江智慧的成果，是值得我们系统总结和深入挖掘的。

在全国隆重纪念改革开放 40 周年之际，浙江财经大学钟晓敏教授所率研究团队完成的《迈向现代财政制度——改革开放 40 年浙江财政的改革与探索》一书，以十一个方面的财政改革为切入点，从理论与实践、历史与现实两个层面的紧密联系中对波澜壮阔的浙江公共财政进行了全面回顾、系统梳理和特色凝练。这是一部既有理论意义，又有实践价值的好书。

从总体上看，这本著作在对改革开放 40 年来浙江公共财政改革进行系统梳理的基础上，运用现代财政理论的基本思想和原理，着重对若干具有改革原创性和示范推广价值的浙江公共财政改革，从历史背景、主要矛盾、基本特征、启动条件、演变进程、改革前景、发展趋势等多方面进行了深入系统的剖析和研究，从而为浙江公共财政改革的进一步深入研究提供了系统而完整的基础性历史文献资料。

事实上，深一步看，浙江公共财政改革大都触及了财政治理体系与治理能力现代化的关键领域和重要环节。因此，这本著作的研究特色与学术价值，不仅在于剖析了改革开放以来具有浙江特色的公共财政发展道路问题，而且对全国范围的公共财政制度改革具有重要的指导意义。

我还想指出的是，浙江不仅是地方财政改革与实践的前沿阵地，同时也是地方财政研究与探索的前沿阵地。特别是以钟晓敏教授为首席专家的浙江财经大学地方财政研究团队，多年来一直关注和研究浙江财政经济改革过程中的各类热点和难点问题，产生了一批有较高学术价值和实践影响的研究成果。

我殷切地期待，浙江财经大学的地方财政研究团队，在未来有更多更好的研究成果问世！

是为序。

中国社会科学院副院长、学部委员：高培勇

前　言

改革开放 40 年来，浙江在"改革开放政策并无特殊、地理区位条件亦非独有、自然资源较为匮乏、经济基础更无优势"的情况下，从人均半亩地的资源小省，一跃成为人民富裕的经济大省，实现了经济的快速腾飞，取得了世人瞩目的成绩，经济社会发展走在国内前列，各主要经济指标在全国处于领先水平。2017 年全省地区生产总值 51768 亿元，人均地区生产总值 83923 元，居民人均可支配收入 42046 元，城镇居民人均可支配收入 51261 元，农村居民人均可支配收入 24956 元。2017 年浙江省全体及城乡常住居民恩格尔系数分别为 28.6%、27.9% 和 31.0%，分别低于全国平均 0.7 个、0.7 个和 0.2 个百分点。2017 年财政总收入 10300 亿元，一般公共预算收入 5803 亿元。2017 年货物进出口总额 25604 亿元、服务贸易进出口总额 3663 亿元。浙江的成功得益于我国的改革开放，是市场经济的成功。浙江民营经济的蓬勃发展意味着市场在资源配置中的基础性和决定性地位的发挥；而富有浙江特色的一系列地方财政改革创新则诠释了在中国特色社会主义市场经济中如何更好地发挥政府的作用。浙江地方财政改革的具体实践既为浙江的社会经济发展创造了良好的外部环境，也为全国的财政改革提供了丰富的实践经验。

十年前，在我国改革开放 30 周年之际，我们出版了《公共财政之路：浙江的实践与探索》。在该书中，我们通过对浙江公共财政改革独特现象的剖析，从理论与实践、历史与现实两个层面的相互联系中梳理、归纳和勾勒浙江公共财政建设的历史进程以及阶段性特征，描述出浙江公共财政制度改革在曲折中前进的大趋势，概括和总结出公共财政建设中的大量浙江特色和浙江经验，揭示和剖析存在并须进一步改革和完善的各种现实性公共财政难题，为浙江乃至全国进一步的财政改革提供现实的政策参考和决策依据。

十年过去了，当我们迎来改革开放 40 周年的时候，一方面，我国的综合实力进一步增强，国际影响力进一步扩大，人民生活水平不断提高；另一方面，我国改革开放的步伐从未停止过，包括财政改革在内的各项改革不断向纵深推进。特别是十八届三中全会提出《中共中央关于全面深化改革若干重大问题的决定》以后，涉及各领域的各项改革方案陆续出台。2014 年《深化财税体制改革总体方案》和新《预算法》的通过吹响了新一轮财税体制改革的进军号。最近几年来，围绕建立现代财政制度的总体目标，我国在预算管理、税收制度、政府间财政关系等方面出台了不少改革措施，改革如火如荼。

和全国一样，浙江在财政领域的改革探索从未停止过。无论是改革开放的前三十年，还是最近的十年，秉承既要改革创新，又要实事求是的理念，浙江财政在许多方面都在全国率先探索，形成浙江特色、浙江经验并逐步在全国被推广运用。浙江也成为许多全国性财政改革的源发地。本书的目的就是要挖掘、收集并利用反映浙江财政改革开放四十年艰巨探索的典型案例和历史资料，总结凝练浙江财政丰富的实践经验，充分展示浙江财政改革取得的成绩。

改革开放的前三十年，在适应我国的经济体制改革从原来的计划经济体制向中国特色的社会主义市场经济体制的转变过程中，我国财政改革的总方向是从计划经济时代的生产建设性财政向着市场经济时代的公共财政的方向转变，并初步形成了中国特色的公共财政的框架体系。而十年前完成的《公共财政之路：浙江的实践与探索》就是对改革开放前三十年浙江财政在迈向公共财政之路上实践和探索的经验总结。

改革开放四十年的后十年及更长的时间里，我国的财政改革的总体目标就是要在顺应国家治理体系和治理能力现代化的要求下，建立现代财政制度，即健全有利于优化资源配置、维护市场统一、促进社会公平、实现国家长治久安的科学的可持续的财政制度。

鉴于上述认识，本书选取了改革开放四十年来在浙江的财政改革实践中具有重要意义的十一个方面的改革实践。这些改革实践或者是具有浙江原创性的、并在全国被推广的；或者是在推进财政改革中走在全国前列并且做得比较好的改革举措。

与十年前的《公共财政之路：浙江的实践与探索》相比，本书的时间跨度更长，内容更加丰富。虽然许多方面存在着一定的重复，但由于在一个更长的时间跨度里，对一些改革的评价会更加全面和客观。特别是有些在 2000 年以后推出的改革，在改革开放三十周年之际，虽有一些成效，但还没有完全展现出来，或者尚未在全国产生影响，如"三个子"的综合财政管理；或者是刚刚推出不久，成效还没有明显体现出来，如生态环保财力性转移支付改革；还有一些是在最近十年推出的改革，如专项性一般转移支付改革。另外，有些改革虽出台较早，但随着时间的推移和改革的深入，后来又有新的发展和变化，如财政分类管理的改革、省管县财政管理体制的改革等。本书将更多地聚焦于近十年的发展变化，如有关省管县财政管理体制这个具有明显浙江特点的财政管理体制的分析评价主要聚焦在近十年的发展变化上，而有关它的产生与发展，以及其独树一帜的做法则在《公共财政之路——浙江的实践与探索》有较为详尽的论述。

全书由十一章正文和一个附录组成。全书的框架结构及各章的研究内容及主要观点如下。

第一章，起承转合的省管县财政管理体制——浙江省管县财政体制这十年。省管县财政体制虽然不是浙江的创新，但当 20 世纪 80 年代各地纷纷从省管县财政体制转向省管市财政体制时，浙江坚持省管县财政体制不变，并且成为浙江财政体制的一个重要特色。本章的主要内容是在回顾省管县财政管理体制演变脉络的基础上，分析 2008 年以后浙江省在省管县财政体制上进行的三次与时俱进的调整。本章的最后也探讨了浙江省管县财政体制面临的新情况和新问题，即如何在现有体制下实现区域统筹？提出了建立区域统筹激励奖补机制，实现公共基础设施共建共享，撤县（市）设区，发挥中心城市的辐射功能，以及设置产业集聚区，建立跨区合作的激励兼容机制等改革思路。

第二章，财政分类管理改革的选择。本章首先分析了浙江推行财政分类管理改革的必要性，重点介绍了浙江财政根据经济社会发展的需要，在财政管理上创造性地实施了亿元县上台阶、两保两挂、两保两联、新的两保两挂、新的两保两联以及分类分档激励奖补等分类管理政策。这些财政分类管理政策有力地推动了浙江的经济社会发展，确保了区域的均衡发展和基本公共服务均等化的实现。

第三章，义乌"三个子"模式：探寻现代财政管理制度之路。本章着重对义乌市"三个子"（即"收入一个笼子、预算一个盘子、支出一个口子"）的公共财政综合管理模式的改革背景、实施内容、运作模式、改革成效以及可推广价值等进行了较全面和深入的分析。义乌市"三个子"的综合财政预算管理改革模式以财政资金收入的完整性、支出的统一性和预算编制的科学性为抓手，通过政府信息公开系统的建设来加强对财政预算管理的监管力度，逐步形成了一套完整的财政综合预算管理改革模式。义乌的"三个子"改革模式在理论上是我国地方财政管理制度的重大创新，在某种程度上推动了我国现代财政管理制度的改革探索，属于区域财政治理体系和治理能力现代化改革的"浙江样本"，这种前瞻性的改革探索无疑为后续的区域财政治理改革奠定了宝贵的支撑条件，也提供了难得的改革经验。

第四章，预算编制、执行、监督"三分离"的组织体系改革与业务流程再造。本章围绕着"三个子"的财政管理模式的要求，重点介绍了如何推进预算编制、执行、监督的"三分离"组织体系改革。通过组织构架的整合，使预算编制、执行和监督三个环节相互协调配合，环环紧扣，实现职能上的分离、流程上的一体，达到行政效率的提升。

第五章专项性一般转移支付改革：浙江经验。本章首先介绍了浙江省专项性一般转移支付改革的缘由及试点过程，客观地分析了改革所带来的成效及其影响。本章指出，浙江省的专项性一般转移支付改革最突出的创新就是将原来以具体项目为依据的专项拨款调整为以支出类别为依据的专项拨款，同时实行项目库管理和建立因素法拨款机制，其最大优点是融合了一般性转移支付的普惠优势和专项拨款的专用优势，既提高了财政的统筹能力，又针对性地解决了问题。

第六章生态环保财力转移支付制度。本章概括总结了浙江生态环保财力转移支付制度创新的历程、取得的成效以及产生的影响。重点剖析了这项制度创新在不同演化阶段机制设计上的鲜明特征，突出反映了浙江财政对生态文明建设的理念、认知和激励措施，揭示出这项制度创新蕴含的激励机制如何长效促进县（市）政府积极转变经济发展方式、有效供给生态环境产品。浙江省的生态环保财力转移支付制度不仅在全国首创省内全流域生态补偿制度，而且循序渐进不断通过体制机制创新，将流域生态补偿提升为全域绿色发展奖补机制，将纵向财政补偿扩展到横向流域补偿，将资金补助奖罚融合于生态功能区规划和治污减排政策中。为了有效识别浙江生态转移支付取得的成效，本章还利用改革分地区逐步推进的特征，在双重差分框架内进行政策效果检验。通过分析激励机制不断完善的过程，呈现出浙江财政怎样破解合理核算补偿标准、筹措生态转移资金、矫正环境执法"碎片化"等生态治理难题，协同形成以生态补偿为主体的生态环保财政政策体系，为加快生态文明体制建设提供了地方经验。

第七章地方政府债务风险防控。浙江省早在 2005 年就以省政府的名义发文加强地方政府性债务管理，从制度层面采取防控措施以防微杜渐，是全国地方政府中最先直面地方政府性债务风险问题的省份。本章首先以 1994 年的分税制、2008 年的世界金融危机和 2015 年新预算法的出台三个时间节点，分析各个不同时期浙江省地方政府性债务的形成、发展及管理。总结浙江省在管控地方政府性债务风险上的成效及经验，最后部分对防范地方政府性债务风险未来前景进行了简要分析。

第八章温岭参与式预算改革的历史沿革与发展成效。温岭参与式预算改革作为我国地方人大基层公共预算改革和预算协商民主的典范，引起了全国各级人大、媒体与社会各界的广泛关注和持续追踪。本章首先介绍了温岭参与式民主的起源与发展，总结了温岭参与式预算的特色与改革成效，并且指出，以预算民主恳谈为基础和核心的温岭参与式预算改革，通过一系列的机制创新，建立健全预算全过程的信息反馈机制和回应机制，将民主恳谈和政府预算有机结合，将票决民主与协商民主有机结合，将党委、人大、政府、社会、公众多元主体共同参与社会治理有机结合，既提升了各级人大在预算审查监督中的权力和能力，实现了人大对政府所有活动进行制约和监督的重要目标，也深化了预算管理体制机制改革，使预算的形成过程成为一个公众参与决策的过程和汇集反映公众利益诉求的过程。

第九章温州基础设施融资从集资到 PPP 的经验与启示。温州在城市基础设施建设中，较早地引入了市场机制，首先在资金的提供上采用政府和市场相结合的提供方式，解决资金短缺问题。而在基础设施的建设中，更是发挥市场的主导作用，提高资金的使用效率和经营效率。因此，PPP在温州更具有土壤和发展前景。本章以温州旧城改造、中外合资的金温铁路建设、温州轻轨1号线、瓯江口一期市政工程等几个案例为切入点，重点介绍了温州的城市基础设施建设如何从单纯地吸引民间资本到公私合作开发，详细考察案例中民间资本参与基础设施建设的制度安排，并从理论上探讨温州市如何将市场机制引入到基础设施建设中。温州基础设施建设融资模式的成功主要是注重政府与市场相结合的原则，其实践经验可以总结为"资金筹措多元化，建设行为企业化，资源享用商品化，政府调控规范化"等四个方面。虽然温州基础设施融资模式具有鲜明的温州特色，既有经营性或准经营性项目，也有无经营收入的公益性项目，但这些项目成功的背后却是"政府主导改革、筑牢产权基础、引入市场机制、实现合作共赢，做好风险管控"的原则在起作用。我们可以从温州基础设施建设融资模式中找到一些共同的元素，这些元素为推广和运用PPP模式提供了许多可以借鉴的成功经验。

第十章政府购买服务。政府通过购买服务发挥市场机制作用，吸引更多社会力量的参与来更有效地提供公共服务，可以更好地满足新形势下人民群众对公共服务多样化、个性化、专业化的需求。本章介绍了浙江省推进政府购买服务中的一些基本做法，并以温州市瓯海区政府购买"三百"工程服务项目、衢州市衢江区政府购买职业培训服务项目、湖州市长兴教育券等具体案例为切入口，重点介绍了合同制、补助制和凭单制三种不同的政府购买服务形式及具体的实施办法。本章认为推广政府购买服务，是新时期转变政府职能、创新社会治理、改进政府提供公共服务方式的必然要求，通过推动构建多层次、多方式、多元化的公共服务供给体系，能够为人民群众提供更加便捷、优质、高效的公共服务。

第十一章养老保险制度改革：浙江的探索和经验。浙江省的社会养老保险改革，遵循"广覆盖、低水平、可持续"的原则，在全国率先起步。经过多年的发展，在保障水平、覆盖范围和资金结余方面都走在了全国的前列。本章在介绍浙江省养老保险制度改革的基础上，重点介绍了缴费年限养老金制度、社保调剂金制度、地税征缴体制和设立养老保险调剂金制度等在全国范围内推广的浙江经验。

最后的附录涉及两部分内容。一是改革开放四十年来浙江财政工作大事记；二是反映改革开放四十年来浙江经济财政发展的一些统计数据。

本书是我们承担的中宣部"四个一批"人才工程自主选题项目《中国现代财政制度研究：从理论到实践》的最终成果，并以《迈向现代财政制度——改革开放40年浙江财政的改革与探索》公开出版。课题组负责人钟晓敏，课题组成员有张雷宝、赵海利、叶宁、李永友、金戈、刘炳、童幼雏、童光辉、黄昊、余丽生、虞斌等老师。浙江财经大学财政专业的部分研究生也参与了本课题的部分调研和资料收集工作，他们是成艺、马伊丽、张丽凡、徐明正、金婷婷、吴艳芳、赵梦婷、何宏龙、梁炜、蔡晨露。虽然我们在这本书中力图对改革开放四十年来浙江公共财政的实践做比较全面和客观的总结，但难免挂一漏万和存在错误不当之处。

在我们启动该项目时，我们广泛地征求并听取了浙江省财政厅许多领导和同志的意见和建议，他们对我们项目的顺利完成提供了极大的支持和帮助。在此向他们表示衷心的感谢。感谢经济科学出版社一贯以来对我们的支持。最后，感谢所有帮助过我们的人，没有他们的支持和帮助，我们是无法完成任务的。

钟晓敏

2018 年 7 月 18 日

目录

第十一章

表 目 录

图 目 录

第一章

起承转合的省管县财政管理体制：
浙江省管县财政体制这十年

　　2009 年中央一号文件明确指出，推进省直接管理县（市）财政管理体制改革，将粮食、油料、棉花和生猪生产大县全部纳入改革范围。稳步推进扩权强县改革试点，鼓励有条件的省份率先减少行政层次，依法探索省直接管理县（市）的体制。2009 年 6 月 22 日，财政部发文《关于推进省直接管理县财政改革的意见》表示：2012 年底前，力争全国除民族自治地区外，全面推进省直接管理县财政改革，近期则先将粮食、油料、棉花、生猪生产大县全部纳入改革范围。可以说，2008 年至 2017 年对省管县财政管理体制来说是尘埃落定的十年。距离改革完成设定时间已经过去了将近 6 年，省管县财政管理体制在全国铺开到底进展如何，学术界对省管县财政管理体制有哪些研究？这十年浙江省省管县财政管理体制有哪些新变化，有哪些经验值得借鉴？本章内容将聚焦于浙江省管县财政管理体制这十年。①

---

　　①　浙江省管县财政管理体制的产生与发展，以及独树一帜的做法在《公共财政之路——浙江的实践与探索》（钟晓敏等，2008）中已经说得很详细，感兴趣的读者可以移步阅读。

一、省管县财政管理体制的演变脉络

在梳理 2008～2017 年这十年浙江财政管理体制的主要变化之前，让我们简单回顾一下省管县财政管理体制的演变脉络，以便于了解前情，定位现在以及探索未来。

（一）省管县财政管理体制演变的时间轴

1951 年，中央人民政府政务院颁布了《关于系统划分财政收支的决定》，把财政收支由高度集中、统一于中央人民政府，改为在中央的统一领导下，实行初步的分级管理，这个决定标志着我国的财政管理体制开始向分级管理的办法过渡，财政分为中央、大行政区和省（自治区、直辖市）三级。1953 年，为了发挥各级政府管理财政的积极性，以适应国家经济建设的需要，中央人民政府政务院决定从1953 年起，全国财政管理体制改为中央、省和县（市）三级体制，建立县（市）一级财政，专属的预算收支仍列入省级财政，同时对各级财政的收支重新进行了划分。当时，市级财政与县级财政一样，在财政管理体制上与省级财政发生关系，全国实行了中央、省、县（市）三级财政。

为了适应社会主义建设事业要求，特别是为了进一步推进 1958 年以后工农业生产的"大跃进"和农村人民公社化，促进工农业的相互支持，1959 年 9 月，全国人大常委会发布了《关于直辖市和较大的市可以领导县、自治县的决定》。此后，这一体制便以法律的形式确立下来，短期内得到了迅速发展。然而，经过短暂的发展期后，市管县体制推进较慢，至1981 年，全国有 57 个市领导 147 个县，分别占全国地级市以上的 51.4% 和县的 6.9%，平均每市领导 2 县（董再平、黄晓红，2008）。1982 年，辽宁省试行"市管县"财政管理体制的经验得到了党中央、国务院的充分肯定，认为有利于发挥城市对农村的经济带动作用，值得在全国推广，于是同年发出《关于改革地区体制，实行市管县的通知》，并批准江苏全省实行"市管县"体制。在这一契机的促使下，全国各省、自治区都扩大了试点，开始撤销作为派出机构的行署地区，实施"市管县"财政管理体制。此后，城市升格、地市合并、建立"市管县"体制成为行政改革的主要取向。特别是在 1999 年机构改革后，原地级行署急剧减少，目前仅在新疆、西藏、青海、贵州、黑龙江等省区还有少量地级行署。

世纪之交，中国进行了税费改革，大部分省份陷入了县乡财政困难，浙江县域经济发展突飞猛进，县乡财政充盈，省管县财政管理体制因而备受瞩目。2002 年国务院批转了《财政部关于完善省以下财政管理体制有关问题意见的通知》，对省以下财政管理体制改革作了一些原则性规定。与此同时，不少省份展开了省管县财政管理体制试点。从 2002 年起，在每年的财政预算报告中，都将完善省以下财政管理体制作为财政工作的一个重点。2005 年中共中央十六届五中全会通过的《关于制定国民经济和社会发展第十一个五年规划的建议》中明确提出，"完善中央和省级政府的财政转移支付制度，理顺省以下财政管理体制，有条件的地方可实行省级直接对县的管理体制"。

2009 年中央一号文件明确指出，推进省直接管理县（市）财政管理体制改革，将粮食、油料、棉花和生猪生产大县全部纳入改革范围。稳步推进扩权强县改革试点，鼓励有条件的省份率先减少行政层次，依法探索省直接管理县（市）的体制。2009 年 6 月 22 日，财政部发文《关于推进省直接管理县财政改革的意见》表示：2012 年底前，力争全国除民族自治地区外，全面推进省直接管理县财政改革，近期则先将粮食、油料、棉花、生猪生产大县全部纳入改革范围。

我们将以上通过文件串联的市管县和省管县财政管理体制改革用时间轴描述如下，时间轴上标注了重要改革的时间节点和对应的改革内容。具体如图 1 – 1 所示。

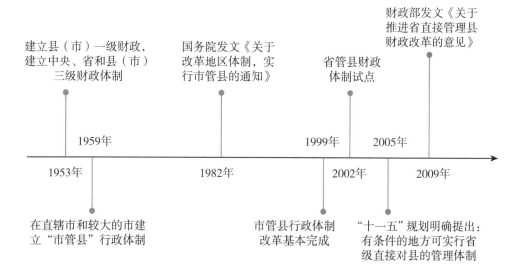

图 1 – 1　省管县财政管理体制演变时间轴

（二）省管县财政管理体制演变的时间段

通过图 1 – 1 可见，全国范围内省管县财政管理体制从 1953 年开始建立，中间经历了市管县财政管理体制阶段，之后又进入省管县财政管理体制时期。各个省份情况不一样，具体分析如下。

1. 1953～1959 年

1953～1959 年为省管县财政管理体制阶段。1953 年建立了县（市）一级财政，全国形成了中央、省和县（市）三级财政管理体制。

2. 1959～1999 年

1959～1999 年为市管县财政管理体制阶段。以 1982 年为分隔年，之前阶段市管县推进比较缓慢，之后市管县成为全国财政管理体制主流，至 1999 年市管县改革基本完成。部分省份在 1999 年之后依然在推进市管县财政管理体制改革。例如广西壮族自治区，截至 2002 年底，广西才全部实现了"市管县"财政管理体制。

3. 1999～2002 年

这一时间段暂且命名为市管县和省管县财政管理体制的胶着期。一方面，部分省份还在推进上一轮市管县财政管理体制改革，另一方面，省管县财政管理体制改革已成星星之火。

4. 2002 年至今

2002 年至今为省管县财政管理体制阶段。2002 年全国开始省管县财政管理体制改革试点。截至 2007 年，全国实行"省管县"财政管理体制的有湖北、安徽、山东、福建、湖南、江西、吉林、河北等 18 个省份，加上北京、上海、天津、重庆 4 个直辖市，共有 22 个地区实行了"省管县"财政管理体制。

2009 年财政部发文推进省管县，进一步推动了省管县财政管理体制改革。不过，各地进展不一。2017 年 7 月 13 日，山西省人民政府发布了《关于在部分县（市）开展深化省直管县财政管理体制改革试点的通知》，改革试点从 2018 年 1 月 1 日起实行。早在 2007 年 1 月，山西省就出台了《调整规范省市县财政管理体制，并在 35 个国家重点扶贫开发县实行"省直管县"财政改革试点的通知》。两轮省管县财政管理体制改革的目标有所不同，第一轮改革为省管县财政管理体制改革的试点，同时兼具以体制改革扶持贫困县的目标。第二轮改革扩大了改革试点范围，共有 6 个市（县）纳入改革范围。从改革内容看，与前一轮改革相比并无深化，改革主要目标是 6 个市（县）的体制关系划转。四川省分别在 2007 年和 2009 年，对 59 个县市进行"扩权强县"改革试点，下放共 56 个项目经济管理权限，其核心内容即"财税省直管县"。2013 年 11 月，四川省出台《关于支持百万人口大县改革发展的政策措施》，表示将选择条件成熟的人口大县，通过进一步依法下放市级经济管理权限和社会事业管理权限，开展省直管县的行政体制改革试点。当然，也有一部分省份举步不前，第一轮改革试点之后再无下文。究其原因，与各省省情相关。一些省份并不适应省管县财政管理体制，于是，选择部分市（县）进行试点。后来顶层不再力推，造成改革原地踏步的局面。

（三）省管县财政管理体制改革文献综述：2008～2018 年

正如之前所述，2009 年财政部发文之后，全国改革提速，时至今日，各省份改革进度不一。一些省份已经全面推行，且在深化改革；一些省份以"扩权强县"为抓手，对扩权县实行省管县财政管理体制，并进一步探索行政省管县。一些省份停留在试点阶段，举步不前。改革进度参差背后的原因值得总结和提炼。在中国知网搜索 2008～2018 年篇名为"省管县财政体制"和"省直管县财政体制"的文献，共有 50 篇文献载于各类核心期刊。文献主要分为三大类：

第一类文献是对省管县财政管理体制的再思考，主要是描述省管县财政管理体制的优势和弊端，与 2008 年之前的同类文献相比并无新意。

第二类文献是对具体省份改革经验的总结，其中总结浙江经验的文章有 4 篇，归纳吉林改革效果的文章有 3 篇，提炼广西经验的有 2 篇，概括江苏做法的有 2 篇。

第三类文献是对省管县绩效评价的实证研究。史桂芬和王立荣（2012）运用 DID 模型以吉林省数据为样本评价省管县财政管理体制。文章的结论是：省管县财政管理体制提高了地方政府的财政支出能力，但是由于地方财政支出主要流向了公共经费支出，所以其对县域经济的增长没有太大的拉动作用。另外，由于转移支付制度的不规范，省对县的财政激励效果较弱，县对上级政府转移支付等资金支持的依赖程度加大，导致县级政府财政努力程度降低。贾俊雪等（2013）以 1997～2005 年间县级面板数据为基础，利用处置效应模型考察了省直管县财政体制改革在促进县域经济增长、实现县级财政解困中的作用。然后借助动态面板数据模型考察了财政收支分权和政府机构改革对省直管县财政体制改革经济增长和财政解困效应的影响。结论是省直管县财政体制改革有助于增强县级财政自给能力、实现县级财政解困，但也显著抑制了县域经济增长。文章的解释是，省直管县财政体制改革改变了以前县级财政由地市级财政负责的做法，不仅有助于避免地市级财政截留、挤占县级财政资金以及对县级财政的不恰当集中，也有助于增强财政激励，促使县级政府提高税收征管努力，因而在促进县级财政解困方面发挥了积极作用，但税收征管力度的提高对县域经济增长也产生了明显的抑制作用。

二、浙江省管县财政体制这十年

从 1953 年开始，浙江省一直实行省管县财政管理体制，中间经历了两次大的挑战。一次发生在 1982 年，当时浙江也很快开始了撤地建市的过程，但并没有把财权、人事权交给地级市。浙江省有自身的县域经济特点，同时，省政府也顾虑有些地级市政府为了在短短任期内做出政绩，可能会集中县（市）财力建设地级市，造成富了一个地级市、穷了诸多县和乡镇的情况发生，"市带县"会变成"市刮县"。于是，浙江省顶着各种压力和非议，沿袭着"省管县"财政管理体制。面对市级层面要求管辖县级财政的强烈呼声，以及在其他省份纷纷实行"市管县"财政管理体制的情况下，浙江省根据省情坚持自己的主张，并随后进行了一系列卓有成效的改革。第二次发生在 1994 年。1994 年分税制财政管理体制改革全面推开，这一改革使浙江省管县财政管理体制被中央关注，因为浙江省是全国市管县财政管理体制下少数例外。① 当时浙江已经形成了独具特色的块状经济，1993 年，30 多个发达县市的财政收入已占全省财政收入总量的 70%。块状经济发展模式意味着对经济独立性要求的增强，这是浙江省管县财政管理体制得以存续发展的根本原因。

当我们提到省管县财政管理体制的时候，我们更多指的是一种管理模式，即市本级财政和县（市）财政一样直接同省在体制上挂钩，市一级不与所辖县（市）在财政体制上产生结算关系。但对浙江省财政实践部门的同志来讲，省管县财政管理体制指的是体制的内容。有两方面的因素解释这一现象：其一，从 1953 年以来浙江省一直实行省管县财政管理体制，这已经成为一种不言自明的做法。其二，体制的内容设计非常重要，它关系到体制的成败。因此，在讨论浙江省财政体制的时候，我们没有采用"财政管理体制"这一说法，而是用"财政体制"这一名词。

从 2008 年至今，浙江省财政体制总体来说基本维持了原有框架，与时俱进进行了三次大的调整。其中，2018 年 2 月出台了《关于推进省以下财政事权和支出责任划分改革的实施意见》，以"两张清单"管事权、管责任，弥补了之前历次体制调整中被忽略的事权和支出责任的划分。

（一）2008 年省对市县财政体制

1995 年以来，浙江省实施以"两保两挂"为主要内容的省对市县财政体制，

---

① 自 1958 年成立自治区以来，宁夏就一直实行财政体制的区直管县，由于经济发展较为落后，所以在省管县财政管理体制改革初期没有引起全国关注。1987 年，中共中央、国务院发出的《关于建立海南省及其筹建工作的通知》明确要求，建立省直接领导市县的地方行政体制。目前海南是全国唯一行政省管县的省份。

调动了各地发展经济、培植财源、增收节支的积极性，有力推进了全省经济社会和财政事业又好又快发展。但是，随着经济快速发展和社会不断进步，新情况和新问题随之出现。2008 年省对市县财政体制的基本原则有以下三点。一是明确责任，健全机制。进一步明确各级政府的管理职责和支出责任，努力实现权责利相结合、财力与事权相匹配；健全财政运行的激励与约束机制，充分发挥各级政府依法理财、自求平衡的积极性。二是积极稳妥，重点推进。在维持现行财政体制总体框架前提下，大稳定、小调整，充分兼顾省与市县的利益关系，加大对财政困难县的支持力度。三是公平合理，简明规范。实施方案力求客观公正、简捷透明，统一规范、便于操作。

1. 财政收支划分及基数确定

（1）收入范围。

中央级收入：关税、海关代征消费税和增值税，消费税、增值税 75% 部分、企业所得税 60% 部分、个人所得税 60% 部分，铁道运输、国家邮政、各银行总行、各保险总公司等集中交纳的税收，中石化、中石油企业所得税，海洋石油资源税，证券交易税 97% 部分等。

省级收入：全省电力企业（包括电力生产、供应业企业，不包括装机 5 万千瓦以下（不含 5 万千瓦）的小水电，热电，风力潮汐、垃圾和柴油发电）缴纳的增值税 25% 部分、企业所得税 40% 部分，全省储蓄存款利息个人所得税 40% 部分，全省银行及保险证券、典当、担保、租赁、信托等非银行金融企业（不包括交通银行，各市县城市商业银行、农村信用社）缴纳的营业税、企业所得税 40% 部分，浙江移动、沪杭高速浙江段等跨地区经营、集中缴纳所得税等地方分成部分，省级各项非税收入。

市、县（市）级收入：按属地除规定为中央和省级以外的收入，包括企业增值税 25% 部分、企业所得税 40% 部分、个人所得税 40% 部分，营业税、城市维护建设税、房产税、城镇土地使用税、土地增值税、耕地占用税、契税等，市、县（市）各项非税。

（2）支出范围。

省级支出：省级一般公共服务、公共安全、教育、科学技术文化体育与传媒、社会保障和就业、医疗卫生、环境保护、城乡社区事务、农林水事务、交通运输、工业商业金融等事务支出，以及省级其他支出。

市、县（市）级支出：市、县（市）级一般公共服务、公共安全、教育、科学技术、文化体育与传媒、社会保障和就业、医疗卫生、环境保护、城乡社区事务、农林水事务、交通运输、工业商业金融等事务支出，以及市、县（市）级其他支出。财政收入、财政支出、财力基数以 2007 年市、县（市）财政收支决算为基础确定。

2. 税收返还收入

上划中央"增值税、消费税"税收返还收入，以 2007 年为基期年核定。2008 年以后，税收返还数额在 2007 年基数上逐年递增，递增率按市、县（市）当年上划中央"增值税、消费税"收入增长率的 1：0.3 系数确定，即市、县（市）当年上划中央"增值税、消费税"收入每增长 1%，省对市、县（市）的税收返还增长 0.3%。如若 2008 年以后上划中央"增值税、消费税"收入达不到 2007 年基数，则相应扣减税收返还数额；低于上年决算数，则按低于额的 1：0.3 系数扣减税收返还数额上划中央"企业所得税、个人所得税"税收返还收入，以 2007 年决算为基数核定。如若 2008 年以后上划中央"企业所得税、个人所得税"收入达不到 2007 年基数，相应扣减税收返还基数。

3. 收入分成办法

（1）固定上交。市、县（市）历年按体制上交省的收入，以 2007 年决算数为基数，作为固定上交。

（2）增量分成。2008 年以后，市、县（市）地方财政收入超过 2007 年收入基数的增量部分，省与市、县（市）实行二八分成，即省得 20%，市、县（市）得 80%。2008 年以后，市、县（市）上划中央"增值税、消费税"应返还收入比 2007 年返还基数的增加额，省与市、县（市）实行二八分成，即省得 20%，市、县（市）得 80%。继续对少数民族县、少数欠发达地区和海岛地区作适当照顾。

（3）总额分享。省与杭州市收入总额分享办法按原规定执行。

4. 完善"两保两挂""两保一挂"财政政策，建立"分类分档激励奖补机制"

将"两保两挂""两保一挂"统一调整为"分类分档激励奖补机制"。"分类分档激励奖补机制"将全省各市县分为两大类，一类是欠发达地区（含部分海岛地区，少数困难市县，下同），实施三档激励补助政策、两档激励奖励政策；另一类是发达地区和较发达地区，实施两档激励奖励政策。

（1）欠发达地区激励奖补政策。原享受"两保两挂"市、县（市）和平阳县、兰溪市共 32 个市、县（市），在确保实现当年财政收支平衡、确保完成各项职责任务（重点是教育、卫生、社保等有关全面改善民生、促进社会和谐方面）的前提下，实行省补助与其地方财政收入增长挂钩，奖励与其地方财政收入增收额挂钩的办法。

补助办法是：市、县（市）地方财政收入每增长 1%，省补助按一定系数相应增长。32 个市、县（市）补助系数分三档。第一档为文成等 6 个县，补助挂钩系数为0.4；第二档为淳安等20个市、县（市），补助挂钩系数为0.3；第三档为三门等6个市、县，补助挂钩系数为0.2。

奖励办法是：省对32个市、县（市）按地方财政收入当年增收额的一定比例给予奖励。奖励分为发展资金和考核奖励两部分。奖励分两档：第一档为衢州市等4个设区市，按全市地方财政收入增收额挂钩计算，挂钩比例为增收额的5%，其中4%部分用于发展资金，1%部分用于考核奖励；第二档为淳安等28个县（市），按本县（市）地方财政收入增收额挂钩计算，挂钩比例为增收额的10%，其中8%部分用于发展资金，2%部分用于考核奖励。

（2）发达地区和较发达地区激励奖励政策。原实行"两保一挂"财政政策的31个市、县（市），在确保实现当年财政收支平衡、确保完成政府职责任务的前提下，实行省奖励与其地方财政收入增收额挂钩的办法，即对市、县（市）按地方财政收入当年增收额的一定比例给予奖励。奖励分为发展资金和考核奖励两部分。奖励分两档：第一档为杭州市等6个设区市，按全市地方财政收入增收额挂钩计算，挂钩比例为增收额的5%，其中4.5%的部分用于发展资金，0.5%的部分用于考核奖励；第二档为富阳等25个县（市），按本县（市）地方财政收入增收额挂钩计算，挂钩比例为增收额的5%，其中4%的部分用于发展资金，1%的部分用于考核奖励。

5. 完善省对市县财政奖励政策

（1）市县营业税增收上交返还奖励政策。为进一步推动经济发展方式转变，促进产业优化升级，大力发展服务产业，更好地建立健全地方财政收入长效增长机制，优化地方财政收入结构，实行省对市县营业税当年增收上交省部分予以返还奖励的财政政策。

（2）省级金融保险业营业税增收奖励政策。为改善金融保险业投资环境，鼓励市县扶持金融保险业发展，对省级金融保险业营业税增收实行奖励政策：一是省级金融保险业营业税当年增收部分给予市县20%的奖励；二是对当年引进全国性金融保险机构总部（或跨国公司区域性总部）的，给予引进地财政一次性奖励。

（3）适当提高新办电力生产企业所在地增值税分成比例。为鼓励和促进电力生产企业发展，适当提高新办电力生产企业（包括享受原政策企业，下同）所在地增值税返还奖励比例。具体政策是：新办电力生产企业缴纳的电力增值税25%部分，电力生产企业所在市县与省返还奖励比例由四六分成调整为六四分成，即市县得60%，省得40%，市县所得奖励按现行体制规定返还。

6. 完善转移支付制度

（1）加大一般转移支付力度。根据财力状况，逐年增加因素法转移支付和生态环保财力转移支付的力度，逐步提高县乡基本公共支出最低保障水平，增强经济薄弱及相对薄弱市县基本公共服务能力。

（2）整合优化专项资金。按照"增量优方向、存量调结构、增量调存量"的原则，合理整合专项资金，优化支出结构，有效解决资金项目过多、用途交叉、使用分散和重分配、轻绩效等问题，切实提高资金使用效益。为简化手续、提高效率，将省对市县按相关人数计算的、具有相对固定性的专项转移支付列作体制固定补助，纳入一般性转移支付。

（3）规范专项转移支付类别档次。为使省对市县转移支付更加科学、合理，规范分类分档，统一标准系数，以各市县经济发展、财力状况等因素为依据，将全省市县分为若干类别、档次。

7. 进一步明确各级政府的财政责任

按照建立公共财政体制的要求，明确各级政府的财政责任，加强社会管理和公共服务职能。坚持"依法治税、为民理财、务实创新、廉洁高效"的理念，不断推进经济发展方式转变，优化财政收入结构；进一步规范财政资金供给范围，调整优化支出结构，合理确定财政支出顺序，重点保障农业、教育、科技、公共卫生、就业和社会保障、环境保护等以改善民生为重点的社会建设；继续深化财税管理改革，完善财税运行机制，健全和完善部门预算、国库集中收付、政府采购制度和绩效评价等措施，强化预算管理，提高财政资金使用效率。

（二）2012 年省对市县财政体制

2012 年完善体制的基本原则：一是更加注重激励发展。建立健全地方财力增长与地方经济发展和贡献相挂钩机制，充分调动市、县（市）发展积极性，更加突出财政体制对地方经济发展的导向和激励作用。二是更加注重协调发展。发挥中心城市的辐射功能和统筹能力，促进区域均衡发展。三是更加注重资金绩效。优化财政资金配置，推进转移支付制度改革，强化财政资金监管，提高财政资金使用效益。体制的具体内容如下。

1. 收入调整

完善全省金融业和电力生产企业税收收入预算分配管理体制。全省金融业营业税调整为省与市、县（市）共享收入，省与市、县（市）统一按六四比例分享，60% 部分为省级地方财政收入，40% 部分为市、县（市）级地方财政收入，分别入库。原省级金融业营业税下放市、县（市）40%，原市、县（市）级金融业营业税上划省 60%；原省级金融业企业所得税全部下放市、县（市），地方分享的

40%部分为市、县（市）级地方财政收入。原属省级的电力生产企业增值税、企业所得税下放市、县（市），地方分享的增值税25%部分、企业所得税40%部分为市、县（市）级地方财政收入。上述收入下放、上划以2011年入库数（或核定数）为基数，相应调整市、县（市）上交省财政的数额或省财政对市、县（市）的补助数额。

2. 财政收支基数确定及范围划分

收支基数以2011年市、县（市）财政收入、财力决算数为基础，经调整上下划后确定。

中央级收入：关税、海关代征消费税和增值税，消费税、增值税75%部分，企业所得税60%部分，个人所得税60%部分，国家邮政、各银行总行、各保险总公司等集中缴纳的税收，中石化、中石油企业所得税，海洋石油资源税，证券交易税97%部分等。

省级收入：全省电力供应业企业缴纳的增值税25%部分、企业所得税40%部分，全省银行及保险、证券、典当、担保、租赁、信托等非银行金融企业缴纳的营业税60%部分，中国移动浙江公司、沪杭高速浙江段等跨地区经营、集中缴纳所得税等地方分成部分，省级各项非税收入。

市、县（市）级收入：按属地除规定为中央和省级以外的收入，包括增值税25%部分、企业所得税40%部分、个人所得税40%部分，全省银行及保险、证券、典当、担保、租赁、信托等非银行金融企业缴纳的营业税40%部分，其他营业税、城市维护建设税、房产税、城镇土地使用税、土地增值税、耕地占用税、契税等，市、县（市）各项非税收入。

省级支出：省级一般公共服务、公共安全、教育、科学技术、文化体育与传媒、社会保障和就业、医疗卫生、环境保护、城乡社区事务、农林水事务、交通运输、工业商业金融等事务支出，以及省级其他支出。

市、县（市）级支出：市、县（市）级一般公共服务、公共安全、教育、科学技术、文化体育与传媒、社会保障和就业、医疗卫生、环境保护、城乡社区事务、农林水事务、交通运输、工业商业金融等事务支出，以及市、县（市）级其他支出。

3. 税收返还收入

上划中央增值税和消费税税收返还收入，以2011年为基期年核定。2012年及以后年度，税收返还数额在2011年基数上逐年递增，递增率按市、县（市）当年上划中央增值税和消费税收入增长率的1∶0.3系数确定，即市、县（市）当年上划中央增值税和消费税收入每增长1%，省对市、县（市）的税收返还增长0.3%。若2012年及以后年度上划中央增值税和消费税收入达不到2011年考核基数，则相应扣减税收返还数额；低于上年决算数，则按低于额的1∶0.3系数扣减税收返还数额。上划中央企业所得税和个人所得税税收返还收入，以 2011 年决算为基数核定。若 2012 年及以后年度上划中央企业所得税和个人所得税收入达不到 2011 年考核基数，相应扣减税收返还基数。成品油价格和税费改革税收返还，按照省与市、县（市）原公路养路费等"六费"收入分成体制所核定的各市、县（市）替代原摩托车与拖拉机养路费、公路运输管理费收入返还基数执行。

4. 收入分成

增量分成。2012 年及以后年度，市、县（市）地方财政收入超过 2011 年收入基数的增量部分，省与市、县（市）实行二八分成，即省得 20%，市、县（市）得 80%。2012 年及以后年度，市、县（市）上划中央"增值税、消费税"应返还收入比 2011 年返还基数的增加额，省与市、县（市）实行二八分成，即省得 20%，市、县（市）得 80%。继续对少数民族县、少数欠发达地区和海岛地区作适当照顾。

总额分享。省与杭州市收入总额分享办法按原规定执行。

5. 建立区域统筹发展激励奖补政策

为进一步激发设区市扶持所辖各县（市）发展的积极性，增强设区市统筹区域发展能力和辐射功能，引导设区市加大对所辖各县（市）基础设施建设、产业发展以及民生改善等方面投入，进一步整合区域资源推动区域统筹发展，提高区域竞争力，实施区域统筹发展激励奖补政策。奖励办法是：省区域统筹发展激励奖补资金与各设区市对所辖县（市）年度财政补助资金挂钩。奖补系数比例分为两类三档，其中：丽水市、衢州市 2 个一类设区市奖补系数为 1∶2，即丽水市、衢州市对所辖县（市）财政补助资金 1，则省财政相应奖励补助 2；金华市、舟山市 2 个一类设区市奖补系数为 1∶1，即金华市、舟山市对所辖县（市）财政补助资金 1，则省财政相应奖励补助 1；杭州市等 6 个二类设区市奖补系数为 1∶0.3，即杭州市等 6 市对所辖县（市）财政补助资金 1，则省财政相应奖励补助 0.3。计算省补助资金时，设区市对所辖县（市）财政补助资金应扣除设区市地方财政税收收入增长奖补机制中新增挂钩比例的发展资金。各设区市安排的资金与按规定的奖励系数计算的省奖补资金一起，共同用于支持所辖县（市）各项事业的统筹发展。各设区市扶持县（市）发展的财政补助资金的文件，抄报省财政厅。若设区市未按规定比例落实下达资金，年终省财政相应扣减对设区市的转移支付，并转补给有关县（市）。省对设区市实施区域统筹发展激励奖补政策后，各设区市不得将支出责任转嫁给所辖县（市），也不得从所辖县（市）统筹资金。

6. 建立促进发展奖补机制

（1）地方财政税收收入增长奖补机制。将全省各市、县（市）分为两大类：一类是欠发达地区（含部分海岛地区，少数困难市、县（市），下同），实施三档激励补助政策、两档激励奖励政策；另一类是发达地区和较发达地区，实施两档激励奖励政策。

欠发达地区激励补助政策。淳安县等32个市、县（市），在确保实现当年财政收支平衡、确保完成政府职责任务（重点是教育、卫生、社保等有关改善民生、促进社会和谐方面的职责任务，下同）的前提下，实行省激励补助与其地方财政税收收入增长挂钩，奖励与其地方财政税收收入增收额挂钩的办法。补助办法是：市、县（市）地方财政税收收入每增长1%，省补助按一定系数相应增长。32个市、县（市）补助系数分三档：第一档为文成县等6个县，补助挂钩系数为0.4；第二档为淳安县等20个市、县（市），补助挂钩系数为0.3；第三档为三门县等6个市、县（市），补助挂钩系数为0.2。奖励办法是：省对32个市、县（市）按地方财政税收收入当年增收额（环比）的一定比例给予奖励。奖励分为发展资金和考核奖励两部分。奖励分两档：第一档为衢州市等4个设区市，按全市地方财政税收收入增收额挂钩计算，挂钩比例为增收额的10%，其中9%部分为发展资金，1%部分用于考核奖励；第二档为淳安县等28个县（市），按本县（市）地方财政税收收入增收额挂钩计算，挂钩比例为增收额的10%，其中8%部分为发展资金，2%部分用于考核奖励。

发达地区和较发达地区激励奖励政策。杭州市等31个市、县（市），在确保实现当年财政收支平衡、确保完成政府职责任务的前提下，实行省奖励与其地方财政税收收入增额挂钩的办法。奖励办法：省对31个市、县（市）按地方财政税收收入当年增收额（环比）的一定比例给予奖励。奖励分为发展资金和考核奖励两部分。奖励分两档：第一档为杭州市等6个设区市，按全市地方财政税收收入增收额挂钩计算，挂钩比例为增收额的7.5%，其中7%部分为发展资金，0.5%部分用于考核奖励；第二档为富阳市等25个县（市），按本县（市）地方财政税收收入增收额挂钩计算，挂钩比例为增收额的5%，其中4%部分为发展资金，1%部分用于考核奖励。设区市新增挂钩比例的发展资金，用于所辖县（市）区域统筹发展。考核奖励资金用于省委、省政府确定的各项考核奖励。

（2）营业税增收省分成返还奖励政策。为进一步推动经济发展方式转变，促进产业优化升级，大力发展服务产业，更好地建立健全地方财政收入长效增长机制，优化地方财政收入结构，继续实行营业税增收省分成返还奖励政策，即对市、县（市）营业税当年增收省分成部分予以返还奖励。

（3）"浙商回归""腾笼换鸟"等经济发展考核奖励政策。为进一步引导市、县（市）加大对经济发展的支持力度，推动浙商创业创新，促进总部经济加快发展，加快"腾笼换鸟"的步伐，加大有效投资投入力度，加快产业转型升级和经济发展方式转变，对在吸引"浙商回归"、加快"腾笼换鸟"、促进有效投资工作中考核优秀的市、县（市），根据相关规定，给予一定的奖励。

7. 改革和完善转移支付制度

为使省对市、县（市）转移支付，特别是专项转移支付更加科学、公平、规范、透明和有效，增强政府宏观调控能力，实施省级专项性一般转移支付改革。围绕省委、省政府特定政策目标，省级各部门原则上将本部门现有专项转移支付资金整合成一个专项性一般转移支付项目，资金使用的方向、范围、政策目标总体不变。转移支付资金原则上按"因素法"分配使用，即选取部门年度任务、工作目标、工作绩效等专用因素，以及受益市、县（市）人口、转移支付类别等通用因素，设置分配因素的量化指标、权重系数和计算公式，并据此分配资金。转移支付类别，以各市、县（市）经济发展、财力状况等因素为依据分为两类六档。省级各部门强化专项性一般转移支付支持项目的全过程监督和管理，提前通告专项性一般转移支付支持的条件、范围和方向，审核把好支持项目进入项目库的关口，管理和监督市、县（市）实施好项目；市、县（市）严格按照省规定的有关要求，事先做好申请项目的立项、论证工作，事中做好支持项目的实施工作，事后组织验收、总结，并做好绩效评价工作。通过实施专项性一般转移支付改革，使分散的资金有效集聚，形成合力，提高政府统筹能力，实现集中财力办大事；使专项资金分配更加科学，管理更加规范，操作更加透明，有利于进一步加快财政资金拨付进度，提高财政资金使用绩效。

8. 加强乡镇财政管理

加强乡镇财政机构建设，增配相关人员力量，省确定的小城市培育试点镇设立财政局；经济较为发达、辐射带动能力强、使用财政资金规模较大、自身城镇化建设水平较高的省级中心镇，也可以设置财政局，一般按每个设区市 1～3 个掌握，具体由各市机构编制部门根据实际情况研究确定；其他乡镇设立财政所（办）。经济不发达、财政资金收支规模较小的乡镇，也可实行"乡财县管"。各地根据省对市、县（市）财政体制，合理确定对乡镇的财政体制。积极探索和创新乡镇财政管理方式，把乡镇财政管理与促进乡镇政府公共服务工作有机结合，以加强资金监管为中心，将财政支付相关联的涉乡民生服务工作流程进行统筹安排，推进乡镇公共财政服务平台建设，构建"一站式、一条龙、一卡通"式公共财政服务模式，促进公共财政服务下乡村，提高乡镇公共服务水平。

9. 进一步明确各级政府的财政支出责任

各级政府切实履行财政资金监管责任，着力提高财政资金使用效益，确保用好纳税人的每一分钱，让每一分钱都花出效益。深化"三位一体"财政管理改革，加快推进财政"大监督"体系建设，建立以绩效监督为核心，以预算监督为主要内容，覆盖所有财政性资金，贯穿于财政运行全过程，预算编制、执行和监督相互协调、相互制衡的新型财政监督机制。加强预算绩效管理，深化绩效评价结果应用，将绩效评价结果作为以后年度预算项目立项和财政资金分配的重要依据；强化部门单位支出绩效主体责任，将绩效管理工作纳入当地政府对部门的年度目标责任制考核。强化基层财政尤其是乡镇财政资金监管，建立就地就近资金监管机制，将所有财政资金纳入监管范围，严格项目资金监管，特别是强化对直接或间接补助到农民的财政资金的监管，提高基层政府公共服务能力和水平；县级财政加强对乡镇的监督检查，确保各项民生政策落到实处。强化财政监管信息化支撑，依托数字财政建设，创新财政资金监管模式，提升财政管理科学化、精细化水平。

（三）2015 年省对市县财政体制

2015 年，为了加快建立现代财政制度，浙江省财政厅对深化财政体制改革提出了如下实施意见。

1. 推进事权和支出责任划分

按照事权和支出责任划分的基本原则，逐步推进分行业分领域的事权和支出责任划分工作。省与市、县（市）收支范围、收入分成（增量分成和总额分成）、所得税分享改革基数返还、成品油价格和税费改革税收基数返还等仍按原规定执行。按《国务院关于完善出口退税负担机制有关问题的通知》规定，自 2015 年 1 月 1 日起，出口退税（包括出口货物退增值税和营业税改征增值税出口退税）全部由中央财政负担，市、县（市）2014 年原负担的出口退税基数，定额上解中央。省对市、县（市）消费税不再实行增量返还，改为以 2014 年消费税返还数为基数，实行定额返还。财政管理体制的收支基数以 2014 年市、县（市）财政收入、财力决算数为基础核定。

2. 优化转移支付分档体系

优化完善转移支付地区分类分档体系，建立换档激励奖补机制。以各市、县（市）经济社会发展水平、经济动员能力、财力状况等因素为依据分为二类六档。

其中：淳安县等 7 个县，转移支付系数为 1；苍南县等 18 个市、县（市），转移支付系数为 0.9；三门县等 4 个市、县（市），转移支付系数为 0.8；金华市等 10 个市、县（市），转移支付系数为 0.6；海宁市等 14 个县（市），转移支付系数为 0.4；杭州市等 6 个市，转移支付系数为 0.2。

3. 建立高新技术产业地方税收增量返还奖励政策

为引导市、县（市）支持高新技术产业加快发展，经国家认定的高新技术企业的企业所得税地方部分增收上交省当年增量部分，返还奖励给各市、县（市）。

4. 优化收入激励奖补政策

（1）第三产业地方税收收入增长奖补政策。对丽水等 29 个市、县（市），在确保实现当年财政收支平衡、确保完成民生改善等政府职责任务的前提下，实行省激励补助与其第三产业地方税收收入增长率挂钩、奖励与其第三产业地方税收收入增收额挂钩的办法。

补助办法：市、县（市）第三产业地方税收收入每增长 1%，省补助按一定系数相应增长。丽水等 29 个市、县（市）补助系数分三档：第一档为文成等 7 个县，补助挂钩系数为 0.4；第二档为苍南等 18 个市、县（市），补助挂钩系数为 0.3；第三档为三门等 4 个市、县（市），补助挂钩系数为 0.2。

奖励办法：省对丽水等 29 个市、县（市）按其第三产业地方税收收入当年增收额的一定比例给予奖励。奖励分两档：第一档为丽水等 3 个设区市，按全市第三产业地方税收收入增收额挂钩计算，挂钩比例为增收额的 15%；第二档为淳安等 26 个县（市），按本县（市）第三产业地方税收收入增收额挂钩计算，挂钩比例为增收额的 15%。

（2）地方财政收入激励奖励政策。对杭州等 30 个市、县（市），在确保实现当年财政收支平衡、确保完成政府职责任务的前提下，实行省奖励与其地方财政税收收入增收额挂钩的办法。奖励办法：省对杭州等 30 个市、县（市）按市本级、县（市）地方财政税收收入当年增收额的 10% 给予奖励。

5. 优化区域统筹发展激励奖补政策

（1）设区市区域统筹发展收入激励政策。奖励办法：对设区市的收入奖补，与设区市所辖县（市）地方财政税收收入当年增收额挂钩，其中杭州、嘉兴、湖州、绍兴、金华、温州、台州 7 个设区市的比例为 10%，丽水、衢州、舟山 3 个设区市的比例为 15%。奖补资金必须用于所辖县（市）统筹发展。

（2）设区市对所辖县（市）年度财政补助奖励政策。奖励办法：设区市自有财力安排的对所辖县（市）年度财政补助资金，省兑现按奖补系数计算的区域统筹发展激励奖补资金。奖补系数比例分为三档，其中：丽水、衢州 2 个设区市奖补系数为 1:2，即丽水市、衢州市对所辖县（市）财政补助资金 1，则省财政相应奖励补助 2；金华、舟山 2 个设区市奖补系数为 1:1，即金华市、舟山市对所辖县（市）财政补助资金 1，则省财政相应奖励补助 1；杭州、嘉兴、湖州、绍兴、温州、台州等 6 个设区市奖补系数为 1:0.5，即杭州等 6 个设区市对所辖县（市）财政补助资金 1，则省财政相应奖励补助 0.5。财政补助奖励资金必须统筹用于支持所辖县（市）经济社会的均衡发展。计算省补助资金时，设区市对所辖县（市）安排的财政补助资金应扣除省给予设区市的区域统筹发展收入激励奖补资金。各设区市扶持县（市）发展的财政补助资金文件，应抄送省财政厅；省奖补资金，由省财政根据各设区市财政补助文件，经审核无误后下达给相关县（市）。若设区市未按规定比例落实下达资金，年终省将相应扣减对设区市的转移支付，并转补给有关县（市）。

6. 收支范围如下

（1）收入范围。中央级收入：关税、海关代征消费税和增值税，消费税、增值税 75% 部分、企业所得税 60% 部分、个人所得税 60% 部分，国家邮政、各银行总行、各保险总公司等集中缴纳的税收，中石化、中石油企业所得税，海洋石油资源税，证券交易税 97% 部分等。省级收入：全省电力供应业企业缴纳的增值税 25% 部分、企业所得税 40% 部分，全省银行及保险、证券、典当、担保、租赁、信托等非银行金融企业缴纳的营业税 60% 部分；中国移动浙江公司、沪杭高速浙江段等跨地区经营、集中缴纳所得税等地方分成部分，省级各项非税收入。市、县（市）级收入：按属地除规定为中央和省级以外的收入，包括增值税 25% 部分、企业所得税 40% 部分、个人所得税 40% 部分，全省银行及保险、证券、典当、担保、租赁、信托等非银行金融企业缴纳的营业税 40% 部分，其他营业税、城市维护建设税、房产税、城镇土地使用税、土地增值税、耕地占用税、契税等，市、县（市）各项非税收入。

（2）支出范围。省级支出：省级一般公共服务、公共安全、教育、科学技术、文化体育与传媒、社会保障和就业、医疗卫生、环境保护、城乡社区事务、农林水事务、交通运输、工业商业金融等事务支出，以及省级其他支出。市、县（市）级支出：市、县（市）级一般公共服务、公共安全、教育、科学技术、文化体育与传媒、社会保障和就业、医疗卫生、环境保护、城乡社区事务、农林水事务、交通运输、工业商业金融等事务支出，以及市、县（市）级其他支出。

7. 税收返还收入

上划中央增值税税收返还收入，以 2014 年为基期年核定。2015 年及以后年度，税收返还数额在 2014 年基数上逐年递增，递增率按市、县（市）当年上划中央增值税收入增长率的 1：0.3 系数确定，即市、县（市）当年上划中央增值税收入每增长 1%，省对市、县（市）的税收返还增长 0.3%。若 2015 年及以后年度上划中央增值税收入达不到 2014 年考核基数，则相应扣减税收返还数额；低于上年决算数，则按低于额的 1：0.3 系数扣减税收返还数额。

上划中央"企业所得税、个人所得税"税收收入及返还，按照所得税分享改革时核定的返还基数及收入考核基数确定。若 2015 年及以后年度达不到考核基数的，相应扣减税收返还基数。

成品油价格和税费改革税收返还，按照省与市、县（市）原公路养路费等"六费"收入分成体制所核定的各市、县（市）替代原摩托车与拖拉机养路费、公路运输管理费收入返还基数执行。

8. 收入分成

增量分成。2015 年及以后年度，市、县（市）地方财政收入超过 2014 年收入基数的增量部分，省与市、县（市）实行"二八"分成，即省得 20%，市、县（市）得 80%。2015 年及以后年度，市、县（市）上划中央增值税应返还收入比 2014 年返还基数的增加额，省与市、县（市）实行"二八"分成，即省得 20%，市、县（市）得 80%。继续对少数民族县，少数加快发展县和海岛地区作适当照顾，其中：淳安、磐安、文成、泰顺、景宁、青田、云和、舟山、岱山、嵊泗等10 个市、县（市），免上交，省分成比例为 0；武义、三门 2 个县，省分成比例为10%；玉环县省分成比例为 15%。

总额分享。省与杭州市（不含萧山区、余杭区、富阳区）收入实行总额分享，在分享范围内的各项税收地方部分的分享比例为 16：84，即省分享比例为 16.0%、杭州市分享比例为 84.0%。

（四）"两张清单"管事权、管责任

1. 推进省与市县财政事权划分

（1）制定省级财政事权清单。在中央授权的省以下财政事权范围内，制定省级财政事权清单，明确界定省级财政事权，适度加强省级保持经济社会稳定、促进区域协调发展、推进基本公共服务均等化等方面的财政事权。强化省级财政事权履行责任，省级财政事权原则上由省级直接行使，确需委托市县行使的，报经省委、省政府批准后，由省有关职能部门委托市县行使，并通过制定相应的地方性法规或政府规章予以明确。对省级委托市县行使的财政事权，受委托市县在委托范围内，以委托单位的名义行使职权，承担相应的法律责任，并接受委托单位的监督。

（2）制定省与市县共同财政事权清单。按照财政事权属性和划分原则，制定省与市县共同财政事权清单，逐步减少并规范省与市县共同财政事权，并根据基本公共服务的受益范围、影响程度，按事权构成要素、实施环节，分解细化省和市县政府承担的职责，避免由于职责不清造成互相推诿和交叉重叠。

逐步将义务教育、高等教育、科技研发、公共文化、基本养老保险、基本医疗和公共卫生、城乡居民基本医疗保险、就业、粮食安全、省内跨区域重大基础设施项目建设和环境保护与治理等体现省委、省政府战略意图，跨区域且具有地域管理信息优势的基本公共服务，确定为省与市县共同财政事权，并明确各承担主体的职责。

（3）明确市县财政事权。属于省以下财政事权，且未列入省级财政事权清单和省与市县共同财政事权清单的事项，明确为市县财政事权。其中，对直接面向基层、量大面广、与当地居民密切相关、由市县提供更方便有效的基本公共服务，在中央和省有关政策和支出标准内，赋予市县政府充分自主权，依法保障其履行财政事权，调动和发挥市县政府的积极性，更好地满足市县基本公共服务需求。市县财政事权由市县行使，省级根据中央关于地方履行财政事权的有关规定，对市县财政事权履行提出规范性要求，并通过推动制定地方性法规或政府规章的形式予以明确。

逐步将社会治安、市政交通、农村公路、城乡社区事务等地域性强、外部性较弱、信息较为复杂且主要与当地居民密切相关的基本公共服务确定为市县财政事权。

（4）建立省以下财政事权划分动态调整机制。根据中央各领域改革进程及财政事权划分情况，围绕省委、省政府重点工作，动态调整财政事权划分相关内容。对因中央改革形成省以下财政事权发生变化的，按照中央规定及时调整；对因客观环境发生变化，造成现行省以下财政事权划分不适应经济社会发展要求的，结合实际调整完善；对新增及尚未明确划分的事项，根据中央和省委、省政府改革部署、经济社会发展需求以及各级政府财力情况，做好统筹划分，应由市场或社会承担的事务交由市场主体或社会力量承担，应由政府提供的事项明确各级财政事权划分。

2. 完善省与市县支出责任划分

（1）省级财政事权由省级承担支出责任。省级财政事权清单确定的财政事权，由省级财政安排经费，省级各职能部门和直属机构不得要求市县安排配套资金。省级财政事权如委托市县行使，通过省级转移支付安排相应经费。

（2）省与市县共同财政事权区分情况划分支出责任。省与市县共同财政事权清单确定的财政事权，区分情况划分支出责任和分担比例。根据基本公共服务的属性，体现国民待遇和公民权利、涉及全省统一市场和要素自由流动的财政事权，如义务教育、基本养老保险、城乡居民基本医疗保险、基本公共卫生服务等，根据中央制定的统一标准，由省与市县按比例承担支出责任；对受益范围较广、信息相对复杂的财政事权，如省内跨区域重大基础设施项目建设、流域生态治理等，根据财政事权外溢程度，由省与市县按比例或省给予适当补助方式承担支出责任；对省和市县有各自机构承担相应职责的财政事权，省和市县各自承担相应支出责任；对省级承担监督管理、出台规划、制定标准等职责，市县承担具体执行等职责的财政事权，省与市县各自承担相应支出责任。上述省与市县按比例承担支出责任的事项，由省与市县按比例分别筹集相应资金；省给予适当补助方式承担支出责任的事项，由市县负责筹集资金，省级视财力以及市县工作绩效情况适当给予以奖代补资金。上述资金具体使用、拨付和管理均由市县负责。

（3）市县财政事权由市县承担支出责任。属于市县的财政事权，由市县通过自有财力安排经费。市县政府在履行财政事权、落实支出责任时，做到量入为出、收支平衡，部分资本性支出可通过依法取得省政府发行的政府性债券等方式安排。市县的财政事权如委托省级机构行使，市县政府负担相应经费。市县政府不能擅自调整省政府及有关部门出台的基本民生支出政策，确需调整的，由设区市政府统筹考虑所辖县（市）情况，报经省政府审批同意后执行，并承担相应的支出责任。

3. 深化财政专项资金管理改革

根据省级财政专项资金支持财政事权情况，分类实施财政专项资金改革。市场能够有效发挥作用的事项，省级财政专项资金退出，过渡期间由政府产业基金通过市场化方式予以支持；属于委托市县行使省级财政事权的事项，安排省级财政专项资金予以支持；属于省与市县共同财政事权的事项，安排省级财政专项资金予以支持，并建立省与市县分担机制。对属于市县财政事权的事项，省级财政专项资金建立退出机制，其中：省委、省政府确定特定目标的财政专项（包括存量专项），明确设定期限，原则上以 3 年为期；非省委、省政府按程序确定特定目标的财政专项，在 2020 年前一律退出。

（五）浙江省对市县财政体制的特色

通过以上对 2008 年以来浙江省管县财政管理体制重大变化的梳理，我们可以清晰地看到浙江省财政体制三个非常明显的特色：一是省财政集中两个 20% 的做法，这个做法从分税制之初至今一直未变；二是一直在变的省对市县转移支付制度，在不同的历史阶段，根据不同的需求，建立不同的转移支付方式提高管理效率，拉动经济增长、转型，促进环境保护；三是激励兼容的地方财政税收收入增收奖补机制不仅使市县和省的收入目标达成一致，还很好地贯彻了省财政各阶段的意图。

1. 一直未变的收入分成制度

浙江省与市县的收入分成主要通过省财政集中两个 20% 的做法，具体来说就是：市、县（市）地方财政收入超过收入基数的增量部分，省与市、县（市）实行"二八"分成，即省得 20%，市、县（市）得 80%；市、县（市）上划中央增值税应返还收入比之前年度返还基数的增加额，省与市、县（市）实行"二八"分成，即省得 20%，市、县（市）得 80%。在上述集中两个 20% 基础上对少数民族县，少数加快发展县和海岛地区作适当照顾。省财政集中的财力是省级政府均衡区域差距的财力基础，也是独树一帜的转移支付制度得以存在的财力来源。

2. 独树一帜、一直求变的转移支付制度

浙江省对市县的转移支付制度与中央对省的转移支付体系有所不同：一是浙江省转移支付制度一直在做与时俱进的调整，例如 2008 年出台了市县营业税增收上交返还奖励政策，2015 年调整为第三产业地方税收收入增长奖补政策，2012 年出台了"浙商回归""腾笼换鸟"等经济发展考核奖励政策，2015 年建立了高新技术产业地方税收增量返还奖励政策。二是浙江省对市县的转移支付政策重点突出，通常是地方财政税收收入增长奖补机制辅之以同一时期的某一重点转移支付政策。

（1）区域统筹发展激励奖补政策。

从 2012 年开始，浙江省为进一步激发设区市扶持所辖各县（市）发展的积极性，增强设区市统筹区域发展能力和辐射功能，引导设区市加大对所辖各县（市）基础设施建设、产业发展以及民生改善等方面投入，进一步整合区域资源，推动区域统筹发展，提高区域竞争力，实施了区域统筹发展激励奖补政策。政策分两大类，一类是对设区市的收入奖补与设区市所辖县（市）地方财政税收收入当年增收额挂钩，奖补资金用于所辖县（市）的统筹发展；二是省财政按奖补系数补助设区市对所辖县（市）年度财政补助。财政补助奖励资金必须统筹用于支持所辖县（市）经济社会的均衡发展、区域统筹发展激励奖补政策的目标是推动区域均衡发展、区域内公共基础设施共建共享等。2016 年，省财政共兑现 22.7 亿元奖补资金，与各设区市补助资金一起，共同用于支持县（市），补齐区域统筹协调发展短板。

党的十九大报告指出，要"加快建立现代财政制度，建立权责清晰、财力协调、区域均衡的中央和地方财政关系"。当前我国区域发展差距不仅表现为传统的沿海与内陆地区的差距，还表现为省域内中心与外围、城市群或都市圈与周边地区的差距等。群山盘结的浙西南衢州、丽水等地，舟山偏远的海岛渔村，是浙江的经济相对欠发达地区；杭州、宁波、嘉兴、绍兴等沿海平原，经济则较为发达。区域发展差距的另一种表现是地级市内部的区域发展不均衡。在省管县财政体制下，这一区域不平衡变得显著，成为省管县财政体制的诟病之一。通过设立区域统筹激励奖补政策，省管县财政体制兼具了市管县财政体制的优点，促进了区域均衡发展。

（2）专项性一般转移支付。

严格来说，分类分档激励奖补机制和区域统筹发展激励奖补政策属于转移支付的内容，专项性一般转移支付属于转移支付的方式，实行专项性一般转移支付是转移支付方式的创新。从 2009 年起，浙江省财政把一些体现均衡性、均等化，受益人群普惠性的转移支付资金，如义务教育阶段免学杂费和课本费、生态公益林补偿机制等民生项目从专项转移支付纳入一般性转移支付。2010 年共有 18 项总计 86 亿元的专项转移支付纳入一般性转移支付。2010 年，浙江省对有些一般性转移支付项目规定了使用方向，如均衡性转移支付中单列了省级政法财力补助 3.5 亿元。2011 年增加到 150 多亿元①。调整后的转移支付呈现出了不同以往转移支付的特征，它是一种规定了使用范围的一般性转移支付，类似于美国的分类拨款（block grants），我们称之为专项性一般转移支付。专项转移支付条块分割严重，申报审批程序复杂，项目包装现象普遍，给管理和监督带来很大的困难，导致财政资金利用效率低下。尽量减少、压缩专项转移支付，加大一般性转移支付力度，某种程度上可以缓解由专项转移支付带来的弊端，但不是治本之策，也会出现新的问题。正是在此背景下，浙江省创新性地推出了专项性一般转移支付。关于这一转移支付制度改革的详细内容见本书其他章节。

（3）生态环保财力转移支付。

生态环保财力转移支付制度开始于 2007 年。2007 年度，浙江省财政厅拨出总额为 6 亿元，其中淳安县得到 5482 万元补助，相当于该县地方财政收入的 13.3%。从 2008 年开始，浙江省全面实施省对主要水系源头所在市、县（市）的生态环保财力转移支付制度。生态环保财力转移支付制度围绕水体、大气、森林等生态环保基本要素，以因素法和系数法为基础，通过奖惩分明的考核激励机制，把生态补偿与扶持欠发达地区发展有机结合起来，把财政转移支付与生态环境保护有机结合起来，丰富和完善了浙江省省对市县财政转移支付制度体系，通过体制机制和政策创新推动各地的科学发展，促进了全省区域间的基本公共服务均等化。本书其他章节将详细介绍这一转移支付制度。

---

① 实际部门调研数据。

3. 激励兼容的地方财政税收收入增长奖补机制

2008 年，浙江省实行分类分档激励奖补机制。其前身是 2003 年开始实行的"两保两挂""两保一挂"财政政策。"分类分档激励奖补机制"将全省各市县分为两大类，一类是欠发达地区（含部分海岛地区，少数困难市县，下同），实施三档激励补助政策、两档激励奖励政策；另一类是发达地区和较发达地区，实施两档激励奖励政策。2012 年，分类分档激励奖补机制调整为"地方财政税收收入增长奖补机制"。将全省各市、县（市）分为两大类，一类是欠发达地区（含部分海岛地区，少数困难市、县（市），下同），实施三档激励补助政策、两档激励奖励政策；另一类是发达地区和较发达地区，实施两档激励奖励政策。2015 年，进一步优化收入激励奖补政策，对丽水等 29 个市县，实行省激励补助与其第三产业地方税收收入增长率挂钩、奖励与其第三产业地方税收收入增收额挂钩的办法；对杭州等 30 个市县，实行省奖励与其地方财政税收收入增收额挂钩的办法。

分类分档激励奖补机制的主要目标是激励市县财政税收收入增长，这一激励在浙江可谓是源远流长，"亿元县上台阶""两保两挂"都是此类政策。通观浙江省财政体制的历次调整，转移支付的一个重点必然是提高市县政府收入努力的各类激励政策。在实施激励奖补政策之前，浙江省对贫困县和经济发达地区的体制补助，原来一直采用定额补助或按 5%~10% 的幅度递增的办法，用公式表示如下：

$$G = C \tag{1.1}$$

G 为市县政府取得的补助或奖励额，C 为定额补助。这种补助方式导致贫困县的工作重点不是做好增收节支，而是向省里不断要求增加补助，导致财政收入多年徘徊不前，不少市（县）甚至出现越补越穷的尴尬局面。1994 年，省财政给 17 个不发达的县（市）增加了 5500 万元的补助，结果赤字反而增加到 12220 万元之大，实际赤字总额为 17720 万元。不发达县（市）一心想补助，生怕多收反而少补，不如藏富于民、少收一点。而省财政却希望不发达县（市）多收一点，就可以少拨补助。上下级财政之间处于利益的对立面，利益博弈限制了县（市）财政的积极性。

在看清楚当时的情形后，省财政厅积极寻求解决方法，建立了收得多奖（补）得多、收得少奖（补）得少的机制。关键在于设计适当的激励机制，使市县政府和省级政府目标一致，达到"激励兼容"。1995 年开始实行"两保两挂"，到 1995 年年底，情况有了很大的改观。1995 年，省财政只增加补助 5059 万元，17 个不发达县（市）中有 15 个实现当年财政收支平衡。例如文成县，当年增长 125%，历年累计的 1000 万元赤字，当年就消化了 700 万元。激励兼容的分类分档奖补机制用公式表示如下：

$$G = G(X) \tag{1.2}$$

G 为市县政府取得的补助或奖励额；X 为市县政府的行为，通常为地方财政税收收入增长额（率）或第三产业地方税收收入增长额（率）。也就是说，补助或奖励的额度不再是固定额，而是取决于市县政府的行为。总的原则是，市县财政税收收入增长越快，所得的补助越多；增收数额越大，所得的奖励也越多。这种方式和分税制改革之前的地方财政承包制的江苏模式类似。[①] 以 2015 年的收入激励奖补政策为例，具体说明分类分档奖补机制的操作模式。

（1）对丽水等 29 个市、县（市），激励补助公式如下：

$$G = (1 + ax)G' \tag{1.3}$$

G 为市县政府取得的补助额；G' 为上一年取得的补助额；a 为挂钩系数[②]；x 为市县第三产业地方税收收入增长率。

（2）对丽水等 29 个市、县（市），奖励公式如下：

$$G = 15\% \cdot X \tag{1.4}$$

G 为市县政府取得的奖励；X 为市县第三产业地方税收收入增长额。[③]

（3）对杭州等 30 个市、县（市），奖励公式如下：

$$G = 10\% \cdot X \tag{1.5}$$

G 为市县政府取得的奖励；X 为市县第三产业地方税收收入增长额，按市本级、县（市）地方财政税收收入当年增收额的 10% 给予奖励。

公式（1.3）、（1.4）和（1.5）是 2015 年的收入激励奖补政策，与 2008 年和 2012 年的政策稍有不同。X 在不同的时期或不同的项目下具有不同的含义，例如在 2015 年的财政体制中，对丽水等 29 个市、县（市），在确保实现当年财政收支平衡、确保完成民生改善等政府职责任务的前提下，实行省激励补助与其第三产业地方税收收入增长率挂钩，奖励与其第三产业地方税收收入增收额挂钩的办法。省

---

① 地方财政承包的江苏模式用公式可以表达为 $S(X) = a \cdot X$。$S(X)$ 是地方政府所得的财政收入；a 是地方财政分成的固定比例，$(1 - a)X$ 便是中央政府从该省（市）所得的财政收入（平新乔，1992）。

② 为取得地区间横向公平，不同的市县设置不同的挂钩系数，第一档为文成等 7 个县，补助挂钩系数为 0.4；第二档为苍南等 18 个市、县（市），补助挂钩系数为 0.3；第三档为三门等 4 个市、县（市），补助挂钩系数为 0.2。

③ 奖励分两档：第一档为丽水等 3 个设区市，按全市第三产业地方税收收入增收额挂钩计算，挂钩比例为增收额的 15%；第二档为淳安等 26 个县（市），按本县（市）第三产业地方税收收入增收额挂钩计算，挂钩比例为增收额的 15%。

政府为了促进欠发达地区经济转型、扶持第三产业的发展，及时将 X 这一变量由 2012 年的"地方财政税收收入增长额（率）"替换为"第三产业地方税收收入增长额（率）"，很好地贯彻了自身意图，激励机制兼容的不仅是地方财政收入，而且兼顾了各时期不同的发展导向。

2009 年，财政部发文要求到 2012 年年底，除民族自治地区外，各地都要实行财政"省直管县"。之后，改革势如破竹。时至今日，各省改革进度不一。财政层级由政治体制决定，中央允许财政单兵突进，作为行政省管县的探索。此外，财政层级还受管辖能力的制约，受各地历史传承的影响。因此，各省对财政省管县适应性不一，改革进度和力度自然不同。对省管县财政管理体制来说，更重要的是体制内容，从本节分析可见，浙江省对市县财政体制有独到的做法。然而这些做法无法全部照搬到其他省份，因为体制的内容扎根于各省省情，省情不同，体制内容也应不同。可以说，浙江省管县财政管理体制的成功是天时、地利、人和的综合作用结果，浙江独特的地理条件、现实状况和经济发展特点催生了省管县财政管理体制，[①] 省直管县的财政体制、省级财政集中两个 20% 的做法和独树一帜的转移支付制度顺应自然，在管理上寻求突破，在做法上追求创新，适应了浙江省情，获得了成功。

然而，就如空间上各省情况不一，对省管县财政管理体制适应性不同，时间维度上的浙江情况也在变化。尽管浙江省对市县财政体制的内容一直在做着与时俱进的调整，但就省管县这种管理方式本身却是 1953 年以来一直未变。接下来我们将考察省财政直接管理县（市）这一管理模式与现阶段浙江经济的适应性，并思考浙江省对市县财政体制的未来调整方向。

三、浙江省管县财政体制的起承转合

1953 年是浙江省管县财政体制的起点；中间经历了 1982 年全国市管县的浪潮，顶住了 1994 年分税制财政体制改革的冲击，一直承袭了省管县财政体制；2012 年是浙江省管县财政体制的一个小小转折点，这一年浙江省对市县财政体制推出了区域统筹发展激励奖补政策，甚至有人将此看作是对市管县财政体制的小小回归，事实上，它是对省管县财政体制的一次升级。经过了整整 59 年的浙江省管县财政体制，需要一个有力的"合"来适应新情况、新问题。本节将以省管县财政体制面对的新情况，出现的新问题为线索，探索如何升级浙江省管县财政体制，

---

① 详见钟晓敏等：《公共财政之路——浙江的实践与探索》，浙江大学出版社 2008 年版，第四章第二节。

为这一领域的改革提供一个实践样本。

　　浙江省管县财政体制面临的新情况和新问题或者说新挑战，是如何在现有体制下实现区域统筹。区域统筹指的是公共基础设施的共建共享、区域内各县（市）均衡发展以及产业集聚、升级背景下的跨区合作。省管县财政体制的一个不争优势是简化了政府层级关系，扁平化了行政体制架构，促进了行政效率的提高。但也有不少研究认为它造成了县域壁垒，阻碍了区域统筹，如果说省管县财政体制促进了经济增长，也是通过增强政府间竞争效应而产生的。高军和王晓丹（2012）认为，江苏"省直管县"财政体制对经济增长的作用主要在于促进了各县之间的竞争，即具有"政府竞争效应"，而对经济长期增长具有重要作用的"技术进步效应""生产函数效应"和"市场竞争效应"却并未凸显。贾俊雪和宁静（2015）利用 2002 年和 2007 年全国县级面板数据和倾向得分匹配—双重差分法构造反事实，在拟自然实验环境下识别出改革对县级政府支出结构的因果处置效应。结果显示，省直管县这一扁平化的财政治理结构安排更倾向于削弱省以下的协调机制而强化辖区间财政竞争，加剧县级政府以经济增长为导向的支出行为偏差和职能扭曲——改革导致 2007 年县级政府的基本建设支出比重较 2002 年大幅增加了 266.2%，教育支出比重和医疗卫生支出比重分别减少了 3.7% 和 12.7%。进一步的机理检验表明，这主要归因于省直管县这一纵向财政治理结构安排削弱了省以下的协调机制而强化了辖区间财政竞争。那么，如何在省管县财政体制下实现区域统筹呢？浙江省做了摸索和实践。

（一）建立区域统筹激励奖补机制，实现公共基础设施共建共享

　　省管县财政体制下，各县（市）与行政上级地级市共同与省财政发生联系，客观上削弱了地级市对所辖县（市）的统筹作用。有些公共基础设施不能在大市内实现共建共享，是一种资源浪费。

　　为了进一步激发设区市扶持所辖各县（市）发展的积极性，增强设区市统筹区域发展能力和辐射功能，引导设区市加大对所辖各县（市）基础设施建设、产业发展以及民生改善等方面投入，进一步整合区域资源推动区域统筹发展，提高区域竞争力，浙江从在 2012 年开始实施区域统筹发展激励奖补政策，2015 年体制调整时进一步优化了这一政策。奖励办法是：省区域统筹发展激励奖补资金与各设区市对所辖县（市）年度财政补助资金挂钩。奖补系数比例分为两类三档，各设区市安排的资金与按规定的奖励系数计算的省奖补资金一起，共同用于支持所辖县（市）各项事业的统筹发展。

　　当然，在政策实际执行中发现有部分地区套取省财政配套资金的情况。这种情况的出现表明这一政策细节还须进一步完善，现有财政体制下的区域内公共设施共

建共享还须进一步探索，但并不表明市管县财政体制就能解决这一问题。关键的问题还在于地级市建立部分资源共建共享的理念，完全可以通过地级市牵头，资金分摊的方式促进有机融合。

（二）撤县（市）设区，发挥中心城市辐射功能

撤县（市）设区，对于地级市而言意味着管辖区域的扩大，也意味着财权、人事权、行政审批权、城市规划建设自主权、机构设置等一系列权力的掌控，可以对辖区进行统一规划建设。对于被改的县（市）而言，有可能因为地级市的声誉、城市建设、公共资源等获得巨大的发展机会。2016 年全国有市辖区 954 个，比 2002 年净增 124 个，同时县和县级数减少 133 个。杭州市 2001 年进行了行政区划调整，把所辖萧山、余杭两个县级市撤市建区，财政体制上享受原有的省管县体制不变，经济获得了快速发展。同时，杭州也获得了发展空间，杭州市的中心城市地位和对区域经济的带动作用更加突出。当然，并不是所有县（市）都适合设区。对于经济发达、面积狭小的地级市而言，撤掉临近的县（市）意味着可掌控的土地增多，县（市）得到的经济辐射更强，是一种双赢的策略。余杭、萧山并入杭州之后，杭州将众多高校和工业企业安置在周边，老市区获得了新生，不再是"美丽的西湖、破烂的杭州"，主城区的三产比例也在国内各大城市中处于领先地位。余杭的未来科技城发展、萧山的亚运会主场馆设置以及大江东开发预示着两区已与杭州深度融合。

浙江省下一步应该在省管县财政体制的前提下，集中财力重点支持丽水、衢州、舟山等经济欠发达地区的发展，对杭州市、嘉兴市、绍兴市等经济发达地区，要放手由其自行发展，通过撤县（市）设区增强中心城市的功能、突出中心城市的地位，发挥中心城市的带动作用，实现区域均衡发展。如杭州市经济相对落后的淳安、建德等县市，完全依靠省财政的支持难度大，而杭州市有能力和财力来统筹这些县市的发展，可以参照杭州市上一轮行政体制调整的做法，将下属的县市改为区，财政上保留享受省管县的政策，以实现区域经济均衡发展和公共服务的统一规划、统一使用（余丽生，2014）。

因此，撤县（市）设区不能看作是对省管县财政体制的背离，事实上是对省管县财政体制的一次改进升级。既发挥了市管县体制中心城市的带动功能，又发挥了省管县的固有优势，实现了两种体制的优势互补。

（三）设置产业集聚区，跨区合作激励兼容

一直以来，浙江省独特的块状经济与省管县财政体制相得益彰。随着时间推

移，浙江经济走到了产业集聚、转型升级的关口。过去"低、小、散"的产业格局迫切需要整合，做大做强。2010 年，浙江省发改委牵头制定《浙江省产业集聚区总体规划》，布局 14 个省级产业集聚区。具体包括：杭州大江东产业集聚区、杭州城西科创产业集聚区、宁波杭州湾产业集聚区、宁波梅山物流产业集聚区、温州瓯江口产业集聚区、湖州南太湖产业集聚区、嘉兴现代服务业集聚区、绍兴滨海产业集聚区、金华产业集聚区、衢州产业集聚区、舟山海洋产业集聚区、台州湾循环经济产业集聚区、丽水生态产业集聚区、义乌商贸服务业集聚区。14 个产业集聚区不少跨市或县，它们作为区域经济合作的方式，跨越了行政壁垒，通过主导产业的引领带动和产业集聚区的示范效应，对全省经济增长起着重要作用。

四、本章小结

　　省管县财政体制实质是政府间财政关系安排，它在我国已有的政治架构下简化了管理层级，促进了管理效率。世界上大多数国家都实行三级政府架构，意味着它们的财政体制也是三级架构。各国的地方财政辖区有大有小，管理能力有高有低，说明这些都不是影响财政层级的根本因素。因此，省管县财政体制是目前政治架构下提高财政行政效率的根本途径，至于省管县财政体制带来的问题，例如进一步促进了区域竞争导致地级市内部区域发展不平衡，某种程度来说这不是体制的缺陷，这是体制的进步之处。竞争带来的不平衡是动态的不平衡，也是阶段性的不平衡。特别是，如本节之前所述，浙江省已经在协调区域发展不均衡方面做出了有益尝试。

参考文献

　　[1] 董再平、黄晓红：《关于广西"省管县"财政体制改革模式的探讨》，载于《广西社会科学》2008 年第 10 期。

　　[2] 高军、王晓丹：《"省管县"财政体制如何促进经济增长——基于江苏省 2004～2009 年数据的实证分析》，载于《财经研究》2012 年第 3 期。

　　[3] 贾俊雪等：《省直管县财政体制改革、县域经济增长与财政解困》，载于《中国软科学》2013 年第 6 期。

　　[4] 贾俊雪、宁静：《"省直管县"纵向财政治理结构与地方政府职能优化——基于省直管县财政体制改革的拟自然实验分析》，载于《管理世界》2015 年第 1 期。

　　[5] 平新乔：《财政原理与比较财政制度》，上海三联书店 1992 年版。

　　[6] 史桂芬、王立荣：《基于 DID 模型对中国省管县财政体制的评价——来自吉林省的数

据》，载于《东北师大学报》（哲学社会科学版）2012 年第 2 期。

　　［7］余丽生：《浙江深化省管县财政体制改革面对难题及改革路径》，载于《地方财政研究》2014 年第 1 期。

　　［8］钟晓敏等：《公共财政之路——浙江的实践与探索》，浙江大学出版社 2008 年版。

第二章

财政分类管理改革的选择

　　财政是国家治理的基础和重要支柱，财政改革的目的是为了更好地发挥好财政职能作用，推进国家治理体系和治理能力现代化的实现。改革开放以来，作为改革的先行者和突破口，我国财政率先从打破统收统支着手，实施"核定收支，分级包干"的财政体制即"分灶吃饭"。在此基础上，随着改革的深入，先后实施了分税制财政体制改革，建立公共财政体制，并把改革目标定位于建立现代财政制度。40年的财政改革，逐步理顺了财政分配关系，确保财政职能的实现。浙江省作为改革开放的先发地，浙江财政敢为人先，从地方实际出发，创造性走出一条财政分类管理改革的路子，为全国的财政改革提供了经验借鉴，确保了浙江财政改革"干在实处，走在前列，勇立潮头"。

一、财政分类管理改革的背景

　　财政的"分灶吃饭"，揭开了财政改革的序幕，在国家财政大政方针统一的前提下，地方财政要探索如何改革，才能走出地方财政的发展之路。改革的出路无非是两种，一种是统一管理全面推进；另一种是分类管理全面推进。浙江省的财政改革选择了分类管理全面推进的道路。尽管改革的难度更大、要求更高，但浙江省创造性地把中央政策和地方实际结合起来，走出一条有地方特色的财政改革之路。

（一）区域均衡发展的需要

由于各地的自然环境、资源禀赋、文化历史的不同，区域发展不均衡是客观存在的，我国存在东西、南北之间的差距，浙江省也不例外。浙江省的区域面积不大，自然条件并不优越，七山一水两分田，缺油少煤，是名副其实的区域小省、资源小省。同时，浙江省又是国家的海防前线，在改革开放之前，国家对浙江投资很少，国家 156 个重点项目没有落户浙江的，浙江经济社会发展长期落后全国的平均发展水平，1953 ~ 1978 年，全省 GDP 年均增长率 5.7%，低于全国平均水平6.1%。1978 年，浙江人均 GDP 为 331 元，低于全国人均 GDP381 元。1978 年浙江农业比重比全国平均水平高 10 个百分点，而第二、三产业比重则比全国平均水平低 5 个百分点。改革开放以来，浙江省积极利用国家的政策，发挥体制机制优势，以乡镇企业、个体私营企业为特色的经济迅速崛起。但是，浙江省也存在发展不平衡、不充分的问题，东北部的杭州、嘉兴、绍兴等地区发展相对较快，而西南部的衢州、丽水等地发展相对落后，还有文成、泰顺、景宁三个国家级贫困县，永嘉、云和、青田、武义、磐安五个省级贫困县。经济发展的滞后和区域发展的不均衡，使得浙江财政选择分类管理的财政改革成为突破发展"瓶颈"的必然选择。

（二）保护生态环境的需要

生态保护和经济发展是矛盾对立的统一，经济发展往往会导致环境的破坏，同时经济发展、经济实力的增强又有利于环境的保护，如何在经济发展和环境保护之间找到平衡，实现经济和环境的协调发展，是经济发展的难题。从世界各国的发展过程看，大都经历过"经济发展—环境破坏—环境治理"的发展过程，如何避免经济发展和环境破坏的矛盾，走人与自然和谐发展的道路，是各地经济发展面临的共同问题。浙江省是以山区丘陵为主的省份，而山区丘陵地区往往是经济相对落后的地区，又是生态保护的地区、生态屏障地区，生态保护、生态治理压力大，一些地方以牺牲环境为代价的发展得不偿失，发达国家有过这方面的教训。因此，转变发展观念，树立青山绿水就是金山银山的发展理念，坚持绿色发展的道路是浙江经济发展的必然选择。浙江省在经济发展过程中一直重视环境的保护，把绿色发展、生态省建设放在突出位置，按照经济社会发展的功能要求，该发展的要加快发展，该保护的要不遗余力地保护，保护也是发展，是财政的职责所在。缓解经济发展和环境保护的矛盾需要财政采取分类管理的政策，把发展和保护统一起来，推进经济社会发展的可持续性。

（三）适应财政体制改革的需要

财政体制改革，财政的"分灶吃饭"，尤其是分税制改革，理顺了中央和地方的财政分配关系，清晰了地方财政的发展思路。但是，分税制财政体制除了理顺中央财政和地方财政的分配关系外，还要实现提高财政收入占 GDP 比重和提高中央财政收入占财政总收入比重的目标，即提高两个比重。在国民收入总量既定的前提下，中央财政占比提高了，必然影响地方财政。要发展地方经济、做大地方财政的蛋糕，地方财政必须结合实际，积极调整产业结构，大力发展服务业，加大对实体经济的支持力度，夯实财源基础。同时，要加强对地方小税种的培养，把小税种培养成大财源。因此，财政体制的调整和财源结构的变化，也需要采取分类指导的财政政策，以便在相同的体制机制条件下，取得更好的效果，发挥好体制机制的作用。

（四）加快公共财政建设的需要

党的十四大报告提出，我国改革的目标是建立社会主义市场经济体制，与社会主义市场经济体制相适应，把我国财政改革定位为建立公共财政体制。公共财政体制是适应社会主义市场经济体制，适应财政改革和发展的必然要求，公共财政最核心的要义是要为社会提供公共产品和公共服务，满足社会公共需要。这对财政的职能和职责提出了新要求，财政工作必须体现公共、公平的要求，包括城乡之间、地区之间的公平，这样财政的职能范围就扩大了，财政工作更多体现为"雪中送炭"，弥补市场缺陷，维护市场的公平和公正。而长期以来我国财政的职能是不全面、不充分的，财政工作的重点在城市，对农村的支持相对较少，财政在扶持区域均衡发展也存在同样的问题，区域之间公共服务的差距大。要解决城乡之间、区域之间发展的差距、公共服务的差距，就需要有更强大的财政，财政政策更要因地制宜，对不同地区财政政策要有所区别，以体现财政政策的公平公正，推动公共服务均等化的实现。财政职能的完善，客观上要求采取分类财政管理办法。

（五）调动地方政府当家理财积极性的现实需要

一级政府，一级事权，一级财政。事权是财权的基础，财权是事权的保障。我国有中央和地方政府，地方又有省、市、县和乡镇四级政府。在省以下的四级政府中，如何调动地方政府当家理财的积极性，是地方政府面对的课题。长期以来中央财政对地方以及地方政府间的财政转移支付制度，存在鞭打快牛的现象，即上级财政对下级财政的转移支付，一直采取下级财政收入增长，上级财政减少财政转移支付的做法，这样做虽然有利于缓解上级财政尤其是中央财政的困难，但不利于调动地方财政尤其是市县财政的积极性。浙江省省以下财政实行的是省管县的财政体制，如何调动市县财政的积极性，把激励和约束机制结合起来，共同做好发展的文章，培养好财源，壮大财政，推动经济社会事业发展，改善民生和社会福祉，需要采取分类指导的财政政策。

二、财政分类管理改革的实践

财政分灶吃饭，国家下放了财权，调动了地方政府当家理财的积极性。浙江财政从 20 世纪 80 年代起，面对经济的落后和财政收支困难的矛盾，主动作为，积极用好国家改革开放的政策和浙江省民营经济发展迅速的特点以及财政"省管县"的体制机制优势，把国家政策与地方财政发展的实际结合起来，创造性地实施亿元县上台阶、"两保两挂""两保两联"等财政分类管理的政策，推进了地方财政改革的深化。

（一）亿元县上台阶政策

党的十一届三中全会以后，我国开始了以简政放权、减税让利为主要特征的经济体制改革，财政改革作为经济改革的重要组成部分率先启动、率先垂范。1980年，我国出台了"划分收支，分级包干"的财政体制，俗称财政"分灶吃饭"。"分灶吃饭"的财政体制打破了长期以来计划经济体制下形成的财政统收统支的体制，给地方一定的财政自主权，这为形成有特色的浙江理财奠定了基础。中央下放了财政自主权，给地方财政松了绑，但长期以来，浙江经济社会发展一直比较落后，可供财政挖掘的财源少。发展经济需要财力，改善基础设施需要政府投资，发展社会事业需要资金，财政支出需求的无限性和财政收入的有限性使得浙江财政捉襟见肘。如何生财、"找米下锅"迫在眉睫，成了地方财政的首要任务。1983 年、1984 年我国实行了两步利改税，国家和企业的分配关系从上缴利润改为上缴税收，1985 年国家出台了"划分税种，核定收支，分级包干"的财政体制，中央和地方的财政分配关系进一步得到明确，地方生财有了方向。而财源来自经济发展，浙江省省管县的财政体制，决定了抓财源建设就应该抓经济发达县市的发展，财政收入

"亿元县"就是地方经济发达县的标准。1986 年 3 月，浙江财政部门在浙江经济发达县萧山召开了第一次财政收入亿元县市会议，共同商量用活财政资金和扶持经济发展的税收政策，即"发展经济，培植财源"的理财之道。在国家没有政策规定、没有政策要求、没有经验借鉴的情况下，浙江财政敢为人先，出台了扶持经济发展、培植财源的政策，用于支持地方经济发展，在全国率先开创了地方财政利用财政政策培植财源的先河。

以第一次财政收入亿元县市会议为起点，作为围绕地方财政改革和发展的一种机制，一年一次的亿元县市会议在浙江财政的发展史上坚持下来了。从 1990 年开始，省财政实施了财政收入亿元县的奖励政策。随着经济的发展，财政"蛋糕"的做大，尤其是财政收入亿元县市的增加和分税制财政体制的倒逼机制，1994 年开始，浙江省发达县市财源培植从抓财政收入亿元县市转为抓地方财政收入亿元县市。同时，对地方财政收入亿元县的奖励政策也作了调整。从 1994 年起，对地方财政收入首次上亿元的县市一次性奖励 30 万元，以后每增加 3000 万元地方财政收入再奖励 20 万元。随着地方财政收入亿元县市的增多，浙江省抓发达县市财源建设的标准不断提高，1998 年提高到地方财政收入 2 亿元，2002 年提高到地方财政收入 4 亿元，2005 年提高到地方财政收入 8 亿元，使地方财政收入的"蛋糕"越做越大，经济发达县市对全省经济社会发展的贡献越来越突出，确保了浙江财政持续、平稳、健康发展。

（二）"两保两挂"政策

1994 年，我国实行了分税制财政体制，改变了财政分灶吃饭尤其是财政包干体制以来各地财政体制不一的局面，统一了中央和地方的财政分配关系。分税制将财政收入分为中央税、地方税和中央地方共享税，以税的形式规范了中央和地方的财政分配关系，这为地方经济社会发展和财源建设明确了思路。

在浙江省，由于区域发展不平衡，除了财政收入亿元县外，还有经济相对落后的地区，全省有 3 个国家级贫困县、5 个省级贫困县和部分经济欠发达县，统称经济欠发达县市，主要集中在浙西南的丽水、衢州和海岛的舟山等地，如何让这些地区的经济更快地发展起来，让地区财政走出困境，一直困扰着浙江财政的发展。国家的分税制财政体制改革，为处理省级财政和经济欠发达地区财政的分配关系，提高经济欠发达县市发展经济的积极性，增强经济欠发达县市的财政造血功能创造了条件。在大量调查研究和反复征求县市意见的基础上，从 1995 年开始，浙江省对17 个贫困和次贫困县（市）实行"两保两挂"的激励政策，即这些县（市）在确定完成中央"两税"任务（1997 年起改为完成逐步消化历年累计赤字任务）和当年财政收支平衡的前提下，省财政的困难补助和奖励与地方财政收入比上年增长部分相挂钩。具体办法是：以这些县（市）1994 年补助和地方收入实绩为基数，从 1995 年起，地方财政收入每增长 1 个百分点，省补助增长 0.5 个百分点；同时，地方收入每增加 100 万元，省财政奖励 5 万元。1998 年，在深入调查研究基础上，根据"大稳定、小调整，既不鞭打快牛、也不鼓励落后"的原则，作了适当调整，同时延长了实施期限，五年不变。1999 年，为了进一步调动地方发展经济、开辟和涵养财源，出台了"两保两挂"财源建设技改贴息补助政策，即"两保两挂"县市地方财政收入比上年地方财政收入增加额与省技改贴息补助挂钩（环比），补助比例除文成、泰顺、景宁 3 个国家级贫困县为增加额的 20% 外，其他不发达县均为增加额的 10%，专项用于"两保两挂"县市财源建设的技改贴息，四年不变（即 1999～2002 年）。截至 2001 年，全省有 31 个市县实行"两保两挂"财政政策。

（三）"两保两联"政策

"两保两挂"政策在经济欠发达县市的实践，取得了积极的效果，使省级财政和县市财政找到共同点，形成同向思维，共同做大了经济和财政"蛋糕"。"两保两挂"的实践，打开了浙江财政改革的新思路。浙江省除了实施"两保两挂"政策的经济欠发达县市外，还有财政收入介于亿元县和"两保两挂"县之间的中间县，如何借鉴"两保两挂"的做法，对"两保两挂"县以外的县市实施相类似的政策，"两保两联"政策应运而生。

从 1997 年起浙江省陆续实行了"两保两联""三保三挂""三保三联"的政策。1997 年，浙江省对除贫困和次贫困县（市）及欠发达县以外的其他 40 多个市、县，实行了"两保两联"政策，即这些市、县在确保实现当年财政收支平衡和确保完成逐步消化历年累计赤字任务的前提下，省财政的技改补助和奖励与地方财政收入比上年增收上解省级的收入相联系，其技改补助和奖励的联系比例是：地级市（不包括舟山和衢州两市）及部分县（市）（以 1996 年县市地方财政收入达到或超过 2 亿元为标准）为 11% 和 4%；其他县（市）为 10% 和 5%。1998 年，根据省财力可能，加大了"两保两联"政策的挂钩力度，增加的 5 个百分点全部作为技改补助，以加大各级政府技改资金的投入。为加快浙江省的城市化进程，推进区域经济协调发展，1998 年浙江省又推出了"三保三挂""三保三联"的政策。对杭州、温州、绍兴、嘉兴、湖州、台州等市实行"三保三联"政策，即在"两保两联"基础上增加"一保一联"：一保所辖县（市）当年财政收支平衡，一联城市建设补助（含市管县经费），联系比例为全市范围内增长上缴省 20% 部分（环比）的 25%（即 5 个百分点）。对金华、舟山、丽水、衢州市实行"三保三挂"政策，即在"两保两挂"基础上增加"一保一挂"：一保所辖县（市）当年财政收支平衡，一挂城市建设补助（含市管县经费），挂钩比例为全市范围内增长上解省 20% 部分（环比）的 25%（即 5 个百分点）。上项政策从 1999 年起实施，四年不变。从 2000 年底开始，为加大"三保三挂"补助力度，再增加与全地区地方收入增量 2.5% 挂钩的补助。

（四）新的"两保两挂"和"两保一挂"政策

按照分税制财政改革思路，浙江省创造性实施的"两保两挂""两保两联"政策，调动了市县政府当家理财的积极性，改变了浙江经济财政的发展格局，浙江财政走向良性发展的轨道。但是，浙江省实施的"两保两挂""两保两联"政策是以省级财政更多财力下放、更多的财力让渡为前提的，政策的多年实施也影响了省级财政的调控能力，加上"两保两挂""两保两联"以后，随着政府工作的转型，又不断出台"三保三挂""三保三联"等政策，政策的多样性，也影响了政策的规范性。为此，在"大稳定、小调整"的指导思想下，随着经济社会发展和财政形势的变化，为了适当增强省级财政的调控能力，进一步规范管理，完善财政转移支付制度，从 2003 年起，浙江省对"两保两挂""两保两联"政策进行了调整，出台了新的"两保两挂""两保一挂"政策。

一是"两保两挂"补助和奖励政策。将原"两保两挂"补助和奖励、"两保两挂"财源建设技改贴息补助、"三保三挂"城市化专项补助等政策整合归并为"两保两挂"补助和奖励政策，适用范围为原实行"两保两挂"的 30 个市、县（市）。对"两保两挂"市、县（市）在"确保实现当年财政收支平衡、确保完成政府职责任务"的前提下，实行省补助和奖励与其地方财政收入增长、增收额挂钩的办法。具体为：市、县（市）地方财政收入增长 1%，省补助也相应增长，其中，2003 年增幅为 0.5%，2004 年增幅为 0.4%，2005 年增幅为 0.3%。补助基数为原"两保两挂"财政政策计算的 2002 年补助数，剔除财力性专项增列的补助数。对市、县（市）按地方财政收入比上年（环比）增收额的一定比例实行奖励。奖励分为发展资金和个人奖励两部分。对丽水、衢州、舟山、金华 4 市按全市地方财政收入增收额挂钩计算，挂钩比例为增收额的 5%，其中，4% 部分用于发展资金，1% 部分用于个人奖励。对 26 个县（市）按本县（市）地方财政收入增收额挂钩计算，挂钩比例为增收额的 10%，其中，8% 部分用于发展资金，2% 部分用于个人奖励。

二是"两保一挂"奖励政策。将原"两保两联"技改补助和奖励、"亿元县上台阶"奖励、"三保三联"城市化专项补助等政策整合归并为"两保一挂"奖励政策，适用范围为原实行"两保两联"的 33 个市、县（市）。对"两保一挂"市、县（市）在"确保实现当年财政收支平衡、确保完成政府职责任务"的前提下，实行省奖励与其地方财政收入增收额挂钩的办法。具体为：对市、县（市）按地方财政收入比上年（环比）增收额的一定比例实行奖励。省奖励分为发展资金和个人奖励两部分。对杭州、温州、嘉兴、湖州、绍兴、台州6个市按全市地方财政收入增收额挂钩计算，挂钩比例为增收额的5%，其中，4.5%部分用于发展资金，0.5%部分用于个人奖励。对27个县（市）按本县（市）地方财政收入增收额挂钩计算，挂钩比例为增收额的5%，其中，4%部分用于发展资金，1%部分用于个人奖励。

（五）分类分档激励奖补政策

分税制财政改革以来，尤其是实施"两保两挂"政策以来，浙江省财政的发展成就是显著的，但随着改革开放的推进，浙江省经济社会发展和财政改革面临新情况、新要求，财政政策必然作相应的调整。按照实施"创业富民、创新强省"总战略和"全面小康六大行动计划"的部署，着眼于建立适合浙江经济社会发展的财政体制，根据"一要吃饭、二要建设、三要有所积累、四要增强宏观调控能力"的原则，为充分调动省和市县两个积极性，充分发挥财政体制对经济转型升级和民生改善的杠杆作用，以此增强发展的稳定性、协调性、均衡性和普惠性，推动全省经济社会平稳健康可持续发展，从2008年起浙江省将"两保两挂""两保一挂"统一调整为"分类分档激励奖补机制"。

"分类分档激励奖补机制"将全省各市县分为两大类，一类是欠发达地区（含部分海岛地区，少数困难市、县），实施三档激励补助政策、两档激励奖励政策；另一类是发达地区和较发达地区，实施两档激励奖励政策。另一类是欠发达地区激励奖补政策。原享受"两保两挂"市、县（市）和平阳县、兰溪市共32个市、县（市），在确保实现当年财政收支平衡、确保完成各项职责任务（重点是教育、卫生、社保等有关全面改善民生、促进社会和谐方面）的前提下，实行省补助与其地方财政收入增长挂钩，奖励与其地方财政收入增收额挂钩的办法。

补助办法是：市、县（市）地方财政收入每增长1%，省补助按一定系数相应增长。32个市、县（市）补助系数分三档：第一档为文成等6个县，补助挂钩系数为0.4；第二档为淳安等20个市、县（市），补助挂钩系数为0.3；第三档为三门等6个市、县，补助挂钩系数为0.3。奖励办法是：省对32个市、县（市）按地方财政收入当年增收额的一定比例给予奖励。奖励分为发展资金和考核奖励两部分。奖励分两档：第一档为衢州市等4个设区市，按全市地方财政收入增收额挂钩计算，挂钩比例为增收额的5%，其中4%部分用于发展资金，1%部分用于考核奖励；第二档为淳安等28个县（市），按本县（市）地方财政收入增收额挂钩计算，挂钩比例为增收额的10%，其中8%部分用于发展资金，2%部分用于考核奖励。

二是发达地区和较发达地区激励奖励政策。原实行"两保一挂"财政政策的 31 个市、县（市），在确保实现当年财政收支平衡、确保完成政府职责任务的前提下，实行省奖励与其地方财政收入增收额挂钩的办法，即对市、县（市）按地方财政收入当年增收额的一定比例给予奖励。奖励分为发展资金和考核奖励两部分。奖励分两档：第一档为杭州市等 6 个设区市，按全市地方财政收入增收额挂钩计算，挂钩比例为增收额的 5%，其中 4.5% 部分用于发展资金，0.5% 部分用于考核奖励；第二档为富阳等 25 个县（市），按本县（市）地方财政收入增收额挂钩计算，挂钩比例为增收额的 5%，其中 4% 部分用于发展资金，1% 部分用于考核奖励。

三、财政分类改革取得的成效

浙江财政实施的"两保两挂""两保两联"等分类管理的财政改革，把激励机制和约束机制充分结合起来，调动地方政府发展经济，培养财源，增加财政收入的积极性，全省的财政实力有了显著增强。财政实力的增强使省各级财政能够拿出更多的资金用于民生事业发展，用于区域均衡发展，用于改善人与自然的和谐发展，确保了浙江财政持续、平稳、健康发展。

（一）分类管理改革使全省财政调控能力得到了增强

分类管理体现了"抓两头，带中间"的理财思想，发挥了激励与约束相结合的机制作用，有效地调动了地方发展经济、培植财源、做大蛋糕的积极性，壮大了财政实力，也调动了地方增收节支保平衡的积极性，有力地支持了全省经济和社会事业发展。同时，也改善了欠发达市、县财政困难状况，促进了地区协调发展。1993 年初 47 个县市打赤字预算及工资发放困难的局面全面改观，全省的财政实力有了显著增强。2002 年，全省财政总收入达到 1166.58 亿元，是 1992 年 118.36 亿元的 9.86 倍，年均增长 25.7%；全省地方财政收入达到 566.85 亿元，是 1994 年 94.63 亿元的 5.99 倍，年均增长 25.1%；全省财政支出 749.90 亿元，是 1992 年 95.31 亿元的 7.86 倍。十年累计财政总收入达到 4817 亿元，累计财政总支出达到 3330 亿元。2002 年全省财政总收入上亿元的县（市）达到 57 个，比 1992 年增加了 35 个，其中：上 10 亿元的县（市）16 个。2002 年地方财政收入上亿元的县（市）达到 48 个，比 1994 年增加了 34 个。全省财政总收入在全国的位次由 1992 年的第 7 位上升到 2002 年的第 4 位，地方财政收入由 1994 年的第 8 位上升到 2002 年的第 5 位，全省财政支出由 1992 年的第 12 位上升到 2002 年的第 6 位。到 2005 年底，浙江省的财政发展又上了一个新台阶，全省一般公共预算收入超过 1000 亿元，达到 1066. 60 亿元；财政支出达到 1265. 53 亿元。到 2017 年底，全省一般公共预算收入 5803. 38 亿元，比上年增长 10. 3%；全省一般公共预算支出 7530. 27 亿元，比上年增长 8. 6%。

（二）增强了县域经济实力

县级政府是我国政权的基础，而省直管县的财政体制为县域经济的发展奠定了体制基础。因为省直管县的财政体制提高了财政管理效率，有利于防止地级市的财政截留，调动了县市发展经济的积极性。自 20 世纪 90 年代以来，浙江省先后 5 次出台政策，扩大县市经济管理权限。1992 年，出台萧山、余杭、鄞县、慈溪等 13 个县市扩权政策，主要包括扩大固定资产投资项目审批权、外商投资项目审批权等 4 项。1997 年，同意萧山、余杭试行享受地级市一部分经济管理权限，主要有固定资产投资审批管理权限等 11 项。2002 年，省委、省政府按照"能放都放"的总体原则，将 313 项原属地级市的经济管理权限下放给 17 个县市和萧山、余杭、鄞州 3 个区。2006 年，省委、省政府又选择义乌市为试点，赋予义乌市与设区市同等的经济社会管理权限，共扩大了 603 项经济社会管理权限。2008 年，省委、省政府按照全面扩大县级政府管理权限的要求，在全省推开扩大县级政府经济社会管理权限工作，除义乌经济社会管理权限调增为 618 项外，其他县市下放增加 443 项经济社会管理事项。通过一系列扩权强县政策的实施，县市有较大的决策空间，又有较好的财力保障，使浙江省县域经济、财政得到快速发展。县域经济发达是浙江经济发展的一大特色，经济强县则是浙江经济发展的重要支柱。从 2000 年开始，在国家统计局对全国 2000 多个县从发展水平、发展活力、发展潜力等指标对县域社会经济综合发展指数的百强县评比中，浙江省百强县数量在 2000 ~ 2005 年一直居全国第一，2006 年以后虽然萧山、鄞州、余杭三个强县（已改区）不列入评价范围，但浙江也一直名列前三甲。2010 年，全省有 25 个县市进入全国百强县行列。经济的发展，壮大了县市财力，1986 年全省财政收入亿元县只有 8 个，1993 年增加到 39 个。1994 年分税制以后，地方财政收入亿元县为 17 个，1997 年增加到 28 个；2001 年地方财政收入两亿元县市 34 个，2003 年地方财政收入 4 亿元县 27 个，2007 年地方财政收入 8 亿元县 29 个，2012 年地方财政收入 20 亿元县 27 个。

（三）促进了基本公共服务均等化的实现

实行省管县财政体制，能够较好地增强省级财政的调控能力，从而可以在全省范围内进行转移支付的制度安排；可以确保分属不同地区的县能享受到全省统一的、相对公平的转移支付补助，避免由于地区间财力状况的差异，造成好的地区更好、差的地区更差的状况，对促进区域、城乡统筹协调发展、稳定财政状况起到了重要作用。2009 年浙江省经济相对不发达县市人均地方财政收入与经济发达县市的比率为 1:2.3，比"十五"期末扩大了 0.2 个百分点；而经济相对不发达县市人均地方财政支出与经济发达县市的比率为 1:1.09，仅比"十五"期末扩大了 0.01 个百分点。2010 年，浙江省经济相对不发达县市人均地方财政收入与经济较发达县市的比率为 1:2.32，经济相对不发达县市人均财政支出与经济较发达县市的比率为 1:1.1。这些都充分说明省级财政调控发挥了重要作用，尤其是对经济相对不发达县市的作用更明显，经济相对不发达县市财政收入增速虽然落后于较发达县市，但是享受了基本均等的公共服务。省管县财政体制保障了相对不发达县市按国家规定的机关事业单位工作人员工资的发放，保障了基本养老、基本医疗、失业等社会保险费和最低生活保障费的支出，保障了新型农村合作医疗、城乡困难孤寡老人集中供养、贫困家庭子女就学等方面的财政开支，保障了农村税费改革后不增加农民负担所必需的财政投入，保障了公共卫生、义务教育、生态保护等建设资金。

（四）实现了增强省级调控能力和培育县市自我供给能力的协调

省以下财政改革和政策调整，一方面要增强省级财政的调控能力，使省级财政能够起到平衡地区财力的作用，促进区域经济社会的均衡发展。另一方面要增强县级政府提供公共服务的能力，因为县级政府是义务教育、公共卫生、社会保障、环境保护等基本公共服务的直接提供者，需要必要的财力作保障。由于浙江省实行分类管理的财政政策，始终把省级财政放在重要位置，增强了省级调控能力，使得省级财政有能力和手段在全省范围内高效率地实现了财力的再配置。同时，在经济相对不发达地区和发达地区收入差距逐步扩大的情况下，浙江省通过激励与约束相结合的规范性财政转移支付制度，消除了地方"等、靠、要"的消极思想，促进了县市提高自身供给的能力，实现了省级公平分配和促进地方提高自身能力的双赢，实现了区域经济社会的协调发展。

（五）为全国财政改革提供了经验

浙江财政分类管理的改革，推动了浙江经济和社会事业发展，理顺了省级财政和市县财政的分配关系，调动了市县政府当家理财的积极性，在全国产生了很大的影响，推动了全国财政改革的深化。2005 年，财政部制定了《关于切实缓解县乡财政困难的意见》，建立激励约束机制，实行"三奖一补"政策，即对财政困难的县乡政府增加县乡税收收入，以及省市级政府增加对财政困难县财力性转移支付给予奖励，以调动地方政府解决缓解县乡财政困难的积极性和主动性；对县乡政府精简机构和人员给予奖励，促进县乡政府提高行政效率和降低行政成本；对产粮大县给予奖励，以确保粮食安全，调动粮食生产的积极性；对以前缓解县乡财政困难工作做得好的地区给予补助。"三奖一补"政策来自于浙江财政"两保两挂"等改革的实践。

四、财政分类管理改革政策评析

浙江省财政改革40年，从地方实际出发，把国家政策与地方发展的实际结合起来，以财政分类管理改革为纽带，建立了符合地方发展的财政改革发展之路。40年的地方财政改革是不平凡的，有成功的经验，也有需要总结的教训，对这些经验和教训进行很好的梳理，目的是为全面深化财税体制改革奠定基础，加快建立现代财政制度，发挥好财政作为国家治理的基础和重要支柱的作用。

（一）要提高省级财政的调控能力

分税制改革以来，随着国家财政职能的不断扩大，国家不断下放事权，地方财政的收支矛盾突出。地方政府如何当家理财，使地方政府职能得以实现，经济发展方式得以转变，省级财政的地位凸显，这就要求重视省级财政建设，重视发挥省级财政调控能力的发挥，确保省级财政在均衡区域财力、推进区域均衡发展、实现基本公共服务均等化等方面能够发挥有效作用。分税制财政改革以来，浙江省1995年出台了"两保两挂"的财政政策，1996年出台了"两保两联"的财政政策；2003年对"两保两挂""两保两联"和"三保三挂"等政策进行归并，出台了"两保两挂"和"两保一联"政策；2008年又对"两保两挂"和"两保一联"政策进行归并，出台了"分类分档激励奖补机制"。不管政策如何调整，1994年以来浙江省财政为了保证省级财政有一定的调控能力，省对县市的财政体制明确，省财政对市、县（市）财力增量集中20%。分税制以来，不论省对县市的财政体制和财政政策如何改革和调整，新增财力集中20%始终没有变，确保了省级财政的调控能力。在中央和地方分税制财政体制明确的前提下，省级财政必须要有一定的调控能力，也只有省级财政有一定的调控能力，才能实现区域之间的公共服务均等化，实现区域之间的城市化建设协调推进，省级财政有这方面的职能和职责，也有这方面的条件和优势。因此，必须重视省级财政建设，增强省级财政的调控能力。在增强省级财政调控能力的同时，省级财政要把更多的资金用于转移支付，用于均衡地区之间、城乡之间的财力差异，加大对市县尤其是经济落后地区、民族地区、偏远地区、革命老区的市县财政转移支付，使经济相对落后地区的市县有能力、有实力提供基本公共服务、推进城市化建设，以改变因经济发展水平不同而出现可用财力的"苦乐不均"，使经济相对落后地区也有能力推进民生事业发展，实现基本公共服务均等化。

（二）要增强县级财政提供公共服务的能力

自秦始皇建立郡县制以来，县级政府是我国的主要基层政府。在全国五级政府中，2000 余个县市是国家财政收入的重要来源，是基层公共服务的主要提供者。党的十七届五中全会决议专门提出，"要增强县级政府提供公共服务的能力"。从浙江省的情况看，虽然县域经济比较发达，县市经济社会发展势头良好，但县市之间的发展仍然不平衡。分税制改革以来，浙江省根据经济发展水平，按照分类指导的原则，大体把县市分成三类，一类是经济发达的县市，另一类是经济相对落后的县市，另外是介于前两类之间的县市。对不同发展水平的县市采取了分类指导的政策，促进了县域经济社会的发展和基本公共服务均等化的实现。但如果进一步细分，就容易发现这种划分也存在不合理的一面，有些地方虽然经济比较发达，但人口多，人均财力低，财政反而比较困难，如苍南县常住人口 118.46 万，2010 年地方财政收入 14.95 亿元，但人均财力比较低。有些地方发展不平衡，财力分布不均衡，如永嘉县面积 2648 平方公里，常住人口 78.92 万人，有 38 个乡镇，2010 年地方财政收入 13.74 亿元，其中 70% 以上的财政收入来源于瓯北镇。有些县虽然经济欠发达，但人口少，省级财政的转移支付力度大，人均财力并不低，如一些海岛县。面对分税制改革以来，"财权向上集中，事权向下转移"的现实，要增强县级政府提供公共服务的能力，解决基层财政问题，根据财权和事权相适应原则，只能从财力着手。在国家和地方财政分配关系没有调整的前提下，从地方来说，要从财政收入水平、人口数、县域面积等因素考核，在地方的支出水平大体相当的前提下，按照基本公共服务均等化的要求，对基本公共服务最低标准达不到的财政困难县市给予重点倾斜，确保县级政府能够提供基本公共服务。

（三）要注重财源的培养

在生财、聚财、用财三者关系中，生财是基础，没有生财，也就没有聚财和用财，必须始终把生财放在政府理财的突出位置，可以说发展经济、培养财源、增加财政收入是政府的职责，也是经济社会事业发展的基础。浙江财政的分类管理改革始终把财源建设作为政府理财的基础，作为财政工作的出发点，县市要想得到省级财政更多的财力转移支付必须建立在经济发展、财源壮大的基础上，从而使全省上下形成同向思维，共同做大财政蛋糕。但财源建设必须与我国的国情和地方实际相结合，必须考虑我国资源的稀缺性。从总量看，我国是资源大国，但按人口平均，我国则是资源小国。我国人均国土面积仅 12 亩，为世界人均量的 29%。我国的山地丘陵占 2/3；半干旱、干旱地区约占国土面积的 1/2。东半部半湿润、湿润地区集中了 90% 以上的人口，每平方公里 225 人，特别在沿海和平原地区，生存空间狭小。各类资源的人均量是：人均耕地 1.65 亩，仅为世界平均数的 1/3；人均草地 5 亩，为世界平均数的 1/2；人均森林面积 1.5 亩，为世界平均数的 1/6；人均森林储积量为世界平均数的 12.2%；人均水资源是 2300 多立方米，为世界平均数的 1/4；人均可开发的水力资源装机 0.31 千瓦，所占比重最大，也仅为世界平均数的 3/4；人均矿产储量总值 1 万美元左右，至于各类矿产资源如果按 13 多亿人口平均，绝大部分均低于世界人均占有量。资源的稀缺性，需要我们在财源建设上作出科学的选择。我们应该清醒地认识到，改革开放以来，我国经济迅速发展，主要靠的是体制优势和机制优势，即市场取向的经济体制改革和产权相对明晰的民营经济的大力发展，利用廉价的劳动力资源和廉价的土地、资本等要素资源，形成了以加工工业为特色的经济结构。随着改革的不断推进，地方发展经济的体制优势和机制优势逐步丧失，而生产要素对经济的制约越来越严重。地方经济要进一步发展，创造新的辉煌，必须转变经济的增长方式，重点发展能耗低、附加值高的产业和行业，培养好主体财源。无论是经济发达地区，还是经济欠发达地区，由于自然历史和资源禀赋的区别，各地发展经济的条件和基础是不一样的，但每个地方都有自己的比较优势，都可以寻找到符合地方实际的发展道路，培养出地方的主体财源。一般来说，经济发达地区有先发优势，财力雄厚，发展的条件和基础好，有了一定的积累，经济发展可以走高端之路，重点发展科技含量高、市场竞争力强的产业和产品，培养主导产业和主体财源；而经济欠发达地区也有后发优势，一般集中在资源和生态源头地区，资源相对丰富，可以通过资源开发，发展资源型和资源深度开发型经济，或者开发生态经济，把"青山绿水"变成"金山银山"，同样可以培养主导产业和主体财源。

（四）要发挥好财政资金的导向作用

财政收入来自国民经济的发展，一定时期的国民收入总量是既定的，政府的财政收入是有限的，而经济社会发展对财政收入的需求是无限的，如何处理好有限和无限、需要和可能的矛盾，缓解财政的困境，地方政府理财要按照"四两拨千斤"理财方法的要求，用财政资金的"四两"拨动社会资本的"千金"，用财政资金撬动社会资金来弥补财政的不足，花财政的"小钱"办经济社会事业发展的"大事"。在浙江财政的分类管理改革中，省级财政对县市财政的转移支付是有限的，正是有限的资金发挥四两拨千斤作用，调动了县市发展经济、做大财政收入的作用。在全面深化财税体制改革，加快建立公共财政体制的过程中，必须发挥好市场在资源配置中的决定性作用和更好发挥政府的作用，让市场成为资源配置的主体。因此，在财政资金的使用和投入中，政府理财和财政职能作用的发挥，要更加注重发挥财政资金的导向和经济杠杆作用。如政府支持公共项目建设推广政府和社会资本合作的 PPP 模式。对一些预期有稳定收入来源，经济社会发展所必需的铁路、高速公路、地铁、机场、港口码头、城市污水处理等基础设施和基础建设，要更多运用社会资本，既可以解决基础设施和公共项目投资的资金需要，又能为社会资本寻找投资渠道，打破行业垄断，实现经济社会事业发展和社会资本投资收益的"双赢"。又如政府支持经济发展采用政府产业引导基金的形式支持。以往政府支持经济发展主要通过财政专项资金的形式，而政府产业引导基金是政府支持经济发展的新形式，政府产业基金不同于财政专项资金，主要采取有偿使用的方式，通过投资、入股、参股等方式，引导社会资本投资一些政府鼓励支持的电子信息、现代制造、旅游健康、金融保险等新兴产业发展，实现经济结构的调整，同时确保政府产业基金的壮大。企业技改的财政贴息、允许企业加速折旧等鼓励企业发展的财政政策都是发挥财政资金"四两拨千斤"的有效形式。如此，地方政府在财政资金的使用安排上要更多发挥财政资金的导向作用，引导社会资本为我所用。

（五）要高度注重财政风险的防范

财政风险是财政运行过程中客观存在的，是不以人的意志为转移的。长期以来，政府对财政风险的重视程度是不够的，总认为"财政年年困难年年过"，对财政风险缺乏足够的认识。欧债危机的爆发及所造成的危害，使人们对财政风险有了更清醒的认识，财政不是取之不尽、用之不竭的，财政是有风险的，财政的风险是有破坏性的。分税制改革以来，浙江省推行的"两保两挂"等财政分类管理改革，改革的出发点是为了发展地方经济，化解地方财政困难的风险，同时，政策的推进又把防范财政风险作为前提，县市财政要得到省级财政转移支付，前提是要保持财政收支平衡并逐步消化历年财政累计赤字。浙江财政能够健康平稳运行，与财政分类管理改革把风险防范放在突出位置的改革初衷是分不开的。当前，我国政府财政尤其是地方政府财政最大的风险是债务风险。债务不同于税收收入，税收收入具有强制性、无偿性、固定性的特点，是不需要偿还的，而债务是以政府信用为担保的，需要偿还的。对当前我国地方债务不仅规模大、分布广，而且增长快、还债高峰集中，尽管地方债务风险总体可控，但地区分布不均衡，有些地区已超出债务率100% 的警戒线，给地方政府财政造成很大的压力，是地方政府财政风险的最大隐患。对地方债务要严格按照预算法的要求进行管理，以规避财政风险。对地方存量债务要采取疏导结合的方式进行化解，按照国务院、财政部的要求通过发行置换债券的形式予以置换，这不仅能确保地方政府到期债务的偿还，更重要的是能够降低债务成本，减少利息负担，减轻地方财政还债的压力；对地方新增的债务要按照"开前门、堵后门"的要求，根据地方政府的债务率区别对待，用好债务政策，并严控新增债务的规模。同时，要避免不规范的新债务产生。对地方政府的融资平台要进行清理，真正转为企业融资平台；对政府与社会资本合作的 PPP 项目要规范操作，避免假 PPP 项目或不符合 PPP 要求的项目出现，以致 PPP 项目变成地方政府债务，增加地方财政风险。

（六）要尊重和鼓励地方财政改革的创新

由于财政改革涉及面广，利益直接，牵一发而动全身，直接关系到地方经济社会发展，改革的难度大、困难多，不可能是一帆风顺的，因此，在改革的路径选择上，除了"自上而下"的改革外，更要重视"自下而上"的改革，允许地方进行创造性的改革或者在部分地方开展试点性的改革，改革成功了、取得成效了，再进行总结并推广。这样做，改革的成本比较低，符合实际，容易推广并取得成功。浙江省分类管理的财政改革，取得良好的效果，得以在其他省份推广，就是很好的例证。我国不少财政改革也是来自地方的实践，如财政资金的竞争性分配最早来自广东省财政的实践，部门预算改革来自于河北省的实践，财政资金的绩效管理来自于广东南海、上海闵行、河南焦作等地的实践，等等。分税制财政体制改革，统一了中央和地方的财政分配关系，改变了中央和地方财政体制不一而产生的"苦乐不均"现象。这使得我国地方财政体制改革，应结合地方实际，鼓励地方财政改革的创新，对于一些好的做法和成功的经验，要及时进行总结和推广，以不断完善财政改革，推进经济发展方式转变。

五、本章小结

财政是国家治理的基础和重要支柱，而要确保财政职能的实现，财政管理必须与经济社会发展相适应，财政管理才能取得实效，才能推动经济社会发展。改革开放以来，浙江财政根据经济社会发展的需要，在财政管理上先后实施了亿元县上台阶、"两保两挂""两保两联"、新"两保两挂"、新"两保两联"、分类分档激励奖补等分类管理政策，有力地推动了经济社会发展，确保了区域的均衡发展和基本公共服务均等化的实现。财政分类管理不仅体现了与时俱进的财政政策导向，使财政发展和经济社会发展相适应，而且体现了实事求是的财政政策要求，使财政政策作用得到更好的发挥，确保了财政政策的公平公正，符合公共财政的发展需求，使社会公共服务和公共需求得到了满足。

浙江财政分类管理改革的实践证明，要确保财政分类管理政策的实施，必须处理好政府间财政分配以及政府和市场的分配关系。财政要有一定的调控能力，使得政府间财政转移支付得以实现，财政调节区域间财力均衡的功能得以发挥，这是推进财政分类管理的基础和前提。而要确保财政的调控能力，必须重视财源的培养，做大经济和财政的蛋糕。同时，也要注重财政风险的防范，使财政职能和财力相适应，事权和财力相适应，避免寅吃卯粮，实现财政的健康平稳发展。

参考文献

[1] 财政部：《关于印发〈2005 年中央财政对地方缓解县乡财政困难奖励和补助办法〉的通知》，http://www.mof.gov.cn。

[2] 财政部财政科学研究所、浙江省财政税务科学研究所：《四两拨千斤 开创理财新机制——两保两挂的实践与思考》，中国财政经济出版社 1999 年版。

[3] 陈元：《深化财税体制改革研究》，研究出版社 2010 年版。

[4] 童本立：《地方财源建设研究》，浙江大学出版社 2000 年版。

[5] 浙江省财政厅：《关于 2017 年全省和省级预算执行情况及 2018 年全省和省级预算草案的报告（摘要）》，载于《浙江日报》2018 年 2 月 9 日。

[6] 浙江省财政学会：《基本公共服务均等化研究》，中国财经出版社 2008 年版。

[7] 浙江省财政厅：《浙江财政年鉴》。

第三章

义乌"三个子"模式：探寻现代
财政管理制度之路

作为一个位于浙江省中部的县级市，义乌市以"买全球货、卖全球货"闻名中外，而义乌发布的小商品指数也引领着全球小商品的生产、销售和流通行情。同样，"义乌市的公共财政改革起步早、力度大、效果好，走在了浙江省及至全国前列，成为了地方公共财政改革的样板。"① 早在 2004 年的浙江省全省财政地税工作会议上，时任浙江省省长吕祖善就对义乌市公共财政综合改革的做法和经验给予了充分肯定。2007 年 6 月，浙江省在义乌市召开了"公共财政与指令性债务管理专题研讨班"，吕祖善再一次对义乌市的公共财政改革做出肯定，明确地把义乌市公共财政改革经验概括为"收入一个笼子、预算一个盘子、支出一个口子"（简称"三个子"模式）的公共财政管理模式，并作为浙江省公共财政管理制度改革的目标模式在全省范围内推广。2017 年 3 月，李克强总理在国务院廉政工作会议上也对义乌市的"三个子"模式给予了高度肯定，指出要将政府收支全部纳入预算，做到预算一个"盘子"、收入一个"笼子"、支出一个

---

① 余丽生、赵健明等：《地方公共财政新模式研究》，经济科学出版社 2011 年版，第 1 页。

"口子"，彻底杜绝"小金库"。① 可见，浙江义乌首创的"三个子"综合财政管理模式自改革实施之日也引起了浙江省内外的广泛关注，客观上为我国开启现代财政管理制度改革提供了开创性的经验和启示。上述地方财政改革创新试验和实践，无疑为全国财政改革大局贡献了令人瞩目的浙江经验、浙江样本和浙江智慧。

改革总是由问题倒逼而产生的。改革开放以来，我国各地方预算外资金增长较快，对经济建设和社会事业发展起到了一定的积极作用。但由此也产生了诸多弊端问题。例如，有的地方擅自将财政预算资金通过各种非法手段转为预算外资金；有些部门和单位擅自设立基金或收费项目，导致国家财政收入流失，预算外资金不断膨胀。同时，由于财政管理制度不健全，预算外资金的使用脱离财政管理和各级人大监督，乱支滥用现象十分严重。这些问题不仅使国家财政资金分散和政府公共分配秩序混乱，而且加剧了固定资产和消费基金膨胀，助长了不正之风和腐败现象的发生。因此，根据中共中央十四届五中全会的改革精神，1996 年 11 月 18 日国务院颁布了《关于加强预算外资金管理的决定》，突出强调要加强预算外资金的规范化管理。在此背景下，义乌不仅是一个在浙江乃至全国依靠独立自主、奋力发展取得突出经济成就的"示范县或模范市"，还是我国现代公共财政制度改革先行先试的前沿阵地。本质上，义乌市探索的"三个子"财政管理制度新模式是一条科学、全面、彻底和规范的综合财政预算管理之路，客观上为构建现代财政管理制度奠定了必要的条件和基础。

总之，问题倒逼形成的义乌财政管理制度创新成果，是区域财政治理现代化的一种有益探索和尝试，具有改革的前瞻性和实效性，最终也为国家层面的相关财政管理制度创新提供了难得的试验成果和经验证据。

一、财政管理制度创新的浙江样本

理论上，"三个子"义乌模式的机理逻辑，既是一种问题逼迫或问题导向的财政改革，又是一种现代化使命导向的财政改革。

从改革的动力源来看，问题导向构成了义乌"三个子"改革的现实基础，使命导向则指义乌"三个子"改革基本遵循了财政管理现代化的发展逻辑（见图 3 – 1）。不难发现，义乌财政改革的大背景正是我国各地预算外资金甚至制度外资金遍地开花、不断膨胀、无序发展的混乱时期。所谓预算外资金，指国家机关、事业单位和社会团体为履行或代行政府职能，依据国家法律、法规和具有法律效力的规章而收

---

① 李克强：《要将政府收支全部纳入预算》，中国政府网，http：//www.gov.cn/xinwen/2017 – 03/21/content_5179343.htm，2017 年 3 月 21 日。

取、提取和安排使用的未纳入国家预算管理的各种财政性资金。从属性来看，预算外资金是指根据国家财政制度和财务制度的规定，不纳入国家预算，由地方各部门、各企事业单位自收自支的财政性资金，是国家预算资金的必要补充；但从管理上来看，预算外资金往往又由各部门或各单位分散管理、自主管理①。由此，往往带来一种财政管理困境，即相当部分的财政性资金却游离于地方财政管理权限之外，收入多个"笼子"、预算多个"盘子"以及支出多个"口子"等不规范问题盛行，导致诸多财政性资金的乱收、滥支以及管理混乱问题，甚至成为滋生各类腐败问题的土壤和温床。

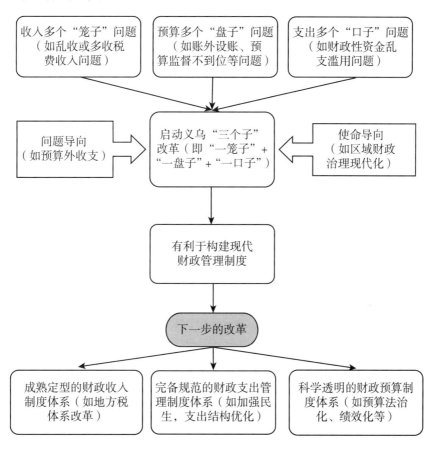

图 3-1　义乌市"三个子"改革与区域财政治理现代化

财政是治国理政的重要基础和支柱，因此，地方财政必然且应当是区域综合治

---

① 根据我国财政部相关法律法规，自 2011 年 1 月 1 日起，预算外资金管理的收入全部纳入预算管理。全部财政性资金纳入预算管理，意味着预算外资金已无存在的必要和可能。因此，2015 年 1 月 1 日起施行的《中华人民共和国预算法》从概念上取缔了预算外资金。

理的重要基础和支柱。义乌"三个子"财政改革显然对义乌经济社会发展提供了重要的基础性支撑条件。进一步分析，作为国家治理体系和治理能力现代化的重要组成部分，区域财政治理体系和治理能力现代化往往是一个循序渐进的长期提升和改善过程。从一国或地区财政改革和实践来看，从初步的、形式的财政治理现代化（如"收入一个笼子"的地方财政集中统一管理制度）到先进的、实质的财政治理现代化（如法治财政、民主财政、绩效财政、发展财政等），往往很难一蹴而就、一步到位，预期会遭遇的各种新问题、新矛盾、新挑战永远在路上。

总之，"三个子"义乌模式在理论上是我国地方财政管理制度的重大创新，在某种程度上推动了我国现代财政管理制度的改革探索，属于区域财政治理体系和治理能力现代化改革的"浙江样本"，这种前瞻性的改革探索无疑为后续的区域财政治理改革奠定了宝贵的支撑条件，也提供了难得的改革经验。

二、综合财政预算管理的改革背景与过程

义乌市在 2000 年开始探索综合财政预算管理的新模式，并在 2007 年总结出了"收入一个笼子，预算一个盘子，支出一个口子"的新型公共预算管理模式。这种"三个子"综合预算改革模式是为了提高公共资源的配置效率而做出的一种新尝试。义乌市进行财政改革的原因可以概括为两个矛盾：第一是高速经济发展带来的地方财力扩大与能够进行统筹安排公共资源配置的预算约束机制缺失的矛盾；第二是财税分权改革以来造成的地方财政预算外收入迅猛增加与没有能够与之相适应的配套预算管理模式的矛盾。

在特定的时空条件下，地方经济的发展总会对地方财政提出改革需求。义乌市商业的兴起源于 1982 年，在改革开放政策的支持下，义乌县委、县政府①在 1982 年做出兴商建市的决定，并且提出了"允许农民经商、允许从事长途贩运、允许开放城乡市场和允许多渠道经商"的四个允许，自此义乌市走上了经济腾飞之路。在 2000 年中国加入世界贸易组织后，义乌面临着更大的发展机遇并且随之进入了国际化发展阶段。中国义乌国际商贸城的建设是义乌市的一项重点工程，三期总共占地 1840 亩，预计总投资达到 87 亿元。② 义乌市迅猛发展的商业经济在使得市级预算内资金增长速度加快的同时，也给义乌市政府财政带来了更多的挑战。例如，如何用有限的地方财政资金办成更多的大事？如何更好地发挥政府职能，引领义乌市未来经济的科学发展？

---

① 经国务院批准，1988 年 5 月义乌撤县建市，成立义乌市。
② 《2002 年义乌市政府工作报告》。

1998 年，我国时任财政部部长项怀诚曾提出，要"转变财政职能、优化支出结构，初步建立公共财政基本框架"。在此背景下，各地方政府的公共支出责任不断增长，支出范围不断扩大，地方财力的覆盖范围更加广阔。但与之相对的是不可持续的地方政府"增收"计划和缺乏科学指导的财政预算管理机制。1995 年开始实施的《中华人民共和国预算法》（以下简称"旧《预算法》"）虽然规范了许多预算管理行为，相较之前无法可依的情况有所改善，但不可否认的是，这部旧《预算法》在当时仍然存在诸多问题。这些问题主要体现在预算编制方面：（1）预算编制方法不科学。在旧《预算法》改革之前我国一直采用的都是"基数法"编制预算，这就导致各部门预算经费是根据往年基数来确定而不是根据具体实际需要。这样的预算编制方法一方面造成各部门财政资金分配格局的固化和锁定，预算资金的使用被套牢，资金无法在部门间灵活分配；另一方面，"基数法"从实质上来讲属于增量预算，"基数法"又称为"基数增长法"，即一般根据上一年的财政支出基数再加上下一年度各项支出的增长额度来确定未来的财政支出。从实践来看，这种逐年递增的预算支出编制方法不能科学地控制支出规模，容易造成财政资金滥用甚至是腐败问题。（2）预算编制不完整。在 2015 年 1 月 1 日起施行的《中华人民共和国预算法》出台之前我国一直是预算"双轨制"运行，财政收入的范围确定为税收收入、依照规定应当上缴的国有资产收益、专项收入以及其他收入，而对于庞大的预算外收入并没有涉及。在编制财政预算时也只考虑预算内收入部分，这样的做法导致长久以来大批预算外资金游离于预算管理视野之外，也造成财政资金的使用充满随意性，削弱了财政的宏观调控功能。在支出预算的编制方面，预算支出的编制要求按照资金性质归类编制支出预算。由于资金性质和来源渠道的不同，各种财政资金分别由不同的政府职能部门进行管理，这样的资金管理方式造成部门预算不统一，使财政部门难以对各部门的资金使用形成有效监督。（3）预算编制低效率。缺乏行之有效的预算绩效评价机制是造成我国财政预算低效率的重要原因，无法对财政资金的使用形成有力的监管就容易导致预算使用部门缺乏责任感，从而造成财政资金滥用的局面，降低了财政资金的使用效率。

经济体制转型往往需要并且应该伴随一定的财政转型。1978 年改革开放以来，我国的经济体制由计划经济慢慢过渡到市场经济的同时，我国的财政制度也在向着更符合我国国情的制度转变，即由生产建设型财政逐渐发展成为公共财政。为了适应国家经济发展的大方针，中央政府对代表着"处理中央与地方以及地方各级政府之间财政关系的一系列制度安排"的财政体制也提出了新的改革要求。1978 ~ 1993 年，我国基本实行"分级包干"财政体制，虽然在这期间分级包干制也经历了一些变化，但总体上来说分级包干财政体制的本质没有改变。分级包干是指在划分财政收支的基础上，地方政府分级包干自求平衡。这种财政体制使地方拥有较大的财权，增加了地方的财力，大大调动了地方的积极性，也为我国的区域经济发展起到了很强的促进作用。但这种财政体制在增加地方财权的同时也削弱了中央财权，造成中央财力过少且负担过重，由此直接引致了 1994 年的分税制财政体制大变革。分税制财政体制是指按照税种来划分地方政府和中央政府的财政收入，按照中央政府和地方政府的事权来划分财政支出范围，按照往年基数确定中央财政对地方政府的税收返还数额并且规定原体制下中央对地方的补助、地方上解以及相关结算事项的处理。分税制改革确实克服了"包干制"的缺陷，改善了中央政府财力短缺的状况，使中央政府能够更好地平衡各地区间的财力，保障宏观经济运行平稳。但不可否认的是，我国分税制改革仍然存在一些弊端。例如，分税制财政体制改革虽然较为系统地划分了中央政府和省级政府之间的财权与事权，但没有做到配套省级以下各政府间的财力分配框架，甚至造成县级财政没有独立的税种收入，地方财政收入无法保证。此外，随着分税制改革以来财政收入占 GDP 的比重在不断提高，财力也逐步向中央集中，但与此同时，地方政府支出占整个财政支出的比重却逐年上升，造成了地方政府财政支出责任大于财政收入的失衡和扭曲局面，这种支出责任大于收入的情况直接导致了地方政府的预算外收入迅猛增长。又由于我国对预算外收入管理机制的缺失，从而易于造成预算外资金泛滥、预算内资金紧张以及财政资金使用效率低下的情况。为了遏制预算外收入的发展以及对财政预算形成有力的监管，1996 年国务院发布《关于加强预算外资金管理的决定》，将数额较大的政府性基金纳入预算管理；同年又发布《政府性基金预算管理办法》和《预算外资金管理实施办法》，规定对预算外资金由财政部门建立统一财政专户，实行收支两条线管理，即预算外资金收入上缴同级财政专户，支出由同级财政部门按预算外资金收支计划从财政专户中拨付。义乌市也于 1996 年建立"第二财政"，又在1999 年以制度形式加以规范化管理。据统计，义乌市 1999 年由财政专户集中统一管理的预算外资金就达到 5.1 亿元，相当于当年义乌市地方财政预算收入的 1.42倍；2000 年，预算外资金达到 12.64 亿元，是当年义乌市预算资金的 1.44 倍。[①]由此可见，在当时，加强和完善预算外资金管理具有现实的必要性和重要性。

综上，我国的预算管理体制一直处于相对落后的阶段，没能及时调整为符合国情的预算管理机制，即使 1998 年时任财政部部长的项怀诚同志提出建立"公共财政制度框架"之后，这种只在预算收支方面进行改革的办法因为缺少预算编制方面的控制，并不能从根本上解决财政预算管理的核心问题。这种客观上要求对地方财政管理进行全面改革，主观上希望进行综合财政管理的愿望，终于使综合财政管理改革在义乌市真正落地。

为解决好预算"两张皮"的情况，更好地发挥公共财政职能，解决地方政府预算外收入膨胀问题，义乌市进行了科学、规范、全面、彻底的综合财政预算管

---

① 钟晓敏等：《公共财政之路：浙江的实践与探索》，浙江大学出版社 2008 年版，第 149～150 页。

理，先后出台了《推行综合财政预算管理办法的若干意见》（以下简称《若干意见》）《义乌市财政资金单一账户直接支付制度试点单位会计核算办法》《义乌市财政监督办法》《义乌市政府非税收入管理办法》等一系列财政预算管理法律法规。在预算审核方面也做出了配套性改革和明确规范，例如，发布《义乌市行政事业单位车辆经费和临时人员费用分类分档定额标准》和《义乌市市级部门预算公用经费定员定额办法》。义乌市综合财政管理改革主要从统筹公共收入、编制综合预算和实行财政国库集中支付三个方面入手，使财政预算收入和支出在预算编制程序上牢牢结合在一起，形成一个相互联系又相互制约的有机整体。具体地，义乌市在《若干意见》中明确规定：义乌全市实施以部门预算为基础的综合财政预算管理形式，部门预算从基层单位编起；改革预算编制办法、完善预算编制程序，以及推行与行政、事业单位财务规则要求相适应的预算管理新办法。

自 2000 年始，义乌市财政正式将"第二财政"预算全面纳入政府预算管理，从而形成了全国第一个完整意义上的财政综合预算。

三、义乌"三个子"改革的实施内容与运作模式

义乌市的综合财政预算管理改革模式以财政资金收入的完整性、支出的统一性和预算编制的科学性为抓手，通过政府信息公开系统的建设来加强对财政预算管理的监管力度，逐步形成了一套完整的财政综合预算管理改革模式。这种财政综合预算管理改革模式可以概括为"三个子"改革模式，其中"三个子"分别代表"收入一个笼子，预算一个盘子，支出一个口子"三位一体的系统改革策略。

为更加系统地观察义乌市财政改革的内容结构，绘制了义乌市财政管理制度改革的内容框架示意图（见图 3 - 2）。从图 3 - 2 中可以看到，义乌市的财政管理改革在运作模式上又配套加入了政府信息公开系统的现代化监管，这种双向改革模式使义乌财政向区域公共财政治理体系和治理能力现代化进程迈进了令人瞩目的一大步。

（一）义乌市"三个子"改革的具体实施：全面而深入

"收入一个笼子"就是将所有财政收入全部纳入一个"笼子"，是"三个子"改革落实的前提。为了管理好预算外收入，义乌市在 1996 年建立了财政第二预算，是指采用复式预算组织形式，在政府经常性预算基础上，对具有指定用途不能统筹安排的政府性基金收入、部分财政专项资金以及政府按比例集中的预算外资金部分，参照政府预算编制方法单独编制但不列入政府预算，仅作为政府预算补充的一

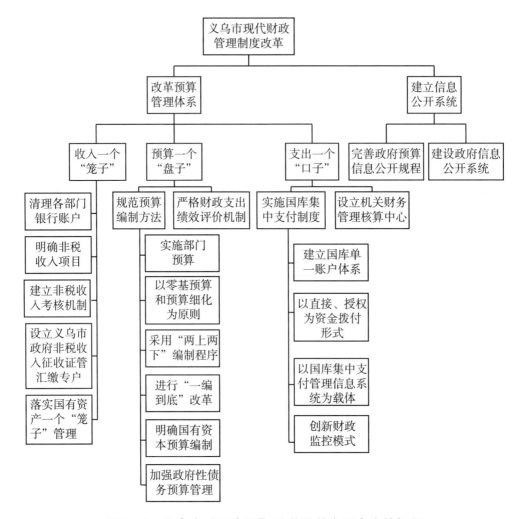

图 3-2 义乌市"三个子"改革及其主要内容的框架

种形式。财政第二预算虽然将一部分预算外收入纳入制度的"笼子"，但大部分预算外收入仍然游离于财政预算管理之外。例如，行政事业性收费、基金和附加收入等。只有从源头上将所有财政性资金（即不论预算内、外）全部纳入制度化管理的"笼子"才能够确保预算的完整性原则。义乌从清理各政府部门和单位的银行开户着手，在 1998 年和 2003 年分别两次清理全市行政事业单位的收入账户和过渡账户。2005 年义乌市政府印发《义乌市政府非税收入管理办法》，进一步健全政府非税收入管理机制，规范政府非税收入征缴行为，科学地对政府非税收入的征收、资金和票据进行管理并建立相应的常态化监督检查机制。

首先，《义乌市政府非税收入管理办法》确定了政府非税收入范围主要包括行政事业性收费、政府性基金、国有资源有偿使用收入、国有资产有偿使用收入、国有资本经营收入、彩票公益金、罚没收入、主管部门集中收入、以政府名义接受的捐赠收入和除上述政府非税收入以外的其他财政性资金。在此基础上，义乌市将所有非税收入资金，按照政府非税收入国家所有、政府使用、财政管理、收支两条线的操作原则，实行综合管理。

其次，规定市财政局为政府非税收入的主管部门，依法对本市非税收入进行全面管理、监督和考核，集中统一管理政府非税收入资金。在非税收入征收方面，义乌市还积极推进政府非税收入管理信息现代化建设，结合"金财工程"不断提高征收管理效率以及资金使用效益。

最后，建立政府非税收入征管绩效考核机制，将政府非税收入征管工作纳入征收部门的年度绩效考核，确保依法规范征收。在非税收入征收管理方面，确定征管单位职能范围，规定征收非税收入项目由法定执收单位负责征收，并且政府非税收入的征收、缴存实行收缴分离和罚缴分离制度，即非税收入统一缴存到财政部门在代收银行开设的义乌市政府非税收入征收征管汇缴专户。在非税收入资金管理方面，政府非税收入依照国家有关规定，分别纳入一般预算管理、基金预算管理和财政专户管理；凡涉及上下级分成的政府非税收入，按照"就地缴款，分级划解，及时结算"的原则，由执收单位定期向财政部门提出申请，经财政部门确认并直接上划上级政府非税收入征收汇缴专户，缴存义乌市政府非税收入征收汇缴专户的资金，按照收入级次和规定的类别定期划解国库或财政专户。[①] 根据《浙江省财政票据管理暂行办法》，义乌市对票据管理也进行了相应的改革，规定市财政局是政府非税收入票据的主管机关，执收单位征收或收取政府非税收入时，应当向缴款义务人出具财政部或浙江省财政厅监制的财政票据。

为了深化"收入一个笼子"改革，不但要管住财政资金，对国有资产及其相关收益也须进行管理。2009 年义乌市实施了《义乌市行政事业单位国有资产管理暂行办法》，建立了"财政局—公共资产管理中心—资产占有、使用单位"三层次的行政事业单位国有资产管理模式，按照所有权与使用权相分离原则，进一步加强和规范行政事业单位国有资产管理，基本实现了预算管理和资产管理的有机结合。在此领域的义乌改革主要体现了如下"三个结合"，即资产管理与预算管理相结合；资产管理与财务管理相结合；实物管理与价值管理相结合的原则。义乌市的"收入一个笼子"改革做法，从源头上基本杜绝了预算单位变相地将执收的预算外资金利用往来款资金性质不易分辨和管理的漏洞，将预算外资金变成单位员工福利的可能性，确保了全市所有财政资金、资产全部纳入"一个笼子"管理。

"预算一个盘子"是将所有财政性资金全部纳入政府预算"盘子"进行全盘考虑、统筹规划，是义乌市"三个子"改革模式落实的基础。在"预算一个盘子"

---

① 　义乌市财政局：《义乌市财政管理改革文件资料选编》（内部文件）2010 年 6 月。

的改革上，义乌市政府从预算管理形式、预算编制方式、预算编制程序、国有资产预算制度、政府性债务预算管理以及财政预算绩效评价上进行了尽可能的统一化管理。主要的改革举措有：

（1）义乌市在 2000 年出台《推行综合财政预算管理办法的若干意见》，规定实施以部门预算为基础的综合财政预算管理形式。部门综合预算是指政府各部门依据国家有关政策规定及其行使职能的需要，由基层预算单位编制，主管部门负责审核和分析基层单位的收支预算建议计划，并汇总编制部门收支预算建议方案报财政部门。部门预算的编制采用综合预算形式，统筹考虑部门和单位的各项资金。对单位的财政预算内拨款、财政第二预算拨款和其他收入，均视为部门（单位）的预算收入；市财政在对部门预算实行综合管理的基础上，须将财政预算内收入、财政第二预算收入和单位其他收入统筹安排，综合编制全市财政预算。编制部门综合预算的方法，一方面很好地解决了过去按照财政资金性质归类编制支出预算所造成的部门资金分散和监管不力的情况；另一方面部门综合预算涵盖了部门或单位的所有收支，收入预算包括部门本级及其所属单位的所有收入，不分预算内、外，所有支出按项目全部列入部门支出预算，体现了一个部门所有收支反映在一本预算上的预算完整性原则。

（2）采用零基预算和预算细化原则编制支出预算。零基预算是指部门和单位的经费支出从零开始编起，不考虑往年的预算支出基数，按照年内所有事项和因素的轻重缓急程度，重新测算每一项目的支出需求；预算细化是指在实行经费定员定额和项目预算的基础上，制定一系列细化标准。首先从建立科学的经费定额标准开始。对人员经费，按照标准逐人核定；对公用经费，按部门分类分档定额编制。其次是单编基本建设、政府采购和社会保障专项预算，对专项支出和基本建设支出，首先要进行项目论证，同时结合市委、市政府确定的经济和社会发展计划，视财力可能进行分类编排，并制定项目滚动发展计划。最后是严格项目预算管理，将单位经费支出按具体用途区分为经常性支出、经常性专项支出和一次性专项支出。经常性专项一般包括单位经常性的业务、办案等费用，大型修缮、购置等费用则列入非经常性专项。

（3）完善预算编制程序。预算编制程序上改变以往"一上一下"的做法，实行"两上两下"的规范编制程序。即首先由单位提出概算（建议数），报财政部门审核；财政部门根据市人代会通过的当年财政预算决议，综合可用财力经审核测算后下达单位预算指标（控制数）；然后由单位根据预算指标（控制数）编报正式年度预算，再次报财政部门审核；财政部门经认真审核后在规定的期限内正式批复下达行政事业单位预算。

（4）严格预算编制管理。进行"一编到底"改革，对行政单位实行"收支统一管理、定额定项拨款、超支不补、结余留用"的预算管理办法。要求行政单位编制预算时要将单位的各项收入全部纳入单位预算统一安排，支出预算则根据人员经费、公用经费定额标准和部门职能所必需的各项开支予以核定。行政单位收支预算一经财政部门或主管单位审核确定，除特殊因素外，对执行中的超预算支出，财政部门和主管部门不得再追加财政拨款和财政专户拨款；对单位由于采取节支措施而形成的收支结余，将留归单位结转下年继续使用，财政不予收回。对事业单位统一实行"核定收支、定额或者定项补助、超支不补、结余留用"的预算管理办法。事业单位要将单位的各项收支统一纳入单位预算，实行统一管理、统一核算、统筹安排。市财政要按照"零基预算"的方法，根据事业单位收支情况以及事业发展计划、特点和任务，来确定事业单位某些支出项目的补助标准，具体项目可因事业单位情况不同而有所区别。财政应鼓励符合企业化管理条件的事业单位，逐步走向市场，与财政拨款脱钩，并结合事业单位体制改革的要求，逐步减少对事业单位的补助。

（5）明确国有资本经营预算制度。2010年发布《义乌市国有资本经营预算管理试行办法》，规定国有资本经营预算遵循以下原则：第一，统筹兼顾、适度集中。统筹兼顾企业自身积累发展和全市经济结构调整的需要，适度集中国有资本收益，合理确定预算收支规模。第二，保证重点、兼顾一般。国有资本经营预算支出安排以全市产业发展和结构调整投入为重点，优先保证重点项目资金需要，同时兼顾一般项目支出。第三，相对独立、相互衔接。既保证国有资本经营预算的完整性和相对独立性，又与政府公共预算相互衔接。第四，分步实施、逐步完善。国有资本经营预算先在市国资局监管的企业中试行，在逐步完善的基础上全面推行。第五，统一上缴、量入为出。国有资本收益统一上缴市财政，除市政府批准的重点投资项目外，以收入总量确定支出规模，不留赤字，结余转入下年使用。国有资本经营预算收入包括国有独资企业按规定应上交的税后利润；国有控股、参股企业按照股东会或股东大会决议通过的利润分配方案，国有股权（股份）获得的股利、股息收入；转让国有产权、股权（股份）获得的收入（扣除转让费用）；国有独资企业清算收入（扣除清算费用、职工安置费用），以及国有控股、参股企业国有股权（股份）分享的公司清算收入（扣除清算费用）；其他国有资本收益收入；上年结转和调入资金。国有资本经营预算支出包括资本性支出，即向新设立企业注入国有资本金，向现有企业增加国有资本投入，收购其他企业股权（股份）等支出；费用性支出，即补偿国有企业改革成本、消化历史挂账、解决历史包袱、人才队伍建设以及加强国企监管等方面的费用支出；研发性支出，即补助国有企业自主创新、产品研发、节能减排等科技活动的支出；调出资金和其他支出。国有资本经营预算支出实行项目管理，按项目性质区分资本性支出项目、费用性支出项目、研发性支出项目和其他支出项目。

（6）加强政府性债务预算管理。在2005年出台《义乌市财政性负债管理办法》的基础上，2006 年又出台了《义乌市人民政府关于加强政府性债务管理的若干意见》（以下简称《意见》），按照"量力而行、量财办事、规范管理、严格控债"的原则，对政府性债务进行针对性管理，健全政府性债务管理改革。在《意见》中明确政府性债务包括各镇政府、街道办事处，市级各部门和所属单位（含政府设立的各类投融资机构）向外国政府或国际经济组织借款、申请国债转贷资金、上级财政周转金（含财政间隙资金）或向国内金融机构、单位、个人借贷（含滞留、挪用其他资金）等形成的债务，以及通过政府担保、承诺还款等融资形成的或有债务。要求各镇政府、街道办事处和市财政部门根据建设需要和财政资金承受能力，在编制年度财政收支预算的同时要编制本级政府性债务收支计划，明确政府性负债建设项目、投资规模、负债数额和偿还本息、压缩削减负债计划等。年度政府性债务收支计划须报市财政部门审核，并报市政府批准后纳入全市政府性债务收支计划。政府性债务收支计划需调增的，也应按规定程序报批。政府性债务收支计划包括债务收入计划、债务支出计划和债务偿还计划三部分。债务收入计划主要反映上年末实有负债情况、当年增（减）负债计划、当年末预计负债情况等；债务支出计划主要反映债务资金项目分布情况、已有负债使用情况、当年债务资金使用计划等；债务偿还计划主要反映偿债资金来源、偿债资金归属及额度和偿债时间等。《意见》中明确规定，除经国务院批准的为使用外国政府贷款或者国际经济组织贷款进行转贷之外，政府及其所属单位不得对外提供融资担保或进行财产抵押，切实防止将市场主体经营性债务风险转嫁给政府。对政府直接负债，均须由市国有资产投资控股有限公司统一提供担保，不允许通过其他途径担保；市财政应对镇、街道负债规模实行严格的控制制度。以 2004 年底的实有负债额为基数进行控制（此为控制指标数），今后非因新审批项目因素，负债规模不得增加，只能随贷款归还逐步缩减。新批准项目如需增加负债的，须由市财政相应追加债务指标额度。显然，当年义乌市公共财政及其债务管理制度改革，体现了地方财政的可持续发展以及担当负责的可贵精神。

（7）严格财政支出绩效评价机制。2007 年 6 月发布《义乌市财政支出绩效评价实施细则（试行）》，财政支出绩效评价是指财政部门、主管部门和单位运用科学、合理的评价办法，设置、选择合适的评价指标，按照同一的评价标准和原则，对财政支出运行过程及其效果进行客观、公正的衡量比较和综合评判的管理行为。绩效评价坚持"客观、公正、科学、规范"的原则，采用"统一组织、分级实施"的管理方式，按照"由点及面、先易后难、逐步推行"的步骤组织实施。绩效评价的范围主要包括事业发展专项规划和基本建设项目、地方财政专项资金（基金）、大型修缮项目、大型购置项目、大型活动项目、其他专项项目以及市财政局确定需要实行绩效评价的其他项目。绩效评价一般以预算年度为周期实施年度评价，其中跨年度的重大项目可根据项目执行阶段分为项目实施过程评价和项目完成结果评价。绩效评价的内容分为业务评价和财务评价，业务评价主要包括目标设定情况、目标完成程度、组织管理水平、经济效益、社会效益、生态环境效益和可持续性影响等。评价对象的具体情况以及业务指标的内容可有所增减。财务评价主要包括资金落实情况、实际支出情况、会计信息质量、财务管理状况等。绩效评价结果是核定部门或单位预算的重要参考依据。项目绩效考评实行百分制计分，并按得分高低将考评结果评定为优秀、良好、合格、不合格四个等次。财政部门对绩效评价优秀的项目给予适当表彰，并在下年度安排预算时给予优先考虑；通常，义乌市对绩效评价不合格的项目要进行通报，在下年度安排预算时要从紧考虑，并提请有关部门对项目执行情况进行重点检查和事后审计。依据财政项目绩效评价结果，财政局对项目的后续资金拨付提出处理意见，并酌情调整支出预算。对于跨年度项目，在项目单位提交年度绩效评价报告之前，财政部门不再拨付资金；不能按照规定提交绩效评价报告的，须向市财政局提交书面申请，经同意后方可拨款。为增强财政资金使用的透明度，财政局建立了绩效评价信息公开发布制度，将绩效评价结果在一定范围内公布。

义乌市进行的"预算一个盘子"改革将所有政府收支，不但包括预算外收入，同样也包括国有资本和政府性债务，都纳入一个统一的预算编制系统中。将财政预算管理法制化，细化预算管理规定，努力做到财政预算管理在各个程序都有规定可依，严肃预算管理机制，严格财政支出绩效评价机制。在"收入一个笼子"的一个前提下全盘筹划政府收入，以保吃饭、保运转、重基础、重民生、促发展为原则，义乌市采取了"零基预算""预算细化"的方法，实行"两上两下"的预算编制程序。在财政制度的设计上更加注重民生财政的建成，更加注重城乡基本公共服务均等化的促成，以及更加注重服务型政府的构建，着力实现经济发展和民生改善的协调推进。

"支出一个口子"是"三个子"模式改革真正落实的关键性保障条件，即全市各政府部门和预算单位的一切支出事项，都必须由一个"口子"（即财政国库）集中统一支付。义乌市各机关业务由设在市政府机关事务管理局的机关财务管理核算中心统一核算，在建立机关财务管理核算中心的同时进行国库管理制度改革，实施国库集中支付制度。将政府性资金拨付和核算职能统一划归国库处（科）办理，对于保证地方政府财政预算的有效执行具有重大意义，也是低成本提供政府服务的关键。总体上，义乌市以建立国库单一账户体系为基础，以直接或授权支付为资金拨付形式，以国库集中支付管理信息系统为载体，以创新财政监控模式为手段，主要从以下四方面着手进行相应的改革：

（1）建立国库单一账户体系。2001年义乌市发布《义乌市推行财政资金单一账号直接支付制度的若干意见》，规定财政单一账户体系由国库存款账户、财政零余额账户、预算单位零余额账户、预算外资金财政专户和预算单位小额现金账户组成。在人民银行开设国库账户，在商业银行开设预算外资金财政专户、财政直接支付账户、往来款直接退付账户和财政授权支付账户。义乌市从在财政内部成立预算执行机构开始，全面清理历年财政账户资金，合并各财政业务科室的政府性资金账户，将政府性的资金拨付和核算职能统一划归国库科办理，实行财政国库集中支付。又于 2006 年发布《关于扩大国库集中支付范围的通知》，按照"统一领导、逐步推进"的原则，对市人民政府办公室、市委办公室、市人大、市政协、市纪委等 40 家行政事业单位实行财政国库集中支付改革。实现了财政性资金的集中统一管理，提高了财政管理效率和效益。

（2）建立以直接或授权支付为主的资金拨付制度体系。对预算内资金、预算外资金、政府性基金、间隙资金以及统发工资、政府采购资金、工程款、单次万元以上招待费、会议费等实行直接支付，对直接支付以外的零星购买支出等则实行财政授权支付制度。通过此项改革，义乌市有力地强化了财政预算的约束力，显著提高了预算单位支出的计划性和财务管理水平。

（3）建立以国库集中支付管理信息系统为载体的支出管理制度。国库集中支付管理系统是集指标管理、用款计划、支付管理、会计核算等模块为一体化综合管理软件，在建立软件的基础上结合实际以完善代理银行网银系统。运用现代信息系统创新性地实现了财税库银横向联网以及预算单位—财政—银行纵向联通，使预算单位用款更加及时有效、信息更加透明直观。

（4）建立以现代财政监控模式为手段的全面监督机制。将所有的财政性资金都通过银行清算系统，从单一账户支付到产品和劳务供应商或用款单位，实行了财政性资金从收入到支付全程"电子化"操作、网上办理，动态监控全收付系统，增强支出的透明度。实现了对财政预算资金的事前、事中监督，规范了政府收支行为，有效避免了财政资金被截留、沉淀、挤占和挪用风险，在很大程度上遏制了财政性资金腐败的滋生问题。

（二）义乌市"三个子"改革的运作模式：以公开透明为导向的公共财政权力制衡机制

在"三个子"预算改革的过程中，为达到"预算编制、执行、监督"三分离的管理目标，义乌市政府配套建立了义乌市政府信息公开系统，并在此基础上着力加强政府预算信息的公开力度，为实现公开透明的财政预算管理制度打下了坚实的基础。

1. 政府信息公开系统的建设及其创新

依据 2007 年国务院颁布的《中华人民共和国政府信息公开条例》，义乌市开始探索制定政府信息公开系统的建设，并主要从信息公开制度规范、工作组织机构、公开平台搭建和监督保障机制等方面做出了明确规定，客观上为区域公共财政治理及其信息的公开透明改革奠定了制度性基础，保障了"三个子"改革的顺利推进和深入实施。

（1）信息公开的制度规范层面。2008 年制定《义乌市政府信息公开指南和目录编制规范（试行）》，对公开指南目录和公开指南编制方面进行了规范，明确政府公开信息共分九大类。分别是：①机构概况类，包括机构职能、领导信息、内设科室、下属单位、工作规则等涉及机构情况的信息；②政策文件类，即本行政机关制发的文件；③规划计划类，包括各类总体规划、专项规划、区域性规划和工作计划及总结；④行政执法类，即行政许可和非行政许可的事项、依据、条件、程序、期限以及申请时所需要提交的全部资料及办理情况，行政处罚、行政监管、行政确认、行政给付、行政强制、行政征收等有关行政执法的依据以及办理情况；⑤行政救济类，包括行政复议、行政赔偿的程序、期限、申请行政复议、赔偿所需要提交的全部资料及办理情况；⑥公共服务类，包括医疗卫生、教育考试、水电气热、交通运输、环境保护等与群众利益密切相关的服务事项（含公共企事业单位）的信息；⑦工作动态类，包括政务活动、重大事项、应急管理以及采购招标、公告公示等信息；⑧人事信息类，包括人事任免、干部公选、招考录用的条件、程序、结果等情况；⑨财政信息类，即行政事业性收费以及政府重要专项基金、资金的使用情况。义乌市在发布《政府信息公开指南和目录编制规范（试行）》的同时，还发布了《义乌市行政机关公文类信息公开审核办法（试行）》《义乌市政府信息公开保密审核制度（试行）》和《义乌市政府信息公开责任追究办法（试行）》三项规定，分别对义乌市行政机关公文类信息公开工作的效率、政府信息公开过程中的保密工作和政府信息公开工作纪律加以规范。之后，义乌市又根据实际操作情况逐年加以调整。2018 年义乌市正式将行政机关决策、执行、管理、服务和结果公开的"五公开"纳入办文办会等政府公开工作制度。

（2）信息公开的工作组织机构设置层面。为了有力推进和正确指导信息公开工作的开展，市政府于 2008 年设立了政府信息公开工作领导小组，明确市政府办公室为全市政府信息公开工作的主管部门，负责推进、指导、协调、监督全市政府信息公开工作。为了进一步加强应急管理和政府信息公开工作，更好地应对公共突发事件和促进政府信息公开工作的法制化、规范化，义乌市于 2009 年设立了人民政府信息公开办公室，在市政府办公室挂牌。次年，义乌市成立信息公开领导小组，由市长担任组长，常务副市长、组织部长和纪委书记担任副组长，市委办公室、市人民政府办公室等 12 个部门主要领导担任成员，领导、协调全市政府信息公开工作，由此可见，义乌市政府对信息公开制度改革的重视程度。

（3）信息公开平台搭建层面。2008 年起，义乌市着力构建政府信息公开工作平台，搭建了以"中国义乌"政府门户网站为核心的网络工作平台，横向联系市委、人大、政协网站，纵向延伸到各镇街、各部门网站的网站群。从 2008 年的拥有 90 个单位子站和纳入范围的 74 个单位，到 2016 年把政府网站延伸至全市所有全额拨款事业单位，基本实现了政府门户网站与子网站之间"统筹规划、资源整合、信息共享"的目标。2012 年起又不断丰富信息公开载体，线上充分利用微博、新闻发布会、论证会等平台，开设"政风行风热线"、人大代表"问政面对面"等活动。在线下，组织建设了图书馆、档案馆、行政服务中心等政府信息公开场所；设置村务、校务公开栏，不断创新信息公开载体，真正做到向全体市民充分公开相关政务信息。

（4）信息公开监督保障层面。义乌市人民政府办公室根据《中华人民共和国行政监察法》《信息公开条例》《行政机关公务员处分条例》等法律法规，编制印发了《义乌市政府信息公开责任追究办法（试行）》，明确市政府信息公开工作主管部门和市监察机关负责对全市政府信息公开工作的实施情况进行监督检查，对部门、镇街政务公开组织实施情况、政务公开范围和内容的执行情况等方面进行检查考核。为避免地方政府信息公开流于形式，义乌市经常性地对信息公开工作开展监督检查，主动加强政务公开工作的指导和协调，同时接受社会各界的外部监督，及时收集社会对全市政务公开、信息公开工作的意见和建议，对不足之处加以改进和提高。

义乌市的政府信息管理主要坚持"以公开为原则，不公开为例外"。截至 2013 年，通过政府门户网站等载体累计主动公开政府信息 120069 条，咨询人数从 2008 年的 18607 人次增长到 2013 年的 86983 人次，年均增速 36.1%。2014 年起，义乌市以"四张清单一张网"为重点内容主动公开政府信息情况。这里，四张清单分别为"权利清单、责任清单、资金清单和负面清单"，义乌市对这四张清单进行全面梳理审核并在义乌政务服务网公布相关信息情况。2016 年进一步深化对政务服务网的建设，以"让群众一事只跑一次"为工作目标，加速建设地方政府大数据中心，建立公共支付平台，与支付宝、蚂蚁金服城市服务的合作，加快与 EMS 快递签署战略合作协议，推进移动政务服务网与 EMS 快递系统的无缝对接，充分提高网上审批的体验度和办事频率。

2. 政府预算信息公开的实践及其成效

理论上，预算公开是预算管理制度改革的核心要求，是现代财政制度的基本特征，是打造阳光财政的主要手段，是实现区域财政治理体系和治理能力现代化的重要推动力。在义乌市政府信息公开系统建设的基础上，为了加强预算科学化、精细化管理，保障公民对财政预算的知情权、参与权、表达权和监督权，促进依法理财、民主理财，义乌市政府根据浙江省财政厅《转发财政部关于进一步做好预算信息公开工作指导意见的通知》精神，结合《义乌市政府信息公开指南和目录编制》和义乌财政预算管理实际，发布了《关于做好财政预算信息公开工作的意见》。

义乌市《关于做好财政预算信息公开工作的意见》较详细地规定了相关部门应主动公开的财政预算信息。主要包括：（1）关于政府预算的信息公开要求。要求财政部门及时向社会公布经市人代会审议通过的综合财政预算执行情况和综合财政预算草案报告，报告所列收支科目细化至"款"级。（2）关于部门预算的信息公开要求。根据市人大的要求，逐步扩大部门预算上人代会审议范围，最终实现镇街预算和市级部门预算全部上人代会审议，原则上应将报送市人大审查的部门预算收支总表和财政支出预算表，作为部门预算公开的最基本格式和内容先行公开。（3）关于预算执行的信息公开要求。财政部门要在年度终了后，及时向社会公布经市人大审议通过的年度财政预算执行情况和决算报告。月度终了及时向市人大报送月度财政收支情况，内容包括当月数据、累计数据及简要分析说明。部门预算执行情况按人大要求向人大常委会公开。（4）关于重大民生支出信息的公开要求。按照党中央、国务院关于着力保障和改善民生的要求，对财政预算安排的公共教育、医疗卫生、社会保障和就业、新农村建设、保障性住房等涉及民生的重大财政专项支出，财政部门及各相关部门要积极主动公开。对于预算信息依申请公开的公开事项、公开内容及相关问题也做出安排。

义乌市预算公开依托于政务信息公开平台，在政务公开目录下设财政信息专栏，分别将市级财政、部门财务和专项资金三部分纳入信息公开管理范畴。市级财政部分公开了义乌市 2002～2017 年间 15 年的财政预算决算情况和 2003～2018 年间的财政预算草案报告，同时公开的还有 2014 年、2015 年、2016 年的"三公"经费支出决算表。部门财务中公开了 2014～2018 年间的部门财政预算及"三公"经费预算，2013～2017 年间的部门财政决算以及"三公"经费决算。专项资金部分则包括了 2014～2018 年间的财政专项管理资金清单。基本做到了财政预算信息公开制度完善、内容翔实、管理规范。义乌市信息公开系统的不断完善，一方面，促进了人民群众与当地政府的沟通，加强了社会公众对政府工作的理解，形成了政民互信，并且提升了政务诚信；另一方面，更加透明化的财政信息公开原则明显地有利于外部力量对地方政府财政活动进行全方面且有力的监督约束。

总之，地方财政信息公开机制是一种低成本、高效率的公共财政权力监督机制，客观上为义乌"三个子"改革的深入实施和治理绩效发挥了重要的保障性作用。

四、义乌"三个子"模式的改革成效及其可推广价值

2008 年十一届全国人大一次会议闭幕后，时任总理温家宝在回答记者问时曾说："我们要推进财政体制改革，使公共财政更好地进行结构调整和促进经济发展方式的转变，更好地改善民生和改善生态环境。"① 财政是用人民的钱为人民谋利的过程，进行财政管理体制改革的最根本目的就是更好地服务于人民。总结义乌市现代财政管理改革的成效及其可推广价值，我们可从其对经济发展起到的促进作用和帮助人民生活改善两个方面来探讨。

总结义乌市经济腾飞的过程，不难发现，义乌市的财政管理体制改革是从源头上把握好政府财政管理，并借此对本市经济发展起着至关重要的促进作用。自改革开放以来，义乌市着力发展当地商品经济，逐步发展成为现在的市场经济发达、闻名全国的小商品集散地。观察义乌市经济发展过程我们可以看到，2000 年义乌全市地区生产总值为 119 亿元，在此之后 GDP 年增速持续高于 10%，在 2004 年甚至高达 17.30%，可以说，2000～2007 年间义乌市区域经济都处于高速发展阶段。之后，自 2008 年以来，义乌市全年地区生产总值开始转变为平稳增长模式，增速一直保持在 10% 左右。2017 年，义乌市全年地区生产总值达到 1158 亿元② （见图 3-3）。义乌市的财政总预算收入和地方财政收入（即地方财政一般预算收入）③ 也与区域经济增长基本保持了同步的增长变化。其中，地方财政总预算收入在 2008 年之前一直保持较高的增长速度，增速最高点位于刚开始实施财政综合预算管理改革的 2000 年，当年的财政总收入比前一年增长 41.4%，之后三年增长速度也都高于 30%。2008 年后财政总收入的增长速度逐渐放缓，2008～2015 年间地方财政收入大体保持在 10% 左右。

义乌市经济的高速发展不单是因为发达的小商品经济，还体现在公共财政管理制度转型后区域经济结构的深刻变革。在农业和新农村建设方面，2002 年义乌市第一产业总产值为 7.6 亿元，第二产业总产值为 79.7 亿元，第三产业总产值为

① 蒋刚强：《2008 年温家宝总理会见中外记者》，中国网，http://www.china.com.cn/guoqing/2012-03/14/content_24893419.htm，2012 年 3 月 14 日。

② 义乌市统计局：《义乌市国民经济和社会发展统计公报》（2000～2017 年）。

③ 地方财政收入是衡量一个地方政府可支配财力的重要指标。按照我国财政部的意见，地方财政收入包括地方本级收入、中央税收返还和转移支付。地方财政一般预算收入是与原来的"财政机关总预算会计制度"中的"预算收入"相对应的概念。1997 年 6 月颁布的《财政总预算会计制度》取消预算内、预算外收支界限后，财政总预算的收支体系也随之变化，将一部分原来属于预算外的收入纳入预算管理，但对这部分新纳入预算的收入又需要保持其专用性，不能与原来的预算收入统一分配。因此，预算收入被分为一般预算收入和基金预算收入两部分。

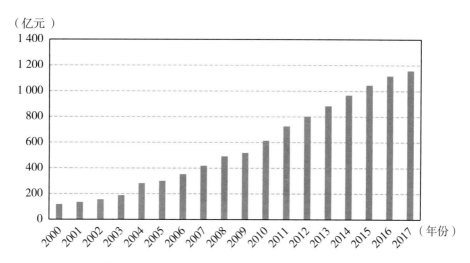

图 3 - 3　2000～2017 年义乌市地区生产总值

资料来源：2000～2017 年《义乌市国民经济和社会发展统计公报》。

68.7 亿元，分别占当年全市生产总值的 4.89%、51.07% 和 44.04%。发展到 2017年，全市第一产业生产总值达到 21.8 亿元，第二产业生产总值为 373.8 亿元，第三产业为 762.5 亿元，分别占当年全市生产总值的 1.88%、32.27% 以及 65.84%，通过简单的对比我们可以发现：经过十多年的发展，义乌市的第三产业已经成功赶超第二产业，成为在全市 GDP 中占比最大的部分。这里，第三产业分别由交通运输、仓储和邮政业，批发零售业，住宿餐饮业，金融业，房地产业，其他服务业，营利性服务业和非营利性服务业构成，其中批发零售业是第三产业中占比最大的部分。由此可以看到，在"藏富于民"地方财政政策的助推下，从"鸡毛换糖"发展起来的义乌商品市场也得到了长足的发展。2016 年义乌市小商品市场实现交易额 3731.2 亿元，实体市场平稳发展，全市拥有有证市场 46 个，经营面积 594 万平方米，经营商位 7.5 万个，中国小商品城成交额为 1105.8 亿元，全年电子商务实现交易额 1770 亿元。在对外经贸方面，中国加入 WTO 后，义乌市的对外经济发展也更加迅猛，2017 年全年实现进出口总额 2339.4 亿元，其中出口 2304.5 亿元，进口 34.9 亿元。城市的发展使人民生活更加富裕。据统计，义乌市 2004 年全年城市居民人均可支配收入 17153 元，而到了 2017 年，居民收入实现平稳增长，全市居民人均可支配收入达到 57811 元。其中，城镇常住居民人均可支配收入达 66081元，农村常住居民人均可支配收入突破 3 万元，达 33393 元。[①] 综上，义乌区域经济和地方财政呈现了良性互动的发展态势。

　　义乌市施行的现代财政管理制度改革的主要方面是进行地方财政综合预算改

---

① 义乌统计局：《义乌市国民经济和社会发展统计公报》（2000～2017 年）。

革。从改革初衷来看，改革目标主要要三个：全面规范政府收支行为、显著增强政府调控能力和有力促进公共财政民生政策的落实。

（一）全面规范政府收支行为

通过综合预算改革，义乌市政府突破了方方面面利益集团的阻力，在非预算内收入管理和财政资金集中支付方面取得了卓越成效。首先，规范的非预算内收入管理办法基本控制了政府公职人员的寻租行为，尤其是通过完善严格非税收入项目，实行"收缴分离、罚缴分离、集中汇缴"的政府非税收入票据管理办法，要求执收单位向缴款人开具票据再由缴款人将款项缴存统一账户，这种做法更是从根本上切断了部门"权"与"利"的不正常关联纽带。其次，建立起来的国库集中支付管理体系通过单一账户将资金直接支付给收款人账户，在提高了财政资金使用效率的同时有效遏制了财政资金乱支滥用的不良现象。据统计，义乌市 2001～2006 年期间地方财政累计共集中支付财政资金约 75.3 亿元，授权支付资金 1.14 亿元，地方财政收支行为得到大幅度规范，各类违法违规财政行为得到根本性遏制。①

（二）显著增强地方政府调控能力

义乌市通过财政综合预算管理成功地为政府管理好了"钱袋子"，为增强政府调控能力奠定了基础。据统计，义乌市 2006～2013 年间累计的非税收入总额约 24.94 亿元，全部纳入综合预算管理后，显著地提升了义乌市地方可用财力以及地方政府调控能力。② 应指出，这里的政府可用财力是指政府可支配和使用的财政资金。狭义的地方政府可用财力是指一般预算收入，包括税收收入、国有企业上缴利润、规费收入、罚没收入等，其中以税收收入为主，约占 90% 以上。广义的地方政府可用财力，除了一般预算收入外还包括政府性基金收入、预算外资金收入、土地出让金收入、国有资产转让收入等各种非税收入，以及政府债务收入等。从统计数据来看，2000 年时义乌市地方财政收入为 5 亿元，2017 年地方财政收入增长到 85.0 亿元，是 2000 年的 17 倍，年平均增长率为 17.05%。③ 由此可见，义乌市政府对于非税收入的管理成效相当显著，地方政府进行的综合预算管理也大幅度增加了地方政府可用财力，这为之后实行的公共服务均等化、基本民生工程等奠定了现

---

① 钟晓敏等：《公共财政之路：浙江的实践与探索》，浙江大学出版社 2008 年版，第 154 页。
② 《2014 年义乌市政府工作报告》。
③ 2000～2017 年《义乌市国民经济和社会发展统计公报》。

实的财政基础。

（三）有力促进公共财政政策落地

优化支出结构、助推公共财政落地的关键是转变财政理念。时任总理温家宝同志2010年在天津滨海新区调研时曾指出，"财政支出要把保障和改善民生作为重点，把钱花在刀刃上……应重点支持实体经济尤其是符合产业政策的中小企业，支持民生工程尤其是保障性安居工程"。值得指出的是，我国财政管理理念及其模式从最开始的"生产建设性财政"到"公共财政"再到"民生财政"提法，这些财政管理理念的深刻转变背后是社会各界对现代财政功能更进一步的科学认识与积极探索，是在市场经济体制条件下把人民群众或纳税人放到更加重要地位的切实表现。落实到财政支出方面，就是财政支出结构的优化调整，即在财政支出项目中对公共安全、公共教育、科学技术、文化体育与传媒、社会保障和就业、医疗卫生、环境保护、城乡社区事务、农林水事务等民生支出给予更多的关注和保障。通过综合预算改革，义乌市积极调整地方财政预算支出结构，按照"保吃饭、保运转、重基础、重民生、促发展"的基本原则，集中财力保障基本民生支出。据统计，2008年义乌市民生支出约为22.61亿元，而到了2017年民生支出则增长到75.81亿元，年增长率为5.54%。① 尽管多年来财政支出统计口径因改革而有所不同，但近年来义乌市的民生支出占财政总支出的比重基本都保持在2/3以上。显然，若没有综合财政预算改革打下的现实基础，义乌市的各类民生问题就不可能得到充足的保障和改善。

义乌市政府综合预算改革的另一个瞩目成绩，则是着力促成城乡基本公共服务均等化目标的实现。2014年义乌市率先在全省范围内实施社会保险全民参保登记计划，基本实现户籍人口全覆盖，建立被征地农民与城乡居民、城镇职工养老保险衔接机制，实施重特大疾病医保补偿制度。在此基础上，2015年义乌市实现了城乡低保同一标准，即城镇居民和农村居民的无差别化社会低保待遇。正是由于综合财政预算管理创造的有利条件，义乌市的社会低保范围在不断"扩面"的同时，社会保障的底线标准也不断提升。据统计，2004年义乌市共有低保对象4861户，6959人享受最低生活保障，全年发放低保资金771.75万元；2016年义乌市最低生活保障标准由每人每月640元提高到705元，全市共有低保对象5596户7545人，共发放低保金2130.8万余元。②

总体而言，义乌市的现代财政管理制度改革成绩是令人瞩目的。2014年12

---

① 义乌市财政局：《关于义乌市2017年预算执行情况和2018年预算草案的报告》。
② 《浙江财政年鉴2017》。

月，财政部财科所、中国财经报社在北京联合召开"浙江义乌现代财政改革实践专家咨询会"，对《打造县级现代财政改革标杆》研究报告进行了专家论证。与会专家就义乌市现代财政改革实践进行了广泛而深入的交流和探讨，肯定了义乌财政改革所取得的成功经验，提出要借鉴义乌财政"三步接力式"改革的成功路径，构建县级现代财政制度，推广义乌县级财政管理改革成功经验，服务地方经济发展"新常态"。这次专题会的召开，一方面肯定了义乌市财政综合预算改革所取得的成效；另一方面也为完善构建成熟的现代财政制度提前做好了准备工作。义乌市财政改革的经验获得了中央部委、省市领导的充分肯定，成功地将一直以来只代表"兴商建市"的"义乌模式"加入了新的改革内涵，注入了新的发展活力。可以说，义乌市以"三个子"为特色的公共财政改革拓宽了浙江省公共财政管理改革的内涵，其改革探索已在全省乃至全国范围内被模仿、被学习并且遵循至今。

放眼未来，构建现代财政制度是中国当下以及未来相当长时期财政治理体系和治理能力现代化改革的重要战略目标。为此，财政管理制度改革将是一个长期而艰难的复杂过程。例如，2013 年党的十八届三中全会审议通过《中共中央关于全面深化改革若干重大问题的决定》，确定了财政对于治理国家的重要支柱作用，明确"深化财税体制改革，改进预算管理制度"的要求。2014 年中共中央政治局审议通过《深化财税体制改革总体方案》，明确重点推进预算管理制度改革、税收制度改革和中央地方政府间财政关系改革。2015 年重新修订后的《中华人民共和国预算法》正式运行，对预算信息公开、预算编制、执行、监督等提出了一系列法律新规。2016 年财政部门进一步盘活存量资金，继续按规定清理收回两年以上结转资金，并加强对两年以内资金的清理盘活，同时加大清理财政专户和预算单位实有资金账户存量资金力度，稳妥推进国库现金管理。[1] 2017 年李克强总理在国务院廉政工作会议上更是重点强调，"管好资金首先要抓住预算这个'龙头'，要将政府收支全部纳入预算，做到预算一个'盘子'、收入一个'笼子'、支出一个'口子'，彻底杜绝'小金库'。"同时，总理还提出要着力打造阳光财政，所有使用财政资金的部门全部要公开预算。[2] 综上，在近年来"从上而下"的一系列致力于现代化目标的财政管理制度改革的背后，或多或少都能看到义乌"三个子"改革和探索的影子。

总之，无论从改革理念、改革勇气还是改革举措来看，义乌"三个子"改革在当时全国范围内的可推广价值无疑是巨大的。从改革成效来看，区域财政治理改

---

① 刘杨：《接受社会监督 打造"阳光财政"》，http：//www. gov. cn/xinwen/2016 - 03/08/content_5050990. htm，2016 年 3 月 8 日。

② 陆茜：《李克强：要将政府收支全部纳入预算》，http：//www. gov. cn/premier/2017 - 03/21/content_5179343. htm，2017 年 3 月 21 日。

革是符合我国国家治理体系和治理能力现代化改革需求的重要和关键环节，而义乌市的"三个子"综合预算管理改革不但适应发展需要，而且已经走出成功的一步，为其他地方政府起到了很好的表率借鉴作用。但应指出，在推广义乌市改革经验的过程中，我们必须清醒地意识到，义乌现代财政管理制度改革涉及行政理念的变革和对于固有利益格局的突破，同时政府预算改革也不仅仅只改革预算管理办法，还涉及更深刻的行政体制等多方面的配套性改革。

五、本章小结

着重对义乌"三个子"（即"收入一个笼子、预算一个盘子、支出一个口子"）的公共财政综合管理模式的改革背景、实施内容、运作模式、改革成效以及可推广价值等进行了较全面和深入的分析。从当时的改革背景来看，全国各地方财政都面临着一种管理困境，即相当部分的财政性资金游离于地方财政管理权限之外，收入多个"笼子"、预算多个"盘子"以及支出多个"口子"等不规范问题盛行，导致诸多财政性资金的乱收、滥支以及管理混乱问题，甚至成为滋生各类腐败问题的土壤和温床。在此背景下，义乌市首创的"三个子"综合管理模式，既是一种问题逼迫或问题导向的财政改革，又是一种现代化使命导向的财政改革。从改革的实施情况来看，义乌市的公共财政管理制度改革起步早、力度大、效果好，当时走在了浙江省乃至全国前列，成为地方公共财政改革的样板。值得指出，2017年李克强总理在国务院廉政工作会议上也曾对义乌市的"三个子"模式进行了高度肯定，指出要将政府收支全部纳入预算，做到预算一个"盘子"、收入一个"笼子"、支出一个"口子"。总之，义乌的"三个子"改革模式在理论上是我国地方财政管理制度的重大创新，在某种程度上推动了我国现代财政管理制度的改革探索，属于区域财政治理体系和治理能力现代化改革的"浙江样本"，这种前瞻性的改革探索无疑会为后续的区域财政治理改革奠定宝贵的支撑条件，提供难得的改革经验。

附录

"小商品、大市场"的义乌经济与"小财政、大作用"的义乌财政

义乌古称"乌伤"，小商品经营活动则始于乾隆年间义乌农民"鸡毛换糖"的经商活动。如今，义乌已经发展成为"华夏第一市"，积累了较鲜明的规模优势、

商品优势、网络优势、管理优势，使得各类小商品成交额已经连续 28 年位居全国十大集贸市场榜首。如今，小商品已让义乌这个十年前还默默无闻的县级市扬名海内外。全球最大的小商品市场——中国义乌小商品市场，现大部分市场及专业街已移入义乌国际商贸城。在政府规划和财政扶持政策下，义乌的"贸易立市"战略已呈现"小商品、大市场"的国际化发展格局。

目前，义乌是中国首个也是唯一一个县级市国家级综合改革试点。义乌国际商贸城被中国国家旅游局授予中国首个 AAAA 级购物旅游区。义乌是中国大陆六大强县（市）之一，人均收入水平、豪车密度在中国大陆居首位，是中国最富裕的地区之一，在福布斯发布的 2013 年中国最富有 10 个县级市排名第一。义乌是全球最大的小商品集散中心，被联合国、世界银行等国际权威机构确定为世界第一大市场。2014 年，义乌被列为第一批国家新型城镇化综合试点地区。

义乌小商品城在二十多年间从默默无闻的浙东小县城一跃成为世界的商贸名城，有诸多经营之道可以总结，如义乌人吃苦耐劳、走遍天下、锲而不舍、赚蝇头微利的商业精神。与此同时，义乌财政及其改革为义乌经济的保驾护航服务及其作用也不容低估。义乌的"小财政、大作用"主要体现在：（1）义乌财政多年来的"藏富于民"体制机制对小商品经济的孵化作用。"经济大市、财政小市"，在某种程度上就是这种特殊体制机制优势的映照和反映。（2）地方财政在弥补市场缺陷、增强公共服务方面扮演积极作为的角色。例如，在地方财政的精心扶持和助推下，支撑义乌 1/3 贸易产品的地方民营企业正逐步走向现代化，过去破旧的老街、老巷、老房子也全部得到改造，正以崭新的美好形象迎接世界各地的商业合作伙伴。（3）地方财政运用"四两拨千斤"的杠杆原理，不断创新财政扶持政策，推动义乌经济社会持续健康发展。例如，2016 年设立义乌市产业发展投资管理有限公司，首期产业基金市财政出资规模达 10 亿元，实质运作政府产业基金；规范有序推进 PPP 项目财政可承受能力论证和物有所值评估工作，强化 PPP 模式应用风险防控（如"义乌市垃圾焚烧发电厂提升改造 PPP 项目"）。

总之，义乌"小商品、大市场"的背后离于不开"小财政、大作用"的大力支持和有力扶持。

参考文献

［1］曾东萍：《预算外收入的终结》，载于《南风窗》2011 年第 5 期。

［2］陈优芳：《浙江："三个子"改革解析》，载于《新理财》（政府理财）2009 年第 5 期。

［3］《大国财政 砥砺前行——十八大以来财税改革大事记》，载于《新理财》（政府理财）2017 年第 10 期。

［4］段国旭：《关于公共财政体制的思考》，载于《经济研究参考》2003 年第 73 期。

［5］段华富、蒋国忠、郑伟东、周春月：《关于义乌市建立国库单一账户的调查》，载于《预算管理与会计》2002 年第 7 期。

［6］龚旻、甘家武、张帆：《中国公共预算约束软化的体制成因：理论分析与实证检验》，载于《财经理论与实践》2017 年第 1 期。

［7］贾康：《公共财政的基本特征和基本要求》，载于《经济研究参考》2007 年第 50 期。

［8］刘汉屏、章成：《公共财政与公共财政政策选择》，载于《财政研究》2001 年第 7 期。

［9］刘晔：《顶层设计与深化公共财政制度改革》，载于《财政研究》2013 年第 3 期。

［10］马蔡琛：《政府预算管理理论研究及其新进展》，载于《社会科学杂志》2004 年第 5 期。

［11］孙克竞：《我国地方公共财政改革的路径》，载于《经济研究参考》2015 年第 48 期。

［12］孙明霞：《公共财政之义乌探索》，载于《瞭望》2009 年第 46 期。

［13］王朝才：《义乌：见微知著》，载于《新理财》（政府理财）2015 年第 1 期。

［14］王希岩：《以公共财政约束地方政府》，载于《经济研究参考》2013 年第 48 期。

［15］谢理超：《从完善财政支出制度角度分析推进公共财政建设需要研究的几个问题》，载于《经济研究参考》2013 年第 29 期。

［16］许斌：《公共财政不是政府的小金库》，载于《经济研究参考》2009 年第 48 期。

［17］余丽生、赵健明：《地方公共财政新模式研究》，经济科学出版社 2011 年版。

［18］余丽生、冯健、陈优芳：《推进"三个子"公共预算管理改革的路径选择》，载于《财会研究》2011 年第 8 期。

［19］余丽生：《义乌市"自强"探索》，载于《新理财》（政府理财）2012 年第 10 期。

［20］钟晓敏：《公共财政之路 浙江的实践与探索》，浙江大学出版社 2010 年版。

第四章

预算编制、执行、监督"三分离"的组织体系改革与业务流程再造

进入 21 世纪以来,随着市场经济体制的逐步完善和公共财政理念的确立,浙江省各级财政部门在部门预算、国库集中收付制度、绩效评价和政府采购等领域进行了一系列富有成效的改革。特别是省政府在 2007 年提出建立"收入一个笼子、预算一个盘子、支出一个口子"的公共财政管理模式(以下简称"三个子"管理模式)目标后,公共财政体制改革进一步深化,收入"笼子"初具雏形;综合预算制度逐步完善,预算"盘子"统筹能力得到提高;国库集中收付制度改革有序推进,支出"口子"逐步迈向归一;绩效评价、财政监管水平不断提升,初步形成了以部门预算为龙头的预算编制体系、以国库集中收付为龙头的预算执行体系、以绩效评价为龙头的预算监督体系三位一体、相互分离、相互监督的"三分离"公共财政业务体系和技术体系。

但与此同时,作为公共财政体制三大体系(即财政业务体系、技术体系和组织体系)之一的组织体系却没有及时进行系统、全面的改革,仍然实行的是业务管理部门集预算编制、执行、监督三项职能于一身的"三合一"模式。从实践情况来看,

这种传统的财政组织体系已经难以适应公共财政业务体系改革和发展的需要，成为制约整个公共财政体制改革的一块"短板"。在这种背景下，建立与公共财政业务体系、技术体系相适应的，预算编制、执行、监督"三分离"的组织体系改革被提上了议事日程，并迅速在全省各级财政部门推行开来，有力促进了"三个子"改革目标的实现。

一、改革背景："三合一"财政组织体系及改革的必要性

在预算编制、执行、监督"三分离"改革之前，全省各级财政部门实行的是一种按行业归口管理的财政组织体系，各个归口业务管理部门集上述三项职能于一身。在这种"三合一"的管理模式下，权力的高度集中与职责的过度分散现象并存，极易造成工作的交叉与扯皮，管理混乱而低效，不利于"三个子"改革目标的实现。

（一）缺乏独立、统一的预算编制机构，难以完全满足"预算一个盘子"的改革目标

在"三合一"的组织体系下，财政内部缺乏独立、统一的预算编制机构。尽管预算部门名义上是预算编制的专职部门，但事实上对于预算编制介入程度不深不细，只能是在业务管理部门编制好的预算基础上进行局部调整和汇总（财政部预算编制课题组，2000），存在着预算内外资金统筹力度不足、预算编制的科学化和精细化水平有待提高等问题，难以完全满足"预算一个盘子"的改革目标。

1. 预算内外资金统筹力度不足

预算的完整性是政府理财的一条重要原则，"凡是依据国家的行政权威、资产所有权或提供某种特殊服务，而由政府部门向企业或个人征收的各种收入，均应算作财政收入。同时，政府的各项支出，不管其用途如何，数额多大，均由财政部门统筹安排，纳入国家预算的统一管理之下"[1]。但在 2011 年之前，我国的财政资金有预算内资金和预算外资金之别。尽管部门预算改革的核心任务之一就是实现

---

[1] 财政部预算编制课题组：《关于预算编制模式及运行机制的研究》，载于《经济研究参考》2000 年第 27 期。

"一个部门，一本预算"，实行综合预算制度，但在实际操作中，仍然存在着预算内外资金"两张皮"的现象。预算内外资金的统筹力度不足，部门间经费水平也会因为预算外收入能力的不同而苦乐不均，无法真正实现"收入一个笼子"和"预算一个盘子"。

2. 预算编制的科学化和精细化程度有待提高

预算编制的科学化和精细化是财政管理的基础。进入 21 世纪以来，浙江省地方财政收入以较快速度增长，公共服务均等化体系初步建立，对财政管理的专业化水平也提出了越来越高的要求，实际工作量成倍增加，但是人员编制数量远远无法满足财政管理工作的实际需要，"人少事多"的矛盾非常突出。一方面，虽然预算部门专职从事预算编制工作，但由于人数少，即使加班加点的工作，工作质量与预算编制的要求还有相当距离。另一方面，在业务管理部门，兼职从事预算编制的工作人员相对较多，但由于多项职能集于一身，人员素质出现"全能化"现象，而且平时还要疲于应付预算执行、监督、资产、财务等大量具体操作层面上细小事务的处理，没有更多的精力和时间加强政策研究，严重影响了预算编制的科学化和精细化水平。具体见表 4 - 1。

表 4 - 1　　　　　　**2000 年以来省财政从事预算编制机构及人员比较**

	2000 年	2002 年	2004 年	2006 年	2008 年
专职从事预算编制机构个数	1	1	1	1	1
专职从事预算编制人员数量	10	10	12	13	13
兼职从事预算编制机构个数	9	10	10	9	10
兼职从事预算编制人员数量	68	70	67	81	122

资料来源：浙江省财政厅课题组，《浙江财政预算编制、执行、监督"三分离"管理模式研究》（内部资料），2010 年。

（二）业务流程上交叉现象明显，不利于充分实现"支出一个口子"

如图 4 - 1 所示，"三合一"财政组织体系职能配置导致业务流程交叉化现象明显。以预算执行环节为例，由于各个业务支出处室对归口管理的单位（部门）仍然具有一部分的预算执行职能，造成了执行职能过于分散且存在交叉，在具体的执行过程中财政内部链条过长，既给预算单位带来诸多不便，也在一定程度上影响了工作效率。如一项用款计划的审批，在预算单位申报后，往往要经过财政部门内部的业务处室、核算中心和国库处等多个环节的审批，如果是政府采购项目，还需要政府采购监管处的审核，预算单位和财政部门需要花费大量的时间和人力来处理具体的事务性工作。

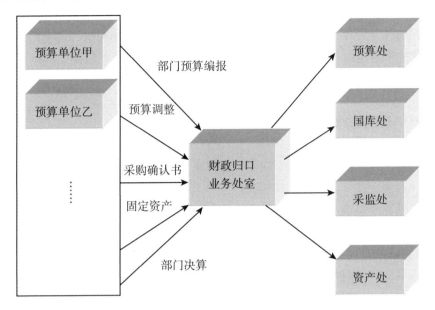

图4-1 "三分离"改革前的财政管理业务流程

（三）权力配置集中化程度较高，不利于廉政风险的防范

在"三合一"财政组织体系中，归口业务处室既负责预算编制、又负责预算执行和监督，既当"教练员""运动员"，又当"裁判员"，权力配置集中化程度高。这既不利于严格预算执行，财政执行力度难以统一和协调；也不利于强化预算监督，使一些问题往往难以被及时有效地发现；还不利于防腐败体系的建设。

综上所述，"三合一"财政组织体系已难以适应并制约着公共财政业务体系改革的深化，只有针对性地解决传统组织体系存在的问题，进行系统、全面的改革，构建与预算编制、执行、监督"三分离"的公共财政业务体系相适应的公共财政组织体系，即建立健全预算编制、执行、监督机构相对分离、相互联系、相互制衡的公共财政组织体系，有助于实现"三个子"的管理模式目标。

二、改革目标：现代公共财政管理的核心
特征和基本要求

众所周知，财政管理是政府为了履行职能，依法运用一定手段，对财政收支及相关活动过程进行决策、计划、组织、协调和监督等的行为与方式，贯穿于研究制

定和实施财政政策、编制和执行预算，以及财政法制建设等财政工作的全过程
（谢旭人，2011）。因此，为了保障财政职能作用的充分发挥，各级财政部门牢固
树立现代财政管理理念，完善预算管理制度，加强预算编制和执行管理，强化预算
监督，建立预算编制与执行、监督相互制衡和有机衔接的运行机制，提高财政管理
绩效。

（一）预算编制与预算执行相分离

无论是在理论上，还是在实践中，预算编制与预算执行相分离有助于体现预算
的规范性和法定性（高培勇，2010）。

著名预算专家希克（Schick，1966）曾经指出，公共预算主要有三种职能：控
制、管理和计划。但是，不同国家的预算体系，或者处于不同发展阶段的预算体
系，可能会更加侧重于其中的某一种功能，并由此形成了三种预算取向：控制取
向、管理取向和计划取向。从全球近两百年来的预算发展史看，从 19 世纪到 20 世
纪 30 年代所形成的预算体制是"控制取向"的，即通过各种预算控制约束政治
家、官员以及每个公共管理者的活动，确保公共资金全部被用于公共目的，防止决
策者将公共资金用于私人目的，进而使得政府是负责的。从 20 世纪 30 年代开始，
各国都在原有的基础上不断改革预算制度，尤其是预算编制方法。这些预算改革都
期望将预算理性引入预算过程中，以期在预算投入和产出或结果之间建立紧密的联
系。这就使得预算体系的重心开始从强调支出控制转变到关注管理和计划功能。这
一过程中，出现了新的预算模式，包括绩效预算、计划项目预算、零基预算和新绩
效预算（马骏等，2011）（见表 4 – 2）。

表 4 – 2　　　　　　　　各种预算模式的职能取向

职能取向 预算模式	控制	管理	计划
传统预算模式	√		
绩效预算模式		√	
计划项目预算模式			√
零基预算	√		√
新绩效预算		√	√

资料来源：马骏等，《公共预算：比较研究》，中央编译局 2011 年版，第 20 页。

从发达国家的预算管理实践来看，无论是控制取向的传统预算模式，还是管
理取向和计划取向的其他预算模式，都是建立在预算管理制衡机制的基础之上，

采取预算编制、审批、执行和监督相分离的管理机制。并且，与各国的国家治理结构相结合，形成了分权型和集权型两种模式，前者以美国为代表，后者以法国为代表。

在美国，预算管理的权力不仅在行政部门内部是分散的，而且财政管理权力在行政部门和立法部门也是分离的。概括起来说，美国财政部仅负责根据历年的收入情况和经济发展预测编制收入预算，供隶属于总统的管理和预算办公室（OMB）参考，并负责根据国会批准的预算组织资金供应。作为美国核心预算部门的管理和预算办公室则独立于财政部之外，其职责主要是编制支出预算，即根据各部门、机构提出的各自预算方案，经核查后统一汇编出联邦预算，交总统审核，然后由总统提交给国会（马蔡琛，2010）。

在法国，预算编制、执行、监督职能均归属于法国财政经济工业部（以下简称"法国财政部"）。法国财政部负责管理国家财政、税收、经济发展等，财政部内设经济事务部和预算部。预算部是编制国家财政预算的主要部门，下设预算局、税务总局、公共会计局等。预算局负责编制国家预算，决定国家预算收支平衡和财政开支的优先秩序。预算局下设五个司，分别管理和控制政府各部门的预算，其中一个司专门负责综合预算以及编制《预算法案》中的收入和支出项目预算。公共会计局负责预算执行和管理国库账目、年终财政决算以及间接税的征收。概言之，法国预算管理的显著特点有二：一是"一体化"，即预算编制、执行与监督职能一体化于财政部；二是"三分离"，即财政部内实施预算编制、预算执行、预算监督相分离，预算编制统一由预算局负责，预算执行具体由公共会计局负责，预算监督建立驻各部门财政监察专员制度，职责分工清晰。

结合我国的预算管理实践，由于政府预算在中国发展的历史相对较短，各利益相关主体的互动关系，仍处于不断调整的动态过程中，客观上需要建立一个利益协调机制和平台。在这一过程中，需要强化预算编制职责，将预算编制环节独立化，实现预算编制、执行和监督三个环节相互分离且制衡（马蔡琛，2010）。这样做的好处在于：（1）通过预算编制机构通盘考虑所有财政资金的使用，对公共资源进行战略性筹划，科学搭建支出结构，有效提高编制的科学性，实现资源配置的经济效率要求；（2）通过预算执行机构规范而有效地进行支出管理和跟踪分析；（3）通过预算监督机构强化全程、动态的跟踪问效，建立预算约束和监督机制。预算编制、执行和监督三个环节协调而紧密的相互配合，环环紧扣，实现职能上的分离、流程上的一体，通过组织构架的整合、重塑达到行政效率的提升。

（二）财政管理的专业化、科学化和精细化

科学管理理论的核心要义是融专业化分工思想和标准化思想于管理过程，进而

实现效率提升的管理目标。财政预算编制、执行和监督是从专业分工与协调控制两个维度对财政预算管理流程进行业务梳理和机构重设，体现了科学管理的专业分工理念和以结果为导向的绩效管理理念，是财政预算管理专业化、科学化和精细化的内生需要。

首先，将预算编制部门独立出来，建立专职预算编制机构，可以保证其拥有相对充足的力量和精力，专门从事预算编制工作，促进预算编制的科学、高效、合理。更为重要的是，预算局全面掌握预算编制政策，实现"政出一门"，标准口径达到一致，能够有效解决各部门争指标的问题的，减少部门利益的干扰，实现预算编制的统一性和资金分配的均衡性。

其次，预算编制与执行相分离，促进了预算执行部门一心一意抓好预算执行工作，有利于实现部门内部权力的相互制约。而且，也能够将国库集中收付制度、政府采购制度等具体收支管理制度更好地加以落实和完善。

再其次，健全的预算监督体系，各部门的支出基本都能保证按预算要求进行开支。

最后，借助现代信息技术，科学重构组织体系，在流程再造中优化管理，提升财政绩效，通过组织重构和人员的合理配置，有效整合公共资源和人力资源，实现财政事业发展和财政干部队伍建设的"双赢"局面。

（三）实施全过程、多维度的财政监督

从发达国家的预算管理实践来看，各国财政管理制度的共性之一就是注重财政资金使用全过程的控制与监督。当然，在具体制度安排方面因各国政体、历史传统和机构设置而各不相同，美国和法国财政监督制度较为典型（高培勇，2010）。

在美国，财政监督体系的分工较为明确：税收监督管理主要由税务部门负责，并与国内收入局共同拟订税收法规，监督税收法规的具体执行；财政支出的监督管理主要由财政部门、用款部门、审计部门及国会等负责。其中，具体就财政部门的监督职能而言，要通过调查研究、搜集信息等方法合理确定各部门、各项目的预算支出数额。预算总额一经国会批准，必须严格执行，财政部门无权追加或削减预算数额。具体审计资质的会计公司受财政部门委托，对各专项预算支出项目执行情况及项目竣工情况进行专项审计，完成的审计报告作为预算支出执行情况的附件报议会审批。同时，政府各支出部门都设有一名由总统任命的财政总监，对总统和财政部负责，保证财政资金的合理节约使用。每一笔支出必须经财政总监签字盖章后，财政部才予以拨款。

在法国，经过几个世纪的发展和完善，已形成了议会宏观监督、财政部门日常

业务监督、审计法院事后监督的分工明确、协调互补的司法型财政监督体系。其中，具体就财政部门的监督职能来说：（1）财政监察专员对部门和大区进行财政监督；（2）公共会计局对公共支出拨付进行监督；（3）财政部内设的财政监察总署进行专项监督检查；（4）财政部内设的国家监察署对国有企业进行监督；（5）税务机关对纳税人进行税务稽查。

从我国的管理实践来看，随着公共财政体制改革的不断推进和逐步引向深入，各地财政部门在财政管理模式上进行了一些积极探索和成功实践。例如，陕西、山东、安徽和四川等省份将财政监督局或升格或高配，对外强化财政资金管理和支出绩效评价，对内强化财政部门的协调与合作，有效提升了财政部门的执行力，对当地社会经济发展起到了积极作用。又如，浙江省杭州市财政局将财政监督局升格为副局级，对预算管理的全过程进行有效的约束和监管，较好地促进了财政资金绩效水平的提高和预算责任的真正实现。

三、改革内容：构建预算编制、执行、监督的"三分离"组织体系[①]

在充分借鉴国内外实践经验的基础上，结合浙江省的实际情况，特别是围绕着"三个子"的财政管理模式，着力推进预算编制、执行、监督的"三分离"组织体系改革在 2009 年前后被正式提上议事日程，并在 2011 年顺利完成财政组织体系的重建。

（一）基本定位

根据上述基本要求，公共财政"三分离"组织体系的改革应朝着"四化"的目标，以保障"三个子"管理模式的有序、优质、高效、廉洁运转。

1. 职能归一化

按照与公共财政"三分离"业务体系相适应的要求，分别理清预算编制、执行、监督的三项职能，建立相应的一套机构来实现预算编制、执行、监督职能的归一化，保障"三个子"管理模式的有序运转。

---

① 本部分内容主要根据浙江省财政厅课题组编写的《浙江财政预算编制、执行、监督"三分离"管理模式研究》等相关资料编写。

2. 管理专业化

按照公共财政"三分离"业务体系管理的要求，归一化的职能分工需要专业化的人力资源来保障，必须尽快培养和建立三支专业素质较高的人才队伍，提升管理专业化水平，实现预算管理精细化、科学化，保障"三个子"管理模式的优质运转。

3. 流程明晰化

按照公共财政"三分离"业务体系的要求和机构设置情况，科学、清晰地再造业务流程，形成有效的"闭环系统"，促进"三个子"管理模式的高效运转。

4. 权力制衡化

按照权力制衡原理和公共财政"三分离"业务体系管理要求，机构设置要科学合理，三套业务机构权力要相互制衡，确保"三个子"管理模式廉洁运转。

（二）整体架构

综合以上分析，浙江省公共财政"三分离"组织体系改革模式定位为：以金财工程为技术支撑、以人才工程为人力支撑，职责流程相对清晰，业务流转相对流畅，权力配置相对制衡，搭建预算编制、执行、监督相分离的"三驾马车"式的三套机构。即以总预算局为核心，以预算编制中心为支撑的一套预算编制机构；以预算执行局为核心，以行业归口业务处、核算中心等为支撑的一套预算执行机构；以财政监督局为核心，以绩效评价处、审核中心为支撑的一套预算监督机构。"三分离"组织体系改革的内在要求有三：一是构建框架，建立三个核心局，即总预算局、预算执行局、财政监督局；二是理清职能，理清预算编制、执行、监督三项职能，分离行业归口管理业务处的编制、监督职能到预算编制机构、预算监督机构，强化行业归口管理业务处预算执行和政策、财务、资产管理等职能；三是再造流程，在构建公共财政"三分离"组织体系的同时，按照"三个子"管理模式的要求，再造业务流程，促进公共财政体制的高效运转。

（三）组织机构设置

总体业务流程与组织机构设置如图 4 - 2 所示。"三分离"业务体系按职能理清的要求，形成一个"闭环系统"，三项职能分别由三套机构负责实施，在金财工程一体化的支撑下，信息充分共享，提高管理质量，有利于促进"三个子"管理模式的加快完善。

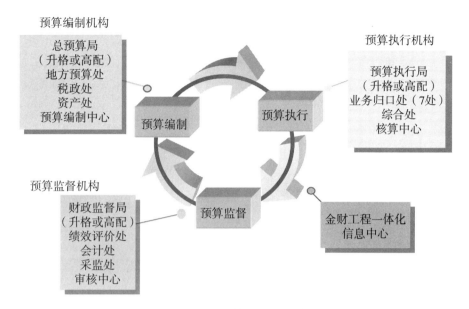

图 4 - 2 组织机构设置和业务流程

1. 预算编制机构及其职能

一套预算编制机构是以总预算局（副厅级局或高配副厅级）为核心，由地方预算处、税政处、行政事业资产管理处和预算编制中心等构成。负责总预算、公共预算等为类别的复式预算编制、审核、批复等职能。

（1）总预算局（预算处更名）。主要职责：负责总预算、复式预算编制并向人大报告，预算平衡并提出财力分配方案，牵头负责公共预算、国有资本经营预算、政府性债务计划、社保预算、专户资金（专用基金）计划等的编制，预算管理流程规范和完善等。

（2）地方预算处（新增机构）。主要职责：负责省以下财政体制（含乡财政）管理，指导市、县财政公共预算等复式预算的编制、政策管理等。

（3）税政处。主要职责：负责地方税收政策的拟订。

（4）省级预算编制中心（增设为参公事业单位）。主要职责：负责省级各类预算的技术性、基础性审核。

（5）资产处。主要职责：负责行政事业单位资产管理，负责配置计划的编制、审核。

2. 预算执行机构设置及职能

一套预算执行机构是以预算执行局（副厅级局或高配副厅级）为核心，由国库支付处、7 个行业归口业务处，以及综合处、核算中心等构成。负责复式预算的执行。

（1）预算执行局（国库处更名）。主要职责：牵头组织实施预算执行职能；负责预算执行制度、政策制订和管理；负责财政总会计相关业务的核算、管理等。

（2）国库支付处（国库支付局更名）。主要职责：负责省级国库集中支付改革具体实施工作；负责省级国库集中支付相关业务审核管理等。

（3）7 个行业归口业务处（行政政法处、教科文处、社保处、农业处、经建处、企业处、外金处）。主要职责：负责预算执行和归口行业的财政政策、财务、资产管理等。

（4）综合处。主要职责：负责非税收入征管。

（5）核算中心（参公事业单位）。主要职责：负责省级国库集中支付业务的支付和核算。

3. 预算监督机构设置及职能

一套预算监督机构是以财政监督局（副厅级局或高配副厅级）为核心，由绩效评价处、会计处、政府采购监管处、预算项目审核中心等构成。负责复式预算的监督、收支政策的监督等。

（1）财政监督局（监督检查局更名）。主要职责：牵头组织实施各项财政监督职能；负责财政监督政策和制度的制定以及预算执行的日常监督等。

（2）绩效评价处。主要职责：现有职能并充实完善。

（3）会计处（会计管理处更名）。主要职责：负责会计工作监管。

（4）政府采购监管处。主要职责：负责政府采购预算监督。

（5）预算项目审核中心（参公事业单位）。主要职责：负责绩效评价的具体评价实施及基础性工作。

4. 信息化支撑机构设置及职能

信息中心（纯公益类事业单位）。主要职责：现有职能。

5. 改革前后组织机构设置比较

组织体系改革包括机构设置和人员配备两个方面，由于人员配备需根据“三分离”组织体系改革的实施、职能的划转以及业务体系改革的需要进行调整。本章暂不考虑人员配备的方案，仅对改革前后的组织机构变化作相应比较，如表 4 - 3 所示。

表4-3　　　　　　　　　　　改革前后相关机构设置

改革前	数量		改革后	数量	新增	变化情况
行政机构个数	17		行政机构个数	18	1	
预算处	1	预算编制机构	总预算局	1		更名，副厅级局或高配
			地方预算处	1	1	新增机构
税政处	1		税政处	1		
			预算编制中心	1	1	新增参公事业单位
行政事业资产处	1		行政事业资产处	1		
国库处	1	预算执行机构	预算执行局	1		更名，副厅级局或高配
国库支付局	1		国库支付处	1		更名
7个业务处	7		7个业务处	7		职能调整
核算中心	1		核算中心	1		参公事业单位
综合处	1		综合处	1		
票据中心	1		票据中心	1		参公事业单位
财政监督检查局	1	预算监督机构	财政监督局	1		更名，副厅级局或高配
绩效评价处	1		绩效评价处	1		
项目预算审核中心	1		预算项目审核中心	1		参公事业单位
会计管理处	1		会计处	1		更名
采监处	1		采监处	1		
信息中心	1		信息中心	1		纯公益参公事业单位

四、改革成效："三分离"组织体系下的业务流程再造

总体业务流程改革前后变化有二：一是预算执行和监督两大职能出现扁平化管理状态，减少业务处管理环节，有利于预算执行和监督效率的提高；二是整合预算编制职能，促进预算编制效率、质量的提高，有利于严格预算执行和监督。改革前后总体业务流程分别如图4-3、图4-4所示。

综上所述，改革后的公共财政组织体系有以下几个优点。第一，与"三分离"业务体系相适应的组织体系基本建立，预算管理的专业化、规范化程度将进一步提升，有利于促进"三个子"管理模式的健全，提高财政资金使用绩效，并为进一步改革提供空间。第二，保持机构和职能设置的相对稳定、适当增加，尤其是业务

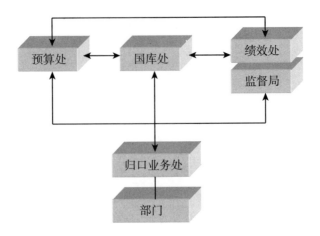

图 4 - 3　改革前业务流程

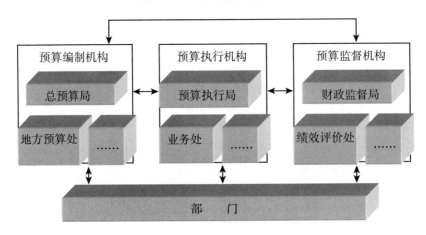

图 4 - 4　改革后业务流程

处机构保留，与纵向、横向的业务工作联系基本不变，有利于改革的平稳过渡和逐步推进，也有利于人员、人心稳定。第三，权力配置相对均衡、相互制衡，预算管理全过程三个环节职能、流程明晰。第四，有利于与现有行政管理体制的协调，以及与财政部的对口管理，有利于业务管理工作的稳定。

五、本章小结

由于政府预算在我国发展的历史相对较短，各利益相关主体的互动影响结构仍处于不断调整的动态过程中，客观上需要建立一个利益协调机制和平台。在这一过程中，需要强化预算编制职责，将预算编制环节独立化，实现预算编制、执行和监督三个环节相互分离且制衡。这样做的好处在于：（1）通过预算编制机构通盘考虑所有财政资金的使用，对公共资源进行战略性筹划，科学优化支出结构，有效提高编制的科学性，实现资源配置的经济效率要求；（2）通过预算执行机构规范支出管理并实行有效的跟踪分析；（3）通过预算监督机构强化全程、动态的跟踪问效，建立预算约束和监督机制。预算编制、执行和监督三个环节协调而紧密地相互配合，环环紧扣，实现职能上的分离、流程上的一体，通过组织构架的整合、重塑达到行政效率的提升。

浙江省从本省的实际情况出发，在借鉴国内外改革经验的基础上，积极推行预算编制、执行、监督"三分离"的组织体系改革与业务流程再造。具体的改革内容包括：（1）构建框架，建立三个核心局，即总预算局、预算执行局、财政监督局，并通过局长"高配"的办法（即三个核心局的局长享受副厅级待遇）调动起财政干部的积极性；（2）理清职能，即理清预算编制、执行、监督三项职能，分离行业归口管理业务处的编制、监督职能到预算编制机构、预算监督机构，强化行业归口管理业务处预算执行和政策、财务、资产管理等职能；（3）再造流程，在构建公共财政"三分离"组织体系的同时，按照"三个子"管理模式的要求，再造业务流程，促进预算编制效率、质量的提高，有利于严格预算执行和监督。

参考文献

［1］财政部预算编制课题组：《关于预算编制模式及运行机制的研究》，载于《经济研究参考》2000 年第 27 期。

［2］陈孝、李小丹：《建立财政预算管理三权分离机制的思考》，载于《地方财政研究》2009 年第 11 期。

［3］高培勇：《世界主要国家财税体制：比较与借鉴》，中国财政经济出版社 2010 年版。

［4］马骏等：《公共预算：比较研究》，中央编译局 2011 年版。

［5］马蔡琛：《变革世界中的政府预算管理》，中国社会科学出版社 2010 年版。

［6］马蔡琛：《现代预算制度的演化特征与路径选择》，载于《中国人民大学学报》2014 年第 5 期。

［7］马蔡琛、苗珊：《全球公共预算改革的最新演化趋势：基于 21 世纪以来的考察》，载于《财政研究》2018 年第 1 期。

［8］Schick, Allen, "The Road to PPB: The Stages of Budget Reform", *Public Administration Review*, 1966, Vol. 26：243 – 258.

［9］谢旭人：《中国财政管理》，中国财政经济出版社 2011 年版。

［10］杨志勇：《政府预算管理制度演进逻辑与未来改革》，载于《南京大学学报》（哲学、人文科学、社会科学）2009 年第 5 期。

［11］浙江省财政厅课题组：《浙江财政预算编制、执行、监督"三分离"管理模式研究》（内部资料），2010 年。

第五章

专项性一般转移支付改革：
浙江经验

转移支付制度改革是分税制财政体制改革的重要组成部分，也是健全中央和地方财力与事权相匹配的公共财政体系的主要途径。尽管转移支付改革在国家层面上进展相对缓慢，但转移支付改革的地方实践还是有很多，包括一些省份提出的生态转移支付等。在所有地方性改革实践中，浙江省于 2009 年开始试点的专项性一般转移支付，在整合各类专项的基础上尽可能扩大资金使用部门的统筹能力，在规范基础上提高资金分配与使用透明度，在效率基础上推动预算科学化程度。经过几年的实践和探索，浙江省在专项性一般转移支付改革上的创新实践，极大提高了转移支付配置效率和使用效果，同时也调动了各方积极性，为全国层面的转移支付改革提供了经验支持和实践准备。2015 年国务院在国家层面提出了转移支付改革方案，发布了《关于改革和完善中央对地方转移支付制度的意见》（以下简称《意见》）。《意见》明确提出，着力清理、整合、规范专项转移支付，严格控制项目数量和资金规模，增强地方财政的统筹能力。本章针对浙江省实践的专项性一般转移支付制度改革，系统回顾改革从探索到推广的全过程，梳理出改革过程中值得关注并具有推广意义的举措，在此基础上，对这一地方性创新实践进行效果评估。

一、改革缘起

作为财政体制改革的一项重要内容，浙江省实践转移支付改革并不是自主发生的，内在问题和外界推动共同促进了专项性一般转移支付改革的提出。这部分将从两个方面对此进行分析：一是内在需要，即制度自身存在问题；二是外界推动，即社会各界关注。

（一）内在需要

专项转移支付在突出经济社会发展重点，防止资金被挪用挤占方面起到非常重要的作用。但由于其在实际操作中存在诸多管理漏洞，使得专项转移支付资金在分配与使用中暴露出不少弊端，主要表现为以下几个方面：

（1）程序复杂审批慢，缺乏有效控制和监督措施。专项资金需经申报、审核、分配、下拨、绩效评价等众多环节，这些管理要求对县一级是十分必要的，但对省级部门也按此管理显然超出了有效管理的半径，这样做必然会导致形式大于实效。同时，专项资金由于实行的是项目式管理，但项目设置不科学、不合理，"小而散"情况普遍，难以集中财力办大事。并且有些项目"大而广"，补助目标、对象不清晰，信息不对称，监督管理跟不上。

（2）预算执行进度慢。专项转移支付分配方式主要采用项目申报制，然后由主管部门及财政部门综合平衡、筛选后确定补助项目和金额。当补助下达市县后，很多当年都来不及拨付到项目实施单位，造成预算执行进度缓慢，预算执行率低，影响了资金发挥使用效益，从而导致资金使用效率低下。

（3）资金分配不够规范、透明。专项转移支付资金安排缺乏有效监督，掌握专项资金的部门之间缺乏协调，有些单位、企业和个人多头申请专项资金，存在重复安排现象；有的部门把分配财政专项转移支付资金视为本部门开展工作的主要手段；分配使用程序不够规范，监督管理不够到位。

（4）存在"跑部钱进"现象。在传统的资金分配机制下，专项资金分配给谁、分配多少一定程度上取决于单位与主管部门、上级与下级部门的关系，取决于"跑资金""争项目"的频率。通过对财政资金分配机制的改革，建立科学、规范、透明的分配方法，可以有效铲除滋生腐败的土壤，降低资金分配中的廉政风险。

（5）事权与支出责任划分问题。我国有关政府间事权划分的法律法规缺失，尚没有一部统一、完整的界定政府间责权利关系的法律法规。理论上，事权划分是财力分配和支出责任界定的基础，事权划分不清，财力和支出责任就很难划分清楚。部分属于省级的事权，市县承担了支出责任；部分属于市县的事权，省级承担了支出责任；属于省级和市县的共同事权，在承担比例上不够明确或者不够合理。从收支平衡角度看，县级政府财力相对薄弱，但事权较多，"事多钱少"直接导致了县级政府支出压力大。同时，随着政府间支出责任层层下放以及新增支出责任缺乏协调机制，财力与支出责任不匹配的矛盾日益突出。虽然上级政府通过转移支付，对经济较为困难的市县给予一定的财力补助，但并没有从根本上改变市县政府"小马拉大车"的状况。财力与支出责任不匹配的问题直接表现就是政府债务。首先，一般转移支付占比低，导致市县政府可自主支配、统筹安排的财力不多。其次，专项转移支付制度设计不完善。专项转移支付项目过多，甚至交叉重复，几乎覆盖了所有预算支出项目，资金总量虽然不少，但投向分散，重点不突出，导致财政资金使用绩效不高。由于专款的设定权在上级政府，基层政府要争取到资金，需经历层层的项目申请，存在行政效率低下及寻租空间。

（二）社会关注

我国转移支付结构不合理，不仅在财政实践中引起财政部门和资金使用部门的反思，而且在学界引起了极高关注度和深入讨论。不仅如此，在 2008 年前后的几届各级人代会上，成为人大代表提案的重要方面。社会的广泛关注不仅有力推动了转移支付改革的地方实践创新，而且学界的深入研究为改革提供了坚实的理论依据和经验支持。

（1）学界关注。查阅已有文献资料和数据资源发现，学术界关于转移支付改革的探讨有很多。仅 2007 年至 2010 年的四年中，关于转移支付制度改革讨论的学术专著就有 307 部，关于转移支付制度研究的期刊论文有 2984 篇文章，学位论文有 1639 篇，会议论文 232 篇。较为代表性的观点主要有：

刘尚希、李敏（2006）和陈少强、贾颖（2014）等认为，当前政府间转移支付理论及实践中存在的种种问题都与政府间转移支付的分类不清有密切关联，政府间转移支付的基本目标（或最终目标）是引导社会利益结构趋向某种均衡状态，以避免社会成员之间利益严重失衡而导致公共风险加大。研究提出，可以将转移支付划分为以均等化为目标的转移支付、解决辖区间外溢性问题的转移支付、中央委托地方事务引致的转移支付、以增强国家政治控制力为目标的转移支付，其中后三种转移支付形式都以专项转移支付为主。孙开（2010）和马海涛、任强（2015）等认为，以政府间事权和支出范围划分为标准，现行专项转移支付方式大致分为以下四种类型：一是属于中央政策导向范围的专项转移支付；二是与中央委托地方事务相伴随的专项转移支付；三是中央和地方政府共同事权范围内的专项转移支付；

四是针对地方政府责权范围内事权的专项转移支付。

单纯就专项转移支付而言，学界讨论主要关注了以下几个方面问题：

第一，专项项目设置不合理。宋超、邵智（2004）和岳希明、蔡萌（2014）等认为，由于专项转移支付制度在具体项目设计上不合理，使得专项转移支付资金在一定程度上存在着低效率问题。专项转移支付没有以科学、明确、严格的各级政府间经济社会管理责权划分为前提，是造成这一问题的根本原因。专项转移支付项目方向和规模的确定原则，与一般性转移支付以实现各地区财政均衡性原则不同，它以具体财政支出责任来进行设计和实施。专项转移支付在项目设计上种类繁多，分布面广，几乎覆盖了所有的预算支出科目，并且补助对象涉及各行各业，中央对地方的专项拨款有上百种之多。问题的关键是使有限的资金分散使用，形成了"撒胡椒面"现象，许多专项转移支付项目所得到的实际资金量与所需资金量差距较大，达不到应有的规模效果。相当一部分项目与中央政府的特定政策目标相联系，使专项转移支付难以发挥规模效应。

第二，专项转移支付管理混乱。叶子荣等（2005）认为，专项补助的管理存在诸多漏洞。第一，专项补助申报审批等基础性管理工作还比较薄弱。一些项目单位为争取到中央专款，不顾实际情况，提供虚假的申请报告和材料，而主管部门难以进行严格的审查。虽然大多数专款在分配时采用了比较科学的因素法，但用于量化各因素的基础数据却存在脱离实际的情况。第二，专项补助分配不透明。政府预算编制较粗的情况下，每年的中央专项补助分配只能由财政部主管业务司会同有关部委协商或由财政部单独完成，且多为闭门造车，并以各级财政之间的指标文件形式运转。中央专项补助资金分配透明度不高，缺乏应有的监督和制约，不可避免地脱离实际，以致成为腐败滋生的温床。

第三，专项转移支付监督乏力。龙婷（2011）认为，专项转移支付监督乏力主要表现在以下几个方面。第一，监督制约机制存在弊端。专项资金审批部门权力过于集中，资金运行相对封闭，监督渠道难以畅通；同时监督部门过多，监管职能交叉重叠，监督的具体责任不明确，监督难以形成合力。第二，对项目单位的监管成为薄弱环节。项目单位招投标规定落实不到位，规避招投标行为较为普遍，有的随意改招投标为议标，没有第三方见证，施工时没有施工图，随意增减工程项目内容，发包价、结算价不透明。第三，监督部门缺乏专业监督人员和手段，对项目的内部监督不到位，监督停留在程序和形式上，在招投标等领域甚至为腐败分子充当了保护伞和挡箭牌。专项资金的监管线长面广，就目前财政、审计等经济监督部门和执法部门的监督手段而言，已很难满足对专项资金的监督需要。第四，监督处罚力度不够。一方面，对实施监督处罚说情的多、支持的少，讲客观的多、讲政策的少，实施处罚阻力较大；另一方面，监督主体实施处罚时很少追究个人责任，很少认真督促单位落实整改，缺乏震慑力，成为专项资金违规违纪问题屡禁不止的重要原因。

（2）不仅学界对转移支付改革关注度较高，政府官员对转移支付制度改革也尤为关注。如苏明和王常松（2007）在《我国财政转移支付制度的现状分析与对策》一文中指明我国财政转移支付存在的主要问题：①现行转移支付保留了原体制性转移支付特征，不利于区域间差距的缩小；②一般性转移支付的规模偏小，调节财力均等化的作用有限，从而弱化了地方政府的财政自主权；③专项转移支付种类多，在整个中央转移支付中的比重偏大；④预算和预算执行情况编报不完整，中央转移支付资金脱离了人大的监督；⑤专款设置不合理，部分专款交叉重复或已失去原意；⑥专款分配还不够科学，公开性和透明度不足；⑦部分中央专款在层层分配过程中既"散"且"小"。

时任财政部部长谢旭人（2010）也曾撰文提出，今后将逐渐减少转移支付总规模，同时扩大一般转移支付，减少专项转移支付，以培育地方自由收入为主，减少上划下转。2010年9月10日，时任全国人大预算工作委员会预决算审查室主任的夏光在接受经济观察网采访时表示：大量的转移支付收上来再拨下去，很不安全、很不经济、很不效率。为此，夏光建议，财政转移支付一定要有一个法律来规定，什么条件下要拨付一般转移支付，什么条件下动用转移支付，不能随时批项目，随时拨付转移支付。原财政部副部长王军在中国发展高层论坛2010年会上表示，政府将进一步改进转移支付的制度和办法，不断加大对地方的转移支付，让各地区更加均衡协调发展。王军强调，政府会进一步改进转移支付的制度和办法，不断加大地方享受公共财政的阳光。

各方面的关注极大推动了各级政府对转移支付的重视，这一点从各级政府网站转移支付词条出现的频次可以看得很清楚。表5-1汇总了各级政府网站"转移支付"关键词的搜索结果。

表5-1　　　　　中央、部分省份人民政府网站搜索结果统计

省份	2010年12月31日之前	2007~2010年
山东	764	420
江苏	1578	1208
浙江	1580	1120
河北	2057	1809
河南	8	8
湖南	175	156
广东	809	461
广西	2	2
海南	4431	3539
山西	165	137
陕西	1557	821

续表

省份	2010 年 12 月 31 日之前	2007～2010 年
甘肃	472	314
四川	2125	2012
西藏	70	69
上海	282	219
北京	11135	10481
天津	1144	819
中央人民政府	1283	856

注：部分无法获得的省份数据未列明。

资料来源：中央政府网站及各省及直辖市人民政府网站。

　　针对社会的普遍关注，中央政府也通过文件、会议等形式对此做出回应。例如，2006 年中央发布《关于地方政府向人大报告财政预、决算草案和预算执行情况的补充通知》就明确指出"要求各地将上级政府对本地区（包括本级和下级）的税收返还和补助，全额列入本级预算。各级政府向人大报送预算的程序更趋规范，内容更趋完整。需要说明的是，专项转移支付项目众多，情况不同，有的在年初可以确定数额，有的在执行中需要进行项目审批，有的如救灾、救济只能根据执行中出现的情况确定使用对象。"

　　国务院于 2007 年 6 月 27 日在第十届全国人民代表大会常务委员会第二十八次会议中作出的关于规范财政转移支付情况的报告中写道："财政转移支付制度是落实科学发展观、优化经济社会结构、促进基本公共服务均等化和区域协调发展的重要制度安排。长期以来，党中央、国务院对建立和完善财政转移支付制度非常重视，提出了一系列指导方针，全国人大对此十分重视，积极给予指导并提出明确要求。各地区、各部门认真贯彻落实，转移支付体系不断完善，转移支付管理不断加强，转移支付的职能作用得到进一步发挥。但受一些因素制约，现行转移支付制度也存在一些问题，需要进一步研究并逐步加以规范。……努力推进专项转移支付项目整合工作，提高转移支付资金规模效益，进一步规范财政转移支付，进一步优化转移支付结构，清理整合专项转移支付项目设置，提高专项转移支付管理透明度，研究规范专项转移支付的配套政策，积极研究创新专项转移支付管理方式，研究建立财政转移支付的法律法规，推进省以下财政体制改革，规范省对下转移支付。"2007 年，党的十七大又将完善财政转移支付制度作为深化体制改革的重要内容。十七大报告指出，要健全中央和地方财力与事权相匹配的体制，加快形成统一规范透明的财政转移支付制度，提高一般性转移支付规模和比例，加大公共服务领域投入。许多省份针对当地县域经济和县（市）财政困难情况，探索省级以下财政转移支付办法的调整与改革。

二、浙江省的改革实践

2008 年，浙江省财政专项转移支付有 426 个项目，是项目个数最多的年份。庞大的项目数使专项转移支付暴露出以下问题：（1）资金分散、管理混乱。由于在预算单位，项目之间是分割的，通常出现的一种情况是，部门预算单位主管厅（局）长一换，对同一项工作都要求省级财政部门再设立专项资金支持。这样一来，就存在重复申请、分配的可能，容易造成资金的浪费。此外，部分财政专项资金要求各级按比例配套，但有些地方财政困难，拿不出配套资金，因此搞虚假配套或将配套改为自筹，造成项目不能如期开工或完工，甚至影响工程项目质量，严重影响了资金的使用效果。（2）预算执行力不高，资金批复慢、到位不及时，年终突击花钱现象普遍。由于省级专项转移支付资金往往集中在下半年，甚至年底才能下达到市县，每年在做预算时时常要用自己的资金"垫付"，待省里的专项资金下达后再"置换"出来，增加了很大的工作量，同时也大大增加了年底违规操作突击花钱的概率。（3）资金使用效率不高，项目设立与基层需求有差距，存在挤占挪用现象。项目设立后，随着时间变化与基层实际需求产生一定的差距，或与当地财政安排的项目发生冲突，影响了资金效益的发挥，也导致大量弄虚作假和挤占挪用现象的出现。（4）"跑部钱进"和"会哭的孩子多喝奶"等不规范行为可能导致廉政风险。传统的资金分配机制缺乏科学的方法和有效的监督，资金分配给谁、分配多少一定程度上取决于单位与主管部门、上级与下级部门的关系，取决于"跑资金""争项目"的频率，极易受到人为因素和主观判断的影响。

正是看到专项转移支付制度在实施过程中存在的严重问题，浙江省财政厅在2009 年下大力气，经过各方实地调研并报省政府下发了《关于整合和规范财政专项资金管理的意见》，着重强调两个方面，一是要清理财政专项资金结余，二是推进财政专项资金整合。同时，文件还明确了今后完善财政专项资金管理的制度和机制。至此，浙江省财政厅在省级范围内开始正式探索实施专项性一般转移支付管理改革。该项改革实质是运用因素法分配专项转移支付资金，在明确规定使用方向后将资金纳入一般转移支付，使其既具有一般转移支付的财力补助特点，又兼有专项转移支付实现特定政策目标的特点。

（一）改革过程

1. 行政政法部门试点

2009 年专项性一般转移支付首先在行政政法部门进行试点实施。改革发端于行政政法系统，可以说是现实情况倒逼制度创新的结果。

（1）试点原因。

经费保障的巨大压力。2008 年，政法系统实施了政法经费保障体制改革，实行收支脱钩的财政全额保障机制，要求从中央到地方各级财政都要承担相应的保障责任，确保政法机关履行职能的必需经费，这对地方政府的财政保障能力提出了更高要求。在经费供给方面，2007 年国家对法院诉讼费实施"缓、减、免"政策，政法系统的收入大幅减少，对财政保障性经费依赖性加大；2008 年对工商部门取消了个体工商管理费和集贸市场管理费"两费"，浙江省工商行政性收费减收十多亿元，加重了浙江省各地财政的负担，也给浙江省工商部门经费保障带来了较大影响和困难。因此，在供需矛盾凸显的情况下，为了确保行政政法系统的高效运转，必须对财政资金的保障机制进行改革创新。

行政政法系统工作的特殊性。政法工作涉及维稳大局，除保障政法机关的正常运转需要外，每出台一项新政策或遇到关乎社会稳定的大事，就要求相应增加专项资金。再加上部门利益的扩张倾向，要求设立的专项资金名目繁多，需求规模不断膨胀，财政部门难以运用有效手段来加以约束，财政支出刚性增长，压力不断加大。

行政政法系统的特殊优势。行政政法系统主要包括人民法院、人民检察院以及行政机关的司法局、公安局等部门，实行垂直管理，相对独立，且经费主要用于系统内部，实施改革时涉及的面较窄。同时，行政政法部门和预算部门均由改革主导人——时任浙江省财政厅副厅长的罗石林主管。因此，选取行政政法系统作为试点是确保改革顺利推行的综合考量。

（2）试点改革措施。

制定分配方案。一是由点及面逐步推广。2007 年行政政法处专项转移支付资金的分配机制改革首先从因法院诉讼费调整而设立的办案专款着手，2008 年对工商部门停征"两费"专项补助实施改革，2009 年扩大到公安、检察院、法院、司法和工商 5 个部门，针对每个部门的工作重点和特点，制定详细的分配方案。2011 年又扩展到质监、统计、公安边防部门，实施分配改革的资金范围由点及面逐步推广。二是改变分配办法。改变以往专项资金要求申报项目办法，根据各市、县（市、区）对行政政法机关经费保障的努力程度、业务工作量和管理绩效等情况，采取因素法分配。三是明确使用方向。在资金分配时不定具体项目，但明确使用范围和方向，由市县财政和行政政法部门在规定的使用范围内根据实际情况，落实到具体项目，并报省财政厅备案，确保专款专用。四是取消市县配套要求。改变以往专项转移支付要求市县配套的做法，将这部分资金纳入一般性转移支付，列入财政年终结算，由市县财政纳入同级行政政法机关部门预算，按指定用途统筹使用。

设计因素权重。在分配资金的因素方法确定上，首先由各部门根据各自的工作重点和特点提出资金分配的因素及权重建议，然后再与各部门针对每一个因素的科学性、重要性经多次协商后，确定各部门专项资金的因素、权重和分配公式。因素的选取有两种模式：一是按特定因素进行分配，对于具有特定用途的专项资金，以切块方式按单设的特定业务因素和权重进行分配；二是按普遍因素进行分配，对于没有特定用途的专项资金，一般采取业务工作量、市县财力状况、机构人员情况、工作绩效考评情况、财务管理考评情况等作为分配因素，并根据因素的重要程度确定权重系数后，设置公式计算分配。例如，工商行政管理专项是因停征"两费"而设立的补助，因此起初是突出"两费"减收因素权重，之后为进一步提高业务工作水平，逐步降低了"两费"减收因素，调高了业务工作量因素，并重点向服务民营经济发展、打击传销维护社会稳定等重点工作因素倾斜。为了提高因素的规范性、准确性，待分配因素和权重协商一致后，要求各部门以正式文件形式向财政部门提供当年确定的分配因素和权重，并注明因素中所取基础数据的出处。数据一般均来自各部门系统内统计报表、财务报表和统计年鉴，以保证数据的权威性、公正性。

归并整合资金。为进一步发挥资金合力和导向作用，对政法系统除了中央补助和省配套的办案（业务）与业务装备费外，2010 年整合了 6 个专项资金，2011 年在原有 4 个部门基础上增加了公安边防部门，并整合公安交警规费 7 个政法专项资金，最终归并整合为一个专项转移支付资金项目，即 1 个政法部门只有 1 个对市县的经费补助项目。通过整合归并，实施因素分配法的专项资金面由 2007 年的 2.6 亿元扩大到 2011 年的 21.17 亿元。工商部门将"两费"停征专项、中央财政工商行政管理专项、办案经费、专办经费等多个专项，统一归并为"工商行政管理" 1 个专项，资金面从 1.43 亿元扩大到 3.01 亿元。质监系统由 2009 年的 23 个专项，整合为 2010 年 9 个专项，至 2011 年归并整合为 1 个专项，资金面覆盖省对市县质监系统全部的专项转移支付资金 2.4 亿元。对省统计局的 22 项 3470 万元转移支付资金，2009 年和 2010 年分两次整合成市县承担省级专项统计调查和抽样调查两个项目，并从 2011 年开始进行因素分配法改革。[1] 归并整合进来的各个小专项，如已完成原定的政策目标，则取消向这一领域投入；如仍未完成原定的政策目标，则将其转化为其中一个因素纳入分配公式，根据权重来确定向这一专项工作领域投入的资金额度。

综合平衡微调。在行政政法资金分配改革过程中，通过因素、权重、公式的设计体现了分配的规范性和科学性，同时又对按因素法计算的资金额从年度、区域、层级等角度进行综合平衡微调，以实现资金分配的公平性和改革推进的稳妥有效性。一是设置控制线。为保持资金分配数额的总体平衡，防止市县之间、年度之间补助的大起大落，参考上年分配额设定相应的倍数控制线。例如，在工商行政管理

---

① 根据浙江省财政厅内部资料整理。

专项补助分配中将分配金额控制在上年的 80%～120% 之间（剔除上年的调整因素后比较），即不足 80% 的调增到 80%，超过 120% 的调减到 120%。对按因素法计算的分配额进行适当微调，以满足正常业务的延续性需求，确保改革平稳过渡。二是向欠发达地区倾斜。为体现资金分配的均等化效应，在资金分配因素中突出财力系数，提高欠发达地区的分配比重。2011 年政法系统的资金分配方案中，将原来财力系数与其他因素并列计算的做法改为两个层次的因素，即将财力系数提取作为一个单独因子，乘以其他因素与权重乘积之和，提升财力系数的作用，进一步向欠发达地区倾斜。三是向基层倾斜。为提高基层基本公共服务供给能力，确定市县补助限制比例，如政法补助在以因素法计算出补助数额后，按照市级补助不超过分配资金总额 20% 的限制比例进行调整，力争向基层倾斜。四是实行提前下达。在上年底先将下一年度一定比例的资金提前下达给市县，2010 年按下一年度资金 20% 的比例提前下达给市县，2011 年将提前下达比例提高到 50%，这样既有利于地方统筹资金，同时也相应加快了预算执行进度。

建设标准体系。为了进一步提高资金分配的精细化程度，行政政法处从标准化、规范化着手，建立了公用经费定额和业务装备配备等标准体系，确保经费能按照行政政法机关履行职能的需求落到实处。如 2010～2011 年，行政政法处会同省级各政法部门共同开展了浙江全省县级政法机关装备配备情况的调查摸底。根据中央的《县级公安机关基本业务装备配备指导标准》，结合浙江实际，提出征求意见稿，通过组织多种形式的座谈、讨论、实地核对、重点测算，在装备项目设置、配备数量、经费规模和保障能力等方面广泛征求各地财政和政法机关的意见，经过多次修正，制定了县级政法机关业务装备配备实施标准。2012 年起根据报经浙江省财政厅同意备案的"十二五"装备配备规划和年度实施计划，组织实施装备配备工作，并作为政法奖励性补助——业务装备经费分配因素的重要数据来源。同时，充分整合现有资源，统筹装备需求与财力可能，引导各级、各部门间业务装备的共建、共享、共用，提高其综合利用率。

监督检查问效。在资金分配后，对资金的使用管理情况进行监督检查，并将上年检查结果应用于下一年度的资金分配中。2010 年和 2011 年对 2007 年以来的专项转移支付资金，由行政政法处会同省级行政政法机关组成联合检查组，围绕行政政法保障政策的贯彻落实情况、预决算管理、资金财务管理、资金使用绩效、预算执行等方面，通过听取汇报、账册凭证检查、实地查看实物资产配置及使用情况，对市、县行政政法经费补助资金的使用管理情况进行检查考核。对未按规定方向使用或未按中央、省政府政策要求落实保障责任，以及管理不到位或资金使用效益不高的地区或单位，责成有关部门及时纠正整改，并将检查结果作为工作绩效因子和财务管理因子列入资金分配因素，相应扣减或增加下一年度的资金补助，促使市县财政和政法部门加强管理、提高绩效。

（3）试点改革效果。

规范了资金管理模式。一是实现了管理的科学性。改变以往按照基数法切块给业务部门，再由业务部门根据各地申报项目进行筛选的粗放式分配方法，将各项业务工作和项目任务进行量化，运用客观的因素和科学的公式来计算分配资金，提升了财政资金分配管理的科学性。二是实现了管理的规范性。以往资金分配模式由少部分人根据工作需要和部门的资金申请报告相机抉择，由于信息的不对称，资金分配者很难准确、全面把握各个项目的真实信息，容易导致项目甄选过程中的"有限理性"，使不合理项目保留下来，也反过来诱导部门单位有争项目、要资金的冲动。通过改革，建立专项资金公开、透明、规范的分配程序和规则，最大限度减少或避免人为因素干扰，优化了决策方式，提升了财政资金分配的客观公正性，规避了廉政风险。三是实现了管理的全程控制。以往财政对专项资金的分配管理只是对部门报上来的资金项目进行审批，财政管理的触角只涉及审批阶段，对"为什么排这个项目、应该排多少资金"的信息采集不充分，知其然但不知其所以然，事前介入并不多，而在资金拨付后，使用效果如何也缺少跟踪问效。通过改革，以要求部门提供分配因素为契机，提前介入资金分配环节，精细了解掌控项目资金信息。事后又通过监督检查，考核项目资金使用绩效，并将考核结果应用于下一年分配，将财政管理由审批阶段向全过程控制转变。

优化了资源配置效率。一是缓解了经费紧张的矛盾。财政资源的稀缺性和部门需求的无限性是一对永恒的矛盾，通过因素分配法改革，促使部门减少"非理性"需求，根据工作实际需要来提出分配因素，使得有限的财政资金真正用在"刀刃上"，有力地保障了行政政法的各项重点工作，提高了财政资源的配置效率，有效缓解了资源稀缺性和需求无限性之间的矛盾。二是提高了财政支出执行率。以往的资金分配方式由于以项目作为资金分配的支撑点，项目的申报、调研、审核、平衡、审批等流程过长，导致资金分配周期过长，进而影响财政支出的执行率。改革后，由于资金分配的基础工作做在前面，一般因素、权重确定后，只需按照公式来分配，简化了资金分配流程，提高了分配效率，也加快了财政支出进度。三是提升了地方资金统筹使用率。资金不再以分散的具体项目形式分配到市县，市县可以根据明确规定的方向，结合地方的实际需求来使用资金。同时，通过资金提前下达形式，使得地方尽早知晓下一年度专项资金的额度，将资金统一编入部门预算，增强预算的完整性，提高财政资金的统筹使用率。

提高了资金使用效益。通过资金整合，使得分散的资金形成合力，增强了财政资金的政策导向功能，有力支持了行政政法部门扎实推进的各项重点工作，提升了行政政法部门维护社会和谐稳定、服务经济社会发展的能力与水平。

提升了业务部门和地方财政的积极性。对于业务部门来说，行政政法处以分配改革为抓手，把部门的工作业绩、管理和资金使用绩效以及年度中心工作和重点工作纳入分配因素，倒逼部门通过做实基础工作、做优工作绩效来"争取"资金，使单纯的资金分配成为各部门推进年度工作目标和任务的有力抓手，引导基层关注业绩，集中精力抓工作，提高了业务部门的工作积极性和效率。对于地方财政部门来说，由于实施了奖励性补助和给予了地方更大的资金统筹权，充分调动了市、县财政的积极性，变"你要我做"为"我应该做"，在省给市、县奖励性补助无需落实配套的情况下，市、县不但没有降低有关工作的保障力度，反而强化了当地政府财政的保障责任。

创新了转移支付方式。通过对专项转移支付资金分配机制的改革，引入因素分配法，实施专项性一般转移支付办法，有效克服了两种转移支付方式的弊端，使得自上而下的施政意图与自下而上的经费需求得到了有机结合，既承继一般性转移支付均衡财力、促进基本公共服务均等化的功能，又维持和强化专项转移支付贯彻上级政府特定政策意图，解决外溢性、弥补承担上级委托事项支付的成本等职能作用。从实践成效看，行政政法专项性一般转移支付通过财力系数因素的设定和增强，对欠发达地区的经费保障倾斜力度大幅提高。如 2011 年省下达给 44 个欠发达地区公安机关的公安奖励补助资金占到全省补助总额的 59.4%，每个欠发达地区公安机关平均补助是发达地区的一倍左右，有效提高了公共安全基本公共服务的均等化水平。2010 年通过将派出所功能区改造工作列入转移支付资金分配因素，在省财政未因此增加转移支付规模的情况下，全省各级共筹集该项改造经费近 5 亿元，极大地推动了全省派出所功能区的改造工作。

2. 省级层面的改革推进

从 2009 年起，省财政对一些体现均衡性、均等化及受益人群普惠性的专项转移支付资金，如义务教育阶段免学杂费和课本费、新型农村合作医疗制度、生态公益林补偿机制等民生项目，进行了转移支付方式的调整，从专项转移支付纳入一般性转移支付。2009 年，省财政共将 14 项 45 亿元专项资金纳入专项性一般转移支付范畴，2010 年增加到 18 项 86 亿元。从资金性质看，这类资金有特定政策目标和相对确定的使用范围，属于专项，但同时这些资金又是财力性补助，其实质就是专项性一般转移支付，这是浙江省专项性一般转移支付正式改革的起始。在将专项转移支付调整纳入一般性转移支付的同时，推进了财政分配方式改革，重点是实行"因素法"分配。

2011 年 4 月 6 日，浙江省出台《省财政厅 省扶贫办公室 浙江省重点欠发达县群众增收致富奔小康工程特别扶持资金管理办法（试行）》，首次将专项性一般转移支付改革写入具体条款。2011 年 11 月 18 日，省财政厅在杭州召开省级专项性一般转移支付改革布置会。同年 12 月 13 日，浙江省财政厅下发《浙江省财政厅关于实施省级专项性一般转移支付管理改革的通知》，明确实施专项性一般转移支付改革的指导思想和基本原则，正式在全省范围内开展专项性一般转移支付改革。随后《浙江省财政厅关于做好"十二五"时期财政支农工作的意见》等相继出台，各部门持续跟进。着重完善省对市县教科文事业激励奖补的财政体制，在教育、科技和文化等领域全方位推进完善与落实专项性一般转移支付政策，按照因素法对部分市县予以奖励性补助，明晰财政分配主体地位，缓解市县财政压力。在支持发展职业教育上，提出省财政补助与市县教育发展挂钩办法，每年根据考核情况，对全省职业教育发展成效明显的市、县（市）（不含宁波）给予奖励性补助，由市县在奖补资金额度内确定具体实施项目。在支持民办幼儿园发展上，财政奖补政策与民办园在园幼儿数量、办园质量和收费标准等挂钩，鼓励举办方自主聘用合格教师、增添设备、保障教师待遇、保持合适师生比，以提高普惠性民办园办学质量，控制民办幼儿园收费水平。在支持地方高校发展上，探索建立与公共财政相适应、以结果为导向的财政教育资金考核分配机制。改革"学校申报项目、专家评审确定"的高校项目经费拨款办法，探索实行"财政部门按因素确定各高校预算控制数，各学校在控制数内申报建设方案"办法，发挥学校主动性，提高地方高校科研创新和服务社会能力。在上年试行基础上，制定省财政对市县科技产出挂钩补助的激励制度，并根据年度科技产出指标进行综合评分，择优选取先进市县进行资金补助。将科技强警、科技强检、科技兴院等省级专项转移支付资金整合为省级政法奖励性补助资金，并实行因素分配法，调整各因素权重，强化重点工作完成情况和资金使用绩效两个因素，提高财政一般转移支付资金的比重。建立健全工商经费保障体制，会同省工商局按照因素法要求，以业务量、地方财力状况以及工商部门个体工商户管理费、集贸市场管理费收入减去额等因素，确定权重系数后对中央补助经费按因素法进行分配。此举改变了原来"各地跑省级部门要钱、省级部门跑地方分钱"的状况，引导各部门单位建立健全对基层管理的调控、监督、约束机制。同时"开展专项资金清理整合和规范工作"，省质监局对机关本级 15 个专项合并为执法及业务管理、综合管理 2 个专项；系统 13 个专项合并为系统执法及业务管理、系统综合管理 2 个专项。省统计局对性质用途相近的专项进行归并，统计局本级经常性专项只保留 2 个项目。团省委将未成年人保护委员会工作经费、青少年工作领导办经费、少先队浙江省工作委员会经费、浙江省青少年犯罪预防办公室工作经费等整合为 1 个专项经费。通过资金整合，打破单位每个协调机构办公室都设为专项资金的现状，促进资金的统筹安排与使用。

2012 年 10 月 17 日，《浙江省人民政府关于完善财政体制的通知》出台，提出"为使省对市、县（市）转移支付，特别是专项转移支付更加科学、公平、规范、透明和有效，增强政府宏观调控能力，实施省级专项性一般转移支付改革"，并要求省级各部门将本部门现有专项转移支付资金整合成一个专项性一般转移支付项目，按照"因素法"分配使用。《浙江省财政专项扶贫资金管理办法》等相继推出，支农、社保、体育和计生等部门跟进改革。同时，因素法分配转移支付资金范围进一步扩大，在原公安、检察院、法院、司法、边防、工商、质检、统计等部门转移支付资金实行"因素法"分配的基础上，对消防装备和业务经费、审计、税务系统业务费采取"因素法"进行分配，实行"因素法"分配的转移支付资金总额占转移支付资金总量达到90%以上。通过清理、整合和规范，做到一个部门一个转移支付项目。

2013年，浙江省又相继出台《支持市县民办教育发展专项资金管理办法》《浙江省基本公共文化服务专项资金管理办法（试行）》《浙江省商务促进财政专项资金使用管理暂行办法》《浙江省服务业发展引导财政专项资金管理办法》《浙江省"千村示范万村整治"工程项目与资金管理办法》等系列文件，明确将专项性一般转移支付写入专项资金管理办法。同时，扩大"因素法"分配范围，新增对省委政法委平安建设和社会管理创新专项采取"因素法"进行分配，全省行政政法口实施"因素法"分配的转移支付资金项目达到11个，资金总额37.17亿元。完善政法奖励性补助分配因素，将全省平安考核结果，政法部门提供的业务考核结果应用到资金分配和绩效评价中，加大对业务装备经费的分配权重，拓宽专项性一般转移支付分配方式覆盖面，整合质监部门省级专项资金成一个项目，实行因素分配法和项目申报制，引进竞争。

2014年，省政府大力推进简政放权、厘清政府与市场的边界，全面推行"四单一网"建设要求，建立省级政府部门专项资金管理清单，将转移支付专项由235个整合归并为54个，并于6月25日首次在浙江政务服务网上公开。明确省级部门一般不再直接向企业分配和拨付资金，一个部门归并为一个转移支付项目，一个专项制定一个管理办法。改革和完善专项资金分配方法，属于市县事务的纳入专项性一般转移支付，采用因素法分配。完善竞争性分配改革办法，以市县政府为主体进行招投标，按规定程序评审、公示，公开后择优分配。推进专项资金管理信息全过程公开，除涉密专项外，省级财政专项资金其分配政策、分配过程和结果向社会公开。同时，按照财政专项资金改革的要求，省财政厅会同省质监局修订《省级质监专项性一般转移支付资金管理办法》。修订《浙江省旅游专项补助及贴息资金使用管理办法》，按专项性一般转移支付改革要求和"服务公共、重点导向、适度倾斜、规范有序"的原则，实行"因素法"分配，补助金重点用于支持地方旅游公共服务基础配套设施建设、编制具有重要影响的旅游发展规划、旅游综合改革和旅游业转型升级、旅游重大建设项目贷款贴息等方面。出台《浙江省妇女儿童发展专项资金使用管理办法》。出台《全省统计调查补助经费管理办法》，实行"因素法"分配，重点用于完成统计调查任务，以及促进全省统计事业发展。全省财政地税会议上提出，在深化专项性一般转移支付改革基础上，探索实施竞争性分配改革，选取9个专项资金36亿元进行改革试点。

2015年12月9日，《关于加快建立现代财政制度的意见》出台，指出要完善省级一般性转移支付制度，逐步提高省本级财力安排一般性转移支付比重，到 2017 年达到 60% 以上。省政府出台重大增支政策形成的地方财力缺口，原则上通过一般性转移支付适当调节。同时，提出要逐步取消竞争性领域财政专项资金，省级部门一般不再直接向企业分配和拨付资金；在专项资金管理方面，大力推进专项性一般转移支付改革和竞争性分配改革，对涉企收费实施分类管理，省级政府部门一般不再直接向企业分配和拨付资金、一般不再直接向企业收取行政事业性收费（简称"两个一般不"）。深化专项性一般转移支付改革，要把资金二次分配权和具体项目安排权下放给市县，由市县根据实际情况，统筹安排使用。权力下放，责任和风险也随之下放，这就要求各地承接并行使好权力，切实加强资金监管和制度建设，压缩自由裁量空间，真正将资金用到最需要、最有效率的地方。

2016 年进一步完善专项性一般转移支付，并提出竞争性分配改革，以因素和绩效主导自行分配。对上级政府下达的专项转移支付，下级政府可在不改变资金类级科目用途的基础上，结合本地实际，将支出方向相同、扶持领域相关的专项转移支付资金统筹使用。从 2016 年起，省级财政专项转移支付在向省人民代表大会提交的预算报告中明确到地区和项目。改革先确定专项总额再安排具体项目的办法，加大整合归并、减少财政专项资金的力度。市、县（市）政府从 2016 年起，逐步取消由本级财力安排的部门财政专项资金，基本支出以外的支出需求都按规定编制项目预算。加强预算项目库管理，做好项目前期准备。实施项目周期滚动管理，完善项目退出机制。同时，建立专项资金管理清单动态调整机制，并根据中央财税体制改革要求，围绕省委、省政府重点工作，按照"有保有压"的原则，调整完善 2015 年专项资金清单，优化专项资金结构，清单内容在浙江政务服务网上公开。按照"一个部门整合归并为一个转移支付项目，一个专项制定一个管理办法"的原则，修订完善转移支付专项资金管理办法，规范资金分配程序，54 个转移支付项目均已制定管理办法。

3. 市县配套措施

自浙江省全面推行专项性一般转移支付制度改革以来，各市县纷纷响应，相继出台地方性具体措施。

2014 年 5 月 4 日，湖州市印发《关于 2014 年涉企政府性专项资金管理改革试点的通知》和《关于 2014 年推进涉区专项性一般转移支付管理改革的通知》，正式启动政府性专项资金管理改革试点工作，推行专项性一般转移支付。7 月 2 日，舟山市财政局印发《舟山市市级财政扶持低收入渔农户脱贫增收专项性一般转移支付资金管理办法》，12 月 23 日又印发《按因素法分配的省级商务促进财政专项资金使用实施细则（暂行）》。同年，苍南县推进专项性一般转移支付改革，将省级补助资金纳入 2015 年部门预算编制，提前下达资金计划，加大财政专项支出和统筹使用力度。2015 年，庆元县完善专项资金管理清单，出台《庆元县专项性一般转移支付项目类资金管理办法》，建立专项性一般转移支付项目类资金信息发布、项目申报、专家评审、公示确定、验收兑现的管理机制，提高资金使用绩效。

之前已实行"大部制"改革的富阳区也积极探索，成效初显。2007 年 4 月，富阳还未撤市并区，富阳市委就正式出台了"4＋13"的运作机制——首先，市四套班子成立工业化战略推进领导小组、城市化战略推进领导小组、作风建设领导小组以及决策咨询委员会，以协调重大事项；同时，建立全新的市政府工作推进运行机制，成立 13 个专门委员会，分别是：计划统筹、规划统筹、公有资产管理运营、土地收储经营、体制改革、社会保障、工业经济、环境保护、重大工程建设、城乡统筹、社会事业发展、现代服务业发展、运动休闲委员会。13 个"专委会"由1 名副书记、6 名副市长分别担任主任，实行牵头部门负责制，组成部门包括各个职能相关的委、办、局等，各部门局长们的权力都被收上来，并按照 13 个新划分的领域重新进行整合，各项资金由此从各个部门全部整合上收到专委会，实现统一拟定资金投向重点，统一立项、统一管理、统一验收。专委会对其组成部门具有全面协调权，这种协调权与政府班子成员对其分管部门的领导各有侧重。富阳对行政职能机制的修改与推行专项性一般转移支付相得益彰。2015 年，富阳区出台《富阳区涉农政府专项一般性转移支付"2＋4"改革试点方案》，并于 2016 年开展政府专项性一般转移支付"2＋4"改革试点工作，其中 2 个乡镇（街道）实行综合性改革，4 个乡镇（街道）实行单项性改革，资金使用效率得到明显提高。

（二）改革过程中解决的三个问题

自浙江省财政厅拉开了专项资金改革的大幕，确立"一个部门一个专项"的目标以来，一直面临巨大阻力。为了让改革得到其他政府部门的支持，财政厅逐个到省级部门做工作，分步推进整合。例如，对于经信委的专项资金，首先将内容相近的专项予以整合，如工业转型升级专项，这个专项下面有多个小专项，再将每一个处室下的专项资金都整合成一个专项，慢慢要求将这些小专项从名义上整合成一个专项，在此基础上实现资金打通，每年突出几个重点，从而逐步实现资金的真正整合。到 2014 年，浙江省转移支付专项由原来的 235 个整合归并为 54 个，减少了181 个，基本实现了"一个部门一个专项"的预期目标，为有效集中财力提供了制度保障，也改变了以往专项资金只增不减的情况，若部门有新的发展需求，只要在专项盘子里通过调整因素及权重进行优化。专项资金的高度整合，为推行专项性一般转移支付及因素法分配打下了基础。

大部分财政专项资金管理都适用于因素法分配，但同时也仍有部分财政专项资金适合通过项目法管理。这部分项目范围包括产业发展类、公共事业类的重大项目：产业发展类财政专项资金，主要用于支持产业发展的战略性、引领性的重大项目；公共事业类财政专项资金，主要用于支持符合浙江省政策导向的重大公共基础设施、公共平台和公共服务等项目。对于这部分专项资金，2013 年，浙江省财政厅本着既要发挥绩效、也要克服传统"项目法"弊端的思路，借鉴政府投资项目的招投标方法，探索实施竞争性分配改革，把项目资金分配权关进"市场机制"和"公开透明"的笼子，以促进资金分配的客观、公开和公平。浙江省专项资金在实施竞争性分配时，不是直接对市县的某一个项目，也不是由某一个具体项目的承担法人负责申报，而是以市县政府为主体来参与专项资金的竞争性分配。以绩效目标及量化指标为依据，以评审的方式进行项目筛选，可以实现"多中选好、好中选优"的项目优选目的，可有效防止出现"撒胡椒面"的现象，使有限资金最大限度地发挥效益。

2014 年，浙江省政府开展了以"四张清单一张网"建设为主要内容的自身改革，财政专项资金管理清单就是其中的一张"清单"。财政部门在每年年初公开本级政府的专项资金管理清单，包括专项资金的主管部门、项目名称、金额等，通过公开透明来进一步规范财政专项资金的分配、使用和提升绩效。为了避免在权力下放的过程中可能存在的市县"接不住"现象，尤其是在新预算法实施后，省级财政资金下达到市县的时间更早、比例更高，对市县财政部门具体组织项目实施就提出了更高要求。2015 年开始，浙江省财政厅开始组织研发市县专项资金的项目库系统，该系统主要有项目申报、储备、报备、因素采集四大功能。在经过 6~7 个市县的试点应用及反馈完善后，该系统已于 2016 年在浙江全省范围内推广和使用。浙江省财政厅要求，市县要提前 1 年将备选项目纳入项目库，即 2017 年的省级专项性转移支付项目原则上都要在 2017 年年底前进入项目库，这样省级财政专项资金一经下达，就可以进行项目对接并组织实施。

三、改革效果

（一）解决了以往专项转移支付存在的问题

1. 资金管理更趋规范

这项改革实现了资金管理的科学性，改变了以往按照基数法切块给业务部门，再由业务部门根据各地申报项目进行筛选的粗放式分配方法。而是将各项业务工作和项目任务进行量化，运用客观的因素和科学的公式来计算分配资金，提升了财政资金分配管理的科学性。同时实现了管理的规范性。以往资金分配模式由少部分人根据工作需要和部门的资金申请报告相机抉择，由于信息的不对称，资金分配者很难准确、全面把握各个项目的真实信息，容易导致项目甄选过程中的"有限理性"，使不合理项目保留下来，也反过来诱导部门预算单位产生争项目、要资金的冲动。改革后，财政真正参与到资金分配的全过程：因素设计和调整、资金下拨、资金监管等。通过建立专项资金公开、透明、规范的分配程序和规则，可以最大限度减少或避免人为因素干扰，优化了决策方式，提升了财政资金分配的客观公正性，规避了廉政风险。

2. 实现了资金管理的全程控制

以往财政对专项资金的分配管理只是对部门报上来的资金项目进行审批，财政管理的触角只涉及审批阶段，对"为什么安排这个项目、应该安排多少资金"的信息采集不充分，知其然不知其所以然，事前介入并不多；而在资金拨付后，使用效果如何也缺少跟踪问效。通过改革，财政部门以要求部门提供分配因素为契机，提前介入资金分配环节，精细了解掌控项目资金信息。事后又通过监督检查，考核项目资金使用绩效，并将考核结果应用于下一年分配，将财政管理由审批阶段向全过程控制转变。

3. 提高了资金配置效率

一般意义上，财政资源的稀缺性和部门需求的无限性是一对永恒的矛盾，通过因素分配法改革，促使部门减少"非理性"需求，根据工作实际需要来提出分配因素，使有限的财政资金真正用在"刀刃"上，有效缓解了资源稀缺性和需求无限性之间的矛盾。基层反映，改革后，财政支出执行率得到了明显提高。以往的资金分配都是在部门找项目、下级跑上级复杂的流程中完成，各部门、各地方政府之间的博弈周期长，一般到了年底资金分配还未完成，影响了财政支出执行率。改革后，由于资金分配的基础工作做在了前面，一般因素、权重确定后，只需按照公式来分配，地方无需跑部门争资金，减少磨合、讨价还价的过程，提高了分配效率，也加快了财政支出进度。如 2010 年，一般往年都要到年底才能完成分配任务的行政政法专项资金，7 月执行率就已达 95%，预算支出执行进度明显加快。同时，改革也提升了地方资金统筹使用率。资金不再以分散的具体项目形式分配到市县，市县可以根据明确规定的方向，结合地方的实际需求来使用资金，初步形成了互利共赢的良性机制。由于财政管理改革，尤其是资金分配机制改革触及到各部门、各单位的切身利益，在改革初期，一些部门认为这项改革是财政集权，单位财务自主权和资金调控权受到削弱，从而影响单位工作的积极性，存在一定抵触情绪。针对这种情况，时任浙江省财政厅副厅长的罗石林强调，要积极稳妥推进改革，必须要构建"互利共赢"模式，把推进改革与保护调动部门工作积极性有机结合起来，要尽量减少改革给部门正常业务工作带来的冲击，努力实现财政改革与单位工作积极性的相互促进。对于业务部门来说，一方面，财政部门通过与各业务部门的积极沟通和方案的科学设计，通过"三不变和一不减"的原则，即资金分配建议权、财务自主权和资金使用权不变，资金总体规模不减，解决了部门的后顾之忧。且通过资金整合，把原分散在分管领导和处室中的资金分配决策权，集中到单位一把手和财务部门手中，提高了单位的资金统筹能力。另一方面，由于财政部门把工作业绩、管理和资金使用绩效、年度中心工作和重点工作纳入分配因素，又倒逼业务部门必须通过做实基础工作、做优工作绩效来"争取"资金，使单纯的资金分配成为各部门推进年度工作目标和任务的有力抓手，从而增强了部门理解、配合、支持这项改革的自觉性和主动性。浙江省相关部门提供的数据表明，2010 年浙江省公安机关破案绝对数位居全国第一位；检察机关收案率 96.5%，批捕、起诉案件均列全国第二；法院结案率 99.6%，法官人均办案 154 件，为全国平均数的 2 倍。这有力地说明，参与这项改革的浙江省的部门预算单位充分享受着改革带来的"红利"。对于地方财政部门来说，由于实施了奖励性补助和给予了地方更大的资金统筹权，充分调动了市、县财政的积极性，变"你要我做"为"我应该做"，在省给市、县奖励性补助无需落实配套的情况下，市、县不但没有降低有关工作的保障力度，反而强化了当地政府财政的保障责任。

（二）提高了预决算的科学性

浙江省经过专项性一般转移支付改革，部门预算管理水平逐步提高，部门的预算执行率高，资金使用效益较高，提高了预算与决算的科学性。具体体现在：（1）预算收入的预测和安排预算支出的方向科学。与地区经济社会发展状况相适应，通过资金提前下达形式，使地方尽早知晓下一年度专项资金的额度，将资金统一编入部门预算，增强预算的完整性，提高财政资金的统筹使用率，有利于促进地区经济协调健康、可持续发展，提高了预算编制的精准性。（2）预算编制的程序设置科学。合理安排预算编制每个阶段的时间，既以充裕的时间保证预算编制的质量，又注重提高预算编制的效率，严格按照《预算法》要求合理编制预算表。（3）预算编制的方法科学。预算的编制制定了科学规范的方法，测算的过程有理有据。（4）预算的核定科学。基本支出预算依照科学的方法制定，项目支出预算编制中对项目进行遴选，按轻重缓急排序，科学合理地选择项目。（5）对工作人员专业技能要求提高，规范业务操作，强化预算执行的严肃性。（6）资金分配成为各部门推进年度工作目标和任务的有力抓手。

上述六个方面通过利用从部分省级部门获得的 2012～2016 年五年内决算数据，对比财政拨款决算支出与财政拨款决算收入的偏离度得到体现（见表 5 - 2）。透过数据可以看出，自 2012 年开始整体改革以来，财政拨款的决算支出与决算收入的偏离度总体来说越来越趋于稳定。

表 5 - 2 　　　　　2012～2016 年部分省级部门财政拨款支出与
拨款收入偏离度

	部门	交通运输厅	林业厅	农业厅	教育厅	审计厅
2012 年	拨款收入（万元）	870766.89	11567.20	39606.48	638089.22	6900.18
	拨款支出（万元）	914953.42	11658.20	34507.33	586888.83	6743.66
	偏离度	1.05	1.06	1.01	0.87	0.92
2013 年	拨款收入（万元）	721860.61	13256.49	37958.96	633920.59	9980.86
	拨款支出（万元）	715670.18	12266.53	40470.72	626382.60	8403.25
	偏离度	0.99	0.93	1.07	0.99	0.84
2014 年	拨款收入（万元）	543343.20	12358.91	38721.93	676818.66	10531.74
	拨款支出（万元）	544284.05	11359.82	44354.18	693833.96	9073.93
	偏离度	1.00	0.92	1.15	1.03	0.86
2015 年	拨款收入（万元）	407651.04	14490.79	36717.60	813574.90	9729.02
	拨款支出（万元）	410441.88	13942.76	38278.19	801964.26	11760.95
	偏离度	1.01	0.96	1.04	0.99	1.21
2016 年	拨款收入（万元）	273261.50	15584.18	36684.97	859132.12	9385.80
	拨款支出（万元）	280604.16	15745.65	36640.05	939448.44	9213.15
	偏离度	1.03	1.01	1.00	1.10	0.98

注：偏离度指标采用的是财政拨款支出与财政拨款收入的比值，结果保留两位小数。

利用从部分省级部门获得的 2012～2016 年五年内的预决算数据，对比预算支出与决算支出的偏离度，也可看出，改革后，预算执行率有了较大提升（见表 5 - 3）。

表 5 - 3 　　　　　2012～2016 年部分省级部门预算与决算支出偏离度

	部门	2012 年	2013 年	2014 年	2015 年	2016 年
发展和改革委员会	预算支出（万元）	21393.72	16373.88	25117.52	31165.55	30083.24
	决算支出（万元）	22242.57	25277.70	24082.82	27394.93	29448.39
	偏离度	1.04	1.54	0.96	0.88	0.98
浙江省农业厅	预算支出（万元）	25939.90	25772.42	38021.57	45124.70	48227.58
	决算支出（万元）	49463.03	44916.02	45257.49	46476.86	45122.78
	偏离度	1.91	1.74	1.19	1.03	0.94

续表

部门		2012 年	2013 年	2014 年	2015 年	2016 年
浙江省 文化厅	预算支出（万元）	83701.85	126436.69	149302.64	190674.10	232515.57
	决算支出（万元）	81842.90	89253.44	96042.60	133269.43	143637.35
	偏离度	0.98	0.71	0.64	0.70	0.62
浙江省 司法厅	预算支出（万元）	6669.72	6364.20	8158.48	12843.49	8158.48
	决算支出（万元）	6532.95	7671.69	6219.83	7639.68	7542.94
	偏离度	0.98	1.21	0.76	0.59	0.92
浙江省交通 运输厅	预算支出（万元）	644212.20	688869.23	668952.91	538328.80	559956.72
	决算支出（万元）	974180.04	773153.90	569835.99	648353.37	333988.22
	偏离度	1.51	1.12	0.85	1.20	0.60
浙江省 林业厅	预算支出（万元）	12972.91	15344.18	17567.09	20884.20	22086.25
	决算支出（万元）	14606.01	15216.36	13801.77	16578.98	18246.37
	偏离度	1.13	1.00	0.79	0.79	0.83
浙江省 教育厅	预算支出（万元）	1831843.11	2019249.63	2264628.31	2445522.59	2914850.51
	决算支出（万元）	1924067.42	2054684.78	2415243.62	2391756.85	2632048.84
	偏离度	1.05	1.02	1.07	0.98	0.90
环保厅	预算支出（万元）	30281.77	28221.86	49910.45	51204.07	38095.13
	决算支出（万元）	23991.96	28820.96	23618.83	32836.67	33821.09
	偏离度	0.79	1.02	0.47	0.64	0.89
商务厅	预算支出（万元）	11312.85	9913.78	10476.63	26682.36	27072.36
	决算支出（万元）	13029.48	10901.08	12818.98	26026.13	28038.71
	偏离度	1.15	1.10	1.22	0.98	1.04
审计厅	预算支出（万元）	6391.18	10375.51	12579.58	12232.20	12317.19
	决算支出（万元）	6743.66	8409.35	9073.93	11787.08	9582.79
	偏离度	1.06	0.81	0.72	0.96	0.78

资料来源：根据浙江省人民政府官网数据处理所得，偏离度指标采用的是预算支出与决算支出的比值，结果保留两位小数。

（三）提高了县市财力均等化水平

图 5-1 利用浙江省县市一般预算收支数据刻画了县市之间财力均等化水平变化。从中看出，2001~2016 年浙江省人均财政收入变异系数及浙江省人均一般公共预算支出变异系数大体呈下降趋势，说明县市间财力不均衡化日益缩减。尤其自

2009 年试行专项性一般转移支付改革以来的 2011～2016 年，其人均财政收入变异系数的减小趋势更为明显，说明改革对均衡县市间财力水平有一定作用。人均一般公共预算支出一定程度上可以反映县市提供公共产品和服务的情况。自 2009～2016 年，人均一般公共预算支出变异系数经历了先升后降的变化，2009 年为人均一般公共预算支出变异系数的最低点。变异系数在 2009 年至 2013 年明显上升，说明在改革之初，地区间的一般公共预算差距进一步扩大。随后自 2013 年至今有下降趋势，说明专项性一般转移支付在促进公共服务均等化方面的作用有待进一步研究。

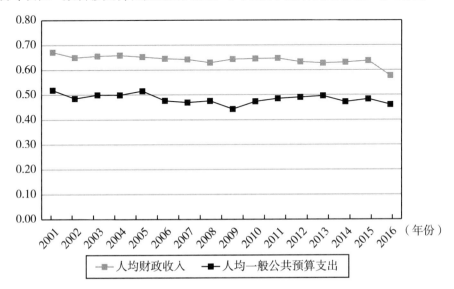

图 5－1　2001～2016 年浙江省人均财政收入及一般公共预算支出变异系数趋势

注：人均财政总收入采用县市财政总收入与历年年末总人口比值，人均一般公共预算支出采用县市一般公共预算支出与历年年末总人口比值。

资料来源：浙江省统计年鉴及各市统计年鉴。

四、浙江改革对全国的意义

浙江省实施的专项性一般转移支付改革是在转移支付改革方面的一次有意义的创新实践，为在全国层面改革转移支付制度提供了经验准备。归纳浙江省改革实践，至少有以下三个方面的经验具有全国推广意义。

第一，直接针对问题，提出改革目标。任何一项改革都会对原有利益格局产生冲击，所以改革需要精准，以免真正问题未解决又产生新问题，进而造成二次改革更大阻力。浙江省在推进专项性一般转移支付改革上，直接针对专项过多、过散、不易监管这个问题，提出整合思路，通过不断上收处室专项资金分配权，提高部门专项资金的整合程度，将零散的小专项整合为部门大专项，最后实现一个部门一个专项的改革目标。直接针对问题，改革措施就会具有高度针对性，能够在最短时间内精准发力，产生可见的改革效果，增强改革信心。实际上，在全国层面的转移支付改革中，专项过多过散问题也是最主要问题，导致专项资金管理失控，给专项资金分配提供了创租和寻租空间。可以说，我国在专项资金上的财政腐败问题最主要就是源于这一点。所以从问题的根源看，备受诟病的转移支付结构不合理，不是因为专项本身有问题，毕竟专项具有大家可见的优点，而是专项下面还有专项，形成原本是执行部门的处室，甚至是科室都成了财政专项资金的分配部门。财政资金的分配部门越多，资金监管就会越难，滋生腐败的可能性就会越大。同时，由于小专项太多，而每个小专项的分配规则又不同，在条块管理格局下，导致一个资金使用单位可能同时需要面对多个专项资金分配处室或科室，从而耗费大量人力、物力、财力去跑关系、填表格等。所以，在全国层面上，我国解决转移支付结构不合理的方法并不是减少专项增加一般，而是在项目制管理方式下，实现项目整合，以类为节点，形成基于大类的专项拨款。

第二，在改革中寻求阻力最小的方式。作为专项性一般转移支付改革的推动者，浙江省财政厅不是以剥夺部门二次分配专项资金权力为中间目标，而是在改革中尽可能赢得部门主要负责人的支持，寻找一种最低成本的改革进路。首先，为了顺利推进改革，作为整个改革的具体负责人，先在自己分管的业务推，抓住自己分管业务领域一系列收费改革的契机，以降低和规范具体处室与业务科室的资金分配权，扩大整个部门统筹项目资金的能力，在不影响部门利益和资金分配权的情况下，将下级机构权力上收到部门，从而赢得了同级职能部门的支持。在政法口推进专项性一般转移支付改革的同时，浙江省财政厅紧锣密鼓地到其他部门磋商改革，通过耐心解释和沟通，赢得部门支持，并在此基础上对政法口的改革逐步深化细化，让其他部门看到改革的效果。当然，任何改革没有上级支持都很难深入下去。浙江省财政厅一方面积极推进，细致谋划；另一方面，多种场合宣传专项性一般转移支付的优势，并努力争取省委省政府支持，将专项性一般转移支付改革上升为省委省政府意志。2012 年 10 月 17 日，浙江省政府发布《浙江省人民政府关于完善财政体制的通知》，明确提出"为使省对市、县（市）转移支付，特别是专项转移支付更加科学、公平、规范、透明和有效，增强政府宏观调控能力，实施省级专项性一般转移支付改革"。除此之外，任何一项改革都需要满足激励相容要求，浙江省推进专项性一般转移支付改革也一样。由于专项性一般转移支付改革至少涉及四个主体，即资金分配部门——财政厅、资金二次分配部门——各职能部门、资金二次分配的执行机构——各职能部门的相关处室、资金使用部门——市县政府，所以改革要能顺利推进，必须要有让各方认可的理由。为此，专项性一般转移支付是以部门权力不变，并让资金使用部门扩大统筹能力为前提条件，从而使改革几乎达到了帕累托改进的要求。

第三，标准化的科学设计让改革走向公开。浙江省财政厅在推进专项性一般转移支付改革中，不是简单地整合专项，也不只是提高县市政府统筹财政资金的能力，更不仅是让专项转移支付分配透明化，而是先从制度入手，通过采用制度化的因素分配法，让改革的公开性成为可能。其实，在财政领域，甚至在政府公共领域，公开透明一直被认为是一个重要原则和限制权力运用的重要措施，但公开透明如果没有标准化支持，对信息使用者而言是没有实质意义的，因为信息使用者依然看不懂。浙江省推进专项性一般转移支付改革在制度标准化方面做了大量工作，通过让部门自己决定专项资金分配的各方面因素，也赋予部门根据情况调整因素的权力，让原本无法公开的分配依据可以公开了。最重要的是，因为这些因素一旦确定就不能随意调整，所以无论是普遍因素还是特定因素在年度间、项目间就有了可比性。不仅如此，支出标准化让专项资金分配有了进一步的依据和约束。同时，为了克服原有项目制管理的缺陷，让资金二次分配的职能部门和资金使用部门有长远规划，改革通过建立项目库引入竞争性分配机制。通过一系列制度建设，实现了分配依据的标准化。经过标准化之后，浙江省财政厅要求所有拥有专项资金二次分配权的职能部门公开专项资金分配文件，从而使专项资金的部门分配真正走向阳光。

在国家层面上，浙江省专项性一般转移支付改革的经验具有重要启示。实际上，我国1994年形成的财政体制并没有重视转移支付制度建设，虽然后来转移支付在政府间财政关系中变得越来越重要之后，转移支付制度经过了很大调整，但总的来说，我国的转移支付制度改革是滞后的。不仅如此，在我国转移支付改革中，无论是学界还是社会名流，对转移支付问题的认识存在一定误区。这其中最大的误区就是认为我国转移支付结构不合理，用于均衡财力的一般转移支付比重过低，专项转移支付比重过高，所以转移支付改革的一个重要方向就是减少专项比重。正是基于这一认识，整个国家层面的改革导向就是将被认为具有一般转移支付特征的专项转移支付改为一般性转移支付。但从世界经验看，一个国家的转移支付结构中，以专项转移支付为主，还是以一般性转移支付为主，并没有规律可循，各国的情况都不一样。表5-4显示，各国的情况相差较大，有的国家即便中央对州和地方的转移支付以专项为主，但州一级政府对地方政府的转移支付又是以一般性转移支付为主，如瑞典。而有的国家正好相反，中央对州和地方的转移支付以非专项为主，但州一级政府对地方政府的转移支付又是以专项为主，如意大利、加拿大。和表5－4中的数据相比，我国的专项转移支付占比相对而言也并不高。从转移支付需要实现的目标看，专项转移支付在实现特定政策目标上显然是有更大优势。那么，为什么我国在专项转移支付上存在如此多的问题，包括资金分散、监管难度大、不能实现规模经济、降低了资金使用部门的统筹能力、权力寻租等。即使我们这里不考虑专项转移支付存在的政治逻辑（李丽琴、陈少晖，2012），仅从经济与管理的角度考虑，认真分析每一个问题，可以看出，这些其实和是不是专项无关，而是与专项的项目及资金分配方案设计有关。例如，专项资金使用的规模经济效应较低，这是因为专项对应的项目过于狭隘，改进措施就是将专项资金使用方向确定即可，无需直接规定到具体项目，具体项目由专项资金的使用部门或二次分配部门确定，以提高专项资金的统筹层次，使其在更大范围发挥作用。再例如，专项资金分配中的腐败问题，这与是不是专项同样无关，是与专项资金分配规则是否能够标准化并公开有关，所以解决专项资金分配中的腐败问题，不是消除专项，而是科学设计专项资金分配规则，通过标准化，使其在公开后能被大家所理解和运用。从上面一系列分析看，浙江省在转移支付改革上的创新对全国层面的转移支付改革具有极为重要的推广意义。

表 5 - 4　　　　　　　　　　一些国家的转移支付结构　　　　　　　　单位：%

国　别	中央对州、地方转移支付		国　别	州对地方转移支付	
	专　项	非专项		专　项	非专项
澳大利亚	87.5	12.5	澳大利亚	82.8	17.2
奥地利	79.8	20.2	奥地利	86.1	13.9
比利时	94	6	比利时	95.9	4.0
加拿大	18.6	81.4	加拿大	95.7	4.3
意大利	28.6	71.4	丹　麦	69.8	30.2
墨西哥	59.2	40.8	芬　兰	9.2	90.8
西班牙	14.8	85.2	法　国	11.7	88.3
瑞　典	77.8	22.2	希　腊	100	0
			匈牙利	56.9	43.1
			意大利	75.5	24.5
			韩　国	27.7	72.3
			新西兰	70	30
			挪　威	44.9	55.1
			波　兰	29.5	70.5
			葡萄牙	11.4	88.6
			西班牙	33.8	66.2
			瑞　典	28.7	71.3
			瑞　士	80.4	19.6
			土耳其	77.3	22.7
			平　均	54.4	45.6

资料来源：Bergvall, D., Charbit, C., Kraan, D. J., et al., "Intergovernmental Transfers and Decentralized Public Spending", *OECD Journal on Budgeting*, 2006, 5 (4)：24 - 24.

基于跨国经验和浙江改革，可以得出结论，浙江省实施的专项性一般转移支付改革，创新之处在于将专项转移支付的项目层次上收到类目，实现了所谓大类拨款（对应到国际经验，即是"block grants"）。大类拨款相对于我国传统的专项拨款（对应就是专项转移支付）的最大优势在于，将特定的政策意图和资金使用的灵活性结合在一起。从政策意图上看，浙江省实施的专项性一般转移支付能够让专项资金投入指定方向。例如，教育类专项，就是这笔资金只能投在教育这个方向，但教育这个方向内需要资金的方面有很多，包括教材建设、校舍建设、硬件设备、图书资料等，教育类专项经费最后用在这个方向的哪个项目上，由教育部门根据实际统筹安排。这种做法提高了教育部门统筹经费的能力，最关键的是使有限专项经费得到了最为恰当的使用，因为教育部门最清楚本系统内最需要经费的地方。所以大类拨款在实现政策意图的同时，既调动了资金使用部门的积极性和统筹能力，又实现了有限资金的有效使用。

　　当然，浙江省在转移支付制度改革上的创新之处，不仅局限于提出了解决一般转移支付和专项转移支付之间的优劣融合问题，还包括创新性地提出了制度标准化。正如前所述，没有制度标准化，仅是大类拨款，并不能解决专项固有的弊端。制度标准化配合着大类拨款，才使得专项拨款中存在的诸多固有缺陷得到根治。除此之外，为了解决专项资金下拨问题给市县政府预算编制和执行造成的不确定性，浙江省在实施专项性一般转移支付改革时，规定了部门编制竞争性分配方案时的资金需求上报时间，在审核通过后，又能在市县政府预算编制之前告知市县政府，以便专项资金能够在预算编制中得到体现，从而极大提高了市县政府预算编制的科学性，提高了专项经费下拨的可预见性。

　　浙江省的改革虽然仅局限于本省，但对中央推进转移支付改革具有重要推动作用。2015年以来，中央高度重视转移支付改革。从发布的一系列文件看，浙江的改革经验虽然不能说直接影响了中央的改革选择，但从文件的内容看，还是多少得到了体现。例如，2015年财政部发布的《中央对地方专项转移支付管理办法》就明确提出，"财政部应当在每年10月31日前将下一年度专项转移支付预计数提前下达省级政府财政部门，……省级政府财政部门应当在接到预计数后30日内下达本行政区域县级以上各级政府财政部门，……县级以上地方各级政府财政部门应当将上级政府财政部门提前下达的专项转移支付预计数编入本级政府预算"等类似的规定。再例如，文件提到"专项转移支付资金分配可以采用因素法、项目法、因素法与项目法相结合等方法"，"因素法是指根据与支出相关的因素并赋予相应的权重或标准，对专项转移支付资金进行分配的办法"，等等。

　　归纳浙江省专项转移支付改革的复杂过程，专项性一般转移支付的创新实践在机制设计上做到了部门利益与改革目标的一致，从而突破了所有改革中不可逃避的利益障碍，实现了改革的协同激励。根据前述全国层面转移支付改革滞后性的分析，实际上根本性的原因就是，在改革中伴随的利益格局调整这道关没有突破，所以从这个意义上说，浙江省的改革真正做到了为浙江继续深化改革闯过了关键一关，为全国层面的深化改革探索了一条道路。

五、本章小结

转移支付制度作为分税制财政体制的重要内容，对激励下级政府有效治理有重要作用，不仅可以弥补下级政府因体制分成造成的自有收入不足以支付支出需要，而且可以实现上级政府的均衡发展意图。在我国，省以下各级政府的财政支出有近 50% 来自于中央的转移支付。然而，相较于一般预算的收支改革，转移支付改革相对滞后，经常为社会所诟病。其中，转移支付结构不合理、专项拨款比重过大是被讨论最多的问题，也是历届人大代表经常涉及的问题。为了回应社会关注，更为重要的是为提高专项拨款的有效配置和使用效果，缩小腐败空间，一些地区在转移支付改革方面开展了积极创新，在所有地方性经验中，浙江省提出的专项性一般转移支付改革最具特色。浙江省改革最突出的创新就是将原来以具体项目为依据的专项拨款调整为以支出类别为依据的专项拨款，同时实行项目库管理和建立因素法拨款机制。浙江省提出的专项性一般转移支付改革最大的优点是融合了一般性转移支付的普惠优势和专项拨款的专用优势，既提高了财政的统筹能力，又有针对性地解决了问题。浙江省的专项性一般转移支付改革为全国转移支付改革积累了经验，近十年的改革经验也为全国转移支付改革提供了丰富实践支持。

参考文献

［1］刘尚希、李敏：《论政府间转移支付的分类》，载于《财贸经济》2006 年第 3 期。

［2］孙开：《专项转移支付现状考察与管理方式优化》，载于《财政研究》2010 年第 8 期。

［3］宋超、邵智：《我国财政专项转移支付制度研究》，载于《财会研究》2004 年第 11 期。

［4］叶子荣、王琳、杨静：《改革中央专项补助 完善我国转移支付制度》，载于《西南交通大学学报》（社会科学版）2005 年第 6 期。

［5］龙婷：《专项资金管理使用存在的问题及对策》，载于《财会月刊》2011 年第 1 期。

［6］苏明、王常松：《我国财政转移支付制度的现状分析与对策》，载于《中国经济时报》2007 年 12 月 25 日第 5 版。

［7］陈少强、贾颖：《财政专项资金改革研究》，载于《中央财经大学学报》2014 年第 5 期。

［8］岳希明、蔡萌：《现代财政制度中的转移支付改革方向》，载于《中国人民大学学报》

2014 年第 9 期。

　　［9］李丽琴、陈少晖：《专项转移支付存在的合理性：政治逻辑与实证检验》，载于《当代财经》2012 年第 10 期。

　　［10］马海涛、任强：《我国中央对地方财政转移支付的问题与对策》，载于《华中师范大学学报》，2015 年第 11 期。

　　［11］Bergvall，D．，Charbit，C．，Kraan，D．J．，et al．，"Intergovernmental Transfers and Decentralized Public Spending"，*OECD Journal on Budgeting*，2006，5（4）：24 － 24.

第六章

浙江生态环保财力转移支付制度的
演变、成效及全国影响

加快生态文明体制改革，实现人与自然和谐共生已经成为新时代中国发展的鲜明特征和普遍共识。生态环境理论认为，借助区域间生态补偿可以矫正生态环保成本与收益的空间错配，激励基层政府更多更好地提供生态产品。但是，国际和国内经验表明，创设、运作这项制度涉及权责明晰、补偿核算、绩效考核、资金筹集以及协同其他生态环保政策等一系列难题，需要勇于创新的倡导者和推进者，以及行之有效的政策设计，成功案例并不多见。[①] 浙江作为改革创新大省，充分发挥财政在地方治理中的基础性作用，不仅在全国首创省内全流域生态补偿制度，而且循序渐进，不断通过体制机制创新将流域生态补偿提升为全域绿色发展奖补机制，将纵向财政补偿扩展到横向流域补偿，将资金补助奖罚融合于生态功能区规划和治污减排政策。探索出一条认识

---

① 例如，巴西是世界上最早实施财政生态补偿的国家之一。1992 年巴西巴拉那州引入地区间生态增值税分享计划，但到了 2000 年，该州有 4 个市县退出这个计划，放弃补偿资金而将部分生态保护区恢复成农业经济区。我国 1999 年实施的涉及 25 个省市的"退耕还林"工程在 2004 年迅速缩小规模，除了粮食政策调整和地方治理滞后两个原因外，与补偿过程中"监督考核成本"高昂不无关系。所以世界银行（2007）总结比较各国生态补偿实践后，认为能否有效实现生态补偿转移支付政策目标，关键在于其政策设计。

不断深化、激励机制不断丰富、针对性不断增强的财政助推生态文明建设之路，为贯彻新时代绿色发展理念，促进县（市）政府转变经济发展方式，满足人民日益增长的优美生态环境需要不断提供有效的制度支撑和财力保障。为了更好地揭示这项地方性生态财政制度变迁的行动逻辑和有益经验，我们首先对制度演化历史过程做一个简要回顾，在此基础上对制度效果进行经验性识别，最后介绍制度在全国的影响。

一、浙江生态环保财力转移支付制度的历史演变

图6-1概括了2006年以来浙江财政推进生态转移支付制度的主要举措。从时间节点上看，浙江生态环保转移支付肇始于针对钱塘江源头10个县（市、区）的专项补助制度，2008年补偿对象扩展为适用于全省八大水系干流和流域面积100平方公里以上的一级支流源头和流域面积较大的45个市县，同时补偿原则更加科学合理，分配依据则突出"林、水、气"三大要素。2012年按照"扩面、并轨、完善"的要求，对生态环保财力转移支付的范围、考核奖罚标准、分配因素和权重设置等做了进一步修改完善，将生态转移支付范围扩大到全省所有市县，资金规模也从初始的2亿元扩大到20亿元。2017年，浙江生态环保财力转移支付升级为绿色发展财政奖补机制，不但补助总量提高到100亿元规模，而且奖罚方式、考核力度和分类补偿上有了新的突破。2018年初，省财政积极倡导推出上下游之间横向补偿制度，使补偿资金筹措更加多元化，生态环保成本收益分担更加公平合理，为2020年全面实现自主协商横向生态补偿奠定基础。从机制设计角度看，浙江财政生态补偿可以划分为"破局创设"阶段、"推广完善"阶段和"纵深发展"阶

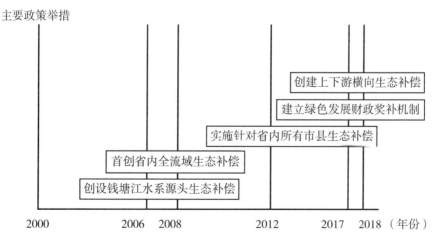

图6-1 浙江财政生态补偿的主要政策和时间节点

段，三个阶段接力解决生态补偿制度设计中的难题，逐步破解"先污染、后治理"的发展模式，紧紧围绕为县（市）政府保护生态环境提供有效激励这一主题，形成比较完备的财政生态补偿转移支付政策体系。

（一）"破局创设"阶段

生态补偿最早由 1992 年联合国《里约环境与发展宣言》及《21 世纪议程》两份文件倡导提出，但是从理论走向现实却存在着技术和制度障碍。现实中往往难以将生态保护者（流域上游地区和居民）与受益者（流域下游地区和居民）、环境污染者（污染企业和放松环境管制的地方政府）和受损者（本地和周边地区居民）之间的损益关系直接识别出来，进而通过补偿机制加以行为矫正。就浙江而言，虽然有东阳市和义乌市之间用水权有偿转让、金华市和磐安县之间"异地开发"式生态补偿等地方性创新实践，但在不重新设计和调整现行财政体制的情况下，普遍性由上、下游政府自发协商来实施生态补偿并不现实。当然，省财政只是生态补偿的倡导者和推动者，而非包办者（浙江财政厅办公室课题组，2009）。2005 年，浙江省政府在全国各省、市、自治区中率先提出省级层面的生态补偿机制[1]，要求集中一部分资金在钱塘江源头地区实施生态保护专项补助，采取试点先行、逐步推进的改革方式。据此，2006 年 4 月，省政府办公厅出台《钱塘江源头地区生态环境保护省级财政专项补助暂行办法》。当年底，浙江省财政厅联合环保厅、建设厅、水利厅、农业厅、林业厅制定补偿实施细则[2]，通过规定补助资金的分配方式和使用方向，在全国各省、市、自治区中率先围绕森林与水环境、产业准入、环保建设等要素构建了政府间财政生态补偿的基本制度框架，为进一步扩大生态补偿范围、完善补偿依据进行了有益探索[3]。

1. 主要制度内容

钱塘江源头地区生态专项补助主要针对淳安、开化、江山、衢江、柯城、常山、磐安、龙游、遂昌、龙泉 10 个县（市、区），这些县（市、区）要么位于钱塘江干流源头，要么流域面积超过 100 平方公里，属于全省水和森林资源富集区，为全省营造绿色屏障但经济发展相对落后。专项补助的原则是"谁保护，谁受益""责权利统一""突出重点，规范管理"，对这些上游县（市、区）生态建设和污染整治行为进行利益补偿。补偿政策的主要内容是专项资金使用方向、分配依据和

---

① 即《浙江省人民政府关于进一步完善生态补偿机制的若干意见》。

② 即《钱塘江源头地区生态环境保护省级财政专项补助办法实施细则》。

③ 东中部其他省份，如福建、河北、山东、辽宁等，稍后也制定了由省财政统筹的流域生态补偿，但补偿依据主要是围绕水环境质量，参见本书附录。

考核目标。表6－1显示的资金分配依据和相应权重，同样是对受补助县（市、区）资金使用方向的引导规范。在目标考核方面，包括：（1）对化工、医药、造纸、制革、印染、冶炼、水泥、味精等重点污染行业严格禁入；（2）确保交界断面水质、空气环境质量达标；（3）完成年度产业结构调整计划任务；（4）完成年度环境保护基础设施建设计划任务；（5）完成年度农业农村面源污染综合防治计划任务；（6）完成年度生态省建设年度目标责任书规定的其他任务。

表6－1　　　钱塘江源头地区生态环保省级财政专项补助资金分配依据与权重

分配要素	对应指标	权重设置（%）
1. 生态建设方面	生态公益林面积（亩）	15
	大中型水库面积（平方公里）	10
2. 产业结构调整	第二产业产值（亿元）	15
3. 环保基础设施建设	污水处理工程建设规模（万吨/天）	15
	污水处理管网（公里）	
	垃圾无害化工程建设规模	10
	合格饮用水源建设工程（万元）	2
	水质自动监测系统（个）	0.5
	重点污染源监控系统（套）	2.5
4. 农业农村污染综合防治	规模化畜禽养殖场治理投资额（万元）	6
	规模化畜禽养殖场搬迁投资额（万元）	7.5
	农村垃圾中转站建设规模（吨/天）	5
	农村沼气池容量（立方米）	5
	病死畜禽无害化处理投资额（万/元）	1.5
5. 省财政调剂部分	人均可用财力（元）	5

2. 激励机制分析

通过政策文本解读，可以发现始于2006年的浙江生态环保专项补助首先是界定了省级财政作为补偿主体的责任，源头县（市、区）成为补偿对象。这种制度供给模式，一方面有效降低了制度创新的初始成本，为形成普遍性生态补偿机制迈出关键步伐；另一方面是突破了以往按项目分配生态补助资金的模式，将财政扶持对象设定为生态产品贡献地区的政府，为财政职能扩展了新的作用空间。其次，"谁保护，谁受益""责权利统一"的补助基本原则表明这项制度创新是补偿那些生态富集地区因保护生态而产生的治理成本和机会成本。最后，分配依据和目标考核构成为激励机制的主体部分，这里蕴含着两个典型特征：

（1）以地方政府的行为作为激励对象。在我国当前环境管理体制下，县（市）政府生态环保行为是影响生态绩效的关键角色。这些行为又可以分为产业准入行为和环境治理行为，前者是针对环境质量的前端控制，后者是对污染排放的末端治理，用财政杠杆引导好两种行为实际上间接促进了企业治污减排行为。在钱塘江源头地区专项补助中，对这两种行为都进行了正向引导，通过设置相应分配指标和考核目标既激励各县（市、区）积极控污减排，也从源头上禁止重污染产业在这些生态富集但同时脆弱地区的扩张蔓延。

（2）补偿标准充分考虑多种生态要素。补偿标准合理与否是生态补偿机制能否有效运行的核心环节。与其他省份主要考核流域交接断面水质来确定补偿依据有所不同，钱塘江源头地区专项补助分配标准尽量考虑各种生态要素。这既包括森林和水资源的存量指标，也涉及县（市、区）在生态环保上的努力程度。这种补偿模式能够较为全面地反映各县（市、区）生态环境价值和环保努力程度，使得补偿标准易于计算而且易于被各利益主体所接受①。

（二）"推广完善"阶段

2008 年和 2012 年遵循"并轨、扩面、完善"要求，浙江财政将钱塘江源头地区生态专项补助拓展为覆盖范围更大、机制运行更完善的生态环保财力转移支付，率先在全国省级层面实施全流域财政生态补偿制度，创造性地通过财政体制改革构建激励市县政府保护生态环境的长效机制。相比以往，新的分配机制具有以下特点：

首先，涵盖范围广。不仅涵盖市县数量多，而且加入"谁改善、谁得益"和"总量控制、有奖有罚"两项原则。前一个原则意味补偿对象扩大到生态服务"受益者"，即要求所有市县政府都承担起改善生态环境的责任；后一个原则表明更加重视激励机制的针对性和有效性。

其次，资金规模大。从 2006 年的 2 亿元上升到 2016 年的 20.6 亿元。对受补助的市县政府而言，延续"高污染、高增长"发展模式固然会带来税收收入增加，但面临着生态补偿资金减少，保护生态资源可能获得更多转移资金，两者此消彼长，触动"GDP 至上"的旧思维，促进其选择更绿色的发展方式。

最后，运行更规范。通过围绕"林、水、气"三类指标和相应权重，具体落

---

① 补偿标准核算是一个世界性难题，虽然生态经济学家提出各种核算方法，如机会成本法、支付意愿法等，但这些方法要么难以实际应用，要么不易被上下游地区同时认可。

实了上游和中下游地区市县政府保护生态环境所应承担的责任、权利和义务。达到考核标准则给予补助，反之则扣减补助。由此建立了由法规、行政和经济手段同时发挥作用比较规范的运行机制。

表6-2就是通过规则的比较显现不同阶段浙江省生态补偿制度的改进和完善。

表6-2　　　　浙江省生态环保财力转移支付两个阶段、
三个时期主要规则的比较

	2006年的补助规则	2008年的补助规则	2012年的补助规则
基本原则	"谁保护，谁受益""责权利统一"	"谁保护，谁得益""谁改善，谁得益""谁贡献大，谁多得益""总量控制，有奖有罚"。	与2008年相同
补偿对象	钱塘江源头10个县（市、区）	主要水系源头45个市、县（市）	全省所有市、县（市）
资金用途	生态建设和污染防治	由市、县（市）统筹安排（包括用于环境保护等方面支出）	与2008年相同
补偿依据	1. 生态建设 2. 产业结构 3. 环境保护设施建设 4. 农业农村污染防治	1. 生态功能保护：公益林与大中型水库面积 2. 环境治理改善：流域出境水质和大气质量	1. 森林环境因素 2. 水环境因素 3. 大气环境因素 4. 考核奖罚因素
奖励扣罚		1. 交界断面水质 2. 空气污染指数	1. 交接断面水质 2. 大气环境质量

1. 制度的改进与完善

（1）资金性质设定为一般性转移支付。从资金用途上看，生态环保财力转移支付受补助的市（县）政府可以自主统筹使用。这意味着制度目标不仅是加强市县政府生态环保力度，而且着力提高生态富集地区基本公共服务供给能力。通过财力的空间配置把生态补偿与扶持欠发达地区发展有机结合起来，把财政转移支付与生态环境保护有机结合起来，丰富和完善了省对市县财政转移支付制度体系，缓解了不同地区之间由于环境资源禀赋、生态系统功能定位导致的发展不平衡问题，实现了不同地区、不同利益群体的和谐发展。

（2）分配依据紧紧围绕"林、水、气"。生态环保财力转移支付紧紧围绕"林、水、气"三个关键生态要素，通过这三个要素对应指标和权重设置，引导市县政府将生态文明内化为绿色发展需求，在发展中更加注重生态建设和环境保护，推进资源的可持续利用。依托这三大要素的资金分配又分别指向两种不同的政策目标。一是以生态资源存量为基准的分配规则，例如生态公益林和大中型水库面积占全省比重，这种分配方式侧重补偿各市县因生态环保而产生的"机会成本"，这些"机会成本"通过辖区内森林和水资源存量来客观反映。二是对交界断面水质和大气环境质量进行奖补。围绕这两个指标的资金分配侧重考核市县政府在治理过程中的实际努力水平，侧重对实际努力水平的补偿，从而激励市县强化环境规制和投入水平，也有助于形成不同地区之间展开改善环境质量的"标杆竞争"。

（3）补助方式突出底线标准和增量奖罚。生态环保财力转移支付具有底线标准和增量奖罚双重特点。对市县政府而言，除了已有的生态资源存量外，获得财政补助首要前提是交界断面水质和大气质量需要达到警戒性标准以上，这种补助方式强化了市县政府在生态环保方面"守土有责"的职能定位。然后，省财政再根据水质和大气质量改善或者恶化程度予以奖罚。当然，底线标准也在逐步提高。在2008 年政策中，交界断面水质只需要达到警戒标准以上，市县政府就可以获得 100万元补助。但在 2012 年仅对三类水质以上才予以财政补助，而且不同水质设置不同系数（一类水质系数为补助系数为 1，二类和三类水质分别递减 0.2 个系数）。大气质量考核和补助同样如此。同时，增量奖罚力度也随之大幅度提高，奖罚力度最高达到 500 万元，见表 6 - 3。

表 6 - 3　　　　　浙江省生态环保财力转移支付资金分配规则

分配要素	2008 年		2012 年	
	对应指标与权重	基本要求与奖罚	对应指标与权重	基本要求与奖罚
"林"	生态公益林面积（30%）		生态公益林面积（15%）	
			森林覆盖率（15%）	
	大中型水库面积（20%）		大中型水库面积（20%）	
"水"	交界断面水质（30%）	出境水质在警戒标准以上予以补 100 万元补助	交界断面水质（30%）	对出境水质在三类标准以上予以补助
		出境水质改善予以每百分点 10 万元补助；反之，予以 10 万元扣罚		根据出境最差水质改善或恶化幅度分别给予 50 万元至 500 万元奖惩

续表

分配 要素	2008 年		2012 年	
	对应指标与权重	基本要求与奖罚	对应指标与权重	基本要求与奖罚
"气"	大气环境质量 （20%）	大气质量在警戒标准以 上给予补助	大气环境质量 （20%）	大气质量在警戒标准 以上给予补助
		大气质量提高每百分点 奖励 1 万元；降低每百 分点扣罚 1 万元		大气质量提高或降 低 1 个百分点，分别予 以 10 万元奖励或扣罚

2. 激励机制创新之处

（1）将生态补偿与功能区定位紧密结合。资金分配方式构成了浙江生态环保财力转移支付激励机制的主体。根据机制设计，无论是基于生态资源存量（权重达到50%）的财力配置，还是针对交界断面水质和大气质量的奖罚补助，都有利于流域上游和生态优美地区的市县。一方面，除了按生态因素分配外，资金还按照分类分档原则，向欠发达地区倾斜①。这种分配规则推动财政资金流向限制开放和禁止开发功能区，促使生态转移支付与基本公共服务均等化、主体功能区建设有机衔接，巩固生态转移支付的制度效果。以浙江最重要生态县之一淳安县为例，获得的生态财政生态补偿从 2006 年的 3635 万元上升到 2016 年的 2.16 亿元，有力促进了淳安基本公共服务的供给能力。另一方面，自 2012 年以来，淳安主动放弃了350 多亿元的产业项目，淘汰落后产能企业 100 余家，自 2007 年以来全县环保投入将近 70 亿元。②

（2）以绩效评估为抓手引导市县生态行为。与生态专项补助阶段以市县政府环境行为作为激励对象不同，浙江生态环保财力转移支付制度以生态绩效评估作为制度运行抓手，通过绩效评估来引导市县政府生态治理行为。绩效评估一方面能较为客观地反映市县政府建设生态文明的努力程度，产生加强的激励效果；另一方面，评估工作倒逼省财政与环保部门协同及时掌握市县生态环境数据。例如，近年来，省财政大力推进覆盖省、市、县联网的环境自动监测监控预警系统建设，有效防止出现"操纵数据"导致补偿制度流于形式的潜在弊病。由绩效评估推动的生态信息披露也有助于公众参与生态治理，加速"绿水青山就是金山银山"理念的

---

① 具体说，24 个欠发达市县和金华市、兰溪市、安吉市，设定兑现补助系数为 1；杭州市、温州市、台州市、瑞安市、乐清市、绍兴县，设定兑现补助系数为 0.3；其余 12 个县（市）设定兑现系数为 0.7。

② 《浙江：绿水青山"变成"金山银山的财政密码》，载于《中国财经报》2017 年 7 月 24 日。

推广，形成对市县政府生态治理行为的社会监督①。

（三）"纵深发展"阶段

如何更精准地激励市县政府贯彻落实绿色发展理念，矫正各地环境行政执法各自为政的现象，一直是浙江财政体制改革追寻解决的重要目标。这些探索集中体现在 2017 年出台的绿色发展财政奖补机制②，以及稍后提出的流域上下游横向补偿实施意见③。通过新政策、新机制将推进重点生态功能区、生态功能区建设的财政政策与生态环保财力转移支付融合在一起，塑造具有浙江特色的生态补偿财政政策体系，借助资金筹措和分配双重机制将所有市县生态环境行为紧密联系在一起，形成合力，建设浙江美丽"大花园"。

1. 主要的政策内容

绿色发展财政奖补机制主要是创造性提出污染物排放财政收费制度、单位 GDP 能耗财政奖惩制度、生态功能区"环境年金"制度，以及深化重点生态功能区建设政策。

（1）污染物排放财政收费制度和单位 GDP 能耗财政奖惩制度。根据这项制度，对国家考核的化学需氧量、氨氮、二氧化硫、氮氧化物四种主要污染物，省财政按年排放总量向各市、县（市）收费，从 2017 年起，按每吨 3000 元的标准收取。其中 50% 返还当地，专项用于环境治理；其余 50% 由省财政统筹用于绿色发展财政奖补。而且污染物排放财政收费与环境质量挂钩，各市县的环境质量分值超过 90分则返还比例相应奖励 5 个百分点，即返还 55%；如果低于 80 分、高于 70 分，则返还比例降为 45%，更低则以此类推④。

此外，建立单位 GDP 能耗财政奖惩制度。市、县（市）当年万元 GDP 能耗比上年降低的，每降低 1 个百分点省财政奖励 50 万元，其中对降幅超过全省平均降幅的部分，每 1 个百分点奖励 100 万元；当年单位 GDP 能耗比上年提高的，每提高 1 个百分点省财政扣罚 100 万元。

（2）生态功能区"环境年金"制度和深化重点生态功能区建设政策。这两项政策主要是针对重点生态功能区和生态功能区的县（市）。表 6 - 4 显示，除了对污染物排放财政设置更高收费标准外，对这两类地区水资源和森林资源保护也提出

---

① 例如，从 2013 年开始，浙江省出台《环境空气质量管理考核办法》（试行）对所有市县进行 PM2.5 指标考核，并要求向社会公布年度考核结果。

② 参见《浙江省人民政府办公厅关于建立健全绿色发展财政奖补机制的若干意见》。

③ 参见浙江省财政厅《关于建立我省流域上下游横向生态保护补偿机制的实施意见》。

④ 环境分值由空气质量优良率、水质优良率和 PM2.5 等指标加权构成。

更严标准和更强的奖罚力度。在这两项措施出台前，省财政已经对淳安和磐安实行工业税收收入保基数、保增长的补偿政策，即以 2012 年工业税收收入实绩为基数，从 2014 年起，每年按全省工业税收收入平均增长比例计算补偿数额，工业税收实际执行数低于基数的差额部分按体重计算补足。①

表 6-4　　　　　生态功能区"环境年金"制度和深化重点生态功能区
政策主要内容

主要内容	生态功能区"环境年金"制度	深化重点生态功能区建设政策
实施对象	衢州 5 个市县、丽水 9 个市县以及淳安、文成、泰顺、磐安 4 个重点生态功能区县，合计 18 个市县	淳安县和磐安县
污染物排放收费	4 种主要污染物总量，省财政统一按每吨 4000 元收费	每年排放的 4 种主要污染物总量，省财政按每吨 5000 元收费
出境水质奖惩	Ⅰ类水每百分点奖励 120 万元；Ⅱ类水每百分点奖励 60 万元；Ⅲ类水每百分点奖励 30 万元；Ⅳ类水和Ⅴ类水每百分点分别倒扣 30 万元、60 万元。以上三类水质占比每提高 1 个百分点分别奖励 1000 万元、500 万元、250 万元；下降则分别倒扣 1000 万元、500 万元、250 万元	Ⅰ类水每百分点奖励 180 万元；Ⅱ类水每百分点奖励 90 万元；Ⅲ类水每百分点奖励 45 万元；Ⅳ类水和Ⅴ类水每个百分点分别倒扣 90 万元、180 万元
森林覆盖率和林木蓄积量奖惩	森林覆盖率高于全省平均水平每 1 个百分点每年奖励 200 万元；林木蓄积量比上年增加 1 万立方米奖励 50 万元，每减少 1 万立方米倒扣 50 万元	森林覆盖率高于全省平均水平 1 个百分点奖励 300 万元；林木蓄积量每比上年增加 1 万立方米奖励 75 万元，每减少 1 万立方米倒扣 75 万元

（3）流域上下游横向生态保护补偿机制。除了纵向财政补偿外，浙江财政还积极倡导推动流域上下游横向生态保护补偿机制，促进生态补偿机制多元化，省财政不再是生态补偿的唯一供给者和包办者，而是积极倡导者和推动者。根据省财政提出的《关于建立我省流域上下游横向生态保护补偿机制的实施意见》（以下简称《实施意见》），2018 年率先在钱塘江干流、浦阳江流域实施上下游横向生态保护补偿，2020 年推广到全省所有流域。《实施意见》对补偿基准、补偿方式、补偿标准

---

① 参见浙江省人民政府 2014 年发布的《关于在淳安县开展重点生态功能区示范区建设试点的通知》和《关于在磐安县开展重点生态功能区示范区建设试点的通知》。

以及联防共治机制进行了规范，进一步明确了上下游政府节水减污的主体责任，有力推动形成纵横交错的生态补偿制度，扩大补偿资金来源，更准确地体现"谁受益，谁补偿""谁污染、谁付费"的基本原则[①]。

2. 激励机制新突破

（1）构建筹资和分配双重激励机制。通过污染物排放收费制度，绿色发展财政奖补机制将财政生态补偿激励作用从资金分配环节扩展到资金筹措领域。这不仅扩大了生态环境治理的资金来源，更重要的是直接对污染物排放收费倒逼市县政府加强环境法规的严格执行。一直以来，浙江财政认识到市县政府对引资项目设置宽严不同的环境标准是影响全域环境质量的一个重要因素，通过统一对污染物排放收费，对市县政府严格执行国家和地方环境标准产生激励作用，最终通过严格环境执法将污染的社会成本传导给企业，扎实地将生态文明建设放置在微观企业层面。此外，虽然是对所有市县政府统一针对污染物收费，但这项制度对生态功能区市县政府收费标准更高更严，产生严格限制高污染产业进入这些地区的效果，加快这些辖区对产业发展"治旧控新"的步伐。

（2）引入生态补助资金竞争性分配。在资金分配方面，浙江财政重视通过竞争性分配实现生态治理目标。2017 年，浙江财政设立"两山"（一类）和"两山"（二类）专项激励资金，以生态文明及成果转化目标为导向，择优支持县（市、区）。其中，"两山"（一类）面向衢州、丽水地区各市县及国家重点生态功能区县，在 18 个县（市）择优选择 12 个市县进行重点扶持；"两山"（二类）同样每年安排 18 亿元，择优选择 18 个市县进行重点扶持。两类资金均在三年后开展考核评价，结果达不到预期目标的，相应扣回专项激励资金。通过资金竞争性分配，有助于在县（市）政府之间形成良性规范的竞争秩序，无形中削弱了"放松规制吸引投资"的恶性竞争行为，也促使县（市）政府加快产业转型升级，扎实推进"绿水青山"转变为"金山银山"。

（四）简要小结

回顾浙江生态环保财力转移支付制度演变的各阶段，显现出浙江财政变革以利益协调、绩效考核为手段，兼顾激励与约束、公平与效率的典型特征，通过增量改革逐步解决财政生态补偿机制设计中的各种难题，为分权治理环境下解决生态破

---

① 根据《实施意见》，补偿基准是根据水质自动监测系统提供的流域交界断面水质和水量数据，补偿方式可以是对口协作、产业转移等多种形式，补偿标准设定在 500 万 ~1000 万元之间协商制定，同时要求建立联席会议制度，协商推进流域保护和治理。预计到 2020 年全省将普遍建立横向生态补偿制度。

坏、环境污染问题提供了有益借鉴。从统论观点看，生态环保涉及所有地区，而非"一事一地"的问题，但是现实中行政区划制度难以实现环境收益和成本的内部化。更重要的是，浙江乃至全国普遍存在生态环境管理权力和责任"碎片化"的体制弊病（冉冉，2014），使得我国环境法规制度完备，但地方政府执行上存在偏差。可以说，如何顾及地方政府的利益是促进生态改善的症结所在，只有地方政府突破局部利益和眼前利益的局限，才能将生态环保利益、成本、风险在区域之间合理分担，并且传递到企业和居民部门。浙江生态环保财力转移支付的"亮点"在于有机结合财政激励与生态考核，实现财政部门和环境垂直管理部门的协同激励，促使市县政府从全局和长远利益考虑资源涵养、治污减排、产业准入等生态环保问题，通过转移支付资金筹集、分配和考核机制将各地区的利益紧密结合在一起，突破本地利益的藩篱，为生态文明体制构建塑造了财政制度基础。

在改革推进方式上，浙江生态环保财力转移支付遵循"先试验后推广"原则，通过增量改革、分类激励的办法兼顾各方主体利益，解决不同地域不同类型生态环境问题。对于生态功能区的县（市）政府而言，生态转移支付机制促使政府职能逐步转移为涵养森林和水资源、保护生物多样性、提供生态产品方面；对于其他市县政府而言，生态转移支付机制则扮演了促进绿色发展、加快治污减排的角色功能。

二、生态环保财力转移支付的浙江成效

如何准确评估上级对下级财政生态补偿的政策有效性一直受到学术界的关注。国内这方面研究主要针对退耕还林工程和国家重点生态功能区政策。20 世纪 90 年代开始的退耕还林工程目标瞄准于改善生态环境和增加农民收入，受到人们关注的是补偿政策可持续性，以及对农户收入和行为的影响[①]，研究者普遍认为我国退耕还林工程表现出较低的成本有效性，对农民增收和生产结构调整效果也不显著（徐晋涛等，2004；王小龙，2004；邢祖礼，2008；甄静等，2011；谢旭轩等，2011；李国平和石涵予，2015）。对于国家重点生态功能区政策，研究者主要关注补偿政策的生态效应，发现转移支付能够促进国家重点生态功能区生态环境质量的改善，但是这种影响较为微弱（李国平等，2014；李潇和李国平，2014）。上述研究表明，对财政生态补偿的绩效评估，首先是基于政策目的选择相应评价目标，其次是选择合适的评估方法。改善生态环境是浙江生态环保财力转移支付的首要任

---

① 在政策设计中，这两个目标紧密结合在一起，只有农民增加收入，才具有改变传统生产方式的动力，进而从根本上改善生态环境，而农民增收又取决于退耕补偿政策能否有效持续运行。

务，因此我们将绩效评估聚焦在生态环境方面，考虑到生态公益林和森林面积、质量变化在政策实施期间变动较小，所以主要是识别补偿政策对水环境和大气环境的影响。对于评估方法，由于浙江财政采取逐步推进的策略，所以采用国际上对项目绩效评估常用的双重差分法，将不同时期纳入补助范围的县（市）作为实验组，将其他县（市）作为对照组，通过时间和组别效应识别出补助政策对水和大气环境的影响。

（一）政策实施前后的描述性对比

遵循研究惯例，我们采用工业污水排放量和二氧化硫排放量两项指标刻画浙江各县（市）的水、大气环境质量（张文彬等，2010；朱平芳等，2011），并用人均排放量和每万元工业产值排放量分别反映排放总量及排放强度。为便于比较，考察对象包括浙江省的（含宁波）57 个县和县级市，将政策实施时（2006 年）尚未设为市辖区的富阳、临安、上虞、奉化也放入样本中。

1. 工业废水排放空间对比

相比 2003 年，2016 年人均工业污水排放量总体呈现较大幅度下降。2003 年，处于人均排放量第一等级（共分为四个等级）的有 26 个县（市），其中最高的富阳市人均工业废水排放达到 421.29 吨，是最低的云和县人均排放量的 1490 倍。平均而言，57 个县（市）人均排放工业污水 30.20 吨。2016 年，处于排放第一等级的县（市）下降为 18 个，最高的富阳市人均排放量下降为 137.20 吨，是最低的瑞安市人均排放量的 779 倍。57 个县（市）人均工业污水排放量为 19.62 吨，相比 2003 年有较大幅度下降。值得注意的是，钱塘江源头地区各县（市）人均工业污水排量反而出现上升现象，例如，淳安县从人均工业污水排放 6.34 吨上升到 22.21 吨，开化县从 23.84 吨上升到 29.16 吨，龙游县从 38.85 吨上升到 56.34 吨。[1]

相较于 2003 年，样本县（市）每万元工业产值的废水排放量显著下降，平均水平从 38.61 吨下降到 6.24 吨，排放强度最高的富阳市从 128.14 吨下降到 30.12 吨。钱塘江源头地区的县（市）也呈现显著下降，例如，淳安县每生产万元工业产值废水排放从 20.99 吨下降到 6.45 吨，开化县从 100.74 吨下降到 12.14 吨，常山县从 30.03 吨下降到 6.12 吨，江山县从 30.48 吨下降到 4.88 吨，遂昌县从 145.28 吨下降到 19.96 吨。[2]

从整体上看，工业污水排放量和排放强度较高的县（市）集中在浙北和钱塘

---

[1][2]　历年《浙江省自然资源与环境统计年鉴》，并以各县（市）统计年鉴数据加以补充修正。

江源头地区，这种污染集聚现象与县（市）产业结构不无关系。例如，嘉兴市5个县（市）嘉善、平湖、桐乡、海宁、海盐高污染产业产值在规模以上工业产值中比重分别达到34.76%、31.93%、34.71%、38.36%和46.84%。[①]

2. 二氧化硫排放空间对比

2003年和2016年二氧化硫人均排放量与排放强度同样呈现下降趋势。2003年人均二氧化硫排放量最高的是长兴县（63.05公斤），2016年最高的是洞头县（为21.04公斤），57个县（市）整体上人均排放量从7.79公斤下降到4.6公斤。以万元工业产值衡量的排放强度也表现出同样的变化态势，2003年排放强度最高的常山县为78.53公斤，2016年是建德市为6.04公斤。与2003年相比，处于人均排放量和排放强度第一等级的县（市）中减少了临安、桐庐和乐清市，增加了沿海地区的四个县（市）（上虞、奉化、临海和三门）。钱塘江源头县（市）排放强度都有较大幅度下降，例如，淳安县单位产值排放量从2003年的5.54公斤下降到2016年的0.18公斤，开化县从29.63公斤下降到3.92公斤，常山县从78.52下降到3.95，江山市从28.98下降到3.19，表明这些县（市）产业技术升级明显。但是，人均排放量下降幅度较小，在全省所有县（市）中依然处于较高位次，表明环境规制水平有待提升。[②]

（二）政策效应因果识别

1. 实证策略

根据项目评估的常用方法，将实证工作建立在双重差分法框架之内，即式（6.1）：

$$y_{it} = \beta_0 + \beta_1 G_i + \beta_2 D_t + \beta_3 G_i \cdot D_t + \gamma X_{it} + \mu_i + \varepsilon_{it} \qquad (6.1)$$

在式（6.1）中，y_{it}是被解释变量，G_i表示处理样本，D_t表示政策实施期，$G_i \cdot D_t$是识别政策实施效应的交互项，X_{it}是其他控制变量，μ_i是反映个体特征的固定效应，ε_{it}是常规扰动项。合理设置处理组和对照组是政策效应识别的关键环节。根据改革方式采取逐步推进的特征，我们按照表6-5中的政策节点分别划分实验组和对照组。在制度初创时期，即2006年开始对钱塘江源头地区补偿，处理组为淳安等7个县（市），对照组为全省其他县（市、区）。制度推进的第二阶段，处理组为扩围的临安等31个县（市、区），对照组为没有覆盖的19个县（市、区）；在第三阶段，处理组为除宁波市5个县（市、区）外所有的县（市、区）。分别将不同阶段的处理组与政策节点（即 2006 年、2008 年和 2012 年）交乘构成的交互项目，能够捕捉省财政生态补偿对县（市、区）辖区内污染物排放的影响效应。

表 6 – 5　　　　　　　根据制度推进各阶段设置的实验组与
对照组县（市、区）

改革步伐	处理组	对照组
钱塘江源头地区补偿	处理组 1：淳安县、开化县、江山市、常山县、磐安县、龙游县、遂昌县、龙泉市	全省其他县（市）
2008 年第一次扩围	处理组 2：临安区、富阳区、建德市、桐庐县、永嘉县、平阳县、文成县、泰顺县、苍南县、瑞安市、乐清市、德清县、安吉县、上虞区、诸暨市、嵊州市、新昌县、浦江县、兰溪市、武义县、东阳市、临海市、仙居县、天台县、青田县、云和县、庆元县、景宁县、缙云县、松阳县	嘉善县、平湖市、桐乡市、海宁市、海盐县、洞头县、义乌市、永康市、温岭市、玉环市、三门县、岱山县、嵊泗县、长兴县、余姚市、慈溪市、奉化市、象山县、宁海县
2012 年第二次扩围	处理组 3：嘉善县、平湖市、桐乡市、海宁市、海盐县、洞头县、义乌市、永康市、温岭市、玉环市、三门县、岱山县、嵊泗县、长兴县	余姚市、慈溪市、奉化市、象山县、宁海县

注：2013 年之后上虞、富阳、临安、奉化等县级市实施了"撤县并区"政策，但这些县级市仍在省财政生态补偿涵盖范围之内，因而依然纳入分析样本。同样情形的绍兴县改为柯桥区过程中，行政辖区范围发生较大变动，因而没有纳入样本。

2. 主要变量

根据上述思路，分别对四个被解释变量进行双重差分回归，四个变量分别为各县（市、区）人均工业废水排放量、每万元工业产值工业废水排放量、人均二氧化硫排放量、每万元工业产值二氧化硫排放量。主要控制变量分别是人均 GDP、第二和第三产业比重、人口密度、人均地方财政收入、人均财政支出、财政自主度和人均工业产值。反映处理组的变量分别是 $yuantouxian_i$、$kuoweixiarn1_i$ 和 $kuoweixian2_i$，分别对应钱塘江源头县（市）、第一次扩围县（市）和第二次扩围县（市）。这些变量与政策节点相乘构成的交互项 $yuantouxian_i \times year\_2006$、$yuantouxian_i \times year\_2008$、$yuantouxian_i \times year\_2012$、$kuoweixian1_i \times year\_2008$、$kuoweixian1_i \times year\_2012$ 和 $kuoweixian2_i \times year\_2012$ 用于捕捉随着改革步伐推进，省财政生态补偿政策对县（市）污染物排放的影响。主要变量的定义和描述见表 6 – 6 和表 6 – 7。此外，在回归中加入了时间趋势项 t，以控制技术进步对污染排放的影响。

表 6 - 6　　　　　　　　　　　　变量名称与定义

变量符号	变量定义
被解释变量	
water_per	人均工业废水排放量（吨/人）
water_intensity	每万元工业产值工业废水排放量（吨/万元）
so2_per	人均二氧化硫排放量（吨/人）
so2_intensity	每万元工业产值二氧化硫排放量（吨/万元）
解释变量	
yuantouxian	源头县：钱塘江源头的 7 个县（市）
*kuoweixian*1	第一次扩围县：2008 年扩围涉及的 31 个县（市、区）
*kuoweixian*2	第二次扩围县：2012 年扩围涉及的 14 个县（市）
yuantouxian × *year_*2006	源头县（市）与 2006 年的交乘项
yuantouxian × *year_*2008	源头县（市）与 2008 年的交乘项
yuantouxian × *year_*2012	源头县（市）与 2012 年的交乘项
*kuoweixian*1 × *year_*2008	第一次扩围县（市）与 2008 年的交乘项
*kuoweixian*1 × *year_*2012	第一次扩围县（市）与 2012 年的交乘项
*kuoweixian*2 × *year_*2012	第二次扩围县（市）与 2012 年的交乘项
gdp_per	人均 GDP（对数值）
second_percent	第二产业占 GDP 比重
third_percent	第三产业占 GDP 比重
density	人口密度
fiscal_income_per	人均地方财政收入（对数值）
fiscal_expen_per	人均财政支出（对数值）
fiscal_auto	财政自主度，用地方财政收入占地方财政支出比重表示
industry_per	人均工业产值（对数值）

表 6 - 7　　　　　　　　　　主要变量的描述性统计

变量名称	均值	标准差	最小值	最大值
water_per	33. 56252	57. 99571	0. 17686	550. 1725
water_intensity	25. 56651	52. 55726	0. 059366	837. 5571

续表

变量名称	均值	标准差	最小值	最大值
so2_per	9.768877	21.48317	0.054745	443.4005
so2_intensity	7.510499	36.55767	0.04825	1005.886
gdp_per	10.38243	0.689195	8.457655	11.81954
second_percent	0.514903	0.091438	0.13638	0.69874
third_percent	0.378335	0.079257	0.056821	0.611951
density	482.3533	325.0532	55.31041	1664.021
fiscal_income_per	7.638446	0.896192	5.533489	17.35007
fiscal_expen_per	8.212306	0.86742	6.359014	17.32024
fiscal_auto	0.623574	0.249535	0.013525	1.181676
industry_per	9.546727	0.821151	6.698676	11.32976

3. 效应识别

表 6-8 是反映浙江财政补偿制度对县（市）工业废水排放的影响。其中，模型（1）~（3）以人均工业废水排放量为被解释变量，模型（4）~（6）以每万元工业产值工业废水排放量为被解释变量。模型（1）~（3）中，控制住时间效应后，源头县与各时间节点的交互项回归系数在统计上不显著，说明补偿政策对这些县（市）工业废水的排放总量影响力度不够。而第一次扩围县的交互项在 1% 水平上统计显著，说明 2008 年的全流域补偿政策效果显著，对基层政府削减工业废水排放效果明显。从交互项 $kuoweixian2_i \times year\_2012$ 的回归系数看，财政补偿对第二次扩围县（市）废水排放量没有显著影响。在模型（4）~（6）中，处理组源头县（市）与第一次和第二次扩围并轨政策的交互项回归系数显著，表明两次扩围都推动了源头县（市）废水排放强度的下降。同样，第一次扩围县与 2008 年交互项系数显著为负，表明补偿政策对排放强度有较强的削减效应。而第二次扩围县的交互项系数缺乏显著性。

从控制变量回归系数看，人均 GDP、第二产业比重影响系数为正，而第三产业比重、人口密度和人均工业产值的影响系数为负，与以往研究发现相吻合。在表 6-8 多数模型中，财政自主度回归系数基本为正，表明经济越发达的县（市）工业废水排放量和排放强度都较高。

表6-8　　　　　回归结果1：对县（市）工业废水排放的影响效应

解释变量	被解释变量1：人均工业废水排放量			被解释变量2：万元工业产值排放量		
	模型（1）	模型（2）	模型（3）	模型（4）	模型（5）	模型（6）
yuantouxian	3.139 (0.26)	47.001*** (4.05)	63.896*** (5.72)	25.112** (2.29)	56.740*** (5.44)	57.545*** (5.71)
yuantouxian × year_2006	12.61 (0.92)			−5.000 (−0.41)		
yuantouxian × year_2008		−3.577 (−0.28)			−24.215** (−2.09)	
yuantouxian × year_2012			−20.23 (−1.18)			−33.097** (−2.14)
*kuoweixian*1		45.963*** (5.53)	55.559*** (6.00)		36.201*** (4.85)	32.029*** (3.83)
*kuoweixian*1 × *year_2008*		−17.791** (−2.03)			−22.06*** (−2.80)	
*kuoweixian*1 × *year_2012*			−22.25 (−1.55)			−14.77 (−1.14)
*kuoweixian*2				20.332** (2.10)		
*kuoweixian*2 × *year_2012*			2.376 (0.15)			0.367 (0.03)
gdp_per	56.959*** (4.07)	76.739*** (5.39)	73.050*** (5.12)	86.154*** (6.91)	97.138*** (7.60)	96.521*** (7.50)
second_percent	90.872** (2.46)	66.550* (1.83)	67.654* (1.86)	87.966*** (2.67)	72.315** (2.22)	70.355** (2.14)
third_percent	−97.860** (−2.29)	−102.30** (−2.43)	−91.178** (−2.18)	−175.6*** (−4.61)	−173.2*** (−4.59)	−172.9*** (−4.57)
density	−0.043*** (−5.87)	−0.023*** (−2.87)	−0.031*** (−3.62)	−0.023*** (−3.49)	−0.0100 (−1.36)	−0.013* (−1.71)
fiscal_income_per	−30.772* (−1.95)	−22.72 (−1.46)	−20.89 (−1.35)	−9.642 (−0.69)	−5.499 (−0.39)	−5.659 (−0.40)

续表

解释变量	被解释变量1：人均工业废水排放量			被解释变量2：万元工业产值排放量		
	模型（1）	模型（2）	模型（3）	模型（4）	模型（5）	模型（6）
fiscal_expen_per	30.397** (2.09)	27.673* (1.94)	25.787* (1.81)	7.225 (0.56)	6.741 (0.53)	6.569 (0.51)
fiscal_auto	97.008*** (2.89)	69.640** (2.11)	63.740* (1.94)	57.061* (1.91)	37.63 (1.27)	39.74 (1.34)
industry_per	−33.412** (−2.30)	−34.956** (−2.44)	−30.056** (−2.09)	−88.57*** (−6.84)	−86.94*** (−6.75)	−86.24*** (−6.65)
时间效应	显著	显著	显著	显著	显著	显著
Obs	798	798	798	798	798	798
R^2	0.1541	0.1928	0.2037	0.1825	0.2081	0.2096

注：*、**、*** 分别表示显著性水平为 10%、5% 和 1%，括号内为根据异方差稳健标准误计算而得的 t 值。

表 6–9 是反映补偿制度对县（市）二氧化硫排放的影响。从表 6–9 的各交互项系数看，在控制住时间效应后，补偿对县（市）二氧化硫排放没有产生减弱效果。在各交互项系数中，第一次扩围县与 2008 年的交互项系数为负，但统计上也不显著。其他变量的影响与表 6–8 的结果大致相同，人均 GDP 越高、第二产业比重越高，财政自主度越高，二氧化硫排放量和排放强度越大，第三产业比重越高、人均工业产值越高则排放量和排放强度越低。

表 6–9   回归结果 2：对县（市）二氧化硫排放的影响效应

解释变量	被解释变量1：人均二氧化硫排放量			被解释变量2：万元工业产值排放量		
	模型（1）	模型（2）	模型（3）	模型（4）	模型（5）	模型（6）
yuantouxian	0.868 (0.19)	−3.579 (−0.81)	0.458 (0.11)	4.932 (0.64)	6.783 (0.91)	3.848 (0.54)
yuantouxian × year_2006	1.172 (0.23)			−1.631 (−0.19)	1.172 (0.23)	
yuantouxian × year_2008		1.879 (0.38)			−0.0260 (−0.00)	
yuantouxian × year_2012			4.952 (0.76)			10.73 (0.97)

续表

解释变量	被解释变量1：人均二氧化硫排放量			被解释变量2：万元工业产值排放量		
	模型（1）	模型（2）	模型（3）	模型（4）	模型（5）	模型（6）
$kuoweixian1$		−4.123 （−1.31）	−0.199 （−0.06）		3.531 （0.66）	1.321 （0.22）
$kuoweixian1 \times year\_2008$		−0.584 （−0.18）			−0.305 （−0.05）	
$kuoweixian1 \times year\_2012$			1.671 （0.31）			7.965 （0.86）
$kuoweixian2$			9.915*** （2.70）			2.454 （0.39）
$kuoweixian2 \times year\_2012$			−4.467 （−0.76）			−1.818 （−0.18）
gdp_per	41.538*** （7.98）	38.708*** （7.17）	37.119*** （6.86）	88.563*** （10.10）	90.683*** （9.94）	90.828*** （9.89）
$second\_percent$	71.391*** （5.20）	74.246*** （5.38）	73.390*** （5.32）	98.020*** （4.24）	95.474*** （4.10）	95.503*** （4.08）
$third\_percent$	−114.8*** （−7.22）	−113.5*** （−7.12）	−109.2*** （−6.87）	−206.3*** （−7.70）	−207.7*** （−7.72）	−208.5*** （−7.73）
$density$	0.005* （1.94）	0.00300 （0.89）	0 （−0.13）	0.00600 （1.33）	0.00800 （1.57）	0.00700 （1.32）
$fiscal\_income\_per$	−3.354 （−0.57）	−4.179 （−0.71）	−2.118 （−0.36）	2.652 （0.27）	3.532 （0.35）	4.783 （0.48）
$fiscal\_expen\_per$	5.155 （0.96）	5.350 （0.99）	3.183 （0.59）	−2.431 （−0.27）	−2.774 （−0.30）	−4.167 （−0.45）
$fiscal\_auto$	32.285*** （2.59）	34.969*** （2.79）	32.178** （2.58）	36.696* （1.75）	34.81 （1.64）	35.050* （1.65）
$industry\_per$	−43.74*** （−8.10）	−43.17*** （−7.93）	−41.89*** （−7.69）	−96.44*** （ 10.60）	−97.07*** （−10.56）	−98.12*** （−10.61）
时间效应	显著	显著	显著	显著	显著	显著
Obs	798	798	798	798	798	798
R^2	0.1485	0.1532	0.1365	0.1650	0.1658	01697

注：*、**、***分别表示显著性水平为10%、5%和1%，括号内为根据异方差稳健标准误计算而得的 t 值。

4. 小结

因果效应识别表明，生态环保财力转移支付制度对县（市）政府削减工业废水排放具有较为显著的促进作用，特别是 2008 年实施的全流域补偿后，不仅扩大补偿考核对象，而且提高激励强度，有效推动县（市）政府重视水环境治理，这与图 2 - 2 至图 2 - 5 的直观统计描述基本吻合。但是，补偿制度对县（市）二氧化硫减排效果尚未显现出来，这也是 2017 年省财政推出污染物排放财政收费制度的重要动因。

三、生态环保财力转移支付在全国的影响

（一）媒体报道

2006 年浙江省对钱塘江源头县（市）实施财政生态补偿后，相关媒体立即进行报道，将浙江财政生态补偿引入政策层面和公众视野。《中国环境杂志》在当年 7 月以封面文章介绍这项主动性、创造性的工作。2008 年浙江首创推出全流域生态补偿后，在全国引起广泛关注。《中国财政》记者专门就这项制度创新的价值意义、补偿对象、补助核算等问题采访了省财政厅罗石林副厅长。罗副厅长从财政体制角度剖析了建立生态补偿机制的必要性和重要性、资金分配依据以及资金来源。他特别强调指出，省财政建立生态补偿机制重在引导县（市）政府树立绿色发展、保护生态环境的理念，并从体制层面建立激励和约束机制，明确各地生态环保责任和权力边界，是提高地方财政体制"生态含量"的一项创新举措。《新理财（政府理财）》2011 年期以《生态补偿机制的浙江模式》为题对财政补偿的总体方针和指标设计进行了报道。中国公共决策案例库以《首创财力转移支付制度 浙江生态环保有了财政保障》为题，将这项制度纳入案例分析库。2016 年 3 月 4 日，《中国财经报》题为《浙江财政：绿水青山就是金山银山》的报道从体制引导、制度激励、倒逼转型等方面对浙江生态转移支付的制度目标和运行机制进行全面概括，强调优化生态是浙江特色现代财政制度的五大特点之一，财税政策将对生态建设将发挥更有力的引导作用，进一步打开绿水青山向金山银山转化的通道。2018 年 6 月 8 日，《浙江日报》发表文章《谁污染谁交费，谁保护谁受益！浙江绿色发展财政奖补机制实施一年初见成效》，以丰富的案例和事实向全社会介绍浙江绿色发展财政奖补机制的制度设计和实践效果，彰显生态保护补偿、污染物排放财政收费、编制和运用"绿色指数"三项核心机制对县（市）绿色发展的激励作用。

（二）学术研究

浙江财政生态补偿的丰富实践也为学术研究提供了一个具体化的研究对象，使得相关学术研究从理论设想迈向更具有可操作性的经验研究和机制设计。郑新梅和赵颖（2009）对辽宁、浙江、福建三省的水源地生态补偿政策进行比较研究。浙江科技学院孙泽生等（2009）在磐安等地补偿实践调研的基础上提出流域生态补偿需要综合配套改革的建议。在体制研究方面，陈锦其（2010）、邓爱林和赵静静（2014）、沈满洪（2015）对浙江生态补偿经验与具体做法进行了全面梳理，对杭州市、湖州德清县自发进行的生态补偿也进行了。钱巨炎（2014）不但从体制上介绍了浙江的改革创新措施，更揭示出县（市）层面设置不一的环境标准是阻碍全省环境质量提升的重要原因，为如何撬动企业治污行为提供了体制改革思路。在经验研究方面，刘晓红和虞锡君（2009）通过对钱塘江断面水质的考察，提出基于"治污成本"数据的"功能区目标水质差额法"和"出入境水质差额法"两种补偿方案，并模拟测算了杭州—桐乡断面的年度补偿金额。刘炯（2015）采用空间计量模型量化分析东部六个省份财政生态补偿的激励效果，发现浙江省生态环保财力转移支付既提高了地级市政府环境保护投入，也促使地级市政府增强环境规制水平，遏制为吸引外部投资而竞相放松规制的恶性竞争。彭影（2016）通过问卷调查和专家访谈，综合评价了浙江省流域生态补偿政策的执行能力。钟晓敏等（2016）通过构建综合评价指数的方法考察浙江生态环保财力转移支付的环境改善效果，发现这项制度提高了县（市）生态环境质量，尤其对流域断面水质有显著改善作用。几位作者还采用四阶段 DEA 方法测算出浙江省各县（市）环境支出效率，发现相对于财政补偿机制，奖励扣罚机制更能提高县（市）政府的环境支出效率，凸显出资金奖励和扣罚对县（市）政府改善生态具有较强的推动作用，表明生态环保财力转移支付对于加速县（市）层面转变经济发展方式仍然有广泛的作用空间。

（三）政策影响

2006 年 4 月 6 日至 12 日，原国家环保总局自然生态司组织了中国环境规划院、环境与经济政策研究中心、财政部财政科学研究所和中国农业大学的专家对浙江流域财政生态补偿进行调研，肯定了浙江在推进财政生态补偿中提出的"受益补偿、损害赔偿""统筹协调、共同发展""循序渐进、先易后难""多方并举、合理推进"的原则和做法，为新安江流域省际生态补偿提供了地方性经验。浙江生态补偿实践也对其他省份提供有益借鉴，表 6 - 10 是各省建立的生态补偿机制，表明由省财政统筹协调、将生态环境指标同转移支付结合起来已经成为各地推进生态补偿的普遍性做法。

表 6-10 **各省实施的财政生态补偿政策**

省份	政策名称	实施时间	补偿内容	补偿方式	补偿/受补地区
浙江	《钱塘江源头地区生态保护省级财政专项补助暂行办法》	2006 年	由受补地区自行决定资金支出方向	省级财政纵向转移支付	淳安、开化、江山、衢州、常山、磐安、龙游、遂昌、龙泉
	《浙江省生态环保财力专项转移支付试行办法》	2008 年	由受补地区自行决定资金支出方向	省级财政纵向转移支付	钱塘江水系源头的 45 个县（市）
山东	《关于在南水北调黄河以南段及省辖淮河和小清河流域开展生态补偿生态试点工作的意见》	2007 年	对因实施环境保护规划和污染物减排而发生的成本进行补偿	自筹资金 + 省级纵向转移支付	枣庄、济宁、泰安、日照、莱芜、临沂、菏泽、济南、淄博、潍坊、滨州、东营
辽宁	《跨行政区域河流断面水质目标考核暂行办法的通知》	2008 年	对流域水污染整治、生态修复和污染减排工程进行补偿	省财政统筹横向转移支付（上游城市补偿下游城市）	全省所有城市
福建	《实施江河下游地区对上游地区森林生态效益补偿》《福建省闽江、九龙江流域水环境保护专项资金关联办法》	2007 年	水源保护和流域污染整治	省财政统筹横向转移支付（下游城市向上游城市补偿）	全省所有城市
江苏	《江苏省太湖流域环境资源区域补偿试点方案》	2008 年	水污染防治和生态修复	省财政统筹横向转移支付（上游城市超标需补偿下游城市）	南京、无锡、常州、镇江、苏州

续表

省份	政策名称	实施时间	补偿内容	补偿方式	补偿/受补地区
河北	《关于在子牙河水系主要河流实行跨市断面水质目标责任考核并试行扣缴生态补偿金政策的通知》	2008 年	补偿由于河水污染造成的下游经济损失、饮水安全工程和水污染综合整治项目	省财政统筹横向转移支付（水质不达标地市向受损城市补偿）	石家庄、邢台、邯郸、衡水、沧州
	《河北省关于实行跨界断面水质目标责任考核的通知》	2009 年	补偿由于河水污染造成的下游经济损失、饮水安全工程和水污染综合整治项目	省财政统筹横向转移支付（水质不达标地向受损城市补偿）	全省城市
山西	《实行地表水跨界断面水质考核生态补偿机制的通知》	2009 年	跨流域水污染综合整治以及环境检测建设	省财政统筹横向转移支付（水质不达标城市向水质改善地市补偿）	全省城市
河南	《河南省水环境生态补偿暂行办法》	2010 年	提出流域生态补偿的基本原则		全省城市
陕西	《陕西省渭河流域生态环境保护办法》	2009 年	提出流域生态补偿的基本原则		渭河流域城市

四、回顾与展望

　　2005 年 8 月，习近平总书记在浙江安吉县余村考察时，首次提出"绿水青山就是金山银山"的生态文明思想。2013 年 9 月 7 日，习近平总书记在哈萨克斯坦纳扎尔巴耶夫大学发表讲演进一步明确，"我们既要绿水青山，也要金山银山。宁要绿水青山，不要金山银山，而且绿水青山就是金山银山。"2015 年 4 月，"坚持绿水青山就是金山银山"战略思想被正式写进中央文件。"绿水青山就是金山银山"表明绝不以牺牲环境为代价换取一时经济增长的强烈决心和意志，同时也昭示着只有将"绿水青山"转换为"金山银山"才能从根本上实现人与自然和谐共生。根据党的十八大和十九大的战略部署，实现"绿水青山就是金山银山"的基本方略是转变经济发展方式和加快生态文明体制改革。浙江财政通过设立生态环保转移支付，在政府间财政分配关系中成功融入了加快建设生态文明的制度设计，使得县（市）政府切实感受到转变经济发展方式、适应生态文明体制变革带来的收益，而延续传统增长模式所付出的"代价"则变得清晰可见。这种创新性做法深化了地方层面生态文明制度体系的构建，加快了县（市）转变经济发展方式的步伐，体现了财政在国家治理中的基础性作用，有效践行了习近平总书记"绿水青山就是金山银山"的战略理念。

从一定程度上看，浙江财政的生态实践也对财政联邦主义理论和实践做出了贡献。财政联邦主义理论的分支之一是环境联邦主义理论，这一流派早期研究认为，由各地方政府决定环境治理标准能够实现环保行为的最优资源配置，过度集权体制则不利于生态保护。近期环境联邦主义文献认为，由于争夺流动性要素以及污染企业对地方政府的"游说"和"利益俘获"，导致地方环境规制趋于弱化、软化，无法实现环境分权的预期收益。浙江生态转移支付制度从某种意义上突破了环境治理"集权—分权"的思维模式，在尊重县（市）政府决策自主性的基础上，发挥了省级财政的协调和激励作用。从实践上看，环境联邦主义提出解决地方政府被污染企业"利益俘获"的对策主要是扩大经济开放度和公众监督，浙江的做法除了重视这些手段外，还通过财政体制增量改革，以财政激励提高县（市）政府建设生态文明的能力和意愿，这与第二代财政联邦理论重视财政激励的政策思路不谋而合。

新时代的发展不断前行，制度创新也永无止境。浙江财政未来将在加强顶层设计、扩大财力投入、完善补偿机制、推动补偿法律化的基础上，不断提高生态环保财力转移支付，促进生态文明建设的能力，实现县（市）政府环保职能与财政能力、治理绩效更好地相互协调，与市场化补偿和建立生态产权等相关制度建设相互匹配，助力生态文明体制改革在全国取得显著成效。

五、本章小结

本章概括总结了浙江生态环保财力转移支付制度创新的历程、取得的成效以及产生的影响。重点剖析了这项制度创新在不同演化阶段机制设计上的鲜明特征，突出反映了浙江财政对生态文明建设的理念、认知和激励措施，揭示出这项制度创新蕴含的激励机制如何长效促进县（市）政府积极转变经济发展方式、有效供给生态环境产品。通过分析激励机制不断完善的过程，呈现浙江财政怎样破解合理核算补偿标准、筹措生态转移资金、矫正环境执法"碎片化"等生态治理难题，协同形成以生态补偿为主体的生态环保财政政策体系，为加快生态文明体制建设提供了地方经验。

为了有效识别浙江生态转移支付取得的成效，本章利用改革分地区逐步推进的特征，在双重差分框架内进行政策效果检验。发现这项财政体制创新促进了钱塘江源头县（市）工业废水排放强度的下降，对其他县（市）工业废水排放量和排放强度也有显著抑制作用，对于二氧化硫排放量的削减效应尚不明显。这意味着未来需要针对县（市）政府大气环境治理行为设计更为有效的激励机制，同时也为完善政府间生态补偿机制提供了直接经验证据。

此外，本章通过转述媒体报道、梳理相关研究、总结各地做法，对浙江生态环保财力转移支付在全国的影响进行初步介绍，期待浙江财政积极推进生态文明建设的经验启示能够引起更多关注，使得财政体制改革更好地贯彻落实"绿水青山就是金山银山"的生态文明思想。

参考文献

[1] 本刊记者：《实施生态环保财力转移支付制度建立生态补偿长效机制——浙江省财政厅罗石林副厅长访谈录》，载于《中国财政》2008 年第 7 期。

[2] 陈锦其：《浙江生态补偿机制的实践、意义和完善策略研究》，载于《中共杭州市委党校》2010 年第 6 期。

[3] 邓爱林、赵静静：《对我国生态补偿机制的建议——以浙江省的经验为例》，载于《经济与管理》2014 年第 1 期。

[4] 李国平、刘倩、张文彬：《国家重点生态功能区转移支付与县域生态环境质量——基于陕西省县级数据的实证研究》，载于《西安交通大学学报》（社会科学版）2014 年第 34 卷第 2 期。

[5] 李国平、石涵予：《退耕还林生态补偿标准、农户行为选择及损益》，载于《中国人口·资源与环境》，2015 年第 25 卷第 5 期。

[6] 李潇、李国平：《基于不完全契约的生态补偿"敲竹杠"治理》，载于《财贸研究》2014 年第 6 期。

[7] 刘炯：《生态转移支付对地方政府环境治理的激励效应——基于东部六省 46 个地级市的经验证据》，载于《财经研究》2015 年第 2 期。

[8] 刘晓红、虞锡君：《钱塘江流域水生态补偿机制的实证研究》，载于《生态经济》2009 年第 9 期。

[9] 马清泉：《生态补偿机制的浙江模式》，载于《新理财》（政府理财）2011 年第 7 期。

[10] 彭影：《基于协同网络的浙江省流域生态补偿政策执行力研究》，浙江大学硕士论文，2016 年。

[11] 冉冉：《中国环境政治中的政策框架特征与执行偏差》，载于《教学与研究》2014 年第 5 期。

［12］沈满洪、谢慧明、王晋：《生态补偿制度建设的"浙江模式"》，载于《中共浙江省委党校学报》2015 年第 4 期。

［13］孙泽生、曲昭仲、陈伟民：《流域生态补偿需要综合配套改革——基于浙江若干县市的调研》，载于《浙江经济》2009 年第 16 期。

［14］王小龙：《退耕还林：私人承包与政府规制》，载于《经济研究》2004 年第 4 期。

［15］谢旭轩、马训舟、张世秋：《应用匹配倍差法评估退耕还林政策对农户收入的影响》，载于《北京大学学报》（自然科学版），2011 年第 47 卷第 4 期。

［16］刑祖礼：《退耕还林找中的寻租行为——基于四川内江市的实例》，载于《中国农村观察》2008 年第 3 期。

［17］徐晋涛、陶然、徐志刚：《退耕还林：成有效性、结构调整效应与经济可持续性》，载于《经济学季刊》，2004 年第 10 期。

［18］张文彬、张理芷、张可云：《中国环境规制强度省际竞争形态及其演变——基于两区制空间固定效应模型的分析》，载于《管理世界》2010 年第 12 期。

［19］《谁污染谁交费，谁保护谁受益！浙江绿色发展财政奖补机制实施一年初见成效》，载于《浙江日报》2018 年 6 月 8 日。

［20］浙江省环保厅生态处：《浙江：生态补偿机制的先行者》，载于《环境经济杂志》2006 年第 7 期。

［21］浙江省人民政府：《关于进一步完善生态补偿机制的若干意见》，2005 年。

［22］浙江省人民政府：《关于印发〈浙江省生态环保财力转移支付试行办法〉的通知》，2008 年。

［23］甄静、郭斌、朱文清、罗剑朝：《退耕还林项目增收效果评估》，载于《财贸研究》2011 年第 4 期。

［24］郑雪梅、赵颖：《辽宁、福建、浙江三省的水源地生态补偿政策及其比较》，载于《大连干部学刊》2009 年第 25 卷第 11 期。

［25］浙江财政：《绿水青山就是金山银山》，载于《中国财经报》2016 年 3 月 4 日。

［26］钟晓敏等：《促进经济发展方式转变的地方财税体制改革研究》，经济科学出版社 2016 年版。

［27］朱平芳、张征宇、姜国麟：《FDI 与环境规制：基于地方分权视角的实证研究》，载于《经济研究》2011 年第 6 期。

第七章

地方政府债务风险防控

　　财政作为国家治理的基础和重要支柱，要以合理的财力分配和自身改革来支撑全面改革的攻坚克难。而这些年来积极财政政策的实施，一方面支出总量不断增加，另一方面又要减轻税收负担。正常的财政资金供给已满足不了对资金的需求，在供需缺口不断加大的压力下，各级政府赤字不断增加。同时，在经济持续下滑的背景下，一些地方出现了财政收入负增长，不仅原有债务没有消化，而且新增债务持续增加。近年来，地方政府性债务总量规模一直居高不下，根据财政部统计数据，截至 2017 年末，全国地方政府性债务余额约合 16.47 万亿元，约占当年全国 GDP 总值的 20%。

　　地方政府举债是地方建设项目时常用的一种杠杆手段，但当债务规模超过适度门槛阈值后，往往会表现出杠杆率过高、风险不可控的特征，对于地方财政的安全与政府稳定都将是巨大的隐患。若经济发展带来的财力足够充足，则地方政府有较强的债务清偿能力与资金周转能力，地方政府债务风险基本上不会外溢。但若经济发展得不好，则易导致地方财力不足，当债务积累到一定程度的时候，流动性风险、违约性风险及系统性风险就容易扩散，危及地方财政稳定。若中央政府实行救助，虽可在短期内化解地方财政风险，但也使得债务风险向中央转移。与此同时，救助行为会强化地方政府的软约束预期，导致地方政府道德风险，也会给其他地方政府带来"羊群效应"，进而形成恶性循环。因此，在预算软约束下，地方政府债务风险会逐步扩散，既有可能向上转移，也有可能横向外溢。

尽管中央政府声明不会救助地方政府，但是该信息对于地方政府和社会投资者（地方政府债券的持有者）来说可能是"不可置信"的，因而他们都会抱有上级政府会对下级政府实行救助的预期，进而导致在地方政府发债过程中出现发债规模过度、市场低估地方政府债券风险等情况。当地方政府债务风险无法被市场准确定价，可能会放松地方政府的偿债压力，进而加大违约风险。一旦违约真正发生的时候，中央政府就不得不采取行动，坚持不救助或者是出于社会政治成本的权衡而采取救助行动。无论做出的是哪种决策，都会对经济社会的稳定发展带来巨大伤害。因此，管控地方政府债务风险是保证地方经济平稳发展的重要要求。

对于这些可能产生的风险与后果，浙江省委省政府早在十多年前就已预察到。尽管当时浙江省的地方政府性债务规模远不及今日，结构也没有如今复杂，但出于审慎的态度，省委省政府自 2003 年 1 月开始讨论地方政府性债务管理问题。2004年，浙江省审计厅曾核查了全省 29 个市、县（市、区）2003 年底的地方政府负债情况。调查表明，地方政府负债率最高达到 158%，平均水平为 54%，总负债额高达 404.01 亿元。经过两年的讨论与酝酿，2005 年 1 月，浙江省政府下发《浙江省人民政府关于加强地方政府性债务管理的通知》，是全国最先以省政府名义发布的管控地方政府性债务的文件，体现出了先于其他省份的风险防控意识和政府主体责任意识。2006 年，浙江省委组织部在省政府办公厅发布《浙江省人民政府办公厅关于印发浙江省地方政府性债务管理实施暂行办法的通知》后，于 7 月发布了《中共浙江省委组织部关于印发浙江省市、县（市、区）党政领导班子和领导干部综合考核评价实施办法（试行）的通知》，在全国范围内率先将地方政府负债率列入市、县（市、区）党政领导班子实绩分析考核中社会稳定与保障类指标，相关数据由财政部门提供，以约束一些"寅吃卯粮"、举债搞"形象工程"的领导行为。据此可以看出，浙江省是全国地方政府中最先直面地方政府性债务风险问题的省份，并从制度层面采取防控措施防微杜渐。但这并不意味着浙江省的地方政府性债务最先出了问题。

结合历史资料与相关的统计数据分析可知，随着时间的推移，在不同的时期，债务的成因与风险防范措施都有差异。因而，本章将以三个时间节点，即 1994 年的分税制、2008 年的世界金融危机和 2015 年新《预算法》的出台，分三个部分来分析各个不同时期浙江省地方政府性债务的形成、发展及管理。选取这三个时间段主要是出于以下三方面考虑：（1）不少现有文献都认为地方政府性债务主要归因于 1994 年分税制改革后央地财政关系失衡，地方政府财力逐步削弱，但要承担的支出责任却越来越大。这种观点也被诸多地方政府所支持，因而本章以 1994 年为时间段的起点。（2）择取 2008 年为第一个分界点，而不是以上述的首个债务管理文件发布的 2005 年为结点，是考虑到在 2008 年以前，地方政府性负债的主要形式基本上是银行贷款，较为单一；而 2008 年遭受了全球金融危机的重创后，国务院出台的"4 万亿"计划使得地方政府性负债的结构与规模发生了很大的变化，因而本章以 2008 年作为一个重要的时间节点。（3）2015 年新《预算法》正式实施，赋予了地方政府全新的自主发债权，但中央也发布了一系列关于管控地方政府债务的制度要求，并在 2015 年开始置换存量债务。此后，各地方政府都在中央的总规则下整理自己的债务管理办法，没有发生太大的转折性变动，因而 2015 年也是一个重要的转折年。综上，本章将依次分析三个阶段中浙江省地方政府性债务的表现形式与债务管理举措。

一、分税制后地方政府性债务的形成和管理（1994～2008 年）

浙江省政府是最先以"地方政府性债务"的概念来管控各类可能给地方政府带来偿还责任与风险的债务。根据《浙江省人民政府关于加强地方政府性债务管理的通知》，当时浙江省政府所定义的"政府性债务"，包括了各级政府及其部门向外国政府或国际经济组织借款、申请国债转贷资金、上级财政周转金等，或者政府所属单位（含政府设立的各类投融资机构）申请贷款、发行债券等形成的债务，以及通过政府担保、承诺还款等融资形成的或有债务。这与如今地方政府性债务的内涵不完全相同。相对而言，在 1994～2008 年间的浙江省地方政府性债务的主要来源是银行贷款，尚没有融资平台发行的城投债、BT、融资租赁等方式形成的债务，地方政府性债务的规模也远不及十年后的体量。

（一）地方政府性债务的成因

首先来回答一个疑问：地方政府为何要举债？

在 2008 年以前，认为地方政府债务主要是由财政收支缺口而形成的学术观点特别流行，即认为地方政府债务是为了弥补财政赤字，并将其与县乡财政困难问题联系在一起（刘尚希、赵全厚，2002；刘尚希、于国安，2002；刘尚希、孟春，2006；杨志勇、杨之刚，2008）。这的确是一个很现实的直接原因。我们将地方政府面临的预算约束①表达为：

$$财政支出 - 财政收入 = 净转移支付流入 + 新增地方债务$$

等式的左边，即财政赤字；等式的右边可以概括为地方政府的财权外财力部分。若将等式右边的净转移支付流入往等号左边移动，就可以看出：

$$新增地方债务 = 财政支出 - 财政收入 - 净转移支付流入$$

自 1994 年实行分税制财政体制以来，地方政府面临着事权的逐步下移和财力的逐步上移，财力缺口逐步加大。其实，浙江省的财力水平并不算差，但地方政府债务规模也是不容小觑，且主要是银行贷款。② 而银行之所以愿意给地方政府放这么多的贷却不担心呆账，与图 7 - 1 所示的全国房地产开发业综合景气指数（以下简称国房景气指数）有很大的关联。

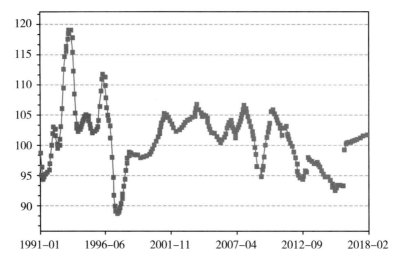

图 7 - 1 1991～2018 年全国房地产开发业综合景气指数
资料来源：中经网数据库。

---

① 更为严谨地来说，地方政府的预算约束应该表达为：财政支出 - 财政收入 = 净转移支付 + 新增债务 + 结余变动。其中，财政支出 = 预算内支出 + 预算外支出；财政收入 = 预算内收入 + 预算外收入；净转移支付 = 中央补助收入（含税收返还）- 上解中央支出；结余变动 = （上年结余 + 动用预算稳定调节基金）- （下年结余 + 安排预算稳定调节基金）。事实上，债务数据在 2015 年以前都无法从公开的年鉴数据中直接获取。如果按照政府会计核算规则，并通过各种年鉴数据来倒算的话，在上述预算约束式中，新增债务就等于零。因为在旧的《预算法》下，地方政府并没有举债权，自然不会在表内体现出来。因而，本章为了更为直观地反映政府举债的资金需求，用较为简要粗放的方式来表述地方政府的预算约束逻辑。

② 早年的政府债务数据是保密的，无法获取。但是从 2014 年《浙江省政府性债务审计结果》（2014 年 1 月 24 日公告）中可以明确地看到，浙江省的政府性债务最主要来源是银行贷款，占直接债务总额的 55.68%、担保债务总额的 41.31%、救助债务总额的 62.96%。尽管是 2013 年的数据，但冰冻三尺非一日之寒，银行贷款能累积到这么大的规模与占比，也足以说明一直以来它都保持着很大的体量，更何况 2008 年以前几乎没有地方的投融资平台发行的城投债、BT 或融资租赁等形式的政府性债务，因而也更加说明了此前的主要负债形式就是银行贷款。

20 世纪 90 年代初，国房景气指数达到了近 30 年来的最高峰值，但是当时的居民收入水平与物价水平都比较低，加上有体制内福利分房，所以房地产业对于整体经济的影响并不是很明显。1996 年受东南亚金融危机的影响，国房景气指数出现断崖式下沉。1998 年 7 月 3 日，国务院下发《国务院关于进一步深化城镇住房制度改革加快住房建设的通知》，从当年下半年开始停止住房实物分配，实行货币化。继而自 1999 年起，中央在全国范围内推行住房分配货币化制度。在 1998 年之后的三年里，国房景气指数开始回升，但房地产交易市场还处于蓄势待发的状态，甚至有小幅降温的趋势。2001～2003 年，房地产业才真正开始升温。特别是 2003 年国务院颁发《国务院关于促进房地产市场持续健康发展的通知》，明确房地产业"已经成为国民经济的支柱产业"之后，上海、杭州、南京等地的房市于 2004 年开始呈急速攀升之势，如脱缰之马，一路飞涨。随之而来的，地方政府来自土地使用权的出让收入也不断增加，"地王"频现，土地单价记录屡被刷新，地方政府也因土地市场的活跃过了几年"富庶的日子"。于是，为了平衡收支，地方政府将目光聚焦到土地这块肥肉上，依赖于出让土地来换取巨额财政收入。同时也以未来几年的土地出让收入为质押或直接通过抵押土地来获得大量银行贷款。地卖得火热，银行自然也乐得给政府借贷。

另外，土地财政收支也缺乏有效管束。根据《中华人民共和国城镇国有土地使用权出让和转让暂行条例》，自 1990 年 5 月起，县级以上地方政府就可以按照协议、招标、拍卖等形式出让国有土地使用权，相应收入留归地方政府使用。随着宏观经济的总体上行，房地产市场也在这个时期内趋于白热化，土地出让收入也随之越来越高，地方政府对土地出让金的依赖度也与日俱增。为加强房地产市场的宏观调控，中央政府自 2006 年起接连出台相关管理办法，并就土地出让收支加强管理，于 2006 年发布《财政部关于印发国有土地使用权出让收支管理办法的通知》。换言之，地方政府在缺乏有力管束的情况下，依靠土地财政富足了 15 年；而后来的事实也让我们看到，即便有了相关规范制度也依然无法强有力地将其束缚住，对于地方而言，这些都只是软约束而已。

在原本财力不是太丰厚的情况下，地方政府要搞经济建设，特别是基础设施的投资，就会出现支出需求远大于收入供给，需要外力来援助。或许地方政府的国库里有很多沉淀资金，但就好比是一户人家的"祖传家底"，不会轻易地拿出来搞建设，索性就"哭哭穷"，"跑部钱进"地向上争取中央补助。但因为发展的过程中要支出的事项太多，净转移支付收入仍无法满足地方的资金需求，因而就靠银行贷款来增加杠杆实现。特别地，从城镇化发展的时间演化趋势（如图 7－2 所示）中，1990～2005 年我国经历了一段城镇化进程急剧加速的过程。全国的平均城镇化率①在整个 20 世纪 80 年代增长较缓，从 1982 年的 20.83% 增加到 1985 的 23.71%，以及 1990 年的 26.41%，年均增长 0.7%。但此后的 15 年间，城镇化率以年均增长 1.1% 的速度提高至 2005 年的 42.99%。

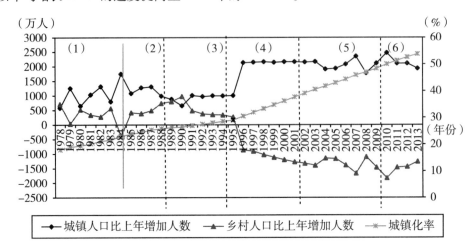

图 7 - 2　改革开放后我国城镇化发展的六个阶段

而浙江省的城镇化率更是高于全国平均水平（如图 7 - 3 所示），在 1990 ~ 2005 年期间，城镇人口增加了 1225 万人，城镇化率从 36.59% 提高到 56.02%，年均增长 1.3%。户籍人口的城镇化率也较 1982 年的 13.16% 翻了一番，2005 年达到 27.53%。如表 7 - 1、表 7 - 2、表 7 - 3 所示，城镇化进程的加速，给浙江省地方经济社会发展带来了前所未有的良机，成绩斐然。

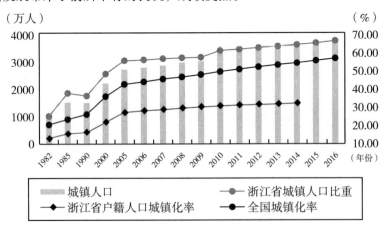

图 7 - 3　1982 ~ 2016 年浙江省城镇化率变化情况

---

① 城镇化率，用城市人口和镇驻地聚集区人口占全部人口的比重衡量，以反映人口向城市聚集的过程和聚集程度。除特别说明外，相应的人口数据均用常住人口而非户籍人口数。

表7-1 **1978～2013年浙江省国民经济发展情况**

指标	1978年	1990年	2000年	2010年	2013年	年均增长率（%）
人口						
年末总人口（万人）	3750.96	4234.91	4501.22	4747.95	4826.89	0.7
年末就业人员数（万人）	1794.96	2554.46	2726.09	3636.02	3708.73	2.1
全省生产总值（亿元）	123.72	904.69	6141.03	27722.31	37568.49	12.6
第一产业	47.09	225.04	630.98	1360.56	1784.62	3.8
第二产业	53.52	408.18	3273.93	14297.93	18446.65	15.0
第三产业	23.11	271.47	2236.12	12063.82	17337.22	13.3
人均生产总值（元）	331	2138	13415	51711	68462	11.3
交通运输						
旅客周转量（亿人公里）	66.68	257.29	606.73	1250.74	1025.10	
货物周转量（亿吨公里）	164.19	400.65	1199.74	7117.04	8949.57	
固定资产投资总额（亿元）				11451.98	20194.07	
财政收支						
财政总收入（亿元）	27.45	101.59	658.42	4895.41	6908.41	17.1
#地方财政收入（亿元）	27.45	101.59	342.77	2608.47	3796.92	15.1
财政支出（亿元）	17.43	80.23	431.3	3207.88	4730.47	17.4
贸易						
社会消费品零售总额（亿元）	46.86	353.75	2553.59	10245.40	15225.54	18.0
进出口总额（亿美元）	0.7	27.73	278.33	2535.33	3357.89	27.4
#出口总额（亿美元）	0.52	21.89	194.43	1804.65	2487.46	27.4
价格指数						
CPI（上年=100）		102.1	101.1	103.8	102.3	
城乡居民收入						
城镇居民人均可支配收入（元）	332	1932	9279	27359	37851	8.1
农村居民人均纯收入（元）	165	1099	4254	11303	16106	8.5
教育和文化						
高等学校在校学生数（万人）	2.4	6	22.2	93.3	101.7	11.3

续表

指标	1978 年	1990 年	2000 年	2010 年	2013 年	年均增长率（%）
普通中学在校学生数（万人）	214.7	169.6	249.6	255.2	232.2	0.2
小学在校学生数（万人）	501.4	372.4	353.8	333.3	349.6	−1.0
报纸出版数量（万份）	24080	66865	173526	325048	346280	7.9
杂志出版数量（万份）	393	4716	8736	7201	8149	9.0
图书出版数量（万份）	12033	19596	27014	28179	38491	3.4

资料来源：根据历年《浙江统计年鉴》的相关统计数据整理。

表 7 - 2　　　　　2004～2013 年浙江省城市建设基本情况

年份	城区面积（平方千米）	建成区面积（平方千米）	城市建设用地面积（平方千米）	本年度征用土地面积（平方千米）	城市人口密度（人/平方千米）
2004		1508.53		96.05	1189
2005		1679.72		155.32	1269.78
2006		1744.16		135.01	2087.05
2007		1851.14		102.15	1748
2008	10011.06	1939.09	2025.1	102.08	1757
2009	10113.78	2033.32	2110.56	104.7	1742
2010	10256.38	2128.96	2245.93	107.36	1773
2011	10484.3	2221.1	2263.4	88.9	1741
2012	10515.2	2296.3	2246.7	115.2	1786
2013	10991.7	2399.2	2413.2	140.5	1818

资料来源：根据历年《根据中国统计年鉴》的相关统计数据整理。

表 7 - 3　　　　　1978～2013 年浙江省城市公用事业发展情况

项目	1978 年	1985 年	1990 年	2000 年	2005 年	2010 年	2013 年
城市供水、燃气							
自来水全年供水总量（万吨）	15731	36034	136210	196199	261613	270044	304982
#生活用水量	5312	14192	36721	80205	119831	122841	140214
人均日生活用水量（升）	36.18	157.1	157.4	213	243.93	185.43	192.32
用水普及率（%）	81.8	80.8	91.5	99.9	99.1	99.79	99.97
液化石油气家庭用量（万吨）	752	13563	61640	389541	67.13	55.1	53.28

续表

项目	1978 年	1985 年	1990 年	2000 年	2005 年	2010 年	2013 年
用气普及率（％）	1.6	14.2	36.3	97.2	98.47	99.07	99.8
城市市政设施							
城市道路面积（万平方米）	672	1014	4698	9050	21774	30381	35633
人均拥有道路面积（平方米）	3.75	3.31	10.6	15	16.03	16.7	17.83
排水道长度（千米）	664	927	2466	7795	18607	26367	33502
城市公共交通							
公共车辆总数（辆·标台）	646	1041	1437	10015	15981	21589	29260
#每万人拥有公共车辆（标台）	3.6	3.4	3.4	14	11.71	13.1	14.64

资料来源：根据历年《浙江统计年鉴》的相关统计数据整理。

这样的成绩足以振奋人心，也更能彰显政绩，再加上我国加入 WTO 带来的贸易契机，市场景气一片向好，地方政府坚定了"发展是第一要务"的信念，"有条件赶快上，没有条件创造条件也要上"，撸起袖子大搞城市建设，以不断拉动当地 GDP 增长。在此期间，地方政府开始开发新的地块，建设各种新城经济开发区，圈地盖楼，新城区的门面是一个比一个漂亮。但是这些新城原本都是些郊区，人烟罕至，周边更无基础设施配套。要建设新城区就意味着要有大量的基础设施投资，也势必会需要大量的资金，仅凭日常的一般公共财政收入盘子，根本无法满足这些支出需求，需要依赖外部融资来增加杠杆。但是此前地方政府并没有发行地方政府债券的权限，所以地方政府多以未来几年的土地出让收入为质押的形式向银行贷款，或以政府未来几年的土地出让收入为担保，通过下属的国企对外融资。如前所述，从 2005 年的《浙江省人民政府关于加强地方政府性债务管理的通知》中可以看出，当时地方政府已有以不同形式提供担保以进行融资，由此便形成了大量的或有债务。与政府贷款形成的负有直接偿还责任的债务不同的是，或有债务的不确定性更大，因而给财政带来的隐性风险也更大。

从某种程度上来看，土地出让收入和地方政府性债务已成为地方政府主要的"资产"与"负债"。然而，土地出让毕竟不是长久之计，从供给角度来看，土地要素资源有限，不可能为地方政府长期永久地带来稳定收入，而且也受到房地产市场波动和宏观经济形势的双重影响，具有强不稳定性，也具有明显的不可持续性。

所以，地方政府举债的原因除了上述的弥补财力之外，还受到地方政府官员们晋升"竞标赛"利益驱使下的"绩"的影响，以土地财政收入作保，不断增加债务规模。至于借的债谁来还，那都不是"一把手"所要担心的事情。不少领导班子抱有"只要政绩做得好，升迁肯定早于还债"的心态，大搞政绩工程、形象工程。

（二）浙江省关于地方政府性债务管理的举措

在《浙江省人民政府关于加强地方政府性债务管理的通知》和《浙江省人民政府办公厅关于印发浙江省地方政府性债务管理实施暂行办法的通知》中，浙江省政府明确的地方政府性债务管理的重要内容包括：（1）明确举借政府性债务的部门、单位为政府性债务的责任主体；（2）要求各级政府编制本级及下级的政府性债务收支计划；（3）明确偿债资金来源，包括债务建设项目投入使用后的收益、债务责任主体的自有资金和资产出让收入、经批准处置的国有资产收入、财政预算安排的专项偿债资金、经批准的政府偿债准备金、债务责任主体的其他收入；（4）建立监测政府性债务的指标，主要包括负债率（政府性债务余额/地区生产总值，安全线为 10%）、债务率（政府性债务余额/当年可支配财力①，警戒线为 100%）、偿债率（当年偿还政府性债务本息额/当年可支配财力，警戒线为 15%）等；（5）建立偿还政府性债务准备金，以提高偿还政府性债务能力、抵御债务风险，按照年初地方政府性债务余额的 3%～8% 设立偿债准备金，实行专户管理；（6）细化明确政府性债务偿债准备金的主要来源和主要用途；（7）明确在任的债务责任主体及其工作人员的行政责任。

在这两份文件中明确了各级政府的主体责任，并要求各级政府编制债务收支计划。但遗憾的是，在当时的财政管理体制下，政府预算的透明度不高，政府债务收支计划更加不会在公开的信息之列，因而也就成为各地方政府的"机密"，债务管控工作唯有依赖财政系统的内部管理，缺少外部监管，进而使债务责任主体不易显化，弱化了制度的约束力。这也是这个阶段的政府债务管控制度的最大缺陷。

另外值得注意的是，浙江省早在 2005 年就已经建立监测政府性债务的指标了，所采用的三个指标其实也是国际上惯用的衡量一个国家主权债务风险的主要指标。但不同的是，这三个指标在测度主权债务的时候，安全线水平要比浙江省政府给定的警戒水平高一些。具体对比情况如表 7 - 4 所示。目前，国际上对于政府性债务负担状况并没有统一的评价标准，采用这三个指标也是一些国家和国际组织的通常做法，此外还有政府外债与 GDP 的比率②和逾期债务率③等指标，也是后来国家审

---

① 可支配财力是指本级政府剔除行政事业单位正常运转经费外的预算内外资金。政府预算内外资金是指地方一般预算可用财力、纳入预算管理的政府性基金收入、预算外收入等。地方一般预算可用财力包括地方财政收入、税收返还补助、专项补助、年终结算补助和其他补助，剔除体制增收上解、固定上解和其他上解。行政事业单位正常运转经费是指除专项经费外的行政事业单位人员支出、公用支出、对个人和家庭补助支出。

② 政府外债与 GDP 的比率：年末政府外债余额与当年 GDP 的比率，是衡量经济增长对政府外债依赖程度的指标。国际通常使用的控制标准参考值为 20%。

③ 逾期债务率：年末逾期债务余额占年末债务余额的比重，是反映到期不能偿还债务所占比重的指标。

计署在对全国政府性债务专项审计时所采用的几个评价指标。尽管这些指标对于国家或地区的主权债务评价更为合理一些，但对于一个地方政府来说，参照这几项指标并拉低警戒线以从严把握，缩小债务活动空间，不失为是一种防控债务风险的有力措施。

表7-4　　　　　政府性债务负担状况衡量指标的国际比较

指标名称	指标含义	计算公式	国际惯例安全线及依据	浙江省警戒线
负债率	反映一个地方国民经济状况与政府性债务余额相适应的关系，表明单位地区生产总值所承担的政府性债务情况	年末政府性债务余额／当年度 GDP	60%，《马斯特里赫特条约》	10%
债务率	反映一个地方当年可支配财力对政府性债务余额的比例	政府性债务余额／当年可支配财力	90%～150%，国际货币基金组织（IMF）	100%
偿债率	反映一个地方当年可支配财力所需支付当年政府性债务本息的比例	当年偿还政府性债务本息额／当年可支配财力	20%，世界银行	15%

二、2008 年世界金融危机后地方政府性债务的管理（2009～2014 年）

（一）地方政府性债务的沿革

1. 地方融资平台城投债的壮大

2008 年是不平凡的一年。这一年，中国成功举办了 2008 北京奥运会，而四川汶川也遭遇 8.3 级大地震，同年美国"次贷危机"引发的金融危机席卷全球，中国也无法幸免。为更好地应对此次金融危机的冲击以稳定宏观经济，2008 年 11 月的国务院常务会议提出了一系列积极财政政策与货币政策（大体分为十个大类），在两年内下达总规模约 4 万亿元人民币的投资计划（以下简称"4 万亿"计划），重点投资于七个领域（如表 7 - 5 所示），并辅有提高城乡居民收入①、全面实施增值税转型改革②、加大金融对经济增长的支持力度③等举措。而这"4 万亿"计划中，明确中央出资的是 1.18 万亿元，其余部分全部由地方和社会来拉动。

表 7 - 5　　　　　　　　　　**"4 万亿"投资投向构成**

重点投资领域	投资金额（亿元）	占比（％）
廉租住房、棚户区改造等保障性住房	4000	10
农村水电路气房等民生工程和基础设施建设	3700	9.25
铁路、公路、机场、水利等重大基础设施建设和城市电网改造	15000	37.5
医疗卫生、教育、文化等社会事业发展	1500	3.75
节能减排和生态建设工程	2100	5.25
自主创新和产业结构调整	3700	9.25
汶川地震灾后恢复重建	10000	25
合　　计	40000	100

资料来源：国家发展和改革委员会网站。

对于地方政府来说，原本就已依靠举债来投资基础设施建设，而今要顺利推行"4 万亿"计划，这巨额的配套资金更是雪上加霜，唯有挖掘新的融资渠道。在2003～2008 年，我国房市、楼市都是一片火热，这在一定程度上说明了社会闲置资本较多，资本的逐利性指引着游资到处乱串，不是在炒房，就是在炒股，也让股市和房市滋生了泡沫。因而，吸引利用社会闲置资本是一箭双雕之计，既可平抑两市中的泡沫，又可为政府投资保障资金。但能够在最短期内吸引最大量社会资本的方法，当属发行债券。

众所周知，1994～2014 年施行的《预算法》下，地方政府没有发行地方政府债券的权限。但事实上，在 1994 年以前，是有过地方政府发行债券先例的。在改革开放初期，由于经济建设需要，一些地方政府曾发行过地方债券以筹集资金修路建桥（赵利明，2012；财政部，2015），但由于地方政府融资方式不规范、资金用

---

①　提高 2009 年粮食最低收购价格，提高农资综合直补、良种补贴、农机具补贴等标准，增加农民收入。提高低收入群体等社保对象待遇水平，增加城市和农村低保补助，继续提高企业退休人员基本养老金水平和优抚对象生活补助标准。

②　在全国所有地区、所有行业全面实施增值税转型改革，鼓励企业技术改造，减轻企业负担 1200亿元。

③　取消对商业银行的信贷规模限制，合理扩大信贷规模，加大对重点工程、"三农"、中小企业和技术改造、兼并重组的信贷支持，有针对性地培育和巩固消费信贷增长点。

途不透明，有的甚至是无息的，以支援国家建设的名义强行摊派给各单位，更有甚者就直接充当部分工资，实难不让人怀疑其承付兑现的能力。诸多问题环生之下，国务院于1993年发布《国务院关于坚决制止乱集资和加强债券发行管理的通知》，明确规定地方人民政府不得发行或变相发行地方政府债券。此后，1994年修订通过的《预算法》第二十八条[①]进一步明确了地方政府不得自主发行地方政府债券的原则要求。与此同时，地方融资平台开始崭露头角。融资平台公司发行的债券被称为"城投债"，类型包括企业债券、中期票据、短期融资券等。1992年4月由上海城市建设投资总公司受上海市政府委托发行的首期5亿元浦东建设债券，便是中国地方融资平台发行的第一只城投债。但此后的十年时间里，全国也就只有上海市由于国务院的优惠政策得以每年发行5亿元的浦东建设债券而已。

1996年东南亚金融危机后，地方政府为恢复经济加大了财政投资力度，为更好地满足融资需求，中央政府通过发行专项国债再转贷的方式向地方政府提供资金。如表7-6所示，国债转贷地方政府的时候，分成补助和转贷两部分。其中，补助部分即中央以国债取得的收入直接补助地方，待国债到期时由中央承兑；而转贷部分则由地方政府承兑本息。

表7-6　　　　　1998~2000年浙江省国债专项资金情况　　　　单位：万元

	合计	1998年	1999年	2000年
总量	643434	216126	172530	254778
其中：补助	141896	43970	22110	75816
转贷	501538	172156	150420	178962
1. 省级总量	295398	70296	85050	140052
其中：省级补助	24062	8410	2850	12802
省级转贷	271336	61886	82200	127250
2. 市县总量	348036	145830	87480	114726
其中：市县补助	117834	35560	19260	63014
市县转贷	230202	110270	68220	51712

资料来源：《浙江财政年鉴2011》。

但对于地方政府来说，国债专项资金的供给力度相较于资金需求量来说实在是杯水车薪。因而，为应对《预算法》的举债限制，各地方政府纷纷建立地方融资平台公司，融资平台公司逐步发展壮大，从图7-4可以看出，2002年之后，地方

---

① 《预算法》（1994）第二十八条：地方各级预算按照量入为出、收支平衡的原则编制，不列赤字。除法律和国务院另有规定外，地方政府不得发行地方政府债券。

融资平台的城投债逐渐增多。但真正呈现蓬勃发展之势是在 2009 年之后。2002～2008 年的城投债，无论是债券支数还是发行总额，相较于 2009 年以后的规模，几乎可以忽略不计。2009 年地方政府融资平台总计发行 162 只债券，发行债券规模总计 2821 亿元，分别是 2008 年的 3.31 倍和 3.81 倍。换言之，城投债在 2009 年出现了"井喷式"的增长，并成为地方政府进行融资的主要途径。此后，地方政府在融资方面主要依赖于银行贷款和发行城投债两种方式。地方政府通过财政拨款或注入土地、股权等资产，使融资平台公司具备获取贷款或者发行债券的基础，待其筹集资金后，再投入具体项目中。但由于地方融资平台存在自身偿债能力不足的问题，有时需要由政府提供担保或其他形式的偿债安排。

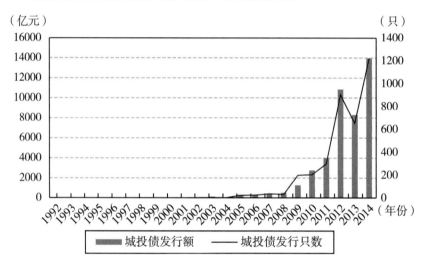

图 7－4　1992～2014 年全国城投债发行情况

2. 财政部"代发代还"地方政府债券

地方融资平台的城投债为地方政府带来了巨额资金的同时，由于它的不规范也给地方政府带来了诸多财政安全隐患。为更好规范地方政府融资途径，增强地方安排中央投资项目配套资金和扩大政府投资的能力，财政部于 2009 年 2 月经国务院批准，发布《2009 年地方政府债券预算管理办法》，开始代理发行总额 2000 亿元的地方政府债券，并将其纳入地方预算构成地方债务。代发的地方政府债券冠有"财政部代发××年××省政府债券（××期）"的称谓。在债券到期前，地方政府需将还本付息资金缴入中央财政专户，由财政部代办还本付息，因而被称为"代发代还"机制。

"代发代还"机制的主要特点包括：

（1）省、自治区、直辖市和计划单列市政府为债券发行和偿还主体，财政部代理发行并代办还本付息和支付发行费。"代发代还"的字面意思或许会让人误以为是由中央财政代替地方政府还本付息，地方政府实质上获得补助，但事实并非如此，真正承担还本付息责任的是试点地方政府。财政部"代发代还"使得地方政府债券破冰，但从严格意义上来说，它依然没有给予地方政府独立发行债券的权力。

（2）地方政府债券收入全额纳入省级（包括计划单列市）财政预算管理，可以用于省级直接支出，也可以转贷市、县级政府使用并纳入市、县级财政预算。

（3）资金主要用于中央投资地方配套的公益性建设项目及其他难以吸引社会投资的公益性建设项目支出，严格控制安排用于能够通过市场化行为筹资的投资项目，不得安排用于经常性支出和党政机关办公楼等楼堂馆所项目①。资金使用范围主要包括：保障性安居工程，农村民生工程和农村基础设施，医疗卫生、教育文化等社会事业基础设施，生态建设工程，地震灾后恢复重建以及其他涉及民生的项目建设与配套。

2010～2011年，财政部代发的地方政府债券延续每年2000亿元的发行规模。其中，2009年财政部代发浙江省地方政府债券82亿元，重点支持政府主导性重大建设项目计划和"三个千亿"工程重大项目建设。② 2010年财政部代发浙江省地方政府债券80亿元，重点保障浙江省中央投资公益类项目地方配套和杭黄铁路建设。③

3. 财政部试点"自发代还"地方政府债券

2011年，在"代发代还"地方政府债券成功运行两年之后，经国务院批准，上海、浙江、广东、深圳试点在国务院批准的额度内自行发行债券，但仍由财政部代办还本付息。2011年政府债券期限分为3年和5年，期限结构为3年债券发行额和5年债券发行额分别占国务院批准的发债规模的50%。④ 2013年，新增江苏、山东为试点地区，其他地区仍由财政部代理发行、代办还本付息。另外，2013年政府债券期限改为3年、5年和7年，试点省（市）最多可以发行三种期限债券，每种期限债券发行规模不得超过本地区发债规模限额的50%（含50%）。⑤ 与2011年的"自发代还"地方政府债券相比，2013年的政府债券新增了7年期债券，债券流通期限加长。

---

① 《财政部关于印发2009年地方政府债券资金项目安排管理办法的通知》中增加了关于地方政府债券不得用于党政机关办公楼等楼堂馆所项目的禁令。

② 浙江省财政厅，《关于2009年全省和省级预算执行情况及2010年全省和省级预算草案的报告》，http：//www.zjczt.gov.cn/art/2011/9/22/art_1416803_715112.html。

③ 浙江省财政厅，《关于2010年全省和省级预算执行情况及2011年全省和省级预算草案的报告》，http：//www.zjczt.gov.cn/art/2011/9/22/art_1416803_715099.html。

④ 《财政部关于印发2011年地方政府自行发债试点办法的通知》，2011年10月17日。

⑤ 《财政部关于印发2013年地方政府自行发债试点办法的通知》，2013年6月25日。

与"代发代还"机制不同的是，自行发债意味着地方政府可以自行组建本省（市）政府债券承销团，关于债券期限、每期发债数额、发行时间等要素，地方政府可以与财政部协商确定，而发债定价机制（包括承销和招标）、登记托管、上市交易等方面的具体细节则可在承销商给出的建议基础上由试点省（市）自行确定。因而在"自发代还"机制下，地方政府比财政部代理发行时多了一些自主决策权，但也仍非严格意义上的自主发债。

所谓自主发债，应该是在发债规模、资金用途、承销团组、债务偿还等方面都有自主决定权。然而，地方政府债券尽管发展到"自行发债"，但必须得在国务院批准的发债规模限额内组织发行，而且预算管理也仍然参照《财政部关于印发〈财政部代理发行地方政府债券财政总预算会计核算办法〉的通知》的有关规定办理；债务偿还工作由财政部代办，地方政府仍需按照《财政部关于印发〈财政部代理发行 2011 年地方政府债券发行兑付办法〉的通知》的相关规定在规定时间将财政部代办债券还本付息所需资金足额缴入中央财政专户。

在"自发代还"模式下，地方政府债券规模也在日益扩大，2012 年、2013 年和 2014 年地方政府债券的发行总额从 2011 年的 2000 亿元分别增加至 2500 亿元、3500 亿元和 4000 亿元。其中，浙江省 2011 年自行发行地方政府债券 67 亿元，2012 年自行发债 87 亿元，2013 年自行发债 143 亿元，以支持"四大国家战略举措"实施、基础设施建设以及社会事业发展。

4. 试点"自发自还"地方政府债券

2014 年 5 月 19 日，经国务院批准，财政部根据《财政部关于印发〈2014 年地方政府债券自发自还试点办法〉的通知》，试点上海、浙江、广东、深圳、江苏、山东、北京、江西、宁夏、青岛等省份在国务院批准的发债规模限额内，自发自还地方政府债券。

相较于"自发代还"试点，此次改革有几处明显的变化。第一，增加了 4 个省份试点，其中包括了直辖市、计划单列市和中西部部分地区；第二，最大的不同点在于试点省份地方政府需要自行组织本地区政府债券的利息支付和偿还本金的机制，不再由财政部代办；第三，2014 年政府债券期限为 5 年、7 年和 10 年，结构比例为 4:3:3，即相较于 2013 年的 3 年、5 年和 7 年期政府债券，此次试点办法将政府债券期限全面拉长；第四，明确要求试点地区按照有关规定开展债券信用评级[1]，并及时披露债券基本信息、财政经济运行及债务情况[2]等。

---

[1] 政策依据：《财政部关于 2014 年地方政府债券自发自还试点信用评级工作的指导意见》，2014 年 6 月 6 日。

[2] 政策依据：《财政部关于 2014 年地方政府债券自发自还试点信息披露工作的指导意见》，2014 年 6 月 6 日。

"自发自还"地方政府债券模式实现了"借、用、还"相统一，对于新《预算法》正式施行后全面放开地方政府自行发债有重要的示范作用。

（二）地方政府性债务的管理

从财政部"代发代还"，到"自发代还"，再到地方政府"自发自还"的一步步试点，中央对于地方政府债务的态度也在发生明显的改变。在这段时期内，中央分别于 2011 年和 2013 年两次组织全国审计署对地方政府性债务进行专项审计，先摸底再改革。

根据全国审计署的《2011 年第 35 号公告：全国地方政府性债务审计结果》和《2013 年第 32 号公告：全国政府性债务审计结果》中所披露的相关信息，我们整理出 2010～2013 年的全国政府性债务的规模变化，如表 7-7 所示。可以看出，全国政府性债务尤其是地方政府性债务规模快速增长。以其中的政府直接债务为例，从 2010 年底的 67109.51 亿元增加到 2013 年 6 月底的 108859.17 亿元，增长了 62%，年均增速 25%。但与此同时，全国 GDP 的年均增速约 15%，债务扩张速度明显偏快。

表 7-7　　　　　　　　　　全国政府性债务规模情况　　　　　　　单位：亿元

时间	政府层级	政府债务	政府或有债务	
		政府负有偿还责任的债务	政府负有担保责任的债务	政府可能承担一定救助责任的债务
2010 年 12 月	中央	—	—	—
	地方	67109.51	23369.74	16695.66
2012 年 12 月	中央	94376.72	2835.71	21621.16
	地方	96281.87	24871.29	37705.16
	合计	190658.59	27707	59326.32
2013 年 6 月	中央	98129.48	2600.72	23110.84
	地方	108859.17	26655.77	43393.72
	合计	206988.65	29256.49	66504.56

按不同政府层级分解地方政府性债务结构（如表 7-8 和表 7-9 所示）。在总量规模方面，省市级地方政府性债务规模较大，而县级直接债务的增速较快，到 2013 年 6 月底的时候与市级的债务规模差距越来越小。

从相对占比来看，在政府负有偿还责任的直接债务中，市级和县级占比较大；

而或有债务中则是明显地以省级为主。这在某种程度上也说明了借债主体以市县为主，但是对于未来可能出现的风险则有明显的向上转移的倾向性。

表 7 - 8 　　　　　　　　地方政府性债务规模各级结构　　　　　单位：亿元

政府层级	政府负有偿还责任的债务		政府或有债务			
			政府负有担保责任的债务		政府可能承担一定救助责任的债务	
	2010 年	2013 年 6 月	2010 年	2013 年 6 月	2010 年	2013 年 6 月
省级	12699.24	17780.84	11977.11	15627.58	7435.59	18531.33
市级	32460	48434.61	7667.97	7424.13	6504.09	17043.7
县级	21950.27	39573.6	3724.66	3488.04	2755.98	7357.54
乡镇	—	3070.12	—	116.02	—	461.15
合计	67109.51	108859.17	23369.74	26655.77	16695.66	43393.72

表 7 - 9 　　　　　　地方政府性债务分类型分层级占比结构　　　　　单位：%

政府层级	政府负有偿还责任的债务		政府或有债务			
			政府负有担保责任的债务		政府可能承担一定救助责任的债务	
	2010 年	2013 年 6 月	2010 年	2013 年 6 月	2010 年	2013 年 6 月
省级	18.92	16.33	51.25	58.63	44.54	42.71
市级	48.37	44.49	32.81	27.85	38.96	39.28
县级	32.71	36.35	15.94	13.09	16.51	16.96
乡镇	—	2.82		0.44	—	1.06
合计	100.00	100.00	100.00	100.00	100.00	100.00

　　地方政府性债务的举借主体在不断变化。从表 7 - 10 中可以看出，2011 年审计署就地方政府性债务审计的时候，举债主体大体为融资平台公司、政府部门和机构、经费补助事业单位、公用事业单位和其他单位。但此后发现，地方政府又不断地通过新的举借主体和方式进行融资，因而到 2013 年审计的时候，将国有独资或控股企业、自收自支事业单位也纳入审计范围中。

表 7 - 10　　　　　　　　地方政府性债务余额举借主体情况　　　　　单位：亿元

举债主体类别	政府负有偿还责任的债务		政府或有债务			
			政府负有担保责任的债务		政府可能承担一定救助责任的债务	
	2010 年	2013 年 6 月	2010 年	2013 年 6 月	2010 年	2013 年 6 月
融资平台公司	31375.29	40755.54	8143.71	8832.51	10191.68	20116.37
政府部门和机构	15817.92	30913.38	9157.67	9684.2	0	0
经费补助事业单位	11234.19	17761.87	1551.87	1031.71	4404.19	5157.1
国有独资或控股企业	—	11562.54	—	5754.14	—	14039.26
自收自支事业单位	—	3462.91	—	377.92	—	2184.63
其他单位	7584.91	3162.64	4211.75	831.42	1003.45	0
公用事业单位	1097.2	1240.29	304.74	143.87	1096.34	1896.36
合计	67109.51	108859.17	23369.74	26655.77	16695.66	43393.72

通过表 7 - 11 可以直观地看出，融资平台和政府部门及机构是地方政府负有偿还责任的债务的主要举借主体。而在政府或有债务尤其是救助性债务中，各类投融资平台形成的债务占最主要部分。但随着时间的推移，到了 2013 年，国有独资或控股企业、经费补助事业单位举借的债务已然成为地方政府救助性债务的主要来源，担保性债务则由融资平台、政府部门及机构和国有独资或控股企业三类主体举借的债务占去了 90% 以上的份额。

表 7 - 11　　　　　　　地方政府性债务在不同举借主体间的横向配置　　　　　单位：%

举债主体类别	政府负有偿还责任的债务		政府或有债务			
			政府负有担保责任的债务		政府可能承担一定救助责任的债务	
	2010 年	2013 年 6 月	2010 年	2013 年 6 月	2010 年	2013 年 6 月
融资平台公司	46.75	37.44	34.85	33.14	61.04	46.36
政府部门和机构	23.57	28.40	39.19	36.33	0.00	0.00
经费补助事业单位	16.74	16.32	6.64	3.87	26.38	11.88
国有独资或控股企业	—	10.62	—	21.59	—	32.35
自收自支事业单位	—	3.18	—	1.42	—	5.03
其他单位	11.30	2.91	18.02	3.12	6.01	0.00
公用事业单位	1.63	1.14	1.30	0.54	6.57	4.37
合计	100.00	100.00	100.00	100.00	100.00	100.00

从表 7 - 12 可以看出，银行贷款是地方政府性债务的最主要来源。在 2013 年 6 月底的时候，其规模已达到 55252.45 亿元。与此同时，通过各类形式发行的债券规模在 2010 ~ 2013 年间快速扩张。另外，资金来源在 2010 ~ 2013 年间发生了较大的变化，主要表现为资金来源的多元化，这也加大了地方政府性债务规模的摸查难度，甚至是地方政府自己也不清楚各种资金来源的债务规模究竟有多少。

表 7 - 12　　　　　　　　　**地方政府性债务资金来源情况**　　　　单位：亿元

| 债权人类别 | 政府负有偿还责任的债务 | | 政府或有债务 | | | |
| | | | 政府负有担保责任的债务 | | 政府可能承担一定救助责任的债务 | |
	2010 年	2013 年 6 月	2010 年	2013 年 6 月	2010 年	2013 年 6 月
银行贷款	50225	55252.45	19134.14	19085.18	15320.85	26849.76
BT	—	12146.3	—	465.05	—	2152.16
上级财政	2130.83	—	2347.1	—	0	—
发行债券	5511.38	11658.67	1066.77	1673.58	989.16	5124.66
其中：　1. 地方政府债券	—	6146.28	—	489.74	—	0
2. 企业债券	—	4590.09	—	808.62	—	3428.66
3. 中期票据	—	575.44	—	344.82	—	1019.88
4. 短期融资券	—	123.53	—	9.13	—	222.64
应付未付款项	—	7781.9	—	90.98	—	701.89
信托融资	—	7620.33	—	2527.33	—	4104.67
其他单位和个人借款	9242.3	6679.41	821.73	552.79	385.65	1159.39
垫资施工、延期付款	—	3269.21	—	12.71	—	476.67
证券、保险业和其他金融机构融资	—	2000.29	—	309.93	—	1055.91
国债、外债等财政转贷	—	1326.21	—	1707.52	—	0
融资租赁	—	751.17	—	193.05	—	1374.72
集资	—	373.23	—	37.65	—	393.89
合计	67109.51	108859.17	23369.74	26655.77	16695.66	43393.72

从资金投向来看，如表7-13所示，地方政府性债务用于市政建设、交通运输设施建设、保障性住房及科教文卫和土地收储方面的地方政府性债务资金都占到各类债务80%左右的份额。以2013年6月底的数据为例，用于上述几方面的政府直接债务规模已逾8万亿元，占政府负有偿还责任的债务总额的80%。

表7-13　　　　　地方政府性债务各资金投向的占比分布　　　　单位：%

债务支出投向类别	政府负有偿还责任的债务		政府或有债务			
			政府负有担保责任的债务		政府可能承担一定救助责任的债务	
	2010年	2013年6月	2010年	2013年6月	2010年	2013年6月
市政建设	42.03	37.49	22.55	20.54	36.53	36.45
土地收储	15.95	16.69	2.55	4.21	1.75	2.02
交通运输设施建设	14.83	13.78	49.39	51.45	28.58	33.91
保障性住房	7.44	6.77	6.04	5.54	22.39	6.58
教科文卫		4.82		2.94		10.06
农林水利建设	5.57	4.04	4.01	2.26	2.81	1.89
生态建设和环境保护	3.29	3.18	1.85	1.70	2.56	2.18
化解地方金融风险	1.40	—	1.29	—	0.03	—
工业	1.16	1.21	2.66	3.14	0.14	0.64
能源	0.08		0.87		0.04	
其他	8.26	12.01	8.78	8.23	5.17	6.27
合计	100.00	100.00	100.00	100.00	100.00	100.00

可以说，在第二阶段（2009～2014年）期间，地方政府在很努力地扩大财政投资，以尽快从金融危机的负面影响中走出来，中央也在多个角度给予地方政府支持。但前期的地方财政收支矛盾并未消除，加上积极财政政策的事实，明显扩大了地方政府的债务。五花八门的融资渠道也使地方政府性债务的管理显得相当混乱。因而，2014年在国务院同意财政部试点10个省份自发自还地方政府债券之外，中央还推出了一系列重大改革措施，成为地方政府债务发展历程上的重要转折时点。

（1）财政部于2014年6月6日发布《关于印发地方政府存量债务纳入预算管理清理甄别办法的通知》，地方政府全面甄别分类清理地方政府存量债务。根据文件精神，第一，通过PPP模式转化为企业债务的，不纳入政府债务。第二，项目没有收益、计划偿债来源主要依靠一般公共预算收入的，甄别为一般债务。如义务教育债务。第三，项目有一定收益、计划偿债来源依靠项目收益对应的政府性基金收入或专项收入、能够实现风险内部化的，甄别为专项债务。如土地储备债务。第四，项目有一定收益但项目收益无法完全覆盖的，无法覆盖的部分列入一般债务，其他部分列入专项债务。第五，在建项目要优先通过 PPP 模式推进，确需政府举债建设的，要客观核算后续融资需求。第六，明确政府存量债务，锁定政府一般债务、专项债务余额。根据财政部数据显示，2014 年全国地方政府债务余额的实际数（由一般债务余额和专项债务余额的实际数加总得到），共计 154074.3 亿元，其中一般债务余额为 94272.4 亿元，专项债务余额为 59801.9 亿元。

（2）8 月 31 日，《预算法》修订案通过。原第二十八条中的"除法律和国务院另有规定外，地方政府不得发行地方政府债券"被删除，取而代之的是在第三十五条中关于同意地方政府举借债务的四款内容：

① 经国务院批准的省、自治区、直辖市的预算中必需的建设投资的部分资金，可以在国务院确定的限额内，通过发行地方政府债券举借债务的方式筹措。举借债务的规模，由国务院报全国人民代表大会或者全国人民代表大会常务委员会批准。省、自治区、直辖市依照国务院下达的限额举借的债务，列入本级预算调整方案，报本级人民代表大会常务委员会批准。举借的债务应当有偿还计划和稳定的偿还资金来源，只能用于公益性资本支出，不得用于经常性支出。

② 除前款规定外，地方政府及其所属部门不得以任何方式举借债务。

③ 除法律另有规定外，地方政府及其所属部门不得为任何单位和个人的债务以任何方式提供担保。

④ 国务院建立地方政府债务风险评估和预警机制、应急处置机制以及责任追究制度。国务院财政部门对地方政府债务实施监督。

可以看出，地方政府债券已正式入法，但地方政府也不是自主发债的，必须要在国务院确定的限额内发债。而发债的规模、资金用途、偿债机制、风险防控等都必须严格遵照新预算法的规定执行。

（3）根据党的十八大、十八届三中全会精神，国务院于 2014 年 9 月 21 日制定并发布了《国务院关于加强地方政府性债务管理的意见》（以下简称《管理意见》），明确地方政府性债务管理的基本原则为"疏堵结合、分清责任、规范管理、防范风险、稳步推进"，加快建立规范的地方政府举债融资机制，对地方政府债务实行规模限额控制和预算管理，控制和化解地方政府性债务风险，并完善配套制度，妥善处理存量债务和在建项目后续融资，成为后续地方政府性债务管理工作改革的重要依据。根据文件精神，地方政府可以适度举债融资，但绝不可以违规举债；地方政府只能发行地方政府债券，但不得通过企业举债，剥离融资平台的融资职能；鼓励社会资本通过特许经营等方式，参与城市基础设施等有一定收益的公益性事业投资和运营，为此后大力推广 PPP 模式奠定了重要的政策基础；地方政府对存量债务开展全面甄别和分类清理工作，对于地方政府负有偿还责任的债务，通过三年的时间逐步置换为地方政府债券，以降低资金成本和地方政府还本付息的财政压力；此后的地方政府债务将逐步归整为一般债务和专项债务；同时要建立地方政府性债务风险预警机制，建立债务风险应急处置机制，硬化预算约束，防范道德风险。

各省在转发《管理意见》的同时，也开始在上述政策的指导下，着手制定各自的债务管理办法，于 2015 年开始陆续出文。在这段时期，浙江省对于地方政府性债务的管理思路是遵照财政部下发的地方政府债券试点办法及相关配套文件执行（见表 7 - 14），同时继续按照《浙江省人民政府关于加强地方政府性债务管理的通知》《浙江省人民政府办公厅关于印发浙江省地方政府性债务管理实施暂行办法的通知》两份文件管控地方政府性债务风险。

表 7 - 14　　　　　**2005 ~ 2014 年浙江省关于地方政府性债务**
管理的文件梳理

发文日期	文件名称
2005 年 1 月 13 日	浙江省人民政府关于加强地方政府性债务管理的通知
2006 年 1 月 15 日	浙江省人民政府办公厅关于印发浙江省地方政府性债务管理实施暂行办法的通知
2006 年 12 月 25 日	浙江省财政厅关于开展化解乡镇政府性债务工作的通知
2008 年 2 月 28 日	浙江省人民政府办公厅转发省财政厅省教育厅关于化解义务教育债务意见的通知
2010 年 1 月 12 日	浙江省人民政府办公厅转发省发改委等部门关于进一步加强省属高校债务管理意见的通知
2011 年 11 月 11 日	浙江省财政厅关于印发 2011 年浙江省政府债券发行兑付办法的通知
2011 年 11 月 11 日	浙江省财政厅关于印发 2011 年浙江省政府债券招标发行和考核规则的通知
2012 年 9 月 11 日	浙江省财政厅关于印发 2012 年浙江省政府债券招标发行规则的通知
2012 年 9 月 11 日	浙江省财政厅关于印发 2012 年浙江省政府债券发行兑付办法的通知
2013 年 8 月 5 日	浙江省人民政府办公厅关于成立浙江省政府性债务审计工作领导小组的通知
2014 年 7 月 31 日	浙江省财政厅关于印发浙江省政府债券承销团组建及管理暂行办法的通知

综上，第二阶段地方政府债务的变化总体而言可以概括为：（1）受城镇化建设的持续推进与金融危机的影响，政府实施积极财政政策使得地方政府投资力度加大，原本的地方财政收支矛盾进一步加剧，导致这个阶段的地方政府性债务急遽扩张，资金来源渠道也是名目繁多，地方政府债务的管理相对混乱；（2）融资平台的城投债管理在此阶段经历了"井喷式增长—调整—整顿—剥离"的变化；（3）地方政府债券破冰，自 2009 年至 2014 年，历经"代发代还"—"自发代还"—"自发自还"的模式变化，在新《预算法》修订后正式入法，地方政府拥有了地方政府债券的发债权；（4）经全国审计署两次专项审计后，地方政府性债务管理开始迎来新阶段。

三、新预算法后的地方政府性债务的管理

（一）中央关于地方政府性债务管理的政策沿革

2015 年，新《预算法》正式实施，根据 2014 年的《国务院关于加强地方政府性债务管理的意见》文件精神，各地方政府分别推出当地地方政府性债务管理办法。如表 7 – 15 所示，各地政府文件中的表述基本体例都与国务院文件保持一致，表述也很相似。关键在于，虽然都有提及加强政府性债务管理，但是在政府债务的应急处置和救助责任方面，表述都还是比较笼统。例如，虽各省份地方政府性债务管理实施意见中都有"列入风险预警区"的地方该如何应对的表述，但经查阅各省份政府门户网站（除浙江省外），均未获及 2015 年前任何关于风险预警或应急预案的文件。也就意味着在此之前，各地方政府对于政府性债务的管理是比较松散、不透明的，也没有形成刚性硬约束。

表 7 – 15　　各省份关于政府性债务管理的应急处置与救助责任的表述

发文日期	省份	文件名称	关于救助责任的表述
2014 年 12 月 29 日	甘肃	关于加强政府性债务管理的实施意见	市县政府对其举借的债务负有偿还责任，省政府实行不救助原则。各级政府要强化预算约束，防范道德风险，制定应急处置预案，建立责任追究机制。要全面掌握资产负债、还本付息、财政运行等情况，及时跟踪风险变化，切实防范风险演变。市县政府难以自行偿还债务时，要及时上报，本级和上级政府要启动债务风险应急处置预案和责任追究机制，切实化解债务风险，并追究相关人员责任。债务风险应急处置预案由各级财政部门牵头制定，经本级政府批准后报省财政厅备案

续表

发文日期	省份	文件名称	关于救助责任的表述
2015年4月1日	辽宁	关于加强政府性债务管理的实施意见	列入风险预警名单的地区和部门，要全面查找管理问题，采取有力措施，通过控制项目规范、调整支出结构、压缩公用经费、处置存量资产等方式多方筹措偿债资金，逐步降低风险，严防出现债务危机。要制定债务风险应急处置预案，建立责任追究机制。出现偿债困难时，通过动用偿债准备资金、压缩公用经费、处置存量资产等渠道筹措资金及时偿还。省政府对市县级政府债务实行不救助原则。市县级政府难以自行偿还债务时，要及时上报，本级和上级政府要启动应急处置预案和责任追究机制，切实化解债务风险。债务风险应急处置预案由各级财政部门牵头制定，并报同级政府批准确定。市县级政府债务风险应急处置预案抄送上级政府及财政部门备案
2015年4月15日	广东	关于加强政府性债务管理的实施意见	市县政府对其举借的政府性债务负有偿还责任，省级政府实行不救助原则。各级政府要制定债务风险应急处置预案，建立债务违约责任追究机制。各级政府出现偿债困难时，要通过动用偿债准备金、压缩一般性支出、处置可变现资产等方式，多渠道筹集资金，确保债务偿还。市县政府确实无法偿还政府性债务的，要及时报告上级政府并抄送省财政厅，本级政府和上级政府应逐级启动债务风险应急处置预案，明确责任追究机制，切实化解风险，并追究相关人员责任
2015年6月7日	贵州	关于加强政府性债务管理的实施意见（试行）	市（州）政府、贵安新区管委会、县（市、区、特区）政府对其举借的债务负有偿还责任，省政府实行不救助原则。各级政府要及制定债务风险应急处置预案，建立责任追究制度，在出现偿债困难时，通过控制项目规模、压缩公用经费、处置存量资产、动用偿债准备金、债务重评估等方式，多渠道筹集资金偿还债务。各级政府确实难以自行偿还债务时，要及时上报，启动债务风险应急处置预案和责任追究机制，切实化解债务风险，并追究相关人员责任。对列入风险预警名单确定为政府性债务高风险的地区建立约谈制度，锁定债务余额，严格举债项目审批，通过制定本地区债务风险化解工作方案和应急处置预案及债务展期、项目再评估、谈判等债务重评估措施，延长债务期限，降低利率负担，减轻偿债压力，力争三年内将风险降低到可控范围内

续表

发文日期	省份	文件名称	关于救助责任的表述
2015 年 6 月 9 日	山西	关于加强政府性债务管理的实施意见	各级政府要制定方案和化解政府债务风险的应急预案，健全风险处置机制和责任追究机制，确保政府债务风险的有效应对和合理处置。出现偿债困难时，要通过控制项目规模、压缩公用经费、处置存量资产等方式，多渠道筹集资金偿还债务。难以自行偿还时，要及时上报，本级和上级政府要启动债务风险应急处置预案和责任追究机制，切实化解债务风险，并追究相关人员责任
2015 年 12 月 8 日	北京	关于加强政府性债务管理的实施意见	市政府对区政府债务原则上不实行救助。各级政府要落实偿债责任和风险防控责任，制定应急处置预案，建立责任追究机制。各级政府出现偿债困难时，要通过控制项目规模、压缩公用经费、处置存量资产等方式，多渠道筹集资金偿还债务
2015 年 11 月 30 日	福建	关于加强政府性债务管理的实施意见	市、县（区）政府对其举借的债务负有偿还责任，省政府实行不救助原则，对未按时偿还省级代为举借政府债务的市、县（区），省财政将在办理上下级财政结算时予以扣缴
2015 年 3 月 1 日	安徽	关于加强地方政府性债务管理的实施意见	市、县政府对举借的债务负有偿还责任，省政府原则上实行不救助原则。各级政府要制定应急处置预案，建立责任追究机制。各级政府出现偿债困难时，要通过控制项目规模、压缩公用经费、处置存量资产等方式，多渠道筹集资金偿还债务。市、县政府难以自行偿还债务时，要及时上报，本级和上级政府要启动债务风险应急处置预案和责任追究机制，切实化解债务风险，并追究相关人员责任
2016 年 1 月 15 日	吉林	关于进一步加强政府性债务管理的实施意见	省财政厅根据各地一般债务、专项债务、或有债务等情况，测算债务率、新增债务率、偿债率、逾期债务率等指标，评估各地债务风险状况，对债务高风险地区进行风险预警，并建立约谈制度。列入预警范围的高风险地区要认真排查债务风险点，制定化解债务风险工作方案，严格举债投资项目审批，加大偿债力度，逐步降低风险。债务风险相对较低的地区，要合理控制债务余额规模和增长速度。要硬化预算约束，防范道德风险，市、县级政府对其举借的债务负有偿还责任，省级政府实行不救助原则。市、县级政府要按照分级责任和"借、用、还"相统一原则，落实偿债责任和风险防控责任，制定应急处置预案，建立责任追究机制。各级政府出现偿债困难时，要通过控制项目规模、压缩公用经费、处置存量资产等方式，多渠道筹集资金偿还债务。市、县级政府确实难以自行偿还债务时，要及时启动债务风险应急处置预案和责任追究机制，积极化解债务风险，并追究相关人员责任

续表

发文日期	省份	文件名称	关于救助责任的表述
2016 年 2 月 2 日	黑龙江	关于对全省政府债务实行限额管理的实施意见	省政府对全省政府债务风险防控负总责，建立债务风险化解激励约束机制，全面组织做好债务风险化解和应急处置工作。列入风险预警范围的市（地）、县（市、区）政府（行署）要制定中长期债务风险化解规划和应急处置预案，在严格控制债务增量的同时，通过控制项目规模、减少支出、处置资产、引入社会资本等方式，多渠道筹集资金消化存量债务，逐步降低债务风险。市（地）、县（市、区）政府（行署）难以自行偿还债务时，要启动债务风险应急处置预案并及时上报省政府，确保不发生区域性和系统性风险

资料来源：郑春荣，《中国地方政府债务的规范发展研究》，格致出版社、上海人民出版社 2016 年版，第 125～129 页。

2015～2016 年，国务院、财政部多次发文，就《管理意见》中所提出的各项地方政府性债务管理要求逐一予以细化明确，具体如表 7－16 所示。包括地方政府专项债券与一般债券的预算管理办法及发行管理办法、政府债务限额管理、地方政府性债务风险应急处置预案、地方政府性债务风险分类处置、地方政府债务监管办法、地方政府一般债务与专项债务管理办法等，为各地方政府进一步细化研制促进地方政府性债务管理实施办法落地的各配套制度提供了重要的文件依据与宏观指导。

表 7－16　　　　**2015 年以来中央关于改革和规范地方政府债务管理的文件汇总**

时间	文件名称	重点摘要
2015 年 3 月 18 日	财政部关于印发《2015 年地方政府专项债券预算管理办法》的通知	（1）2015 年地方政府专项债券包括为 2015 年 1 月 1 日起新增专项债务发行的新增专项债券、为置换截至 2014 年 12 月 31 日存量专项债务发行的置换专项债券；（2）专项债券收入、安排的支出、还本付息、发行费用纳入政府性基金预算管理；（3）省、自治区、直辖市政府为专项债券的发行主体，市县级政府确需发行专项债券的，应纳入本省、自治区、直辖市专项债券规模内管理，由省级财政部门代办发行，并统一办理还本付息。经省级政府批准，计划单列市政府可以自办发行专项债券

续表

时间	文件名称	重点摘要
2015 年 4 月 8 日	关于印发《地方政府专项债券发行管理暂行办法》的通知	明确专项债券发行的流程规范，规范开展专项债券债项信用评级工作
2015 年 4 月 10 日	关于印发 2015 年地方政府一般债券预算管理办法的通知	（1）地方政府一般债券，包括为 2015 年 1 月 1 日起新增一般债务发行的新增一般债券、为置换截至 2014 年 12 月 31 日存量一般债务发行的置换一般债券（含为偿还 2015 年到期的地方政府债券本金发行的一般债券）；（2）一般债券收入、安排的支出、还本付息、发行费用纳入一般公共预算管理；（3）省、自治区、直辖市政府为一般债券的发行主体，市县级政府确需发行一般债券的，应纳入本省、自治区、直辖市一般债券规模内管理，由省级代发，并统一还本付息。经省级政府批准，计划单列市政府可自发一般债券
2015 年 12 月 21 日	关于对地方政府债务实行限额管理的实施意见	（1）确定地方政府债务总限额。对地方政府债务余额实行限额管理；（2）年度地方政府债务限额等于上年地方政府债务限额加上当年新增债务限额（或减去当年调减债务限额），具体分为一般债务限额和专项债务限额；（3）明确各国家机关的角色，对全国和各地方政府债务限额都做了明确的规定，加强地方债风险防范和处理、重申取消融资平台公司融资职能
2016 年 1 月 25 日	关于做好 2016 年地方政府债券发行工作的通知	各地要科学合理设定地方债发行规模，把控发行节奏，避免集中攻击，提高市场接受能力
2016 年 2 月 2 日	关于规范土地储备和资金管理等相关问题的通知	（1）存量土地储备债务，应纳入政府性基金预算管理，偿债资金通过政府性基金预算统筹安排，并逐步发行地方政府债券予以置换；（2）调整土地储备筹资方式，纳入政府性基金预算，从国有土地收益基金、土地出让收入和其他财政资金中统筹安排，不足部分在国家核定的债务限额内通过省级政府代发地方政府债券筹集资金解决；（3）明确了土地储备资金的来源渠道、使用范围、及项目预算管理

续表

时间	文件名称	重点摘要
2016 年 10 月 27 日	国务院办公厅关于印发地方政府性债务风险应急处置预案的通知	（1）再次明确地方政府债务分类、设立风险事件分级响应机制、提出地方财政重整计划、建立地方政府性债务风险责任追究机制；（2）明确地方政府债务地方自偿，中央不救助
2016 年 11 月 3 日	关于印发《地方政府性债务风险分类处置指南》的通知	依据不同债务类型特点，分类提出处置措施
2016 年 11 月 9 日	关于印发《地方政府一般债务预算管理办法》的通知	明确一般债务收入、安排的支出、还本付息、发行费用纳入一般公共预算管理
2016 年 11 月 9 日	关于印发《地方政府专项债务预算管理办法》的通知	明确专项债务收入、安排的支出、还本付息、发行费用纳入政府性基金预算管理
2016 年 11 月 24 日	关于印发《财政部驻各地财政监察专员办事处实施地方政府债务监督暂行办法》的通知	专员办根据财政部有关规定和要求对所在地政府债务实施日常监督。包括地方政府债务限额管理、预算管理、风险预警、应急处置，以及地方政府和融资平台公司融资行为
2017 年 4 月 26 日	关于进一步规范地方政府举债融资行为的通知	（1）地方政府融资担保清理整改工作须于 2017 年 7 月 31 日前到位；（2）加强融资平台公司融资管理，地方政府不得以公益性资产、储备土地注资，不得以预期土地出让收入承诺偿债，不得以担保函、承诺函、安慰函等任何形式提供融资担保；（3）规范政府与社会资本方的合作行为（PPP），地方政府不得以借贷资金出资设立各类投资基金，严禁利用 PPP、各类投资基金等方式违法违规变相举债，不得以任何方式承诺回购社会资本方的投资本金、承担社会资本方的投资本金损失、向社会资本方承诺最低收益，不得对有限合伙制基金等任何股权投资方式额外附加条款变相举债；（4）进一步健全规范的地方政府举债融资机制，一律采取在国务院批准的限额内发行地方政府债券方式；（5）建立跨部门联合监测和防控机制；（6）大力推进信息公开

时间	文件名称	重点摘要
2017 年 5 月 16 日	关于印发《地方政府土地储备专项债券管理办法（试行）》的通知	（1）2017 年先从土地储备领域开展试点，发行土地储备专项债券，规范土地储备融资行为，今后逐步扩大范围；（2）地方政府土地储备专项债券是地方政府专项债券的一个品种，是指地方政府为土地储备发行，以项目对应并纳入政府性基金预算管理的土地出让收入偿还的地方政府专项债券；（3）土地储备专项债券纳入地方政府专项债务限额管理
2017 年 5 月 28 日	关于坚决制止地方以政府购买服务名义违法违规融资的通知	（1）严禁将铁路、公路、机场、通信、水电煤气，以及教育、科技、医疗卫生、文化、体育等领域的基础设施建设，储备土地前期开发，农田水利等建设工程作为政府购买服务项目；（2）严禁将建设工程与服务打包作为政府购买服务项目；严禁将金融机构、融资租赁公司等非金融机构提供的融资行为纳入政府购买服务范围
2017 年 6 月 2 日	关于试点发展项目收益与融资自求平衡的地方政府专项债券品种的通知	（1）着力发展实现项目收益与融资自求平衡的专项债券品种，加快建立专项债券与项目资产、收益相对应的制度，打造地方政府"市政项目收益债"，防范化解地方政府专项债务风险；（2）地方政府专项债务余额不得突破专项债务限额；（3）分类发行专项债券建设的项目，应当能够产生持续稳定的反映为政府性基金收入或专项收入的现金流收入，且现金流收入应当能够完全覆盖专项债券还本付息的规模；（4）市县级政府确需举借相关专项债务的，由省级政府代为分类发行、转贷市县使用，市县级政府及其部门负责承担发行前期准备、使用管理、还本付息、信息公开等工作
2018 年 1 月 8 日	关于加强保险资金运用管理支持防范化解地方政府债务风险的指导意见	（1）鼓励保险机构购买地方政府债券，严禁违法违规向地方政府提供融资，不得要求地方政府违法违规提供担保；（2）开展保险私募基金、股权投资计划、政府和社会资本合作（PPP）等保险资金运用创新业务，要遵循审慎合规原则

续表

时间	文件名称	重点摘要
2018年 2月8日	关于进一步增强企业债券服务实体经济能力严格防范地方债务风险的通知	进一步发挥企业债券直接融资功能，不得将申报企业信用与地方政府信用挂钩，纯公益性项目不得作为募投项目申报企业债券，严禁采用PPP模式违法违规或变相举债融资，严格防范地方债务风险，坚决遏制地方政府隐性债务增量
2018年 2月24日	关于做好2018年地方政府债务管理工作的通知	继续遵照"开前门、堵后门、守红线"的思路，用13项举措来加强地方债全链条管理，严格规范地方政府举债行为，积极稳妥化解累积的债务风险，落实属地责任，遏制违法违规举债。在2018年完成地方政府债务置换工作

2017年，针对地方政府仍然存在的以出具安慰函、担保函、承诺函等方式为融资平台融资担保的行为，以及部分地区借着PPP模式或投资基金的名义变相违规举债的行为，财政部发布《关于进一步规范地方政府举债融资行为的通知》，从六大方面强调地方政府债务管理纪律，并限定地方政府于2017年7月31日前将此前融资担保行为整改到位。然而地方政府融资矛盾依然没有从根本上得到破解，地方政府违规举债的方式花式翻新，又出现通过政府购买服务的形式变相融资，财政部继而又发文遏制。由此可见，中央处于相对被动的状态。因而，财政部发布《地方政府土地储备专项债券管理办法（试行）》，试点发展项目收益与融资自求平衡的地方政府专项债券品种，加快建立专项债券与项目资产、收益相对应的制度，打造地方政府"市政项目收益债"，防范化解地方政府专项债务风险。

2018年，为进一步防范地方政府债务风险向金融系统扩散，财政部与保监会联合发文，鼓励保险机构购买地方政府债券的同时，严禁保险机构违法违规向地方政府提供融资，也不得要求地方政府违法违规提供担保。当保险机构开展保险私募基金、股权投资计划、政府和社会资本合作（PPP）等保险资金运用创新业务时，要遵循审慎合规原则。

PPP模式是充分利用社会资本参与政府投资的重要渠道，但是投资项目资金量往往都相当庞大，通常需要借助杠杆，这也就意味着可能会涉及企业发行债券融资。因而，国家发改委与财政部联合发文，进一步发挥企业债券直接融资功能，以增强企业债券服务实体经济能力，要求不得将申报发行企业债券的企业信用与地方政府信用挂钩，并明令纯公益性项目不得作为募投项目申报企业债券，严禁采用PPP模式违法违规或变相举债融资，严格防范地方债务风险，坚决遏制地方政府隐性债务增量。

2018 年 2 月 24 日，财政部下发《关于做好 2018 年地方政府债务管理工作的通知》，仍然遵照"开前门、堵后门、守红线"的思路，用 13 项举措来加强地方债全链条管理，妥善化解累计的债务风险。

（1）合理确定分地区地方政府债务限额。2017 年全国地方政府债务限额为 188174.3 亿元。其中，一般债务限额 115489.22 亿元，专项债务限额 72685.08 亿元。截至 2017 年 12 月末，全国地方政府债务余额 164706 亿元。其中，一般债务 103322 亿元，专项债务 61384 亿元；政府债券 147448 亿元，非政府债券形式存量政府债务 17258 亿元。[①]

（2）加快地方政府债务限额下达进度。国务院批准后下达的分地区地方政府债务限额，原则上应于 1 个月之内下达各市县级政府。

（3）积极利用上年末专项债务未使用的限额，结合项目对应的政府性基金收入、专项收入情况，合理选择重点项目试点分类发行项目收益与融资自求平衡的专项债券。

（4）落实全面实施绩效管理要求，"举债必问效、无效必问责"。

（5）推进地方政府债务领域信息公开，接受外界监督。

（6）加快存量地方政府债务置换进度。2018 年是地方政府存量债务置换的最后一年，各地应当尽早启动置换债券发行。债权人不同意在规定期限内置换为政府债券的，仍由原债务人依法承担偿债责任，对应的地方政府债务限额由中央统一收回；地方政府作为出资人的，在出资范围内承担有限责任。

（7）强化置换债券资金管理。

（8）健全地方政府性债务风险评估和预警机制。

（9）发挥地方政府财政重整计划作用，督促相关高风险地区通过实施一系列增收、节支、资产处置等短期和中长期措施安排，使债务规模和偿债能力相一致，恢复财政收支平衡状态。

（10）加快实现地方政府债券管理与项目严格对应，严格遵循地方政府举借的债务只能用于公益性资本支出的法律规定，地方政府债券发行必须一律与公益性建设项目对应，一般债券和专项债券发行信息披露时均要将债券资金安排明确到具体项目。

（11）稳步推进地方政府专项债券管理改革。继续推进发行土地储备和政府收费公路专项债券。合理扩大专项债券使用范围，创新和丰富债券品种，积极探索试点发行项目收益专项债券。

（12）完善地方政府债券本金偿还机制。在按照市场化原则保障债权人合法权

---

① 财政部预算司，http://yss.mof.gov.cn/zhuantilanmu/dfzgl/sjtj/201801/t20180117 _ 2797514. html，2018 年 1 月 17 日。

益的前提下，地方政府发行政府债券时可以约定到期偿还、提前偿还、分年偿还等不同形式的本金偿还条款，避免偿债资金闲置，防范资金挪用风险。

（13）大力发展地方政府债券市场。积极探索在商业银行柜台销售地方政府债券，推动地方政府债券投资主体多元化。

（二）浙江省关于地方政府性债务管理的政策沿革

自新《预算法》和《国务院关于加强地方政府性债务管理的意见》实施以来，浙江省政府积极研究制定与浙江省自身情况相符的、进一步加强地方政府性债务管理的相关制度。2016 年 5 月 13 日，浙江省政府下发《浙江省人民政府关于进一步加强地方政府性债务管理的实施意见》，进一步明确了全省地方政府债务管理的方向、目标、任务和要求，这是浙江省自 2005 年在全国率先以省政府名义下发加强地方政府性债务管理的办法后又一制度创新。而后，又陆续下发了《浙江省人民政府办公厅关于印发浙江省地方政府性债务风险应急处置预案的通知》《浙江省人民政府关于地方政府性债务风险管控与化解的意见》《中共浙江省委办公厅　浙江省人民政府办公厅关于严控地方政府性债务的意见》，构成统领性的四份制度纲领。此外，浙江省财政厅先后发布了 8 个债务管理配套文件，由此形成了全面加强地方政府债务管理的"4 + 8"① 新型制度体系，包括妥善处置存量债务、政府置换债券问题整改、债务风险预警和管控、财政奖惩办法以及重申严禁地方政府违法违规举债融资或担保等各项规定（见表 7 - 17）。

表 7 - 17　　　　　　　2015 年以来浙江省关于地方政府性债务管理的
"4 + 8" 制度体系

发文日期	文件名称
2015 年 5 月 8 日	（1）浙江省财政厅转发财政部关于印发《2015 年地方政府专项债券预算管理办法》的通知
2015 年 6 月 8 日	（2）浙江省财政厅转发财政部关于印发《2015 年地方政府一般债券预算管理办法》的通知
2016 年 3 月 22 日	（3）浙江省财政厅关于对 2015 年置换债券存在问题进行整改的通知
2016 年 4 月 18 日	（4）浙江省财政厅关于妥善处置地方政府存量债务有关问题的通知
2016 年 5 月 13 日	★浙江省人民政府关于进一步加强地方政府性债务管理的实施意见

---

① 财政部网站上有关于浙江省债务管理经验介绍中提到的"1 + 8"制度体系，是截至 2016 年底的制度体系框架。在 2017 年，浙江省委省政府进一步完善了制度体系，因而本书根据最新的文件内容予以调整。

续表

发文日期	文件名称
2016 年 5 月 19 日	（5）浙江省财政厅关于实施地方政府债务风险管控财政奖惩政策的通知
2016 年 7 月 5 日	（6）浙江省财政厅关于重申禁止地方政府违法违规融资举债及担保行为有关规定的通知
2016 年 8 月 2 日	（7）浙江省财政厅关于印发浙江省地方政府债务高风险地区化债计划管理考核办法和浙江省地方政府债务中低风险地区风险管控质量考核办法的通知
2016 年 11 月 1 日	（8）浙江省财政厅关于规范使用专项建设基金加强地方政府债务管理的函
2017 年 4 月 14 日	★浙江省人民政府办公厅关于印发浙江省地方政府性债务风险应急处置预案的通知
2017 年 7 月 9 日	★浙江省人民政府关于地方政府性债务风险管控与化解的意见
2017 年 10 月 20 日	★中共浙江省委办公厅　浙江省人民政府办公厅关于严控地方政府性债务的意见

注：★表示 4 份制度纲领。

浙江省在 2016 年建立了地方债风险"红、黄、绿"预警体系，明确地方政府债务率高于 100% 的市、县（市），为高风险地区，进行红色预警；债务率处于 95%（含 95%）~100% 的市、县（市），为中风险地区，进行黄色警示；低于 95% 的市、县（市），为绿色安全的低风险地区。省财政厅以 2015 年财政决算、债务余额等相关数据测算确定高风险地区市县名单。并按照"谁管得好（差）、谁风险低（高）、就奖励（扣减）谁"的原则，根据风险地区类型，建立激励与约束机制，实施与地方政府债务风险管控质量挂钩的财政奖惩政策。

一方面，对于被列入红色预警的高风险地区，原则上要求在 2020 年以前将地方政府债务风险指标降低到警戒线（100%）以内，在未达成目标之前，高风险地区不予增加地方政府新增债券，同时要制定应急处置预案和 5 年化债计划（2016 ~ 2020 年）。对于无法完成化债目标任务的高风险地区，启动追责机制，并按未完成程度分档扣减相应的财政资金。

另一方面，在 2016 ~ 2020 年期间，对中低风险地区地方政府债务风险管控实施财政奖惩政策，风险管控质量好的，省政府给予财政奖励，否则扣减财政资金。债务风险管控质量指标由债务率水平（60% 权重）、债务管理精准度（25% 权重）、债务管理机构和人员配置（15% 权重）组成。其中，债务率 =（一般债务余额 + 专项债务余额）÷ 债务平均年限/（一般公共预算可偿债财力 + 政府性基金预算可偿债财力）×100% 。

根据 2016 年 5 月 19 日下发的《浙江省财政厅关于实施地方政府债务风险管控财政奖惩政策的通知》，可整理出浙江省地方政府债务风险管控质量指标体系及评分标准（如表 7 – 18 所示）。从中可以看出，债务率水平指标与债务管理机构和人员配置指标的考评标准较为明确细致。但债务管理精准度指标就显得较为粗犷，不够严谨。因而，浙江省财政厅进一步细化"债务管理精准度指标"的考核要点与评分细则，并于 2016 年 8 月 2 日下发《浙江省财政厅关于印发浙江省地方政府债务高风险地区化债计划管理考核办法和浙江省地方政府债务中低风险地区风险管控质量考核办法的通知》，所附考核计分表如表 7 – 19 所示。

表 7 – 18　　　**浙江省地方政府债务风险管控质量指标体系及评分标准**

指标名称	考核对象	区间	得分
债务率水平指标 （60 分）	债务率（60 分）	95% ≤ 债务率 < 100%	30
		70% ≤ 债务率 < 95%	60
		60% ≤ 债务率 < 70%	50
		30% ≤ 债务率 < 60%	40
		债务率 < 30%	30
债务管理精准度 指标（25 分）	债务系统填报数据（包括季报、年报）情况（8 分）	及时、完整、准确	8
		相对较好	4
		较差	0
	债券资金及时、准确拨付（7 分）	是	7
		否	0
	完成省财政厅布置的各项债务工作任务情况（7 分）	及时、完整、准确	7
		相对较好	4
		较差	0
	上缴债券还本付息资金及时、准确（3 分）	是	3
		否	0
债务管理机构和 人员配置指标 （15 分）	有管理机构且专职人员 2 名及以上的		15
	没有机构，但有 2 名及以上专职人员		10
	没有机构，有 1 名专职人员的		5
	没有机构，也没有专职人员，只有兼职人员的		0

从新的文件中可以看出，浙江省对于市县地方政府债务管控考核指标体系已将中央管控地方政府性债务的主旨精神反映出来并具体量化到细处，管理水平达到了一定的高度。

表 7－19　浙江省地方政府债务中低风险地区风险管控质量考核计分表

考核内容		考核要求	计分办法
债务率水平指标（60分）		合理控制债务率	债务率控制在70%～95%之间（不含95%），加60分；债务率控制在60%～70%之间（不含70%），加50分；债务率控制在30%～60%之间（不含60%），加40分；债务率控制在30%以下（不含30%）或95%～100%之间（不含100%），加30分
债务管理精准度指标（25分）	债务系统数据填报（8分） 及时性（3分）	债务系统数据按照有关文件要求，在规定的期限内报送（含纸质报表）	超过期限报送的，每超过1天，扣0.2分；经催报后仍未报送的，每超过1天扣0.5分
	准确性（3分）	债务系统数据按规定填报，数据准确无误并符合政策要求	存量债务还本付息、新增债券支出情况、置换债券使用情况等其他情况填报不准确合政策要求，扣0.2分
	完整性（2分）	债务系统数据按要求填报完整	数据漏报的，每出错1次，扣0.5分；涉及盖章签字的，手续不齐全的扣0.5分
	完成省财政厅布置的各项债券工作任务（7分） 及时性（3分）	按照有关文件要求，在规定的期限内报送；临时报表的报送时间以临时通知要求为准	超过期限报送的，每超过1天，扣0.2分；经催报后仍未报送的，每超过1天扣0.5分
	准确性（2分）	工作按要求完成，数据填报准确无误并符合政策要求	表与表之间勾稽关系不平衡的，表内数据勾稽关系不平衡的，每出错1处，扣0.1分；表内数据填报不符合政策要求的，每出错1处，扣0.3分
	完整性（2分）	各项工作按要求上报完整	数据漏报的，每出错1次，扣0.5分；涉及文字的，内容不完整的，扣0.5分；数据不详细的，分析不翔实，未盖章签字，手续不齐全的，扣0.5分
	债券资金拨付（7分） 及时性（3分）	置换债券资金在一个月内全部支出；新增债券资金下达后在本年度内支出	置换债券资金下达后，次月底未支出的，扣1分；新增债券资金下达后，年底仍有资金结余的，扣3分
	准确性（4分）	债券按规定用途正确使用	置换债券出现混用、借用，以及楼堂馆所建设等非生产性支出的，扣2分；新增债券用于经常性支出的，扣4分
	上缴债券还本付息资金（3分）	各地应按规定于还本付息日前将债券还本付息足额资金入省级国库	各地应按规定于还本付息日的4个工作日前或省财政厅要求的日期前将债券还本付息资金足额缴入省级国库，否则扣3分
债务管理机构和人员配置指标（15分）		单独设立债务管理机构和配备专人负责债务管理工作	有管理机构且有1名专职人员专门负责债务专职人员的，得15分；有机构，有1名专职人员，低有2名及以上专职人员的，得7分；没有机构，有1名专职人员的，得5分；没有机构，只有兼职人员的，得0分。管理机构需有机构设立文件，专职人员需提供相关证明材料

2017 年,《浙江省人民政府办公厅关于印发浙江省地方政府性债务风险应急处置预案的通知》中,浙江省将可能出现的浙江省地方政府性债务事件级别划分为Ⅰ级(特大)、Ⅱ级(重大)、Ⅲ级(较大)、Ⅳ级(一般)四个等级,明示各个等级事件的具体情形,并明确应急响应措施与各相关部门的责任与财政重组计划。基本框架与《国务院办公厅关于印发地方政府性债务风险应急处置预案的通知》《财政部关于印发地方政府性债务风险分类处置指南的通知》保持一致,但具体责任分解部分又体现了本省实际省情。

《中共浙江省委办公厅　浙江省人民政府办公厅关于严控地方政府性债务的意见》中再次强调按照"负债有度、量入为出、收支平衡"和"谁借、谁还、谁管"的原则,更好地发挥政府性债务积极作用,妥善处理好加快发展与管控风险的关系,坚决守住不发生区域性财政风险的底线,确保全省地方政府性债务风险总体可控。同时,在这份文件中,首次提到了存量隐性债务的问题。对于此前政府和社会资本合作(PPP)、政府投资基金、政府购买服务中已经出现的不规范行为(如名股实债、违规担保、承诺回购等)要坚决纠正,由其形成的隐性债务要稳妥消化,且绝不允许新增任何形式的隐性债务。为加强政府财力监控,准确识别、及时防控地方政府运行风险,省委省政府同时也要求探索建立政府资产负债表,这也是很大的进步。为防止地方政府一把手届内的短视行为,省委省政府要求完善投资考核机制,并建立健全政府性债务问责、追责和查出机制,实行权责一致、党政同责、终身问责、倒查责任。

此外,浙江省财政厅为更好地防范债务风险、进一步规范 PPP 项目推进和专项基金使用,发布了一系列制度(见表 7 – 20),本书也将其视为政府性债务管理的辅助配套制度。

表 7 – 20　　浙江省关于政府和社会资本合作(PPP)规范制度汇总

发文日期	文件名称
2016 年 3 月 3 日	浙江省财政厅 浙江省发展和改革委员会 中国人民银行杭州中心支行关于在公共服务领域推广政府和社会资本合作模式的实施意见
2016 年 4 月 15 日	浙江省财政厅关于印发浙江省基础设施投资(含 PPP)基金管理办法的通知
2016 年 12 月 29 日	浙江省财政厅关于印发浙江省基础设施投资(含 PPP)基金投资退出管理规则的通知
2017 年 2 月 27 日	浙江省财政厅转发财政部关于印发政府和社会资本合作(PPP)综合信息平台信息公开管理暂行办法的通知

四、浙江省地方政府性债务管理的成效分析

（一）2005 年的地方政府性债务管理制度成效相对受限

纵向而言，2005 年浙江省政府出台关于加强地方政府性债务管理的相关制度，在全国范围内是率先之举，但在 2014 年之前的效果并不是很明显。在某种程度上来说，该政策对控制地方政府债务仅起到一个提醒的作用，而没有实质性的约束力，因而作用还是很有限的。特别是在政策出台的时候，浙江省的政府性债务主要构成是银行借款，而到了 2008 年受金融危机影响，中央推出了"4 万亿"计划，积极财政政策的实施催生了大量的融资平台债务，地方政府性债务规模也急剧膨胀，远超过了 2003 年前后的规模。债务的来源形式也都较先前发生了更多的异化与衍生，这就使得 2005 年的债务管理政策在 2008～2013 年这五年时间里的作用受限。

但也正是由于浙江省自 2005 年开始就已有相应的防范政府债务风险的制度文件，所以无论是从各省政府性债务总量规模的变化，还是从增速的控制方面来横向比较，浙江省对政府债务风险的防范成效又是显著的。

如前所述，地方政府举债搞新城新区建设与土地财政的壮大有密切关联。而对土地财政有较大依赖性的，并非只有一个浙江省而已。2008 年全国审计署第 4 号公告披露的《国有土地使用权出让金审计调查结果》中表明，北京、天津、上海、重庆、哈尔滨、合肥、济南、长沙、广州、南宁和成都 11 个市及其所辖 28 个县（市、区）在 2004～2006 年期间不同程度地存在欠征、减免和违规管理使用土地出让金等问题，一些地方违规协议出让经营性用地、"以租代征"农民集体土地和拖欠挪用征地补偿资金等问题时有发生。108.68 亿元出让金未按规定纳入财政管理，1864.11 亿元的土地出让净收益未按规定纳入基金预算管理，个别城市还为招商引资向企业"零地价"出让工业用地。而被审计的 11 个市中包括了直辖市、东中西部地区的部分省会，样本有一定的代表性和典型性。根据审计结果不难发现，这些地区同样也是大量依赖着土地财政，各地也都迫切地搞发展。然而，根据 2011 年和 2013 年的政府性债务专项审计结果，通过对比各省份的债务规模可以发现，浙江省的债务规模在各省份排名中并不算靠前（见表 7－21）。

表 7 – 21　　　　　**2010 年底各省份地方政府性债务余额结构**　　　　单位：亿元

	地方政府性债务余额	政府债务	或有债务	
		政府负有偿还责任的债务（Ⅰ类）	政府负有担保责任的债务（Ⅱ类）	政府可能承担一定救助责任的债务（Ⅲ类）
北　京	3745.45			
天　津				
河　北				
山　西	2452.37	949.26	1374.21	128.90
内蒙古	2841.70	1978.30	760.60	102.80
辽　宁	3921.60	2676.90	998.00	246.70
吉　林	3033.00	1858.80	999.00	175.20
黑龙江				
上　海				
江　苏				
浙　江	5877.78	4445.81	475.42	956.54
安　徽	3014.00	181.00		
福　建				
江　西				
山　东	4752.19	2587.39	1207.01	957.79
河　南	2915.74	1924.53	281.70	709.51
湖　北	4520.18	2908.00	1287.95	324.23
湖　南	4286.78	2042.34	818.32	1426.12
广　东	7502.96	5891.76	897.76	713.44
广　西	2756.13	1440.66	920.78	394.69
海　南	952.92	685.04	224.14	43.77
重　庆	2159.00	1782.00	252.00	125.00
四　川				
贵　州				
云　南				
西　藏				
陕　西				
甘　肃	1414.90	626.30	674.00	114.60
青　海				
宁　夏	622.11	371.64	170.24	80.23
新　疆	1362.63	812.11	487.08	63.44

资料来源：Wind 数据库。

在表 7 - 21 中，可以大致看到 2011 年专项审计得到的部分省份 2010 年底政府性债务余额。在 2013 年专项审计中，可以得到部分省份 2012 年底（见表 7 - 22）和所有省份 2013 年 6 月底两个时点的政府性债务余额。由于 2010 年底和 2012 年底的分省份债务规模数据并不完整，无法就各省份的债务规模做排序。因此，本节仅就 2013 年 6 月底的全国政府性债务余额做排序，结果如表 7 - 23 所示。

表 7 - 22　　　　2012 年底各省份地方政府性债务余额结构　　单位：亿元

	地方政府性债务余额	政府债务	或有债务	
		政府负有偿还责任的债务（Ⅰ类）	政府负有担保责任的债务（Ⅱ类）	政府可能承担一定救助责任的债务（Ⅲ类）
北　京	6970.96	5972.34	159.22	839.4
天　津				
河　北	6830.67	3657.18	933.6	2239.89
山　西	3543.94	1327.41	1921.99	294.54
内蒙古	4077.74	3070.26	761.07	246.41
辽　宁	6949.25	5148.65	1212.07	588.53
吉　林	4029.82	2573.5	916.28	540.04
黑龙江	3264.08	1834.65	967.52	461.91
上　海	8263.75	5184.99	538.22	2540.54
江　苏	12866.43	6523.38	964.26	5378.79
浙　江	5915.37	4323.22	294.53	1297.62
安　徽	4487.98	2559.86	565.29	1362.83
福　建	3573.63	1915.88	197.55	1460.2
江　西	3551.76	2227.28	803.96	520.52
山　东	6396.08	3970.4	1211.72	1213.96
河　南	4753.28	2993.45	273.68	1486.15
湖　北	6521.81	4262.5	736.06	1523.25
湖　南	6974.68	3157.31	691.85	3125.52
广　东	9550.98	6554.41	1008.56	1988.01
广　西	3922.09	1946.4	1125.12	850.57

续表

	政府债务	或有债务	
地方政府性债务余额	政府负有偿还责任的债务（Ⅰ类）	政府负有担保责任的债务（Ⅱ类）	政府可能承担一定救助责任的债务（Ⅲ类）
海　南	1230.9	916.93	226.5	87.47
重　庆	6694.66	3294.41	2095.84	1304.41
四　川	8002.78	5533.59	1585.07	884.12
贵　州				
云　南	5334.82	3502.41	409.46	1422.95
西　藏				
陕　西	5462.24	2403.76	920.53	2137.95
甘　肃	2462.42	942.9	410.26	1109.26
青　海	940.83	697.73	121.85	121.25
宁　夏	723.25	448.2	168.84	106.21
新　疆	2373.98	1435.78	687.64	250.56

资料来源：Wind 数据库。

表 7－23　　2013 年 6 月各省份地方政府性债务余额结构与排序　　单位：亿元

	地方政府性债务余额		政府债务		或有债务			
			政府负有偿还责任的债务（Ⅰ类）		政府负有担保责任的债务（Ⅱ类）		政府可能承担一定救助责任的债务（Ⅲ类）	
	规模	排序	规模	排序	规模	排序	规模	排序
北　京	7554.14	8	6506.07	4	152.05	30	896.02	19
天　津	4833.74	18	2263.78	22	1480.6	4	1089.36	16
河　北	7514.76	9	3962.29	11	949.44	13	2603.03	4
山　西	4178.5	23	1521.06	26	2333.71	1	323.73	25
内蒙古	4542.07	19	3391.98	16	867.27	15	282.82	27
辽　宁	7590.87	7	5663.32	5	1258.07	5	669.48	23
吉　林	4248.36	22	2580.93	19	972.95	12	694.48	21
黑龙江	3588.12	25	2042.11	24	1049.89	8	496.12	24

续表

| 地方政府性债务余额 | | 政府债务 | | 或有债务 | | | |
| | | 政府负有偿还责任的债务（Ⅰ类） | | 政府负有担保责任的债务（Ⅱ类） | | 政府可能承担一定救助责任的债务（Ⅲ类） | |
规模	排序	规模	排序	规模	排序	规模	排序
上　海	8455.85	4	5194.3	6	532.37	21	2729.18	3
江　苏	14768.74	1	7635.72	1	977.17	10	6155.85	1
浙　江	6928.37	12	5088.24	8	327.09	24	1513.04	12
安　徽	5297.32	17	3077.26	17	601.2	20	1618.86	11
福　建	4381.88	20	2453.69	20	243.73	26	1684.46	10
江　西	3932.49	24	2426.45	21	832.56	16	673.48	22
山　东	7107.8	11	4499.13	10	1218.68	7	1389.99	14
河　南	5541.94	16	3528.38	14	273.52	25	1740.04	8
湖　北	7680.78	6	5150.94	7	776.89	18	1752.95	7
湖　南	7737.29	5	3477.89	15	733.41	19	3525.99	2
广　东	10165.37	2	6931.64	2	1020.85	9	2212.88	6
广　西	4329.25	21	2070.78	23	1230.89	6	1027.58	18
海　南	1410.84	28	1050.17	28	225.26	27	135.41	29
重　庆	7360.27	10	3575.09	13	2299.88	2	1485.3	13
四　川	9229.62	3	6530.98	3	1650.9	3	1047.74	17
贵　州	6321.61	13	4622.58	9	973.7	11	725.33	20
云　南	5954.83	15	3823.92	12	439.42	22	1691.49	9
西　藏		31		31		31		31
陕　西	6093.79	14	2732.56	18	947.75	14	2413.48	5
甘　肃	2972.47	26	1221.12	27	433.8	23	1317.55	15
青　海	1057.65	29	744.82	29	160.52	29	152.31	28
宁　夏	791	30	502.2	30	180.55	28	108.25	30
新　疆	2746.15	27	1642.35	25	807.71	17	296.09	26

资料来源：Wind 数据库。

从地方政府性债务余额总量规模来看，排名在前 50% 部分的省份分别为江苏

（14768.74 亿元）、广东、四川、上海、湖南、湖北、辽宁、北京、河北、重庆、山东、浙江、贵州、陕西、云南（5954.83 亿元）。

进一步地，利用两次审计结果对 2010～2013 年 6 月期间各类地方政府性债务余额的增长幅度做了相应的测算，结果如表 7－24 所示。

表 7－24　　　2010～2013 年各类地方政府性债务余额的增长幅度　　　单位：%

	地方政府性债务余额		Ⅰ类债务		Ⅱ类债务		Ⅲ类债务	
	（1）	（2）	（1）	（2）	（1）	（2）	（1）	（2）
北　京	86.12	8.37		8.94		−4.50		6.75
天　津								
河　北		10.01		8.34		1.70		16.21
山　西	44.51	17.91	39.84	14.59	39.86	21.42	128.50	9.91
内蒙古	43.50	11.39	55.20	10.48	0.06	13.95	139.70	14.78
辽　宁	77.20	9.23	92.34	10.00	21.45	3.80	138.56	13.75
吉　林	32.87	5.42	38.45	0.29	−8.28	6.18	208.24	28.60
黑龙江		9.93		11.31		8.51		7.41
上　海		2.32		0.18		−1.09		7.43
江　苏		14.79		17.05		1.34		14.45
浙　江	0.64	17.12	−2.76	17.70	−38.05	11.05	35.66	16.60
安　徽	48.90	18.03	1314.29	20.21		6.35		18.79
福　建		22.62		28.07		23.38		15.36
江　西		10.72		8.94		3.56		29.39
山　东	34.59	11.13	53.45	13.32	0.39	0.57	26.75	14.50
河　南	63.02	16.59	55.54	17.87	−2.85	−0.06	109.46	17.08
湖　北	44.28	17.77	46.58	20.84	−42.85	5.55	369.81	15.08
湖　南	62.70	10.93	54.59	10.15	−15.45	6.01	119.16	12.81
广　东	27.30	6.43	11.25	5.76	12.34	1.22	178.65	11.31
广　西	42.30	10.38	35.10	6.39	22.19	9.40	115.50	20.81
海　南	29.17	14.62	33.85	14.53	1.05	−0.55	99.84	54.81
重　庆	210.08	9.94	84.87	8.52	731.68	9.74	943.53	13.87
四　川		15.33		18.02		4.15		18.51

续表

	地方政府性 债务余额		Ⅰ类债务		Ⅱ类债务		Ⅲ类债务	
	（1）	（2）	（1）	（2）	（1）	（2）	（1）	（2）
贵　州								
云　南		11.62		9.18		7.32		18.87
西　藏								
陕　西		11.56		13.68		2.96		12.89
甘　肃	74.03	20.71	50.55	29.51	−39.13	5.74	867.94	18.78
青　海		12.42		6.75		31.74		25.62
宁　夏	16.26	9.37	20.60	12.05	−0.82	6.94	32.38	1.92
新　疆	74.22	15.68	76.80	14.39	41.18	17.46	294.96	18.17
平　均	56.21	12.58	121.21	12.75	45.17	7.28	238.04	16.94

注：1. Ⅰ类债务表示政府负有偿还责任的债务，Ⅱ类债务表示政府负有担保责任的债务，Ⅲ类债务表示政府可能承担一定救助责任的债务。

2. 各类债务增幅的列（1）表示 2012 年底数较 2010 年底数的增长幅度，列（2）表示 2013 年 6 月底数较 2012 年底数的增长幅度。

通过比较可知，浙江省的政府性债务无论是总量规模或是增速，相较于其他省份而言，都表现出较好的控制力。在经过 2011 年全国地方性政府债务专项审计之后，不少省份的债务规模都有一定程度的缩减。例如，浙江省在 2012 年底时，政府负有直接偿还责任的Ⅰ类债务减少了 122.59 亿元，减幅约 2.76%；负有担保责任的Ⅱ类债务减少了 180.89 亿元，减幅约 38.05%。吉林、河南、湖北、湖南、甘肃、宁夏等省份负有担保责任的Ⅱ类债务在此期间也有不同程度的减少。但是在另一个时间区间，即自 2012 年底至 2013 年 6 月底，几乎所有省份的各类债务都有不同程度的反弹。

综上，可以认为 2005 年浙江省政府出台的政府性债务管理办法具有重要的积极意义，也使得债务管理工作有据可循，但是由于复杂的宏观环境与政府间竞争的现实矛盾，使得该制度的效果没能发挥到最佳状态。如同在吹一个气球，尽管双手捧球加以控制，但仍没有改变政府性债务不断膨胀的客观趋势。

当然，不能片面地认为地方政府性债务就如洪水猛兽一般可怕与危险，必须要客观地认同地方政府性债务为地方政府补充了大量财力，为经济社会发展起到了重要的作用。地方政府举债，必然说明其有资金需求。如同一片良田需水灌溉，雨水不能满足作物生长时，农夫会想借其他湖泊河流之水加以补充。倘若认为这些水量过大会淹死田地而索性堵上管渠口子，那么于外会形成堰塞湖不知何时会崩，于内会使农田干枯粮食歉收。如若不控水量，也确实会使田地受涝而无收。因此最佳策略即修好明渠、控制水量，合理利用外源。浅显之理亦适用于政府治理。因而，对于债务，不宜"谈债色变""避之不提"，而是应该正面事实，合理控制，宜疏不宜堵。

（二）2015 年后债务风险防控成效较为明显

1. 防促并举理念保证了地方发展经济的积极性

2015 年以来，浙江省对政府债务的态度发生了变化，从原来的"谈债色变"转变为积极的"防风险、促发展"的债务管理新理念。"防风险"是债务管理的最低要求，而"促发展"则是债务管理的最高要求。在"4+8"制度体系下，浙江省对于地方政府举债问题，从"怎么借""怎么用""怎么还""怎么管""怎么防"五大方面，都做出了清晰的回答并制定了严厉的措施。总体而言，浙江省此次债务风险管控制度改革是围绕国务院提出的"地方政府债务限额管理"核心要点，依照"债务余额≤债务限额"的公式分类管控，"防促并举"，既审慎又积极。

特别是在 2016 年建立了"红、黄、绿"三色系风险预警机制之后，将省以下各地市根据所显色号标注为高风险区（债务率高于100%的红色区域）、中等风险区（债务率低于100%、高于95%的黄色区域）、低风险区（债务率低于95%的绿色区域），对于不同风险区域采取分类管控的方法。此举既有差异性地管控地方政府债务，在防风险的同时又能保证地方发展经济的积极性。

2. 债务余额与债务率控制得当

根据浙江省财政厅 2015 年 12 月 8 日《关于提请审议批准浙江省 2015 年地方政府债务限额议案的说明》，截至 2014 年底，浙江省地方政府债务余额 8939.3 亿元，地方政府或有债务（包括审计口径中政府负有担保责任的债务以及政府可能承担一定救助责任的债务）6765 亿元。2014 年底，全省地方政府债务率为 91 2%，处于国际货币基金组织给出的安全区间（90%～150%）的下限附近，也低于浙江省 2005 年给定的警戒线标准（100%）。

由表 7-25 可知，2015 年中央核定浙江省地方政府债务年末限额 9188.3 亿元，在限额范围内发行地方政府债券 2796.6 亿元，其中新增债券 502.6 亿元、置换债券 2294 亿元（含在建项目建设债券 253.6 亿元），2015 年全省债务率 92.9%。

表 7 - 25　　　　　　　　2014～2017 年浙江省政府债务限额及余额情况

年份	债务限额（亿元）	债务余额（亿元）	一般债务（亿元）	专项债务（亿元）	债务率（%）	发行债券（亿元）		
						总额	置换	新增
2014		8939.3			91.20			
2015	9188.3				92.90	2796.6	2294	502.6
2016	9685.3	8390.8	4814.5	3576.3	90.90	4065	3572.3	492.7
2017	10488.4	9239.09	5159.55	4079.54	89.80	1991.37	1188.37	803

资料来源：根据浙江省财政厅、浙江省政府相关年份财政预决算报告中的原始数据资料整理而得。

截至 2016 年末，浙江省地方政府性债务余额为 8390.8 亿元，其中一般债务 4814.5 亿元、专项债务 3576.3 亿元，负有担保责任的或有债务余额为 3047.9 亿元。对比 2016 年国务院下达的浙江省政府债务限额 9685.30 亿元，浙江省实际债务余额低于债务限额。2016 年全省债务率为 90.9%。不难发现，尽管中央核定的债务限额较上年增加了 497 亿元，但全省实际债务余额和债务率都较 2014 年、2015 年有所下降。

2017 年末，浙江省地方政府债务实际余额为 9239.09 亿元，其中一般债务 5159.55 亿元、专项债务 4079.54 亿元。全省债务余额低于国务院核定的 2017 年度限额 10488.4 亿元。虽然总债务余额绝对规模上比 2016 年增加了 848.29 亿元，但债务率却较上年有所下降。2017 年全省债务率为 89.8%，低于浙江省设定的警戒线 10.2 个百分点，处于国际货币基金组织所认定的安全范围。

3. 优化债务结构降低融资成本

2015 年，浙江省政府开始发行地方政府存量债务置换债券，三批次[①]共计 2294 亿元，用于偿还经清理甄别确定的截至 2014 年底地方政府债务中 2015 年到期的债务本金，优先用于置换高息债务。由于 2008～2014 年地方政府存量债务主要通过融资平台公司向银行贷款或信托贷款等方式取得，融资成本较高，且举借方式不尽规范。通过地方政府置换债券的发行，有效化解了到期偿债压力和风险，也大幅降低了政府债务成本。据浙江省财政厅统计，浙江省发行的地方政府债券利率大部分在 3%～4%，其中公开发行的 3 年期最低 2.88%，定向发行 3 年期最低 3.24%，远远低于原有银行贷款的融资利率（约 8%）水平。按 2015 年债务置换额度计算，节约政府融资成本 300 多亿元。置换进度越快，资金使用效率越高，节

---

① 参见《浙江省财政厅关于做好第一批地方政府债券置换存量债务有关工作的通知》《浙江省财政厅关于做好第二批地方政府债券置换存量债务有关工作的通知》《浙江省财政厅关于做好第三批地方政府债券置换存量债务有关工作的通知》。

约的成本越多，促进民生改善、经济发展的作用越大。

　　浙江省的存量债务置换进度自 2015 年起就处于全国领先水平，截至 2016 年末，已完成置换的债务超过全省存量政府债务总额的 70%。到 2017 年末，省级存量债务已全部完成置换，全省存量债务也已基本上完成置换工作，比国务院原定时间表提前了整整一年。

　　从债券的期限分布看，2015～2017 年发行的地方政府债券较为均匀地分布在 5 年、7 年和 10 年，3 年期的债券发行额相对会少一些，约为中长期发行额的 1/3。从整个偿债周期上来看，债务分布较为均匀，债务期限结构趋向合理。未来十年内第一个偿债高峰期将出现在 2020 年，偿债金额为 975.24 亿元。

4. 省以下地方政府高度重视债务防控

　　如果说浙江省 2005 年出台的债务管理制度是一把放在橱窗里的剑的话，那么这一轮的债务管理就更像是一把达摩利斯之剑，具有实际震慑力。在财政部陆续公开查处重庆、山东、河南、湖北、贵州、江苏、江西、四川等地违法违规举债问题，并真刀实枪地问责追责之后，地方政府充分认识到中央对于地方政府债务风险防控的严肃性。浙江省委省政府亦是不断配套完善债务管控制度，下达至各县市。以往总会被冠以密级的政府债务管理方面的公文，常山县政府都能做到主动将其公开于政府门户网站上。这就说明了债务管理趋于透明化，不再是藏着掖着。

　　全省地方政府债务管理工作常态化，政府债务管理机构和队伍建设也逐步走上正轨。在奖惩考核机制下，过半数市县已建立了专门的政府债务管理机构，并配备专员管理，为依法科学管债夯实了人力资源基础。被列入红色预警的高风险地区，也在积极地抓化债计划的实施，同时也没有出现中低风险趋于红化的局面。2018 年，浙江省政府更是将地方政府债务管控列为重点督查内容之一。

　　综前所述，浙江省的政府性债务管理在全国范围内启动得最早，尽管前半段的管控效果不是太理想，但一直保有的这种审慎态度使得浙江省的债务风险一直处于可掌控范围内，也为这一轮的债务风险防控制度改革奠定了良好的基础。2015 年以后的这轮改革，可以说是有较为明显的成效，也值得不断推进，防促并举，为经济社会发展提供更好的资金动力。

五、地方政府性债务风险管理的前景分析

（一）强化地方政府信用，官员终生问责

　　2017 年习近平总书记在党的十九大报告中提出要坚决打好防范化解重大风险、

精准脱贫、污染防治的攻坚战，使全面建成小康社会得到人民认可、经得起历史检验。2018 年的政府工作报告中明示了三大攻坚战的作战图。

在这三大攻坚战中，防范风险列居首位。重大风险更多的是指系统性的金融风险。其风险源主要来自政府性债务、企业债务和民间非法集资。政府性债务中，政府负有直接偿还责任的 I 类债务大体上来说属于风险可控，但业界普遍认为地方政府信用较差。2018 年 5 月 19 日，"2018 中国企业信用发展论坛暨第九届诚信公益盛典"上，十一届全国人大财政经济委员会副主任委员贺铿表示，"地方债虽然不是很高，但是信用差。……国外的机构估计，我们的地方债大概是 40 万亿元，这应该是合理的，不高，但是地方政府就没有一个想还债的。"① 贺铿先生的观点并不能代表地方政府，但是却反映出一部分民众的心理预期。民众认为地方政府信用不足，这势必会推高地方政府债券利率，那么原本要通过地方政府债券置换原有高成本债务以降低地方政府债券资金成本的初衷就会难以实现。

更为重要的是，地方政府债务的还债模式基本上是通过"发新债换旧债"的方式展期债务，政府和民众陷于"庞氏骗局"，若新债发行受阻则极易引发地方政府违约、债务逾期。尽管中央三令五申对地方政府债务不救助，但地方政府仍没有完全打破中央纾困的预期，社会投资者也是如此。在这种预期下，地方政府和社会投资者都只是把地方政府债务看成是助推地方经济建设的"帮手"，而不会把它看成是摧毁地方的"黑手"。有些地方政府还会有抱怨的情绪，认为当下正值地方发展的上升期，必须要借助债务的杠杆力量，而中央对地方政府债务的高压管控，使得地方政府难以施展拳脚。然而，当地方政府没有足够财力支付到期债务的时候，失信于民的地方政府又会寄希望于中央出于稳定地方的考虑而给予紧急纾困。如此一来，不仅地方政府没有公信力，连中央政府也会一并变得没有公信力。

那么中央政府真能恪守声明，不管地方吗？这就需要一只可以儆猴的"鸡"来证明。目前为止，尚未出现完全呈现债务崩盘状态的地方政府，但的确已经有部分地方政府出现了违约债务，其中包括债务存量规模最大的江苏省和债务增长最快的贵州省。要完全打破地方政府关于中央纾困的预期确实比较难，但硬化地方预算约束并非完全无策。终生追责制就是一个比较可行的方法。

在中国式的晋升体制下，地方政府的主政官员不会完全视仕途为粪土，不惜代价地负债搞建设，并不完全是为了改善当地老百姓的生活，也不乏为自己将来的晋升赚筹码而谋划。在过往，地方经济发展的成效带来官员升迁，即所谓的"官出数字、数字出官"，先期举借的债务的偿还压力都是往后政府要考虑的事情，这就使官员们在短期任内肆意扩张债务。早在十年前的浙江省地方政府债务管理办法中

---

① 叶檀财经：《忧虑！天津地方或有负债率 600%！这颗雷什么时候炸？》，http://www.sohu.com/a/233974681_554746，2018 年 6 月 4 日。

就有提及相关责任人的追责，但现实中最多只能追责到仍在任内的地方政府官员的责任，一旦官员升迁到外省之后，就很难跨省追责。如果实行"终生追责"，无论官员升迁至何地，都需要对其曾经举借的债务负责任的话，官员们就会将举债行为及其后续的偿还责任纳入他的决策信息集中，调整行为策略的预期收益，短视行为将会得到纠正。

但这也可能会引发新的道德风险问题，即官员之间的不信任问题，需要提前防范。若前任官员举借的债务责任仅由举借人终生负责，也就意味着后任官员可以忽视前任所举借的、在其任内到期债务的偿还，因为责任不会由其来背负。周而往复的话，人心不稳，政府部门基本的稳定性和彼此之间的信任就会丧失。因此，建议举债官员终生追责制与届内官员负责制并行，即到期债务不论是否是当期主政官员举借的，都需要对其负责，不得违约。一旦出现违约情形时，从债务举借期的主政官员（无论升迁至何地）一直到债务到期应偿未偿出现违约时的历届主政官员都需要一并问责，其中举债官员负主要责任，违约期的官员负次要责任，其他往届官员负连带责任，具体司法细节参照行政诉讼法执行。

（二）严控国企债务，防范或有债务风险

直接债务有中央限额管控着，发生违约风险的概率相对而言会低一些，但或有债务就没那么让人放心了。根据 2013 年审计署的全国政府性债务专项审计报告，或有债务主要集中于省级（58.63% 的 II 类债务和 42.71% 的 III 类债务），举借主体主要为融资平台、国有企业和事业单位。随着融资平台融资功能的剥离，它也转型成为发展公司，同属于国有企业；而不断举债发展的事业单位也大多属于可以改企的非公益性的事业单位。因此，或有债务的主要来源可集中为国有企业。目前来看，政府投融资和国有企业投融资边界不清晰是政府隐性债务的主要根源。国有企业对于整个国家的经济发展以及金融业的安全都有着重要的决定性作用。但从业界来看，国有企业的债务信用问题却令人生忧。

穆迪 2016 年 8 月发布的报告显示，天津市地方国企总负债和当地财政收入之比已经超过 600%；紧随其后的是重庆、山西，负债率分别超过了 500% 和 400%。[1] 尽管穆迪认为中国国内债券市场的潜在震荡不大可能会触发系统性金融危机，但从这些数据看来，或有债务（即政府负有担保责任的 II 类债务和可能承担一定救助责任的 III 类债务）才是不知何时会引爆的大炸弹。而且，政府已经允许部分实力较弱的特别是产能过剩行业的国企违约，这让社会投资者更是吓出一身

---

[1]　Moody's, China Credit: Spillover from Potential Dislocation in Onshore Bond Market Would Be Limited, http://www.moodys.com/viewresearchdoc.aspx? docid = PBC_1028060.

冷汗。在社会投资者眼中，国企基本上不会违约，即便是到期无法偿还，政府也会兜底纾困。再加上部分地方政府为彰显政绩，为国企债务作出承诺或担保，这就使得社会投资者更加愿意往这个坑里跳。即便他们也认为很多地方政府财力不足、信用也不足，但是民众坚信"天底下没有哪个老子是真的可以不管儿子的"，国企不行了有地方政府，地方政府不行了还有中央政府。而当国企真的开始违约的时候，投资者们就会惊呼"玩真的！"冷汗涔涔。可是又过不了许久，债券市场又会慢慢恢复平静。因为大家又安慰自己：这些违约的只是炮灰级的小国企，有实力的大国企关系国民经济命脉，它们发行的债券才是或有债务的最主要组成部分，为了经济社会的稳定，政府一定不会坐视不理的。同样，也没见到哪个地方政府债券真的违约。于是，社会投资者们又回到原来的预期线上。国企的债务稳若金汤吗？其实暗流涌动，风险暗藏。目前，国企债券同其他企业债券一样仅在国内市场交易，并没有放开该市场的外币交易和国外直接投资，因而没有完全实现资本流动。但在人民币日趋国际化、货币政策不断改革的宏观经济大背景下，地方政府性债务可能会影响到整个金融系统，稍有不慎就可能引发系统性风险，甚至是起源于中国的全球金融危机。

从利率角度来看，国有企业与一般的民营企业或者是新创办企业所面临的贷款利率都是近乎相同的，那么国有企业的身份与地位就决定了其更容易获得银行贷款，更多的企业债务就会集中于国有企业。一方面，国有企业会将获得的资金转贷给其他民营企业或新创企业，形成"影子银行"而扰乱利率市场；另一方面，当民营企业或新创企业资金难以回流而无法偿还国企债务的时候，会出现资金链断裂，进而引发国有企业违约。当这些大国企或者央企出现巨额债务违约的时候，地方政府如若不救助，就可能引发链式反应，波及整个金融系统；若救助，或有债务就转成直接债务由财政兜底，且会纵容其他大型国企进一步扩大债务规模。

从货币政策来看，自人民币被纳入特约取款权（SDR）而成为全球第五货币之后，中国又与一带一路国家、能源输出国（如沙特阿拉伯）、金砖国家等国家逐步实现了跨境人民币直接结算，人民币国际化的趋势日渐分明。因而业界判断中国的独立货币政策将要进行从数量型货币政策向利率型货币政策转型改革。再结合"不可能三角"，中国实行的是以市场供求为基础、参考一揽子货币进行调节、有管理的浮动汇率，从某种程度上偏离了固定汇率，那么中国的政策组合就会转向独立货币政策与资本自由流动的组合。然而，中国并没有完全实现资本自由流动，因为国企债务并没有经过压力测试，若直接放开外币交易和国外直接投资，很可能会引发国企的债务问题。将来，若要进一步推动资本流动，就应当创造出一个稳定的债券市场以保证价值储藏功能的稳定。但真若如此，债券就会具备流动性，国企债务或者其他的地方政府债券都会转而货币化，那么地方政府债券的风险就会直接接入到金融系统中，加大发生系统性风险的概率。因此，必须要审慎管理国企债务，加强国企资金监管，谨防国企债务引发的或有债务风险。

（三）逐步完善地方政府债券市场，但不建议公债货币化

货币战争一直在持续，回顾 20 世纪两次石油危机以来不同发达国家和地区所采取的货币政策，可以发现 20 世纪 70 年代正值日本和西欧兴起，而美国国内利率处于较高水平且出现了巨额贸易赤字，不利于美国的经济成长，因而 1985 年的广场协议中美国要求美元相对贬值。对此，日本以低利率和宽松的货币政策回应，却踏入了"凯恩斯陷阱"，导致经济泡沫破灭，至今日本的巨额政府债务问题仍无法有效解决。无论是国企债券还是地方政府债券，一旦在债券市场上完全流动的话，就会催使公债货币化。然而历史经验告诉我们，低利率政策不但容易导致错误投资，还容易引发房市与股市泡沫，而人民币国际化下的公债货币化将使国内的货币供给量失控，届时房地产市场的资金链断裂就将引发系统性风险。

2017 年 1 月 6 日，中央国债登记结算有限责任公司（以下简称"中债登"）的副总经理柳柏树先生在中国财政学会投融资研究专业委员会举办的地方政府投融资创新与债务管理研讨会上表示，将采用"城际国债跨市场发行"加"集中托管"的业务模式，助力地方政府债大规模、高频率发行。此外，中债登还表明会配合协助财政部完善地方债发行管理制度，实现多地发行布局。除北京外，在上海、深圳陆续分设发行场所，配合各地近距离发行。这些举措都是降低地方政府债券发行成本的办法，属于地方债券发行管理上的创新，但应把握改革的节奏，不宜过快推进完全市场化。当地方政府债券完全流动后，就会实现公债货币化。但地方政府债券在定价机制或市场约束方面，都还不具备成熟的债券市场条件，存在严重的预算软约束问题。根据王永钦等（2016）的研究，中国地方政府债务的异质性违约风险，特别是地方层面的信息，包括经济发展程度、财政状况、房地产部门和土地市场的状况等因素，都没有在城投债的收益率价差中得到反映，说明中国的地方政府债务存在比较严重的软预算约束问题。而地方政府债务的整体违约风险却在其中得到了有效的定价，换言之，金融市场眼中并没有真正意义上的地方政府债，而都将其预期为国家债。这也就说明了地方政府债券管理制度本身就不完善，地方异质性违约风险被忽略，若过快实现完全市场化，这部分被忽略掉的风险可能会逐步增大，进而增加整体违约风险。因而，首先要完善地方政府债券的发行与管理制度，不宜急于给国债或地方政府债扩容，也不宜完全放开地方政府债券的流通与外币交易。

（四）加强对 PPP 和政府购买服务审查，严防隐性债务

财政部近年来力推的 PPP 模式（public-private-partnership），即"公私合营"，

是指政府与私人组织之间为了项目合作而形成的一种伙伴关系。选择合适的项目进行 PPP，实施政府部门和私人部门的合作，引入民间资本投资参与，拓宽基础设施等公共服务项目的资金筹集渠道，提高公共产品和公共服务的供给效率，将财政债务转化为企业债务，减轻地方政府的债务负担，也为治理地方政府债务找到了一个方向。从中国 PPP 项目的建设实践看，有成功的，有走过弯路的，也有一些失败的项目。究其原因，一是部分地方政府不区分政府付费类 PPP 与政府购买服务的差异，借用政府购买服务方式将公益基础设施建设项目包装成假 PPP 项目进行融资，实为地方政府隐性债务。二是在项目的选择和利益风险的共享方面没有经过详细的分析论证，甚至存在政府一味地想甩包袱，企业一味地追求高回报，而置公众利益和社会责任于不顾的现象。于是 PPP 项目民营企业参与度不足，而国企或央企的参与比例过高，民营企业的社会资本难以真正发挥作用。

PPP 项目可以通过使用者付费或者政府付费两种方式来回报社会资本方。其中，政府付费类项目中还有一种是使用者付费不够时，由政府支付或者补贴。而政府购买公共服务是指政府通过公开招标、定向委托、邀标等形式将原本由自身承担的公共服务转交给社会组织、企事业单位履行，以提高公共服务供给的质量和财政资金的使用效率，改善社会治理结构，满足公众的多元化、个性化需求。由此可以看出，政府付费类的 PPP 并不等同于政府购买服务，金融服务、银行贷款更不是政府购买服务。另外，根据中央的规定，PPP 项目当中政府支付责任不能超过本地公共预算支出的 10%，而政府购买服务并无 10% 的约束。因而，不能混为一谈。

另外，作为 PPP 项目的合作方之一，政府部门的角色是多元的，其既是公共政策的制定者，又是具体项目的参与者，即所谓的既是裁判员又是运动员，如果缺乏政府公信力，缺少基本的契约精神，合同内容随意修改，政策刚性任意破坏，就会增加社会资本投资 PPP 项目的风险，无法调动社会资本投资政府公共项目的积极性，就算引入了社会资本，也会导致 PPP 项目的失败。政府在项日建设初期，为了吸引社会资本的加入，除了会在具体的合同中约定相关条款外，还有可能会对加入 PPP 项目的企业附带额外的承诺，但是在社会资本投入具体项目后，有时就会对那些额外的承诺只部分兑现，甚至完全不予兑现。由于政府选定运用 PPP 模式一般都是那些建设周期较长、资金投入较大的项目，社会资本的逐利性必然要求参与 PPP 项目的资金回报，而政府对于承诺的兑现程度和兑现速度给企业带来的危害有时是巨大的，甚至会成为压垮企业的最后一根稻草。有时还会造成一种负面典型，对闲置量大、逐利性要求高的社会资本进入 PPP 项目造成沉重打击，这是 PPP 模式面临的风险之一。

此外，在我国的政治生态环境中，政府既有几年一次的全面换届，也会有不定期的小范围调整。而某地党政领导换届后，由于发展思路的转变，会引起政策导向发生改变，特别是对不同项目的重视程度会发生改变，政策刚性不足，随意性较大，也会使得社会资本对参与 PPP 项目顾虑重重。更有甚者，会有地方政府对相当一部分其实并不具备 PPP 条件的项目，通过包装生拉硬扯、生搬硬套使之看起来符合 PPP 的要求，其真实目的就是想套政策、抢资源。因此，既会影响真正 PPP 项目的实施，影响社会资源的合理有效配置，最终影响上级政府部门的宏观经济决策；也会直接影响政府的公信力，让政府部门失去诚信，不利于社会诚信建设。让社会怀疑推广 PPP 模式是单纯为缓解债务压力的"甩包袱"，导致社会资本参与 PPP 项目的信心严重不足。而且，政府与社会之间的信息不对称更加重了社会资本对政府的不信任，降低了其投资意愿。所以，现在的 PPP 项目渐渐演变为政府与国企或央企之间的"PPP"，在项目论证时财政承受能力论证几乎是走过场，这就把 PPP 又变回到原来的政府通过国企或融资平台举债的旧路上。

更为重要的是，按照现行的财政制度，PPP 项目的政府承诺支出并不在地方政府债务统计之列。但 PPP 对于地方政府财政运行的冲击和地方政府债务一样，都要还本付息。因而，对于 PPP 项目，尽管政府承诺不是地方政府债务，但一定要视同债务来进行监管。现阶段尽管绕不开国企或央企的参与，但一定要逐步改进 PPP 制度，真正吸纳社会资本参与进来，逐步减少国企或央企过高的比例。再者，明确政府付费类 PPP 与政府购买服务的差异性，严禁假 PPP 项目，遏制隐性债务的滋长。

（五）结合房地产市场宏观调控，管控地方政府债务风险

最后，有必要回归到本章伊始所述及的房地产市场问题。房地产景气程度是关联地方政府债务与地方经济增长的重要纽带。楼市与股市是闲置的民间资本最容易流去的两个投资方向，因而也带来了近十年来两市波动与经济不稳。2003～2013间，房地产业的投资带动了一大片地方经济的增长与周边产业链的发展，也带动了土地出让价格的节节攀升与地方政府性基金预算收入的大幅增长。大多数地方的土地出让金收入占到当地政府性基金预算收入的 80% 以上，有些甚至接近 98%。政府性基金预算收入是地方政府偿债资金的重要来源。若房地产市场发生剧烈波动，地方政府债务违约风险就会随之而来，美国的次贷危机就是最好的例证。

房地产市场的宏观调控，不是指单方面的压低房价或平稳房价。事实上，房价同样是市场客观需求的反映结果，人为地逆向调控，违背市场价格变动规律，可能会适得其反。民众抱着逆反心理做投资决策，即政府越刻意压制房价，民众就越会预期房价会上涨，即套利空间越大，投资意愿也就越强。但高企的房价也明显地蚕食了普通居民的居住权，望房兴叹的同时越发担忧房市的泡沫何时会破灭。当房价出现断崖式下跌时，首先受到影响的其实是中小企业。他们大多通过房产抵押贷款

进行资金周转，一旦房地产不景气，其房产评估价值就会大幅缩水，银行也会缩紧信贷规模以减少坏账。但对于企业来说，银行缩贷就意味着他们的周转资金出现缺口，若其上下游的几家关联企业所在地的房地产市场同时期出现同向异动的话，就会导致该企业资金链断裂。中小企业是浙江省民营经济的主体，若大量中小企业破产倒闭，地方经济发展就会受到重挫，税收收入也会缩减。而敏感的房地产投资者尤其是社会游资，就会撤出资金。这种釜底抽薪的举动又会进一步加剧经济形势的恶化，政府性基金预算收入也必然会大幅下滑。如此一来，一方面，一般公共预算和政府性基金预算的收入齐减，若国有企业转贷给其他中小企业的资金也涉及其中的话，就会引发严重的债务违约风险。另一方面，地方政府存量债务中就有相当一部分是以未来的土地收益为质押获得的银行贷款，打压房价之后就会直接导致这部分存量债务坏死，对银行构成最直接的威胁。

如此来看，维持高房价好像是抑制地方政府债务风险的重要手段？这似乎有悖于社会公平，但也的确是不少地方政府所面临的窘境，土地财政成了地方政府无奈的选择（赵燕菁，2014）。但土地财政并非长久之计，也不可能不顾广大民众的利益来维护政府的运转，这就势必要求要稳妥处理房地产市场的宏观调控。要把楼市的泡沫与居民的正常需求分离开来，让房价较为客观地反映居民的居住需求，房产税改革、户籍制度改革与保障性住房改革同时并举地联动作用，稳定住房供给，租售同权或并行先租后售的保障性住房政策。更为重要的，是要实现地方产业结构的转型与升级，借助更高端、更绿色的产业来实现城市发展的资本积累，进而替代土地财政的融资功能，从而实现房地产业对地方政府债务风险的关联解除。

六、本章小结

近年来，地方政府性债务的迅速扩张及其可能出现的违约风险已成为国内外密切关注的问题，管控地方政府债务风险是保证地方经济平稳发展的重要要求。中国的地方政府性债务的违约风险主要始于 1994 年的分税制改革，恶化于 2008 年全球金融危机之后"4 万亿"计划的实施，规范于 2014 年《预算法》修订后。本章以 1994～2008 年、2009～2014 年、2015 年新《预算法》实施后三个阶段分别阐析了浙江省地方政府性债务的形成、发展及管理。

浙江省早在 2005 年就已以省政府的名义发文加强地方政府性债务管理，从制度层面采取防控措施以防微杜渐，是全国地方政府中最先直面地方政府性债务风险问题的省份，具有重要的积极意义。尽管由于复杂的宏观环境与政府间竞争的现实矛盾而使得该制度的效果没能发挥到最佳状态，但正是得益于这些制度的约束，无论是从各省政府性债务总量规模的变化或是从增速的控制方面来横向比较，浙江省对政府债务风险的防范成效又是显著的。2014 年后，中央对地方政府性债务的管控思路明确为"开前门、堵后门、修明渠"。浙江省政府又建立了"4 + 8"制度体系进一步加强地方政府性债务管理，防促并举。这一轮的债务管控取得了显著成效，为经济社会发展提供了更好的资金动力。浙江省的地方政府债务管控经验对于全国来说具有重要的示范作用。当然，地方政府债务的违约风险依然存在，因而各级政府仍需不断完善制度，多管齐下，强化预算约束，规范地方政府债务的发展，防控各类风险。

参考文献

［1］龚强、王俊、贾珅：《财政分权视角下的地方政府债务研究：一个综述》，载于《经济研究》2011 年第 7 期。

［2］刘尚希、赵全厚：《政府债务：风险状况的初步分析》，载于《管理世界》2002 年第 5 期。

［3］王永钦、戴芸、包特：《财政分权下的地方政府债券设计：不同发行方式与信息准确度》，载于《经济研究》2015 年第 11 期。

［4］王永钦、陈映辉、杜巨澜：《软预算约束与中国地方政府债务违约风险：来自金融市场的证据》，载于《经济研究》2016 年第 11 期。

［5］魏加宁：《地方政府债务风险化解与新型城市化融资》，机械工业出版社 2014 年版。

［6］杨志勇、杨之刚：《中国财政制度改革 30 年》，格致出版社、上海人民出版社 2008 年版。

［7］郑春荣：《中国地方政府债务的规范发展研究》，格致出版社、上海人民出版社 2016 年版。

［8］叶檀财经：《忧虑！天津地方或有负债率 600%！这颗雷什么时候炸?》，http：//www. sohu. com/a/233974681_554746，2018 年 6 月 4 日。

［9］赵燕菁：《土地财政：历史、逻辑与抉择》，载于《城市发展研究》2014 年第 1 期。

［10］Brixi, Hana Polackova, 1998, "Contigent Government Liabilities: A hidden Risk for Fiscal Stability" (No. 1989), World Bank Publication.

［11］Moody's, China Credit: Spillover from Potential Dislocation in Onshore Bond Market Would Be Limited, http：//www. moodys. com/viewresearchdoc. aspx? docid = PBC_1028060. 2016 – 8 – 1.

［12］Weingast, R. , 2009, "Second Generation Fiscal Federalism: The Implication of Fiscal Incentives", *Journal of Urban Economics*, vol. 65, pp. 279 – 293.

第八章

温岭参与式预算改革的历史沿革与发展成效

　　温岭参与式预算改革作为我国地方人大基层公共预算改革和预算协商民主的典范，引起了全国各级人大、媒体与社会各界的广泛关注和持续追踪。全国人大常委会预算工委、法制工委曾多次组织人员对温岭参与式预算改革进行专题调研，全国人大财经委副主任委员尹中卿给予温岭参与式预算改革高度评价。他认为，温岭的参与式预算改革探索是把现行的人民代表大会制度这种间接民主同基层人民群众这种原创性的基层民主比较好地结合起来，它为人民群众管理国家事务、管理经济和文化事业、管理当地的社会事务提供了一个很好的载体和平台，同时也为各级人大和人大常委会比较好地行使监督职权尤其是政府预算监督职权提供了一个突破口。政府、学界和众多国内外知名媒体也对温岭参与式预算改革进行了深入持续关注。

　　温岭市的参与式预算改革创新自1999年始已硕果累累，参与式预算已经在温岭市全市16个镇（街道）全面推广，在市级14个部门实行部门预算民主恳谈，32个部门预算在人大代表联络站开展征询恳谈，10个部门预算草案提交人大常委会初审并票决，20个部门预算提交人代会专题审议，8个部门预算在人代会上由全体人大代表票决通过，全市各镇（街道）和所有一级预算单位及其下属单位的预决算及"三公"通过网络和报纸等渠道向全社会公开。①

一、温岭参与式预算的起源与发展

（一）参与式预算的萌芽阶段（1999～2005 年）

1999 年，浙江在全省开展"农业农村现代化主题教育"活动，温岭市委宣传部创新教育形式，选择在松门镇试点，由干部和民众进行面对面沟通交流，称为"农业农村现代化教育论坛"。在论坛前 5 天贴出通告告知民众，并明确论坛遵循自愿参加、自由发言、有问必答的原则；论坛进行当天气氛特别热烈，不仅 250 人的座位座无虚席，楼梯过道上也坐了很多人，镇领导告诉大家"什么问题都可以提"，因此，村民们讨论了诸多议题，包括村镇建设、邻里纠纷、工商罚没等。到年底，松门镇村民已经将论坛作为"松门镇的焦点访谈"，且在村民强烈支持下变成了一季度一次。因为松门镇的试点效果非常好，"便民服务台""民情直通车""农民讲坛"等类似的官民对话在温岭迅速发展，后来这些活动名称统一为"民主恳谈"，其本质是建立了一种官民的对话机制，这为农村集中性思想政治教育找到了创新点。

2000 年 12 月 25～26 日，温岭市委与浙江省委宣传部、浙江日报社联合召开"用民主方法加强和改进农村思想政治工作研讨会"，在与会专家们的实地观摩与讨论之后，将以"农村思想政治工作"为核心的"民主恳谈"拓展深化到以"基层民主政治建设"为中心的官民对话。2001 年温岭市委发布《中共温岭市委关于进一步深化"民主恳谈"活动加强思想政治工作推进基层民主政治建设的意见》，2002 年发布《中共温岭市委关于进一步深化"民主恳谈"推进基层民主政治建设的意见》，进一步从制度上肯定并推进"民主恳谈"。"牧屿山公园建设民主恳谈会"被认为是"民主恳谈"的首次转型，在这次恳谈会上，武汉市城建规划设计院的专家首先介绍了《牧屿山公园的初步建设方案》，牧屿镇政府主要负责人进行了补充说明，接下来参与恳谈的 100 多名民众就公园的初步建设方案进行了热烈讨论，提出了涉及公园的建筑设计风格、相关的配套设施建设等 35 条具体的意见和建议，牧屿镇政府负责人高度重视，会同市建设局、武汉设计院的专家对这些意见建议进行了认真研究和论证，最后采纳了 17 条，这次恳谈会得到了牧屿镇党委、政府和民众的高度认同，牧屿镇也因此获得温岭市 2001 年的创新奖，温岭市进一

---

① 根据温岭市人大常委会提供的资料整理得到。

步将牧屿镇成功探索的做法和经验向温峤、新河和松门等地推广①。2004 年 9 月 29 日，《中共温岭市委关于"民主恳谈"的若干规定（试行）》颁布，市委对各层次民主恳谈的议题、程序、实施和监督都进行了规范，各镇在此基础上结合自身实际出台了具体的实施意见，自此，民主恳谈开始向全市推广。

这个阶段，基于官民对话为核心内涵的民主恳谈从最初的农村集中性思想政治教育发展到引导和组织公众参与政府的公共决策，通过民主恳谈与镇人大的结合，将公众参与政府公共决策纳入现行制度框架之内，并制度化、规范化、程序化，从而提高公共决策的科学性和民主性，民主恳谈会也成为社会管理、公共治理的重要平台。

（二）参与式预算的产生阶段（2005～2008 年）

1. 新河镇参与式预算改革

（1）2005 年新河镇参与式预算改革拉开大幕。2005 年，温岭市新河镇开始探索将民主恳谈和公共预算相结合，即以民主恳谈为平台，以基层人大制度为引导，将民主恳谈引入镇人民代表大会，运用民主恳谈的方式讨论并审议政府预算。从此，温岭的参与式预算改革拉开大幕。

2005 年 7 月 27 日，温岭市新河镇召开第十四届人民代表大会第五次会议，参会人员除了新河镇 90 名镇人大代表之外，还有 193 名群众代表参与旁听，他们主要是各村的村干部、镇行业协会、企业负责人和部分村民②。会上，所有与会代表都拿到了《2005 年财政预算草案报告》和《新河镇 2005 年财政预算（说明）》（以下简称《说明》），《说明》相对比较细致，在每项支出后都解释了支出的具体用途。各位人大代表在听取分管财政的副镇长的预算报告和认真阅读预算之后，开始对镇政府主要领导就旅游、文化建设、教育投入、城市公共建设、城市土地规划以及政府的行政管理等方面进行询问。代表们讨论热烈，前后有 18 位人大代表进行了发言③。列席人员虽然按规定是不能直接发言的，但是由于会场的讨论氛围比较热烈，也有几位列席人员进行了直接提问。从代表们提问的具体内容来看，主要集中在与村民们自身生活紧密相关的方面，如增加政府相关建设项目的投入、减少政府行政支出。针对代表们的提问，镇领导都进行了解答，对一些要求在文体事业、慈善事业上增加投入的问题，相关的镇领导当场允诺政府会适当考虑增加预算投入。针对代表们对政府行政管理费用过多的询问，镇主要领导仔细解释了镇政府的用车困难问题以及增购新车的计划，同时表示政府会在这方面尽量削减开支，减少政府自聘人员。针对新河镇比较突出的自来水供水系统改造问题，相关部门的领

---

① ② ③ 根据温岭市人大常委会提供的资料整理得到。

导解释了工作的困难，表示政府会进行考虑，争取尽快解决问题。

会议结束之后，镇政府马上召开了镇政府领导班子和人大预算审查小组的联席会议，旨在根据代表们所提的意见对预算进行修改，形成了《关于2005年财政预算报告项目调整的说明》，在随后的第三次会议上，这份说明发到了所有参会人员手中，在人大主席团审议预算修改方案后，人大代表再对政府预算报告进行表决。这次会议的另一成效是通过了《关于设立新河镇人大财经小组的决议》，镇人大主席团提名财经小组成员并在会上表决通过，财经小组的主要职能有：随时向镇政府了解财政预算执行情况；监督预算执行情况；及时报告预算执行过程中的重大变动、新增预算以及其他重大事项；参与编制下一年度的财政预算。

按照制度规定，新河镇11月3日召开了预算执行情况民主恳谈会，由镇政府向财经小组成员和代表汇报1~9月的预算执行情况，并接受与会代表的询问。这次恳谈会有70余人参加，包括镇人大代表、镇人大财经工作小组以及自愿参加的村民[1]。这次会议将民主恳谈延伸到预算执行环节，更加夯实了基层人大预算监督的效果；但同时，这次会议的参会人数（代表出席人数未过半数）、参会人员（部分由财经小组事先确定）、会议程序等都不尽规范，还只是一种实践探索。

（2）2006年新河镇参与式预算改革优化。2006年，新河镇在2005年参与式预算改革基础上，在前期准备工作、预算民主恳谈的程序、预算执行环节的民主恳谈等方面都进行了完善和优化。

首先，夯实了预算民主恳谈前的基础工作。新河镇政府做了五方面的改进：一是起草新河镇财政预算民主恳谈实施办法（草案），对预算民主恳谈、预算执行与监督的原则、程序、形式、内容进行了制度化规定；二是培训人大代表和公众；三是发布告示广泛邀请公众参与；四是邀请镇人大代表和各村村委会员参加；五是加强镇人大财经小组的力量，在原有三名成员的基础上，又吸收三位新成员，具体负责预算民主恳谈初期的组织工作，并在人代会期间向全体代表报告预算民主恳谈初期的情况。

其次，规范了以民主恳谈为基础的人大预算审查程序。2006年3月新河镇第十四届人民代表大会第六次会议召开，拟定并在镇人大预备会上通过《新河镇预算民主恳谈实施办法（试行）》（以下简称《办法》），明确了人大预算审查程序，具体改革包括：一是由人民代表成立人大财经小组；二是人代会之前，财经小组组织预算报告初审民主恳谈会并形成预算初审报告；三是人代会期间，镇人大主席团组织人大代表进行民主恳谈，审议政府预算报告；四是镇人大主席团、镇政府召开联席会议，由政府形成预算修改方案。《办法》还规定五名以上代表可联名提出预算修正议案，预算修正的权限包括：否定、削减、增加（但必须同时提出其他项目支出

---

① 根据温岭市人大常委会提供的资料整理得到。

的削减），预算修正议案经过主席团审查通过，交付大会表决，如获二分之一以上代表赞成通过，镇政府将根据大会通过的修正议案修改预算草案，提交大会表决。

最后，优化了预算执行环节的民主恳谈。2006 年 7 月下旬，新河镇举行"新河镇人民代表大会预算中期执行民主恳谈会"。会前安排部分人大代表实地考察了当年预算确定的几个项目，然后由财经小组组织代表对政府预算调整草案进行初审讨论，大会最后表决通过了镇政府的预算调整方案。尽管这个时期预算执行环节的民主恳谈和人大监督还非常的不成熟，但在讨论会上，代表们的参与积极性、发言人数和发言内容都有不同程度的提高，人大代表对预算恳谈形式的认同度也有明显增加。

新河镇的参与式预算改革就是将民主恳谈和人大预算的审查结合起来，并根据地方人大对预算审查的预算初审和大会审议两个阶段，将预算民主恳谈会也分为两个阶段，预算报告初审民主恳谈和人民代表大会预算民主恳谈。

2. 泽国镇参与式预算改革

温岭泽国镇的参与式预算改革探索历程独具特色，改革的起因是因为预算资金相比于拟安排项目所需经费存在较大缺口，因此交由民众讨论决定。2005 年初，泽国镇政府计划新建 30 个年度城镇基本建设项目，并聘请了 12 位专家对这 30 个项目进行可行性方案研究，提出各项目的资金预算。经过测算汇总共需资金 13692 万元，而当时泽国镇政府预计可筹措的城镇基本建设项目资金仅有 4000 万元，差额为 9692 万元[①]。为了解决镇政府面临的财政"窘境"，泽国镇政府决定在民主恳谈的基础上，把公众代表直接纳入此次城镇基本建设项目的预算决策。

泽国镇首先确定了用乒乓球摇号[②]的方式产生公众代表，确定了 275 名民众代表。泽国镇人大在会前 15 天向 275 名民众代表发放"城镇建设项目预算调查问卷"；在会前 10 天又向 275 名民众代表发放了 30 个城镇基本建设项目的说明材料和专家委员会提供的中立的项目介绍。4 月 9 日，"城镇建设项目预选民主恳谈会"召开，259 名民众代表参加了恳谈会，并被分成 16 个小组进行讨论。讨论结束后，全体民众代表参加大会发言并听取各组不同的意见和建议，之后再次将全体与会的民众代表进行随机分组讨论，讨论结束后第二次参加大会讨论并听取各小组不同的意见和建议。两次讨论中，专家都会对民众代表提出的相关疑问进行解释和答复，泽国镇的相关领导也旁听了会议。交流讨论结束后，镇人大再次向民众代表发放问卷（与第一次问卷完全相同），随后对两次调查问卷的数据作相关处理，得到每个城建项目的总体得分和排序（见表 8 - 1）。

---

① 根据温岭市人大常委会提供的资料整理得到。
② 按照 2000 人以上的村每村 4 人，1500～2000 人的村每村 3 人，1000～1500 人的村每村 2 人，1000 人以下的村每村 1 人的原则产生民众代表。具体的操作方法就是全镇以户为单位，每户可以分得一个号码，被抽中的户派出代表参加民主恳谈会。

表 8 - 1 **泽国镇基本城建项目测评情况**

排列序列	民主恳谈会之后项目按高到低的排列	民主恳谈会之前民意调查结果的平均分值	民主恳谈会之后民意调查结果的平均分值
1	35：污水处理前期工程	8.196	9.658
2	30：城乡规划设计	8.642	9.239
3	6：文昌路主干道	8.261	9.230
4	34：丹崖环卫中转站	7.531	9.145
5	33：牧屿环卫中转站	7.301	8.866
6	26：市民公园一期	6.693	7.440
7	27：城区绿化工程	7.551	7.313
8	28：丹崖山公园	7.612	7.231
9	29：牧屿山公园	7.11	7.04
10	21：牧屿工业区配套、联树工业园区配套和水仓工业园区配套	6.667	6.895
11	8：桥梁	7.423	6.531
12	31：示范街建设	6.746	6.491
13	17：西城路一期	6.259	6.296
14	12：商城路一期	6.972	6.073
15	18：泽国大道二期	5.827	5.972
16	23：高家岭边坡治理	5.604	5.953
17	15：东河路填土拆建	7.140	5.828
18	32：老街区拆建	6.369	5.577
19	7：牧长路一期主干道	6.526	5.543
20	16：东河路主干道路	5.633	5.327
21	22：城区支路改造	5.680	5.196
22	20：空压机工业园配套	5.629	5.062
23	10：东城路一期	5.428	5.055
24	9：复兴路东段	5.781	5.052
25	24：文昌公园一期	5.927	5.046
26	14：滕桥路	5.023	4.733
27	11：东城路二期	5.606	4.677
28	13：商城路二期	6.000	4.656
29	19：泽国大道三期	4.667	4.591
30	25：文昌公园二期	5.184	3.500

资料来源：张学明、吴大器，《温岭探索——地方人大预算审查监督之路》，上海财经大学出版社 2016 年版，第 42~43 页。

恳谈会之后，泽国镇政府召开镇长办公会议，参照民众代表提出的相关意见建议和第二次调查问卷的项目预选结果，最终确定 12 个约 3640 万元的城建项目作为泽国镇 2005 年城建基本项目，将总投资约为 2250 多万元的 10 个项目作为备选项目，并根据泽国镇的总体财力情况，按照次序选择建设。2005 年 4 月 30 日，泽国镇召开第十四届人大五次会议，镇政府负责人作《关于泽国镇 2005 年城镇基础设施建设项目的报告》，经过代表们的投票表决，84 票支持，7 票反对，1 票弃权，最终通过了泽国镇 2005 年城镇基本设施建设项目的预算安排①。

泽国镇将民主恳谈与基层人民代表大会制度相结合，探索出适合泽国实际的改革创新：在代表选择抽样方法上，为保证民众参与的平等性和广泛性，采用乒乓球摇号的随机抽样方法；在民主恳谈的程序设计上，采用两次随机分组、分组讨论和大会集中讨论相交替的方法，让与会代表能更充分地了解信息，更充分地表达自己的意见；在恳谈的效果上，将恳谈达成的共识与结果提交人民代表大会通过。

（三）温岭参与式预算改革的推广和深化（2008 年至今）

2008 年是温岭参与式预算改革发展史上具有里程碑意义的一年，温岭市在总结新河、泽国经验的基础上，开始将参与式预算改革向全市推广。参与式预算的推广主要沿着两条路径进行：横向上，向其他乡（镇）、街道进行推广和复制；纵向上，由镇层面向市级职能部门延伸。

1. 参与式预算改革横向上的推广

2008 年，温岭市人大将新河、泽国的参与式预算改革向大溪、箬横、滨海等几个主要大镇推广，后进一步推广到全市 16 个镇、街道。在改革过程中，各镇在借鉴新河和泽国经验的基础上，结合自身的具体情况进行了优化，从而推进了温岭参与式预算的深化改革。比如，箬横镇从 2008 年开始试行参与式预算，在借鉴新河参与式预算改革的基础上，调整了民主恳谈的时间和频率。为了使民主恳谈的效果更好，更有效地吸收民主恳谈形成的意见建议，箬横镇人大深入各行政村进行民主恳谈，并将民主恳谈的时间提至人代会召开前的一个月举行，还增加了民主恳谈的次数。这些举措都进一步深化了温岭参与式预算改革。

2. 参与式预算改革纵向上的推广

2008 年 1 月，温岭市人大常委会举行部门预算民主恳谈会，市级公共部门的参与式预算改革由此拉开序幕。这次进行民主恳谈的部门是交通部门，市人大

---

① 根据泽国镇人大主席团提供的资料整理得到。

代表、公众、老干部、镇（街道）人大的负责人、相关部门负责人，以及专家等在内的 80 余人参加了这次交通部门预算民主恳谈会。恳谈会首先是市发改局、财政局和交通部门汇报相关情况，市财经工委报告初审情况；接着，所有参会者根据其身份、地域分成四组进行分组恳谈，各组组长集中组内意见和建议向大会汇报；最后，由交通部门和与会者进行面对面恳谈。在此次恳谈活动中，与会代表们共提出 50 多条意见和建议，恳谈结束后，常委会及时跟踪监督政府部门落实恳谈意见，市政府、市交通部门认真研究和吸收了这些意见建议，对"危桥改造"等 23 个项目进行了重新调整。同时，以电视专栏、报纸专栏、温岭人大网专题的形式，对恳谈活动进行公开深入报道，让公众了解交通部门预算民主恳谈的全过程。

自此，温岭市部门预算民主恳谈稳步持续推进（见表 8 - 2）。2010 年进行部门预算民主恳谈的部门增加至 3 个，分别为市交通局、建设规划局、水利局；2011年又增加了市卫生局、教育局 2 个部门达到 5 个；2014 年参与部门预算民主恳谈的部门数量再一次扩大到 7 个，并且部门预算民主恳谈的时间提前至 2013 年 12月；从 2016 年至今，温岭市人大常委会每年对紧密联系民生、部门支出规模较大的 5 个部门进行部门预算民主恳谈。

表 8 - 2　　　　　　　**2011～2015 年部门预算民主恳谈情况统计**

项目	2011 年	2012 年	2013 年	2014 年	2015 年
恳谈部门个数（个）	5	5	6	7	7
提出意见条数（条）	89	95	125	149	146
调整涉及项目（项）	14	35	41	58	68
调整涉及金额（万元）	9428	33845	2985	21105	6012.94
参加恳谈人数（人）	500	500	600	800	800

资料来源：张学明、吴大器，《温岭探索——地方人大预算审查监督之路》，上海财经大学出版社 2016 年版，第 47 页。

3. 参与式预算改革的制度化、规范化推进

2009 年 1 月 10 日，《关于开展预算初审民主恳谈，加强镇级预算审查监督的指导意见》（以下简称《指导意见》）颁布，这是温岭市人大常委会对乡镇级参与式预算民主恳谈的制度规范，也是第一次以制度的形式对温岭参与式预算改革进行了规范。《指导意见》具体从会前初审、大会审查、会后监督三个环节对乡镇人大的预算审查监督进行了规范。2010 年温岭市人大常委会进一步对《指导意见》进行了修订完善，形成了较为全面、完整的制度规范。

具体而言，在会前初审环节，包括四个方面的指导意见：第一，镇人大组织培训提升人大代表的预算审查监督专业素养。第二，让镇人大代表提前收到预算草案，以便更充分地对预算草案进行审查。具体要求是预算草案应在人代会召开的十五日前提交镇人大，镇人大再及时将预算草案送达每位人大代表。第三，规范了预算初审民主恳谈会的基本程序。对发布民主恳谈会公告的时间、民众代表的产生方式、初审小组的确定、镇政府领导对预算草案的介绍和说明、分组恳谈和面对面交流的过程、初审意见的形成与提交、镇人大的组织效果提升等多方面进行了指导性的原则要求。第四，镇政府根据初审提出的意见建议，修改预算草案形成正式的预算草案。

　　大会审查环节对以下内容进行了较为细致的规定：分组审查形成小组初审意见，小组向大会报告审查意见，大会集中审查，人大代表与镇政府领导面对面询问交流，根据分组审查和大会集中审查形成的审查意见修改预算草案，人大代表审查修改后的预算草案，预算修正议案的提出和表决，[①] 再次修改预算草案，最终批准预算草案。[②]

　　会后监督环节，《指导意见》对镇人大闭会期间的日常监督机构（镇人大财经小组或镇财政预算审查监督委员会）的组成、职责，预算公开的时间、方式要求、以及预算执行环节镇政府对镇人大及财经小组就预算执行相关情况的报告制度进行了规范。

　　市人大常委会的《指导意见》出台之后，各乡镇发挥各自特色，相继出台了乡镇人大预算审查监督的制度文件。如 2011 年 2 月 18 日，温峤镇第十五届人民代表大会第五次会议通过了《温峤镇预算审查监督试行办法》；2013 年 2 月 22 日，泽国镇第十六届人民代表大会第三次会议通过了《泽国镇参与式预算民主恳谈工作规程》等；2013 年 12 月 19 日，温岭市第十五届人民代表大会常务委员会第十三次会议通过《温岭市街道预算监督办法》，对街道预算审查监督的工作程序进行了规范。

　　温岭市本级也步入了参与式预算改革制度化的轨道。2009 年 11 月 3 日，《温岭市人民代表大会常务委员会关于政府重大投资项目监督的规定》于温岭市第十四届人民代表大会常务委员会第二十一次会议通过；2011 年 12 月 30 日，温岭市第十四届人民代表大会常务委员会第四十一次会议通过了《温岭市市级预算审查

---

　　① 对于镇政府根据分组审查和大会集中审查的预算草案仍有不同意见的，五人以上联名可提出预算修正议案，并在议案截止时间前提交大会主席团。大会主席团举行会议，审查人大代表提交的预算修正议案，决定是否列入大会议程（可就相关议案进行合并），列入大会议程的，提交大会进行审查。大会举行全体会议，对大会主席团决定列入大会议程的预算修正议案进行表决，以全体代表的过半数通过。在表决之前可增加辩论环节，让人大代表围绕预算修正议案展开充分辩论。

　　② 《指导意见》也指出，有条件的镇可以采取投票表决的方式通过决议。

监督办法》，并自公布之日起施行；2015 年 3 月 8 日，《温岭市人民代表大会票决部门预算工作规程》① 通过并实施；2017 年 2 月 16 日，《温岭市人民代表大会预算修正议案处理办法》② 通过并试行。

二、温岭参与式预算的特色与改革成效

（一）党委、人大、政府的协同推进

温岭参与式预算改革是在党委的正确领导下，由市镇两级人大组织引导，各级政府及预算部门（单位）配合，人大代表、民众等广泛参与的协商民主运行机制。作为一个多元主体参与的机制，党委处于领导位置，为参与式预算工作指明改革的正确方向。人大作为组织者和引导改革者，按照党委的改革方向推动参与式预算改革的进程，同时全程设计参与式预算的各个环节，激发民众、人大代表、专家们的参与热情，提升各主体参与的有效性。政府及其职能部门（单位）是公共资源受托责任的承担者，是政府预算（包括部门预算）的编制者、执行者和预算信息的提供者，既要向人大和民众报告预算信息，也要根据人大的意见修改完善预算草案。人大代表、民众和专家是参与式预算的实践者，在接受并理解来自政府及其职能部门的预算信息后，在人大的组织协调之下，有序地参与预算审查监督。

温岭参与式预算改革成功最重要的因素之一是党委的正确领导。在每一项改革措施出台之前，党委、人大和政府都会进行充分的沟通和协商，形成共识，达成一致，推动改革前行。

1. 党委明确参与式预算改革方向并坚定推进改革

习近平总书记在党的十九大报告中指出，"坚持党对一切工作的领导"，并将其作为新时代坚持和发展中国特色社会主义基本方略的第一条，强调"党政军民学，东西南北中，党是领导一切的"，提出新时代党的建设总要求首要的是"坚持和加强党的全面领导"。温岭参与式预算改革的核心理念是执政党能更广泛更充分地了解民意，集中民意，为民服务，因此党委在改革中处于领导核心地位。

温岭市委明确参与式预算改革的方向并坚定地推进改革，是温岭参与式预算改革取得巨大成功的核心力量。2008 年温岭市参与式预算改革在纵向上从乡镇级民主恳谈上升到市一级部门预算民主恳谈时，时任温岭市委书记陈伟义主动提出并参

---

① 该工作规程是在温岭市第十五届人民代表大会第四次会议预备会议上通过的。
② 该工作规程是在温岭市第十六届人民代表大会第一次会议预备会议上通过的。

加了市级交通部门预算民主恳谈并发表重要讲话，坚定了改革的步伐。2010 年，叶海燕书记将参与式预算工作纳入对各镇（街道）的党建考核，考核分值为 4 分；2014 年，台州市委将"推广参与式预算"作为对各县市区的党建考核。2013 年，时任温岭市委书记周先苗支持人代会票决部门预算改革探索，并将原计划进行票决的部门预算由 1 个增加到 2 个。2015 年，时任温岭市委徐淼森书记支持温岭市人大试行预算修正议案制度，并在温岭市第十五届人民代表大会第四次会议的闭幕式上，充分肯定了温岭的参与式预算改革。①

2. 人大组织和引导参与式预算改革并进行机制创新

温岭市人大是参与式预算改革组织和引导的核心组织。在温岭的参与式预算改革中，温岭市人大在组织和引导民众、人大代表、社会各界广泛参与预算审查监督，以及达成与党委、政府的共识，推进改革前行的制度构建、机制设计、工作推进等方面起到了核心作用。在组织和引导民众、人大代表、专家等积极有效参与预算审查监督方面，温岭市人大在预算编制、审查、执行、决算全过程中通过多种方式、多个渠道力求全面、广泛地征集民意，激发社会各界参与预算审查监督的热情和积极性，并通过有效的信息反馈机制督促政府及其职能部门予以回应，且均以制度形式规范下来。在与党委、政府的协同方面，其一，温岭市人大遵循循序渐进、稳步推进的改革理念，每一个环节都会在事前与党委、政府进行多次沟通交流，在党委、政府充分理解并支持的基础上推进改革；其二，坚持温岭市党委领导；其三，建立与温岭市政府的协同机制。一方面，针对社会各界对预算提出的意见建议，会及时反馈政府及其部门并督促其修改完善，对于合理的意见要吸收采纳修编预算，对于不合理的或者因各种原因无法修改的，需要提出令人信服的原因；另一方面，温岭市人大也会协同市政府解决一些政府管理中的棘手难题，而这正是得益于人大和民众长期有效的沟通交流机制。

3. 政府积极配合实施，真正吸取各方意见并修改完善预算草案

温岭市政府的全力配合是参与式预算改革成功的具体实施者。政府在参与式预算改革中起着核心参与作用。市人大通过多方式、多渠道、多环节征集的民意，最终要通过政府及其职能部门去落实。因为部门预算的编制主体为政府各职能部门，政府预算的编制主体是市财政部门，财政部门和各职能部门掌握最全面的预算信息，同时，在经人大审议通过后的预算，也是由政府各职能部门具体执行，因此，民主恳谈会上民众和人大代表们的预算信息来源是政府各职能部门，基于政府各职能部门提供的预算信息基础上的意见和建议，还需回到政府各职能部门去修编预算。此外，当

---

① 张学明、吴大器：《温岭探索——地方人大预算审查监督之路》，上海财经大学出版社 2016 年版。

政府预算经人大审议通过进入执行环节，也是由政府各职能部门具体实施。

温岭参与式预算改革的成功与市政府的全力配合有着密切关系。首先，市政府愿意接受市人大、民众、社会各界的监督；其次，市政府积极参与各个环节、各种形式的民主恳谈会，听取民众和人大代表的意见和建议，并与民众和人大代表进行面对面交流，既有利于让民众和人大代表更好地理解政府预算、理解政府决策行为，也有利于理解民众和人大代表对政府的诉求，为之后根据民众和人大代表的意见和建议修编预算打好基础。

（二）人大组织引导下民众的广泛参与

温岭参与式预算改革的成功，民众的广泛、积极、有效参与是重要基础和核心力量。民众参与是一个长期的累进过程，温岭参与式预算改革经历了民众从被动接受到了解熟悉再到积极有序参与的过程，其中温岭市人大常委会在民主恳谈会前的宣传，会中的鼓励、引导与激发民众参与积极性，会后对公众意见建议的有效采纳等方面都进行了诸多改革创新。温岭市人大在民主恳谈会前广泛宣传，力邀民众参与；为解决民众不愿意参与、难以参与等问题，建立激励机制调动广大民众参与热情，吸引民众参与；加强参与库、专业库"两库"建设，推进民众广泛、有效参与；积极组织"阳光预算宣讲"和各级各类预算知识培训，提高民众和人大代表参与预算的能力；建立信息反馈和回应机制，让民众的意见和建议能得到有效采纳。

1. 民主恳谈会前广泛宣传力邀民众参与

温岭市人大会在民主恳谈会前广泛发布公告，对民主恳谈进行宣传，争取尽可能多的民众了解民主恳谈，参与民主恳谈；为切实解决民众不愿参与、难以参与等问题，温岭市人大提出了"只要有意愿，就会有机会"的口号力邀民众参与。民众参与的方式多样，可以通过定向邀请、广而告之、随机抽取、科学抽样、代表征询、媒体追踪六种方式参与到人大组织的预算审查监督中，同时温岭人大将这六种途径制度化，打通了社会各界广泛参与预算监督的渠道。在广泛宣传的基础上，激发民众和人大代表参与预算民主恳谈的热情。政府预算草案必须提前10天左右送到参会的人大代表和民众手中，使其有足够的时间去阅读和研究预算内容，有利于代表和民众在恳谈过程中能畅所欲言，充分表达自身的意见和建议。同时，合理确定预算民主恳谈会的具体内容，确保恳谈内容贴合民意。民众与公共事务的利益相关程度对民众参与公共事务管理积极性的影响非常关键。

2. 人大加强"两库"建设，推进参与的广泛和有效

为了规范参与式预算参与方式，扩大普通民众的参与广度，温岭市人大常委会

组建了预算审查监督参与库，通过组织推荐与公民自愿主动报名相结合的办法，鼓励和引导社会公众以及中介组织、行业协会、社会团体等组织广泛参与人大预算审查监督。参与库主要吸纳社会公众广泛参与，由全体市人大代表、镇人大代表、村民代表、居民代表、民情联络员、担任过副处实职以上离退休老干部、妇女代表、科协界代表、税收 50 万~100 万元企业法人代表、大专以上学历外来人口等十三个方面人员组成，参与面广泛。

为了弥补公众参与预算过程专业知识不足的缺陷，温岭参与式预算还建立了专业库，吸纳比较熟悉预算知识的专业人员参与。专业库由部分市人大代表、机关人员、人大财经工委议事委员会成员、镇（街道）人大领导干部、镇（街道）政府（办事处）负责人、镇（街道）政府（办事处）财政所长、人大代表联络站负责人、村民代表、居民代表、企业界代表、中介机构代表、新温岭人、老干部等十三方面人员组成。温岭专业库人员的专业素养较高，代表性强，可以在预算的审查和监督中发挥专业支撑作用。

预算审查监督参与库、专业库建成后，市人大可以通过设定条件从两个库中随机抽选、科学抽样各类人员，参与市人大及市人大常委会的预算审查监督工作，提高人大监督的质量和实效。同时，"两库"也为温岭继续深化参与式预算改革提供了力量和支持。

3. 人大组织预算知识宣讲，提高人大代表和民众的参与能力

温岭市人大为更好地提升人大代表和民众的预算审查监督能力，多渠道、多方式地进行各级各类培训。

第一，设立"阳光预算宣讲"小组，长期、持续地对人大代表和民众进行培训。温岭市人大常委会组织"阳光预算宣讲"小组主动走近代表，深入基层群众，开展人大预算审查监督知识培训，每年都保持一定的场次，针对各级人大代表和群众进行预算知识培训。宣讲员肩负着市人大常委会的"使命"，用纯正地道的方言乡音和通俗易懂的案例，就乡镇人大预算审查程序和方式、预决算监督方法等进行"手把手"教学，让人大代表和民众既加深了对预算知识的理解，更掌握了预算审查监督的"窍门"。阳光预算宣讲小组还会针对每年预算审查监督出现的新情况新问题开展培训，切实提升人大代表和民众的预算审查监督能力。

第二，通过媒体宣传、开设讲座等多渠道培训，培养民众参与预算审查监督的兴趣和积极性，普及预算知识，提高预算意识。通过温岭参与式预算网等网站，免费为民众提供预算视频和音频的下载或在线观看；定期定点地为民众开设讲座，普及预算知识；还通过"一报两台"、人大手机报、宽带电视、邮件、预算知识展览、印发小册子等形式，针对不同民众进行不定期的不同类型的宣传教育，使民众接受良好的预算教育，切实提高民众的预算信息解读能力、分析能力、表达能力、

监督能力。

第三，加强对人大代表的培训，提升其政治素质和预算水平。温岭市人大建立了对人大代表的定期预算知识培训和考核机制，提升代表依法履职意识，帮助代表能讲敢讲，教会代表写规范的预算修正议案，切实提高代表的预算监督能力和水平，提升监督实效。

4. 有效采纳民众民主恳谈的意见建议

对于公众意见建议的反馈和采纳一直是民主恳谈的重点之一，温岭市人大通过搭建多个层面的预算协商平台，让广大普通民众都能参与到预算的编制与执行的监督中。在此之中，直接与人大代表、政府官员、部门代表面对面互动，提出自己的质疑，发表自己的意见建议，并且在当场或者会后得到政府相关职能部门的答复和反馈，广大民众也可以通过政府的公开网络、媒体平台查询到政府对于自己提出意见建议的反馈。通过这些平台，赋予了公民充分的参与权、表达权、知情权和监督权，提高了公民在公共事务管理过程中的地位和影响力。温岭市人大对于民众意见和建议的采纳与反馈做出了制度规定，在民主恳谈当中，有关部门代表和人大代表能够在会中对民众提出的咨询和建议做出回复的，应当在当场进行相关回答；不能在当场做出答复的，在会后一定时间内也必须给民众做出答复。这样的反馈机制保障了民众参与民主恳谈的意见建议可以得到有效合理的采纳，使民主恳谈的价值得以维护，不再流于形式。

（三）全过程、多形式、重实效的运行机制

1. 人代会前通过多种形式的民主恳谈广泛充分地吸取民意

温岭市人大常委会在人大会召开前，建立部门预算民主恳谈、代表联络站征询恳谈、政府拟新增重大项目征询恳谈三项民主恳谈机制，有针对性有侧重点地进行民主恳谈。

部门预算民主恳谈是在人大会召开之前，由市人大常委会组织，针对指定的政府职能部门，由市委、市人大、市政府及其指定的职能部门、人大代表、民众、专家等多元主体共同参与，对该政府部门的部门预算进行恳谈、协商，讨论公共资金的具体分配问题。部门预算民主恳谈的重点主要集中于部门预算的合理性、可行性、科学性，通过上述主体的恳谈、协商，提升部门预算的合理性、可行性和科学性。

代表联络站征询恳谈和政府拟新增重大项目征询恳谈是建立在以代表工作站为平台的民主恳谈基础上的具体工作机制。温岭的代表联络站是以选区或区片为单位

设立，以该选区或区片的市人大代表为主体，会同所在区域各级人大代表共同参与开展代表活动的一种组织形式。温岭代表联络站征询恳谈是温岭市人大为加强预算民主恳谈的广度和深度而进行的改革，通过将部门预算草案和政府性重大投资项目"下沉"到代表联络站，将部门预算信息和政府性重大投资项目的预算信息呈现在基层的普通民众眼前，尽可能广泛地吸取民众的意见和建议。

2. 强化人大初审环节的工作机制提前预算审查的过程

温岭市人大常委会在人大会前，通过建立重点项目初审听证、部门预算初审票决、政府重大项目初审票决三项工作机制，将预算审查的时间前移，旨在更充分地进行预算审查，为预算修编留出时间和空间，提升预算质量。

重点项目初审听证是针对民众关注度大、有争议的政府性重大投资项目，以民主听证为载体，广泛征求社会各界的意见和建议，依托于听证会上各方的意见，将公众偏好、政策制定、预算资源分配有机衔接，使政府行为、人代会决议和市级财力相结合，优化项目方案，提升预算资金的使用绩效。

部门预算初审票决的目的是将部门预算审查的时间前移，通过初审和票决两项机制，提升被审查部门的部门预算的质量。部门在提交部门预算草案给市人大常委会财经工委初审之后，人大建立部门预算调研组，经过集中调研和分组调研并向主任会议专题汇报之后，形成人大常委会对部门预算的修编意见，在该部门提交修编后的部门预算草案给人大常委会时，市人大常委会召开常委会会议初审和票决该部门的部门预算。值得一提的是，进行部门预算票决的部门都是当年度市委市政府重点工作部署的部门，使初审票决与党委政府的中心工作更加紧密结合。

政府重大项目初审票决机制是指温岭市人大常委会针对政府投资项目计划草案进行审议，要求政府根据审议形成的意见进行重新论证、调整或者取消，如果有必要，市人大常委会可以就政府重大投资项目进行表决，并做出决议、决定。这样能在一定程度上有效地规范政府的投资行为，增强项目决策的科学性和民主化。

3. 人大会审议期间多方式审查票决以保证人大预算审查质量

温岭市人大为提升人大会期间人大预算审查的质量，进行了"四本账"预算审议和分本表决、部门预算专题审议、部门预算专题票决、预算修正议案票决机制的创新。

温岭市人大建立了对政府预算分本审议和表决机制，即对政府一般公共预算、政府性基金预算、社会保险基金预算、国有资本金预算"四本账"分别进行审议和表决，这是全口径预算监督管理的核心内容，有助于对政府不同性质的资金进行监管。

部门预算专题审议是指人代会上所有代表分为代表团，"一对一"或"一对二"地对部门预算草案进行半天以上的专题审议。部门预算专题审议在人代会前部门预算民主恳谈的基础上，进一步创造机会让更多的人大代表询问并提意见，促进部门预算的质量优化。

部门预算专题票决是人大预算审批方式的改革创新，改变过去对政府预算整体通过或不通过的审批方式，全体人大代表以无记名投票表决的方式对部门预算草案进行审批。温岭改革实践证明，部门预算票决制强化了部门的预算管理理念，促进了部门更加科学合理地安排预算，提高了部门预算执行率和资金的使用绩效。

4. 建立人代会后对预算实施效果的监督评价机制

为了保证预算民主恳谈的成效能够最终真正落实，温岭市人大建立了人代会后的民主恳谈、专题询问、绩效监督运行机制。在预算执行环节建立部门预算执行情况民主恳谈机制，在决算环节建立了专题询问、专项资金绩效评价民主恳谈、绩效监督机制。

5. 建立有效的信息反馈和回应机制促进改革的良性循环

温岭参与式预算改革的成功离不开有效的信息反馈机制和回应机制。在预算审查监督的全过程中，在市人大常委会的组织协调下，信息在温岭市民众、政府与人大之间流动并形成有效的反馈和回应机制。

在预算民主恳谈环节，温岭市通过部门预算民主恳谈、代表联络站预算征询恳谈充分吸取民众意见建议。首先，部门预算民主恳谈会、代表联络站预算征询恳谈结束后7日内，市人大常委会办公室会同财经工委，整理归纳民众、人大代表们提出的意见建议，反馈给市财政局和职能部门。市人民政府、财政部门及职能部门根据民主恳谈中民众和人大代表提出的意见对预算草案进行修改完善，并将预算修改的具体情况向市人大常委会初审预算草案前的主任会议汇报，主任会议上认为预算草案还需进一步修改的，会提出意见，要求市财政局和职能部门进一步整改，并再次听取预算草案修改的情况汇报直至主任会议通过。

在人大会审查预算环节，包括票决部门预算的信息反馈与回应机制和审查政府预算草案的信息反馈与回应机制。票决部门预算过程中，大会计划预算审查委员会需跟进各代表团审查的意见，对需进行票决的部门预算草案进行专题审查，提出审查报告。市政府、财政部门和职能部门在充分吸收代表团审查意见和大会计划预算审查委员会审查报告所提意见的基础上，修编部门预算草案①。市人大会审查表决

---

① 如果票决的部门预算草案没有获得通过，则市财政、职能部门需对部门预算草案进一步修改完善，并在15日之内将修编后的部门预算草案报送市人大常委会，由市人大常委会审查批准。

市级预算草案时，也建立了信息的反馈和回应机制①。

（四）预算信息完整及时地公开

温岭市参与式预算改革过程中，市人大非常重视预算信息的公开并一直致力于温岭预算信息公开进程的推进。温岭市前人大常委会主任张学明在接受《高端访谈》时指出："透明的政府才能取信于民。预算的公开给温岭带来了巨大的影响。第一，它会使我们的政府更加透明，而只有透明的政府，才会是一个有力量的政府，才会是一个取信于民的政府。第二，它使我们现有的法律法规能够得到更进一步的贯彻和落实，特别是预算法。第三，它使民众对我们政府的工作更加关心，因为大家都知道，我们政府用的每一笔钱都是纳税人缴的钱，这些钱用得怎么样、绩效如何，其实都是民众关心的，而参与式预算使民众有渠道能够了解。第四，它使我们人大对预算的监督也能够更加的落实到位。所以，我觉得这样做的前景是非常光明的。"

2008 年 7 月 2 日，温岭市人大常委会首次将市政府预算审查监督的有关信息在温岭市人大网、温岭新闻网上向社会公布，同时在《温岭日报》上发布公告，拉开了预算信息公开的大幕。这一举动得到了全社会的广泛关注，在网民间引起了热烈的评论。预算信息公开的举动使政府预算摘掉了隐秘的帽子，逐步走向公开透明、规范细化，实现了法律规定中民众对政府预算的知情权、参与权、表达权和监督权。

温岭市本级、乡镇、街道各级都形成了较为完善的预算信息公开内容体系。温岭市预算公开主体主要包括编制部门预算的市级各部门（单位）、各级人民政府和街道办事处。政府公开内容也日益完善，市级各部门（单位）需要公布详细的部门预算说明和 10 张部门预算报表，包括部门收支预算总表、财政拨款收支预算总表、一般公共预算支出表、政府性基金预算支出表、一般公共预算基本支出表、部门收入预算总表、部门支出预算总表、部门预算支出核定表、部门采购预算表和"三公"经费预算表；各镇（街道）人民政府（办事处）公开内容包括预算报告、镇（街道）财政收支执行情况表、镇（街道）财政收入预算对比表、镇（街道）财政支出预算对比表、镇财政预算收支汇总表、镇（街道）财政收入预算表、镇（街道）拟出让用地统计表、镇（街道）财政支出（预算）汇总表、基本支出明细表、项目支出明细表、镇（街道）采购预算汇总表、"三公"经费和会议费、培

---

① 市人大会表决预算草案若未获通过，市政府、市财政应修改预算草案，并在 30 日之内将修改后的预算草案报送市人大常委会，提交市人民代表大会重新审查批准，或根据市人民代表大会授权由市人大常委会审查批准。

训费预算与执行对比表。此外，温岭市预算信息公开的方式和渠道日益增加，最初在温岭市人大网和温岭政府网两个网站公布信息，后来将《温岭日报》作为公开预算信息的一个重要途径，从而形成了温岭市人大网、参与式预算网、温岭阳光工程网、温岭市政府门户网站、各部门网站"五网"联动公开，并在《温岭日报》上公开部门预算的完整公布体系（见表 8 – 3）。

表 8 – 3 温岭市预决算信息公开一览表

年度	公开主体	公开内容	公开媒体
2009	市级各部门（单位）、各级人民政府	市教育局、科技局、建设规划局、交通运输局、水利局、农林局、卫生局、人口计生局等 8 个部门预算，资金总额达 19.96 亿元；2008 年度财政决算报告、审计工作报告等	温岭市人大网、温岭政府网
2010	市级各部门（单位）、各级人民政府、街道办事处	各镇（街道）和 20 个部门预算；2009 年度财政决算报告、审计工作报告等；报纸刊登了市建设规划局及其下属单位预算信息	温岭市人大网、温岭政府网、《温岭日报》
2011	市级各部门（单位）、各级人民政府、街道办事处	各镇（街道）和 27 个部门预算，5 个部门公开了"三公"经费；2010 年度财政决算报告、审计工作报告等；报纸刊登了市教育局和建设规划局及下属单位的预算和"三公"经费	温岭市人大网、温岭政府网、《温岭日报》
2012	市级各部门（单位）、各级人民政府、街道办事处	各镇（街道）和 35 个部门的预算及"三公"经费；2011 年度财政决算报告、审计工作报告等；报纸刊登了教育局等 3 个部门及下属单位的预算和"三公"经费	"五网"联动公开、《温岭日报》
2013	市级各部门（单位）、各级人民政府、街道办事处	各镇（街道）和 71 个部门的预算、"三公"经费、5 个市政府直属区块（指挥部）预算，总额为 88.68 亿元；报纸刊登了教育局、科技局、农林局及下属单位预算，局本级和下属单位的"三公"经费预算数和决算数；2012 年财政决算报告、审计工作报告等	"五网"联动公开、《温岭日报》
2014	市级各部门（单位）、各级人民政府、街道办事处	"四本账"预算和各镇（街道）、83 个部门（单位）及下属单位的预决算及"三公"经费，共计 142 多亿元；报纸刊登市经信局、科技局、农林局、市科协四个票决的部门预算；2013 年财政决算报告、审计工作报告等	"五网"联动公开、《温岭日报》

续表

年度	公开主体	公开内容	公开媒体
2015	市级各部门（单位）、各级人民政府、街道办事处	"四本账"预算和各镇（街道）、84 个部门（单位）及下属单位的预决算及"三公"经费（镇级细化为"五公"经费）、政府采购预算，报纸刊登了市农办、环保局、建设局、水利局四个票决的部门预算；2014 年度财政决算报告、审计工作报告等	"五网"联动公开、《温岭日报》
2016	市级各部门（单位）、各级人民政府、街道办事处	"四本账"预算、各镇（街道）、83 个部门（单位）及下属单位的预算、"三公"经费会议费、培训费；2015 年财政决算报告、审计工作报告等	"五网"联动公开、《温岭日报》
2017	市级各部门（单位）、各级人民政府、街道办事处	"四本账"预算、各镇（街道）、76 个部门及下属单位的预算、"三公"经费；2016 年财政决算报告、审计工作报告等	"五网"联动公开、《温岭日报》
2018	市级各部门（单位）、各级人民政府、街道办事处	"四本账"预算、各镇（街道）、89 个部门及下属单位的预算、"三公"经费；2017 年财政决算报告、审计工作报告等	"五网"联动公开、《温岭日报》

资料来源：张学明、吴大器，《温岭探索——地方人大预算审查监督之路》，上海财经大学出版社 2016 年版，第 45 页。

预算信息的公开，有利于加强政府各部门预算编制的严谨性，大大提升了社会各界对预算的监督效力，推动了政府公共财政职能的转变。温岭市财政预决算信息公开的范围、质量和透明度，成为全国各地政府学习预算信息公开的典范。

三、温岭参与式预算的浙江经验与推广

（一）顶层设计的高度肯定与采纳

党的十七大报告明确提出："坚持国家一切权力属于人民，从各个层次、各个领域扩大公民有序政治参与，最广泛地动员和组织人民依法管理国家事务和社会事务、管理经济和文化事业。"

温岭参与式预算改革正是在公共财政领域拓展公众有序参与政治生活的一个重要改革创新。温岭参与式预算改革的基础和方式是民主恳谈，载体是政府预算和部

门预算，核心是公众参与公共决策和政治生活，领导者是党委，组织者是人大和人大常委会。参与式预算的实践改革在温岭市党委的领导下，在温岭市人大常委会的有序和有效组织下，公众在预算的全过程特别是预算编制环节进行民主恳谈，充分表达其意见和建议，并在后续环节被合理有效地吸收进政府预算决策，最终实现公众行使当家理财的权利。这既体现了我国政治制度层面对预算民主的根本要求，也突出了"取之于民用之于民"的公共财政、民生财政的特点。

2014 年 8 月 31 日，修订后的《中华人民共和国预算法》（以下简称"新《预算法》"）出台，自 2015 年 1 月 1 日起实施。第四十五条是："县、自治县、不设区的市、市辖区、乡、民族乡、镇的人民代表大会举行会议审查预算草案前，应当采用多种形式，组织本级人民代表大会代表，听取选民和社会各界的意见。"显然，新《预算法》吸收了温岭参与式预算改革中民主恳谈的实践经验，温岭的参与式预算改革在顶层设计上获得了高度肯定和采纳，并以法律的形式确立下来。

（二）社会主义协商民主制度在实践中的成功探索

党的十九大报告指出："有事好商量，众人的事情由众人商量，是人民民主的真谛。"人民民主是我国国家建设的民主形态，选举民主与协商民主互相补充、共同促进，构成中国社会主义民主政治的制度特点和优势。温岭参与式预算改革开启了基层协商民主的新路径，是社会主义协商民主在公共财政领域的生动实践。

参与式预算改革拓展和畅通了公众参与预算决策的渠道，集中体现了民主协商的广泛性和代表性，创造了公众与政府平等协商的机会。温岭参与式预算改革中，公众以民主恳谈为主要参与方式，广泛且多途径参与政府年度预算方案的制定过程，通过平等协商、意见充分表达和交换后，由人大代表审查政府预算并决定预算的修正和调整，最终保证政府的公共决策能体现集体理性和公共意愿。温岭参与式预算改革中协商民主的特征明显：第一，参与广泛性。协商民主强调与协商议题相关主体均可通过直接或间接方式参与讨论和意见表达，温岭参与式预算改革通过参与库和专业库、代表联络站建设等机制设计，充分保障公众有渠道和有能力参与预算草案的讨论并能充分表达其意见。第二，公共利益最大化。协商民主在尊重个人利益诉求的同时，通过对决策充分讨论和协商最终形成符合最大公约数的利益决策；温岭参与式预算改革在确定公共资源分配和公共财政目标时，允许个人偏好的充分表达，在经过充分讨论协商基础上制定出满足公共利益的预算方案。第三，程序规范性。协商民主在党的领导下通过专题协商、对口协商、界别协商、提案办理协商等方式建立起完善、规范的表达机制；温岭参与式预算改革在现行法律框架内探索适当的方式和规范的程序来保障协商民主，比如，搭建民主恳谈、征询恳谈、问卷调查、民意测验、网上互动等协商平台，部门预算票决，加强人大审查监督等，逐步推进参与式预算规范化、法制化、制度化。

（三）社会治理体制创新的现实模板

习近平总书记在系列重要讲话中强调，创新社会治理体制，要坚持完善党委领导、政府主导、社会协同、公众参与、法治保障的体制机制，实现政府治理和社会调节、居民自治良性互动，推进社会治理精细化。这种新的社会治理体制与传统的社会治理体制的最大差别，就在于强调社会治理的主体不是一元的，而是多元的。政府、社会、公众要各归其位、各担其责。

温岭参与式预算改革是社会治理体制创新的现实模板。温岭参与式预算改革始终坚持温岭市党委的正确领导，温岭市人大常委会有序地组织公众进行多种形式的预算民主恳谈，温岭市政府积极配合，公众积极参与，社会各界协同治理。并且，温岭参与式预算改革在引导公众参与机制建设和创新方面极具特色：第一，温岭参与式预算改革通过参与库和专业库建设，既扩大了公众参与数量，也提高了公众参与能力。第二，温岭参与式预算改革通过部门预算民主恳谈、代表联络站征询恳谈等机制的构建和实施，建立了公众作为主体参与社会治理的多种渠道，并推动了政府、人大、公众、社会等多元主体共同参与社会治理，有效地推动了基层社会治理能力现代化建设。第三，温岭参与式预算改革通过民主恳谈，使民众充分表达利益诉求，经过多元主体充分协商，从而使预算决策符合公共利益最大化，推动建立社会治理共建共治共享新格局。第四，温岭参与式预算改革通过多元主体参与、运行机制创新，实现了预算公开透明、民众广泛且有序的政治参与、公共决策民众利益最大化、人大制度活力进一步激发、预算资金使用绩效提高等目标，社会治理精细化水平显著提升。

（四）全国各级人大和社会各界调研学习的典型模式

温岭参与式预算以其特色的公共预算改革和预算协商民主实践在全社会产生了巨大的辐射效应，吸引了全国各级人大、政府、学界和众多国内外知名媒体对其改革的持续深入关注。

第一，温岭参与式预算改革多次作为地方公共政策改革创新的成功实验之一。2007 年被评为"全国十大地方公共决策实验"，排名第二；2008 年，"温岭公共预算改革的乡镇试验（参与式预算）"入选"中国改革开放 30 年创新案例"候选名单；2010 年，参与式预算改革荣获第五届"中国地方政府创新提名奖"；2011 年，"温岭参与式预算试验：扩大民主参与　推进预算民主"入选"2010 年十大民主法治新闻"，"参与式公共预算改革"荣获"浙江省公共管理创新案例优秀奖"。2012

年的全国两会期间，中央电视台的《新闻周刊》和凤凰卫视的《石评大财经》都播出了以温岭参与式预算为例的改革；《人民日报》《浙江日报》《南方周末》《21世纪经济报道》《南风窗》《时代周刊》《纽约时报》《洛杉矶时报》《经济学家》等海内外知名主流媒体都给予了深度关注。

第二，温岭参与式预算改革吸引了全国各级人大及人大常委会调研考察。2012年，时任中组部部长李源潮在温岭市大溪镇观摩民主恳谈会。2013年4月，全国人大常委会预算工委预决算审查室副主任何成军到温岭调研。2014年2月，江苏省人大常委会党组副书记、常委副主任张卫国率江苏省人大调研组来温岭调研参与式预算工作；3月，中央办公厅调研室副主任鲍遂献率调研组来温岭调研协商民主工作；5月，全国人大常委会办公厅研究室巡视员王德工一行到温岭调研参与式预算、重大事项决定、代表联络站工作；5月21日，全国人大常委会委员、全国人大常委会法工委副主任郎胜来温岭调研，并征询预算法修正案意见。2015年10月31日，全国人大常委会预算工委副主任苏军一行来温岭调研人大预算审查监督工作。据不完全统计，2013～2015年，温岭市接待全国28个省、自治区、直辖市151批地方各级人大来温岭考察或调研参与式预算工作。①

第三，温岭人大的领导干部通过各种渠道将其改革经验向全国推广。其中，据温岭参与式预算的重要倡导者、组织者和实践者之一的原温岭市人大常委会主任张学明的初步统计，仅2017年他的授课对象达26个省30个地区几千人次。

四、本章小结

国家的预算是一个重大的问题，里面反映着整个国家的政策，因为它规定了政府活动的范围和方向。② 人民代表大会制度的重要原则和制度设计的基本要求，就是任何国家机关及其工作人员的权力都要受到制约和监督。③ 温岭参与式预算改革正是在始终坚持党委正确领导的前提下，以预算民主恳谈为基础和核心进行改革，通过人大组织设计、公众积极广泛参与的"部门预算民主恳谈""代表联络站征询恳谈""政府拟新增重大项目征询恳谈"，通过人大常委会的"重点项目初审听证""部门预算初审票决""政府重大项目初审票决"，通过人大会中的"分本表决""部门预算专题审议""部门预算专题票决""预算修正议案票决"，通过预算执行

---

① 张学明、吴大器：《温岭探索——地方人大预算审查监督之路》，上海财经大学出版社2016年版，第228页。

② 毛泽东：《在中央人民政府委员会第四次会议上的讲话》，1949年12月2日。

③ 习近平：《在庆祝全国人民代表大会成立60周年大会上的讲话》，载于《人民日报》2014年9月6日。

环节中的"部门预算执行情况民主恳谈"，通过决算环节中的"专题询问""专项资金绩效评价民主恳谈""绩效监督"等一系列的机制创新，以及预算全过程的信息反馈机制和回应机制的建立健全，将民主恳谈和政府预算有机结合，将票决民主与协商民主有机结合，将党委、人大、政府、社会、公众多元主体共同参与社会治理有机结合，既提升了各级人大在预算审查监督中的权力和能力，实现了人大对政府所有活动进行制约和监督的重要目标；也深化了预算管理体制机制改革，使预算的形成过程成为一个公众参与决策的过程和汇集反映公众利益诉求的过程；还形成了我国社会治理体制机制改革的创新模板。温岭的参与式预算改革取得了多方位的成功，并为深化改革和经验推广打下了坚实的基础。

附录

温岭参与式预算改革大事记

● 民主恳谈启航

2004 年 8 月 10 日，温峤镇召开了一次民主恳谈会，讨论要不要增加 200 万元的财政预算将吉屯坑水库的水引到各村。原因是，由于 2003 年以来的连续干旱，为城区供水的横路头水库库容大幅下降，供水严重不足，全镇有近 4 万名居民的生活用水紧张。镇人大代表、政协委员及村民代表等参加了恳谈。在讨论中，大家对建设水库引水工程、增加本年度基本建设预算项目没有异议，但对供水的区域有不同意见。镇政府根据讨论的结果修改了引水工程建设方案，并向镇人大主席团提交了《关于吉屯坑水库引水工程建设和增加 2004 年度基本建设投资预算的议案》。人大主席团召开温峤镇临时人民代表大会对政府议案进行了审议表决，议案获得通过。这被认为是温岭参与式预算的雏形。

● 泽国镇民主恳谈会

2005 年 4 月 9 日，温岭市泽国镇政府开展了"城建基本项目"民主恳谈活动，通过乒乓球摇号、分组讨论、大会集中发言等举措，让民众直接参与城镇建设项目资金预算安排决策过程，参与式预算的民众协商形式由此开启。

● 参与式预算改革拉开大幕

2005 年 7 月，温岭市新河镇召开第十四届人民代表大会第五次会议。会议期间，《新河镇 2005 年度财政预算（说明)》发放到了每一位人大代表和与会民众代表手中，90 名人大代表和 193 名民众代表就部分预算开支的具体用途询问了镇领导，进行了恳谈，并就行政管理费开支缩减、教育投入增加等提出了意见建议共计 18 项。恳谈结束后，根据代表们提出的意见，镇党委人大政府召开联席会议，调整了"政府车辆购置费"等合计 237 万元的 9 个项目。最后，预算经全体代表表决通过。自此，温岭参与式预算改革拉开大幕，其突出特点体现为在预算审查监督中，以人大为核心组织，邀请民众参与并对预算进行民主恳谈。

● 新河镇人大会表决通过预算修正议案

2006 年 3 月，新河镇召开第十四届人民代表大会第七次会议，全体会议表决通过了代表们提出的 2 个有效预算议案（另外 6 个预算议案由于没有提出具体金额调整方案而作废）。这两个预算议案分别是赵敏华代表等提交的关于增加村庄整治投入、陈元方代表等提交的关于要求扩大农村垃圾清运覆盖面的议案。

● 入选"十大地方公共决策实验"

2008 年 1 月 8 日，"2007 地方公共决策系列评选"揭晓，温岭参与式预算试点以第二名的成绩入选"十大地方公共决策实验"。这个评选活动由决策杂志社、国家行政学院政治学部、北京大学政治发展与政府管理研究所、清华大学公共管理学院政府创新研究中心、新浪网等联合主办，来自北京大学、清华大学、国家行政学院、中山大学等公共政策研究机构的 10 位专家学者参与了评审活动。当期出版的《决策》杂志以 3000 字的长文详细介绍了温岭参与式预算试点的经验，并评价说，"创新能力与创新动力在这些地方融合成一股内趋力，使得基层管理创新在体制和技术两个层面均取得了突破性进展"。

● 市级部门预算民主恳谈会

2008 年温岭市人大常委会选择交通部门试行部门预算民主恳谈，拉开市级参与式预算的序幕。实际上，改革过程并非一帆风顺。当时的交通局局长和财政局局长都有顾虑，但最终在温岭市委和市政府的支持下，交通部门 28081 万元（含计划融资）的预算报告于 2008 年 1 月 13 日出现在了民主恳谈会现场。来自社会各个层面包括市人大代表、普通公民、老干部、镇（街道）人大负责人、相关部门负责人、专家、常委会相关委办负责人及财经工委议事委员会成员等 80 余人参加了恳谈活动。与会人员集中听取汇报之后，按其身份、地域分布状况分为 4 组，就交通局预算进行深入恳谈，再由各组组长将意见和建议汇总并汇报，最后由各组代表、公众与政府部门负责人进行面对面恳谈。此次交通部门的部门预算恳谈活动，代表和公众共提出 50 多条意见和建议，政府有关部门通过认真研究和探讨，共对"危桥改造"等 23 个项目进行了调整。

- **参与式预算在温岭市乡镇级推广**

2008 年 1 ~ 2 月，箬横、滨海、大溪镇借鉴新河、泽国的成功经验，首次开展参与式预算探索。

- **预决算公开透明**

2008 年，温岭市人大常委会首次将与决算审查有关的所有信息向社会公开，推动了温岭市预算公开的进程。7 月 2 日，温岭市人大常委会首次将市政府《关于温岭市 2007 年度预算执行和其他财政收支的审计工作报告》《关于 2007 年全市财政决算的报告》《关于温岭市 2007 年度政府非税收支管理情况的汇报》，以及市人大常委会《关于温岭市 2007 年度预算执行和其他财政收支审计工作报告的审议意见》《温岭市人大常委会财政经济工作委员会关于 2007 年全市决算的审查报告》等在温岭人大网、温岭新闻网上全文公布，并在《温岭日报》上发布公告，引起社会的普遍关注和网友的热烈评论。

- **部门预算公开**

2009 年温岭市人大常委会进一步推进部门预算公开进程。7 月 10 日，市人大常委会首次在温岭人大网上公开了与公众日常生活非常贴近的市教育局、交通局、科学技术局、农业农林局、卫生局、水利局、建设规划局、人口和计划生育局 8 个部门的部门预算，引起各界的高度关注。

- **参与式预算改革首次写入党代会报告**

2010 年 1 月 6 日，台州市委书记陈铁雄在台州市三届七次党代会上明确提出，要"大力发展基层民主，总结提升民主恳谈、参与式公共财政预算等做法，进一步畅通民意渠道，丰富民主实践形式"。

2010 年 1 月 17 日，温岭参与式预算改革获第五届"中国地方政府创新奖"提名奖。

- **专题审议部门预算**

2010 年 3 月 8 日，温岭市十四届人大四次会议开幕。这次会议有两项重要改革：第一，恢复了人代会上的预算报告。这是自 2005 年以来，在政府工作报告之后由市财政局长就温岭市 2009 年预算执行情况和 2010 年预算草案进行大会报告。第二，专题审议部门预算改革。3 月 10 日，人代会分为 12 个代表团，分别对科教文卫等 12 个部门预算草案进行"一对一"专题审议。

- **参与式性别预算开启**

2010 年温岭市温峤镇试水参与式性别预算。3 月 17 日，温峤镇召开了民主恳谈会，参加人数 63 人，其中女性占 85%。恳谈议题不仅有妇女问题，还涉及其他预算安排问题，如村镇建设、环境卫生等。

- **获得各级党委肯定并要求推广**

2010 年 6 月 14 日，浙江省委书记、省人大常委会主任赵洪祝在省人大常委会党组副书记、副主任王永明撰写的《关于温岭参与式预算做法的调查》上做出重要批示："温岭市实施参与式预算的做法，是扩大公众有序政治参与、推进公共财政规范化建设的有益探索，对于加强基层民主政治建设、促进政府职能转变、构建和谐社会具有积极意义，希望温岭市认真总结完善。各地乡镇基层可结合实际加以借鉴，省人大要多加关注，加强指导，使之不断取得新成效。"6 月 23 日，台州市人大常委会薛少仙主任也做出批示，要求对温岭参与式预算的做法进行调查、提升，先在台州各地借鉴、推广。

- **纳入乡镇（街道）党建工作考核内容**

2010 年 7 月 12 日，中共温岭市委将"参与式预算工作"纳入对各镇（街道）的党建工作考核，分值为 4 分。

- **人大预算审查监督能力提升——"两库"建设**

2010 年，温岭市人大常委会建成了规模为 4 万多人的预算审查监督参与库与专业库，为温岭人大预算审查监督从程序走向实质迈出了坚实的一步。"两库"建设主要是通过组织推荐与公民自愿主动报名相结合的办法，鼓励和引导社会公众以及中介组织、行业协会、社会团体等组织广泛参与人大预算审查监督。目的是通过在"两库"中随机抽选、科学抽样各类人员来参与市人大常委会预算审查监督工作，拟提高人大监督的质量和实效。

参与库主要吸纳社会公众广泛参与，由全体市人大代表、镇人大代表、村民代表、居民代表、民情联络员、担任过副处实职以上离退休老干部、妇女代表、科协界代表、税收 50 万~100 万元企业法人代表、大专以上学历外来人口等十个方面人员组成，共计 40159 人；专业库主要吸纳有一定专业素养，比较熟悉预算知识的人员参与，由部分市人大代表、机关人员、人大财经工委议事委员会成员、镇（街道）人大领导干部、镇（街道）政府（办事处）负责人、人大代表工作站负责人、村民代表、居民代表、企业界代表、中介机构代表、新温岭人、老干部等十二个方面人员组成，共计 569 人。

● **探索开展代表联络站预算征询恳谈**

2011 年，温岭市人大常委会开始探索开展代表联络站预算征询恳谈，目的有二：一是让人大代表们深入选区广泛听取选民的建议和意见，为人代会审查部门预算提供充分的准备；二是让政府职能部门围绕部门的预算安排与选民面对面对话，有利于把有限的财政资金花到群众最需要的地方。

市人大常委会要求各代表团在人代会前按照所确定审查的部门预算内容，组织代表到代表工作站进行深入调研和初审。2011 年，人大代表与选民分别在箬横贯庄、温峤江厦、泽国丹山、新河塘下、滨海岱石 5 个代表工作站，就代表们在人代会期间所要审查的部门预算，即国土资源局、环境保护局、科学技术局、广播电视台、农业林业局预算，与选民面对面征询恳谈。5 个部门的主要负责人全程参加，介绍预算编制情况，回答代表和选民询问，并就有关事项作表态承诺。来自 5 个代表工作站所在选区的 150 多位选民参加了部门预算征询恳谈，共提出 80 多条意见和建议。预算征询恳谈结束后，市人大常委会将汇总的意见建议反馈给市财政局，督促其会同相关部门认真研究吸收，进一步完善后提交人代会审查。

● **浙江省委首次肯定并推行温岭参与式预算**

2011 年 8 月 22 日，中共浙江省委在《关于加强"法治浙江"基层基础建设的意见》中提出："……积极推行'参与式预算'制度，由基层人大负责组织、人大代表和群众代表参与，对政府及部门预算编制、预算执行情况进行民主恳谈，实现实质性参与的预算审查监督，提高政府财政预算、部门预算的科学性和透明度。"

● **"三公"经费分项公开**

2011 年 4 ~ 5 月，温岭市人大首次在网上单独列出表格分项公开"三公"经费，即出国（境）费、车辆购置及运行费、公务接待费。其中，水利局、农林局、文广新局、残联等 4 个单位还在预算支出表中详细公布了下属单位的"三公"经费，主动接受社会监督。

● **开国内"专题询问"之先河**

2012 年 7 月 2 日，温岭市十五届人大常委会第三次会议召开，与会委员和代表们在听取和审议《关于温岭市 2011 年度预算执行和其他财政收支的审计工作报告》的基础上，首次针对审计工作报告中涉及资金较多、社会关注度高的重点问题，对市政府、市财政局及有关职能部门当场开展专题询问，开国内人大预算审查监督启用专题询问方式之先河。2013 年 1 月 7 日，《检察日报》将"浙江温岭：把审计披露的问题议深问透"评为"2012 年人大监督十大事件"。

● "阳光预算宣讲小组"宣讲人大预算审查监督知识

2012年12月，温岭市成立了以市人大机关单位为主、乡镇干部为辅的5人"阳光预算宣讲小组"，经过专业培训、撰写讲稿、制作课件、试讲审核之后，深入各镇（街道）进行人大预算审查监督知识宣讲，给基层人大代表和社会公众普及预算知识，激发代表和公众参与预算审查的热情，提高其预算审查监督能力。截至2015年10月，已经巡回宣讲52场次，受众达6300多人次。

● 民主听证

2013年2月1日，温岭市人大常委会举行市社会福利中心项目（温岭市"十二五"规划的重大建设项目）初审听证会，这是市人大常委会首次将民主听证引入项目预算初审环节。90名听证会成员在听取市相关部门对于项目概况、可行性、资金保障、调查情况等陈述，并赴项目规划选址所在地城南镇小东岙村进行了实地考察之后，在人大常委会的组织下，在大会上陈述了意见，并与市政府相关部门围绕市社会福利中心项目功能、土地指标保障、地质灾害评估、项目建成后的运行费用，以及该市社会养老服务体系建设"十二五"规划编制情况等10多个问题开展大会询问、辩论。市人大常委会及时汇总初审听证意见，并开展网上征询。

● 票决部门预算试行

2013年3月9日，在温岭市十五届人大二次会议上，温岭市人大首次试行人代会票决部门预算。票决之前，12个人大代表团专题审议了市科学技术局、农业林业局两个部门的部门预算，共提出建议意见101条。市政府及市农林局、市科技局及时修改完善预算草案，共调整项目11个，合并优化项目7个，并调减"三公"经费预算支出。最终，到会的360名人大代表通过无记名投票的方式，以同意295票、不同意50票、弃权15票的结果，通过了农林局和科技局2013年的部门预算草案。

● 温岭部门预算全公开

2013年3~5月，温岭市人大进一步扎实推进预算公开透明进程，首次实现了部门预算全公开，这是温岭实行公开预算5年以来，信息公开范围最广、透明度最高的一次。公众只要登录温岭市政府门户网站、各部门网站、温岭人大网、温岭参与式预算网、温岭阳光工程网等网站，就能查看到需要的部门预算信息。公开的信息完整涵盖了全市16个镇（街道）、所有71个部门及下属单位总额为88.68亿元的预算和"三公"经费，具体包括收支预算总表、预算支出核定表、"三公"经费预算表等。其中一些部门还率先公开了"三公"经费2012年预算数、2012年决算数、2013 年预算数，以及现有车辆数和核编车辆数。6 月 6 日，《人民日报》专题报道了"浙江温岭部门预算全公开"的做法。

- **部门预算草案初审票决**

2014 年 2 月 13 日，温岭市人大首次开启部门预算草案初审票决改革探索。市人大第十五届人大常委会第十四次会议上，常委会组成人员首先听取各调研组组长关于预算调研和修改评价的意见，接着分组讨论，然后集中审议，最后大会票决，大会通过了 4 个部门（市农办、民政局、国土资源局、海洋与渔业局）2014 年部门预算草案。之后再提交温岭市十五届人民代表大会第三次会议通过。

- **人大全口径审查预算**

2014 年 2 月 24 日，在温岭市十五届人大三次会议上，财政局局长王晓宇向大会报告温岭市 2013 年财政预算执行情况和 2014 年财政预算草案。其中，2013 年市政府性基金预算执行情况及 2014 年政府性基金预算（草案），2013 年社会保险基金预算执行情况及 2014 年社会保险基金预算（草案），以及 2014 年国有资本经营预算（草案），一并书面报告，提请本次人代会审议。温岭市首次实现一般公共预算、政府性基金预算、社保基金预算、国有资本经营预算四本预算全部提交人代会审查。

- **新《预算法》**

2014 年 8 月 31 日，修订后的《中华人民共和国预算法》出台，自 2015 年 1 月 1 日起正式实施。其中，第四十五条中吸收了温岭参与式预算改革的实践经验："县、自治县、不设区的市、市辖区、乡、民族乡、镇的人民代表大会举行会议审查预算草案前，应当采用多种形式，组织本级人民代表大会代表，听取选民和社会各界的意见。"这在法律层面上肯定并推进了参与式预算改革。

- **开启预算绩效评价询问会**

2014 年，为了提高对政府预算的审查监督能力，温岭市前后四次召开预算绩效评价恳谈会，与会人员包括市镇人大代表、选民代表、政府部门负责人、专家、中介机构等。

5 月 30 日，泽国镇召开了城建线 2013 年预算绩效评价询问会，围绕总额达 15771 万元的 2013 年镇政府城建线 9 大类 41 小项预算绩效情况，开展分组讨论、待机中询问和满意度测评。9 月 11 日，温岭市人大常委会召开服务业发展引导财政专项资金绩效评价民主恳谈会，首次对 2013 年的财政专项资金使用绩效情况和 2014 年的绩效目标进行恳谈。10 月 11 日，温岭市人大常委会召开了美丽乡村建设专项资金、技术改造专项资金绩效评价民主恳谈会。大会通过分组讨论、大会集中询问和满意度测评三个方式来进行绩效评价。会后，人大将群众的意见和测评结果反馈给政府，督促进一步整改落实。

专项资金绩效评价民主恳谈会的召开，标志着参与式预算逐步向预算绩效监督延伸。

● 政府性重大投资项目逐项初审票决

2015 年 1 月 22 ~ 29 日，温岭市人大常委会通过 32 个代表联络站的部门预算征询恳谈，对 10 个拟新增的政府性重大投资项目征求各辖区选民意见。这是首次就政府性重大投资项目向群众征询意见。2015 年 2 月 27 日，市十五届人大常委会举行第二十五次会议，与会代表逐项票决这 10 个政府性重大投资项目，且所有项目均以过半数通过。

● 建立浙江财经大学实践教育基地

2015 年 1 月 28 日，温岭市人大与浙江财经大学举行大学生实践教育基地签约揭牌仪式。温岭市人大常委会主任张学明、浙江财经大学财政与公共管理学院院长沈玉平分别代表合作双方签订了协议，并为"浙江财经大学经济学国家级实践教育基地""浙江财经大学大学生校外实践教育基地"揭牌。

自从温岭开展参与式预算实践以来，我国众多高校将其作为教学和研究案例。浙江财经大学是首个以参与式预算为案例在地方人大设立实践教育基地的高校。

● 探索县市级预算修正议案制度

2015 年 3 月 4 日，温岭市委书记徐淼主持召开市委常委会议，研究同意市人大常委会党组提出的《关于市十五届人大四次会议试行预算修正议案的报告》。3 月 10 日，温岭市第十五届人民代表大会第四次会议通过《票决预算修正议案和部门预算办法》。3 月 12 日，温岭市林于法等 12 名人大代表提出《关于要求增加城市交通治堵经费的预算修正议案》。3 月 13 日，在温岭市十五届人大四次会议第三次全体会议上，出席会议的 363 名代表，以 346 票赞成、8 票反对、9 票弃权，表决通过了《关于要求增加城乡交通治堵经费的预算修正议案》。

这是全国首个县级人大通过的预算修正议案。在乡镇开展多年预算修正议案实践的基础上，温岭市终于在市本级也探索建立了预算修正议案制度。

● 全口径预算审查分本表决

2015 年 3 月 13 日，温岭市十五届人大四次会议首次对四本预算，即一般公共预算、政府性基金预算、国有资本金预算、社会保险基金预算分本表决，并获通过。

- **乡镇人代会审查表决政府决算**

2015 年，温岭市首次探索乡镇人代会决算审查、表决。8 月 21 日，温岭市坞根镇在年中召开的镇第十六届人民代表大会第五次会议上，审查并表决通过了坞根镇 2014 年财政决算。

参考文献

［1］陈治：《国家治理法治化背景下的财政制度完善研究》，载于《财经法学》2015 年第 2 期。

［2］程国琴：《参与式预算的经济学分析》，载于《当代财经》2014 年第 12 期。

［3］程国琴：《我国参与式预算评价框架的构建——基于比例原则的分析视角》，载于《中国公共政策评论》2016 年第 10 卷第 1 期。

［4］韩福国：《参与式预算技术环节的有效性分析——基于中国地方参与式预算的跨案例比较》，载于《经济社会体制比较》2017 年第 5 期。

［5］焦微玲、徐力：《基于社会化媒体的地方政府参与式预算创新研究》，载于《财政研究》2015 年第 2 期。

［6］李新、贺凤琴：《参与式预算问题探析——以浙江省温岭市为例》，载于《财政监督》2017 年第 18 期。

［7］林尚立、马骏：《国家治理与公共预算》，中国财经出版社 2007 年版。

［8］林雪霏：《当地方治理体制遇到协商民主——基于温岭"民主恳谈"制度的长时段演化研究》，载于《公共管理学报》2017 年第 14 卷第 1 期。

［9］林应荣、李小健：《温岭"参与式预算"的阳光实践》，载于《中国人大》2014 年第 18 期。

［10］刘斌：《参与式预算的治理逻辑及其发展前景》，载于《理论月刊》2017 年第 8 期。

［11］刘斌：《参与式预算的中国模式研究：实践、经验和思路》，载于《经济体制改革》2017 年第 4 期。

［12］刘崇娜：《协商民主引入预算决策的路径分析》，载于《管理观察》2016 年第 13 期。

［13］刘永标：《浙江温岭参与式预算完善和深化的思考》，载于《人大研究》2017 年第 10 期。

［14］吕华、罗文剑：《参与式预算：财政民主的可行性与限度分析》，载于《江西社会科学》2016 年第 36 卷第 7 期。

［15］马海涛、刘斌：《参与式预算：国家治理和公共财政建设的"参与"之路》，载于《探索》2016 年第 3 期。

［16］马骏：《盐津县"群众参与预算"：国家治理现代化的基层探索》，载于《公共行政评论》2014 年第 7 卷第 5 期。

［17］宋连胜、李建：《民主与参与：协商民主推进国家治理现代化的政治逻辑》，载于《社会主义研究》2015 年第 5 期。

［18］徐红、程商：《乡镇参与式预算运作机制研究——以浙江省温岭市泽国镇为例》，载于

《管理观察》2016 年第 13 期。

〔19〕许玉镇、王颖:《民生政策形成中利益相关者有序参与问题研究——基于协商民主的视角》,载于《政治学研究》2015 年第 1 期。

〔20〕张程、曹雪姣、骆平原:《中国公共预算的民主治理:公共理性与民主参与》,载于《公共财政研究》2016 年第 1 期。

〔21〕张丽:《基于一般政治系统理论的参与式预算运行机制——以浙江温岭为例》,载于《地方财政研究》2018 年第 3 期。

〔22〕张学明:《全口径预算与公众参与》,载于《人大研究》2015 年第 2 期。

〔23〕张学明:《参与式预算:协商民主的生动实践》,载于《人大研究》2013 年第 3 期。

〔24〕张学明、吴大器:《温岭探索——地方人大预算审查监督之路》,上海财经大学出版社 2016 年版。

〔25〕钟晓敏:《公共财政之路——浙江的实践与探索》,浙江大学出版社 2008 年版。

〔26〕周红云:《全民共建共享的社会治理格局:理论基础与概念框架》,载于《经济社会体制比较》2016 年第 2 期。

〔27〕朱圣明:《预算全口径、监督全过程、参与全方位——温岭参与式预算十年成就与展望》,载于《人大研究》2017 年第 3 期。

第九章

温州基础设施融资模式的
演变与启示

　　基础设施即便不是经济增长的引擎，也是经济增长的"车轮"。[①] 由此可见，基础设施是一个地区经济赖以发展的必要条件，它对一个地区经济起飞和发展起着催化和加速的作用。然而，由于公共基础设施初期建设的投资巨大、回报周期长等特点，私人部门不愿意提供。而且，公共基础设施普遍具有公益性和正外部性，因而提供公共品的社会效益要高于经济效益，很容易造成市场失灵，即市场提供不足，无法满足社会经济发展的需要。因此，以国家财政为基础进行基础设施建设成为世界各国普遍采取的做法。然而，公共基础设施不仅具有生产性，还具有消费性，且其消费上接近于一种奢侈品（斯蒂格利茨，1999），其收入弹性大于1，因而对其需求的增长幅度要大于国内生产总值的增长幅度。因此，随着经济的高速发展，对公共基础设施的需求更是与日俱增，其建设投资也随之水涨船高，单单依靠国家财政拨款已远不能满足建设公共基础设施投资的巨大需求，公共基础设施就很难达到最优供给水平。

---

① 世界银行：《1994 世界发展发展报告：为发展提供基础设施》，中国财政经济出版社1994年版，第2页。

　　改革开放以来，我国经济取得了巨大的发展，但公共基础设施建设资金的不足，成为制约我国经济快速发展的主要"瓶颈"之一。因此，有必要在公共基础设施的建设中引入市场竞争机制，发展多元化的投资主体，拓宽融资渠道，让私人企业参与到公共基础设施的建设中，以缓解当前基础设施投资资金不足的局面。温州作为我国市场化改革起步最早的地区之一，在 20 世纪 80 年代初期，便随着全国推行农村联产承包责任制，大力发展农村家庭工业，到 1985 年 4 月，温州家庭工业户高达 13.3 万户，经济飞速发展，"温州模式"不胫而走。然而，温州在改革开放后相当长一段时间里，一直依靠政府来主导城市基础设施建设，由于财力的限制导致基础设施建设远远落后于经济发展的速度。城市基础设施建设的落后又进一步带来了一系列经济和社会问题。在这种背景下，温州市政府从 20 世纪 80 年代末开始，在不增加政府对基础设施投资的前提下，积极探索民间投资参与公共基础设施建设。比较典型的案例有温州旧城改造和金温铁路等。这样，温州市一方面克服了政府财政在基础设施建设上投资不足的问题；另一方面则通过成本收益的部分内部化，将基础设施转化为俱乐部产品，提高基础设施的市场收益，增加基础设施的供给。

　　温州是我国改革开放后经济发展最快的地区之一。一方面，经济的发展要求通过大规模基础设施建设来促进当地的工业发展；另一方面，经济的发展也为基础设施建设提供了资金，更为民间资金参与公共基础设施建设提供了物质基础。温州市政府通过市场化机制，利用其丰富的民间资金，有效破解了资金短缺问题，探索出一条基础设施建设的创新之路。本章将通过梳理温州基础设施融资的历史沿革，并详细考察温州旧城改造和金温铁路案例中民间资本参与基础设施建设的制度安排，进而从理论上探讨温州市是如何将市场机制引入基础设施建设的？市场供给基础设施是否成效显著？这一市场机制又有哪些特点并带给我们何种启示？

一、温州基础设施融资的历史沿革

　　根据世界银行给出的权威界定，广义基础设施包括经济和社会基础设施。本章重点考察经济基础设施，它被定义为永久性的工程构筑、设备、设施和它们所提供的为居民所用和用于经济生产的服务。这些经济基础设施包括三个部分：一是公共设施（public utilities），如电力、电信、自来水、卫生设施与排污系统、固体废弃物的收集和处理系统；二是公共工程（public works），如公路、大坝和灌溉及排水用的渠道工程；三是其他交通部门（other transport sectors），如铁路、城市交通、海港、水运和机场。[①]

---

　　① 世界银行：《1994 年世界发展报告：为发展提供基础设施》，中国财政经济出版社 1994 年版，第 13 页。

改革开放前及初期，温州基础设施落后、交通闭塞。20 世纪 80 年代中期以来，随着经济体制改革的逐步深入，温州市在基础设施建设融资领域逐步引入市场机制，初步形成适应市场经济体制的多元化融资模式，取得了巨大的成就，为后来我国在全国范围内推广政府和社会资本合作模式（public-private partnership，PPP）提供了诸多可借鉴的经验。接下来，我们将具体探讨温州基础设施建设融资的初始条件及其历史沿革。

（一）温州基础设施融资发展的初始条件

温州位于中国东南部，为浙江省地级市。温州市管辖鹿城、龙湾、瓶海区，永嘉、苍南、平阳、洞头、文成、泰顺县，代管瑞安、乐清市。全市面积 11783.5 平方米，其中 78.2% 为山地，只有 17.5% 的平原。改革开放前，温州由于没有特殊的经济资源，重要的矿产不仅品种单一，而且数量稀少，导致温州无法利用其禀赋资源发展工业。在农业方面，1978 年温州人均耕地面积仅为 0.53 亩，农民人均纯收入仅为 113 元。[①] 而在 1980 年，中国人均耕地面积为 1.5 亩，农民人均纯收入为 191 元，浙江省当时的农民人均纯收入已经达到 219 元。[②] 由此可见，当时温州市的经济发展非常缓慢，是浙江省内经济较为落后的地区之一，因而政府也无力发展和改善本地的基础设施。

由于地形复杂，加之临海，温州在历史上交通一直比较闭塞。从中华人民共和国成立后直到 1978 年改革开放，国家对温州的投资总计仅为 5.6 亿元，其中用于基础设施建设的投资仅有 1.43 亿元，人均仅 88 元，而同期全国的人均水平为 600 元，浙江省人均水平为 240 元。[③] 因此，在改革开放前，温州基础设施因地理和投资不足等因素的影响而相当落后。在交通运输方面，温州长期没有铁路、航空，只有水路和颠簸不平的公路。温州的货运量一直处于弱势，与浙江省会杭州相比，不仅在总量上和杭州相差甚远，在增量上也慢于杭州。在水电供应方面，温州平均每人生活用水的供应低于浙江省平均水平，平均每万人拥有的下水道长度也远不及杭州。

从温州国民经济所有制结构来看，1980 年社会劳动者结构中国有经济职工仅占 6.6%，城镇集体经济职工占 10.4%，两者总和为 17%。从全社会固定资产投资结构来看，国有经济单位投资占比为 26.7%，集体经济单位投资占比为 13%，即公共经济部门投资比例总和为 39.7%，还没有超过 40%。[④] 因此，温州地区的国有

① 《温州统计年鉴 2000》。
② 国家统计局，http：//www. stats. gov. cn/ndsj/information/zhl/i171a。
③ 钟晓敏等：《公共财政之路浙江的实践与探索》，浙江大学出版社 2008 年版，第 174 页。
④ 《温州统计年鉴 2011》。

经济和集体经济不够发达。在温州农村地区集聚了 80% 以上的劳动力，而不发达的公有经济部门能够为农村转移到城市的剩余劳动力提供的就业机会相当有限。广大农村劳动力迫于生计，必须寻找其他获利机会。因而，温州特殊的区位条件造成的相对封闭、孤立的经济环境为这种具有高政治风险的尝试提供了一个天然的"试验区"（史晋川等，2002）。

温州的文化传统则铸就了它较全国其他地区率先推进基础设施融资模式创新。温州地区在宋代时已经是小商业遍布，一片繁荣的景象。南宋的温州"永嘉学派"举"事功"的旗帜，反对当时限制工商业发展的"重农抑末"思想，提出了"以利和义""义利并举"的主张。"永嘉学派"的功利主义思想对温州人的商品经济意识起到了潜移默化的作用。[1] 1876 年，温州被批准为商埠，对外经济交流活动日益频繁，西方商品经济意识与永嘉学派功利主义思想得以碰撞和交融，磨砺了温州人特有的冒险、务实和创新的"温州精神"。改革开放后，我国开始从计划经济向市场经济转轨，温州人以"自主改革、自担风险、自求发展、自强不息"的精神，积极寻找自身发展的突破口，以家庭工业为源头的民营经济迅速发展壮大，成就了闻名中外的"温州模式"。

温州民营企业的兴起，让它拥有了丰厚的民间资本。资本的逐利性使得资本在国民经济的不同领域寻找投资机会。因而，民营资本涉足的行业相当广泛，不仅在制造业、商贸流通和房地产开发等竞争性行业成为了主要力量，在道路、桥梁、能源、水利、城建、通信、环保等基础设施和文化、教育、卫生、体育等社会发展领域也试图逐步拓展。因此，温州民间资本的快速积累为今后民营资本参与基础设施建设打下了良好的物质基础。总之，温州民营经济的壮大，使得原本就赋有改革意识的温州迅速走出了基础设施筹资的新模式。

（二）温州基础设施建设融资模式的历史沿革

在不同的历史条件下，温州基础设施建设的融资模式会表现出不同的特征。需要指出，温州基础设施融资模式的发展是一个渐进的过程，在各个时期的边界处往往已经蕴涵了新的融资模式的萌芽。1978～2014 年，温州基础设施融资模式发展大致经历了四个阶段：

（1）起步阶段：1978～1987 年。改革开放后，温州基础设施建设进入起步阶段，也是融资改革的起步阶段。从表 9-1 可以看出，1978 年基础设施投资占全社会固定资产投资的比重高达 95.67%。也就是说，几乎全部的全社会固定资产投资

---

[1]　谢健、任柏强：《温州民营经济研究——透过民营经济看温州模式》，中华工商联合出版社 2000 版，第 28 页。

都投到基础设施中去了。1979 年基础设施投资占全社会固定资产投资的比重下降到 74.10％，但仍然很高。之后年份迅速下降到 20％以下。为了弥补基础设施投资的不足，温州开始对部分基础设施实行按使用者付费原则，即"自费开发""有偿使用"，逐渐培养起"以路养路，以桥养桥，人民城市人民建"的运作理念。例如，20 世纪 80 年代中期，温州瓯江大桥率先实行车辆过桥通行费，采取征收车辆通行费的办法来偿还贷款，从而开辟了城市桥梁、隧道等基础设施"贷款建设、收费还贷""谁投资，谁受益"的建设模式，兴起了建设高潮，走出了一条不依靠国家投资，自行发展的路子。

表 9 - 1　　　　　　　　　　基础投资的基本情况

年份	基础设施建投资的实际值（万元）	全社会固定资产投资实际值（万元）	财政总收入实际值（万元）	基础设施投资占全社会固定资产投资的比重（％）	基础设施投资占财政总收入的比重（％）	基础设施投资实际值的增长率（％）
1978	3599	3762	13477	95.67	26.70	
1979	5077.579	6852.199	13520.52	74.10	37.55	41.08
1980	7316.521	34026.63	16602.18	21.50	44.07	44.09
1981	6363.362	39960.11	17265.77	15.92	36.86	-13.03
1982	7394.741	30008.58	17529.21	24.64	42.19	16.21
1983	9240.377	39154.46	20724.24	23.60	44.59	24.96
1984	7296.802	48007.11	24698.3	15.20	29.54	-21.03
1985	12710.53	67182.75	34894.75	18.92	36.43	74.19
1986	15576.33	85855.81	41566.76	18.14	37.47	22.55
1987	17603.32	89168.66	46896.21	19.74	37.54	13.01
1988	20896.13	102236.8	52909.38	20.44	39.49	18.71
1989	18042.52	88688.95	58789.97	20.34	30.69	-13.66
1990	18373.56	86038.78	57041.72	21.35	32.21	1.83
1991	18626.91	89355.48	63270.69	20.85	29.44	1.38
1992	22786.89	109579.3	72547.3	20.79	31.41	22.33
1993	24121.5	169312.8	105113.2	14.25	22.95	5.86
1994	34805.84	231039.8	95650.68	15.06	36.39	44.29
1995	58038.87	303681.3	104061.2	19.11	55.77	66.75
1996	68191.19	365394	123106	18.66	55.39	17.49
1997	84961.82	416571.1	144846.8	20.40	58.66	24.59
1998	109038.2	482126.6	173020.1	22.62	63.02	28.34

续表

年份	基础设施建投资的实际值（万元）	全社会固定资产投资实际值（万元）	财政总收入实际值（万元）	基础设施投资占全社会固定资产投资的比重（%）	基础设施投资占财政总收入的比重（%）	基础设施投资实际值的增长率（%）
1999	137675.7	572637.2	213864.3	24.04	64.38	26.26
2000	159364.9	645330.9	285392.2	24.70	55.84	15.75
2001	204891.3	796425.3	370812.3	25.73	55.25	28.57
2002	229040.7	935866	483726.7	24.47	47.35	11.79
2003	277975.3	1046125	578664.4	26.57	48.04	21.37
2004	257028.3	1117145	692036.4	23.01	37.14	−7.54
2005	353990.6	1190180	766727.2	29.74	46.17	37.72
2006	451370.4	1396341	888751.6	32.33	50.79	27.51
2007	466901.2	1528488	1050741	30.55	44.44	3.44
2008	396020.1	1439053	1174031	27.52	33.73	−15.18
2009	496194.3	1643832	1290472	30.19	38.45	25.30
2010	523865.7	1735337	1410835	30.19	37.13	5.58
2011	739402	3053434	1558853	24.22	47.43	41.14
2012	1135872	3708640	1645411	30.63	69.03	53.62
2013	1475357	4601072	1765252	32.07	83.58	29.89
2014	1639138	5332912	1911896	30.74	85.73	11.10
2015	1961019	6199086	2134322	31.63	91.88	19.64

注：基础设施投资、全社会固定资产投资、财政总收入和温州 GDP 平减指数来源于《温州统计年鉴》。由于温州缺失固定资产投资价格指数，因此我们用浙江省的数据作为代理变量，其中对于 1978～1993 年缺失的数据用张军（2003）全国固定资产投资价格指数代替。所有的数据都以 1978 年为基年进行价格平减。

（2）发展阶段：1988～1994 年。这一时期是温州投融资体制改革的发展阶段，也是城市基础设施建设和融资规模迅速扩大期。1988 年国务院颁发了《关于投资管理体制的近期改革方案》，把土地使用权的出让写进了宪法修正案和其他有关法规。1989 年国务院要求土地使用权有偿出让收入中 40% 上缴中央财政，60% 留归地方财政，主要用于城市建设和土地开发，专款专用。根据中央出台的这些政策，温州制定了一系列筹资措施来促进基础设施建设。一是有偿出让城市国有土地使用权；二是收取城市基础设施配套资金；三是调整基础设施服务价格；四是通过规划的手段，收取房屋土地改变功能费；五是部分"资源"商品化，如摩托车额度单、汽车营运线路拍卖、收取"农转非"补偿金等。通过实施这些措施，温州城市建设获得了稳定的资金来源。在基础设施建设模式上，主要是各个项目都建立"五自一体"的业主单位，即"自贷、自建、自管、自营、自偿"，指挥部等机构应运而生。1988~1992 年，基础设施投资占全社会固定资产投资的比重都维持在 20% 以上。在这四年里，温州人民路改造总投资 15.6 亿元，全部依靠自筹途径解决。

（3）稳定阶段：1995~2002 年。在这个阶段，温州以土地经营为核心的城市经营方式逐步确立，土地出让收入成为温州城市建设资金的主要来源，并对此产生了高度依赖。土地出让收入占政府统筹资金的比重高达 70% 以上，以经营依附于道路、广场、公交等有形资产之上的开发权、使用权、经营权、冠名权、广告权等无形资产为内容的城市经营方式也得到大量运用。与此同时，以指挥部为主体的商业银行建设资金贷款成为又一个重要的融资手段。由于在融资方面获得了稳定来源，温州实施了"基础设施优化计划"和"百项千亿"工程，城市基础设施得到跨越式发展。

（4）多元化发展阶段：2003~2014 年。在这个阶段，虽然土地出让和银行贷款仍是主要融资方式，但温州城市基础设施的融资模式开始向多元化方向发展。2003 年温州珊溪水库引供水工程管网部分完成资产转让，在盘活城市基础设施国有资产上做出了有益的尝试。2004 年，温州市政府相继颁布了《温州市投融资体制改革指导意见》《温州城市基础设施特许经营办法》等。温州相继出现了出售存量资产、特许经营、建造－运营－移交（BOT）、发行企业债券等基础设施的融资方式，投融资体制进入全面创新的实践阶段。这一阶段，基础设施投资占全社会固定资产投资的比重从 26.57% 逐步上升到 30.74%。如果说在起步阶段、发展阶段和稳定阶段，温州基础设施投融资模式中已经蕴涵了民间资本融资的萌芽和发展，那么，到了多元化发展阶段，民间资本进入基础设施建设已经在制度安排、经营和管理方面都走向了成熟。

（三）PPP 在温州基础设施建设中的正式形成

2014 年下半年，随着《国务院关于加强地方政府性债务管理的意见》的出台，地方债务管理从紧，浙江省积极推进 PPP 工作。截至 2017 年 6 月，全省纳入财政部 PPP 项目库项目 324 个，总投资 5211 亿元，已落地项目 95 个，落地率位居全国前列。[①] 其中，温州市由于在全省较早开始探索和应用 PPP 模式，积极在基础设施、项目推进、政策保障等方面先行先试，取得了明显成效，被列为全省三个 PPP 示范城市之一。

---

① 《全省第四批 PPP 项目推荐名单出炉 温州 12 个项目领跑》http：//news. 66wz. com/2017/10/29/105038486. shtml.

2015 年 6 月，温州市出台了《关于推广运用政府和社会资本合作模式的实施意见》（以下简称《实施意见》），正式把 PPP 模式引进社会资本投资新建、在建的基础设施、公共服务项目，作为温州控制政府总体债务水平、优化政府债务结构、增强政府债务规划能力的探索。根据《实施意见》的规定，全市范围内交通、能源、市政、信息、水利、保障性安居工程、文教卫体、旅游、健康养老、农业农村等基础设施和公共服务，以及资源环境和生态保护、新型城镇化等项目应当积极采用 PPP 模式进行建设和运营，政府可以采取授予特许经营权等方式吸引社会资本。2015 年，温州市发改委公布全市 52 个 PPP 项目，计划总投资 1645.1 亿元，面向全社会募集股东，温州市区餐厨垃圾处理工程、温州市域铁路 S2 线一期工程、甬台温高速公路复线平苍段等市政工程列入其中。2015 年 11 月，当时温州单体投资额最大的 PPP 项目——总投资达 136 亿元的瓯江口一期市政工程开工建设。

为了打破各种限制，使 PPP 模式为民间资本打通进入基础设施建设、公共服务领域的"最后一公里"，温州市对 PPP 投资项目识别、准备、采购、执行、移交各环节流程作了详细规定，还在政策保障方面给予了相当大的优惠力度。例如，PPP 项目在安排各类财政专项资金和政府性补贴时，可享受与政府投资项目同等的财政扶持政策；建成的项目经依法批准可以抵押，土地使用权性质不变，待合同经营期满后，连同公共设施一并移交给政府。专业投资机构参与项目策划、融资、建设和运营，提升 PPP 的融资和抗风险能力。

自 2015 年试水 PPP 模式至 2017 年，温州市推出三批共计 104 个 PPP 项目，计划总投资 2300 亿元。其中《全省第四批 PPP 项目推荐名单出炉，温州 12 个项目领跑》，范围涵盖市政、交通、水利、公共服务设施等多个民生关联性较强的领域。这 25 个项目分别列入国家发改委第一批和第二批 PPP 项目库，入库项目数位列全省第一。从温州市前三批推出 PPP 项目回报方式来看，政府购买服务项目成为 PPP 主要回报方式，主要为市政道路、公园绿地、交通基础设施、水利围垦等领域；使用者付费项目主要集中于污水垃圾及固废处理、养生养老等领域；使用者付费与政府购买服务结合类项目则多分布在文教卫体等领域。据温州市发改委透露，第四批 PPP 项目回报方式将适当向使用者付费模式倾斜，避免政府购买服务成为 PPP 项目主要回报方式。同时，创新投融资体制，争取保险机构 PPP 的核心优势是发挥社会资本在融资、技术、管理方面的综合能力，提高项目建设运营效率，降低项目全生命周期成本。

二、温州基础设施融资模式典型案例

为了更具体地展现温州基础设施投资模式的演变以及其中蕴含的成功经验，本文将在众多基础设施建设的案例中挑选不同时期具有代表性的案例进行研究和分析，它们分别是温州旧城改建、金温铁路、温州轻轨 1 号线和瓯江口一期市政工程。

（一）温州旧城改建①

1987 年底，温州市政府汲取历次改建的经验教训，大胆启动民间资金，依靠丰富的民间资本积累来推动旧城改建，并制定了一系列的政策措施，批准推出了人民中路和人民西路的大规模改建项目，并与此前陷入停顿的人民东路改建项目结合，开始了温州史无前例的城市改建运动。1988 年初，政府成立了"人民路改建指挥部"，由政府要员直接挂帅指挥，全面负责整个改建的规划、筹资、指挥和协调工作。1988 年 3 月 21 日，大批施工队伍和建筑机械进驻温州市人民西路三角城头，正式拉开了声势浩大的旧城改建的序幕。从那时起至 1998 年，温州旧城改建的进程大致经历了三个阶段。

（1）局部试点阶段。大致 1987～1992 年，改建的范围仅限于人民路。当时，一是由于计划体制约束仍然十分明显，社会与政府对市场的认识仍不明晰，因而对市场行为采取观望与不鼓励甚至压制的政策。二是对于以市场推进城市建设这样的事没有现成的理论与实践为参照，只能"边干边学"（learning by doing），这无疑需要将实验控制在尽可能小的范围内。三是资金问题仍然成为较大的约束条件，尽管实行了市场化的多方位筹资手段，但对于投资于旧城改建这一新事物，在社会上被广泛接受显然需要时间。政府起初在规划中试图通过房地产开发来筹集社会资金，利用商品房销售获取利润，以达到改建区内城市基础设施"费用支出的自我消化，改建资金收支平衡"的目的。据此计划 5 年完成人民路改建项目工程，但由于前期房地产开发并未十分有效地展开，再加上规划在实施过程中被不断修改，最后直到 1995 年底整个工程才告正式完工。

（2）全面铺开阶段。在 1992～1997 年的五年时间内，温州基本完成了旧城区的沿街改建，并建立了相当规模的住宅区，根本改变了旧城区的面貌。道路建设极大发展，卫生、文化教育等公共设施建设也大为改观。一个初具规模的现代化温州城经过这一时期的改建后基本形成。在 1992 年 4 月的市八届人大一次会议上，政府推出的 16 条街道改建的大规模旧城改建计划获得通过。这 16 条街道总用地面积 117.98 公顷，规划总建筑面积 293.02 万平方米，计划总投入资金 25.4 亿元。同年 5 月 18 日，在市政府小礼堂召开了规模盛大的"旧城改建房地产开发项目发布会"，共吸引海内外 100 多家客商前来洽谈，3 天内就当场签订项目协议 22 个，出让地块 23 个，规划总面积 50 多万平方米。这是当时全国规模最大的房交会，也被

---

① 史晋川等：《制度变迁与经济发展：温州模式研究》，浙江大学出版社 2002 年版，第 283～284 页。

认为是温州旧城改建史上具有里程碑意义的一次项目发布会。1993 年拆除旧房
40.5 万平方米，施工面积达 55.1 万平方米，竣工房屋面积 20.1 万平方米。1994
年，完成拆迁住房 27 万平方米。1995 年，完成安置房建设 45 万平方米。

（3）深化提高阶段。1997 年 6 月，温州市政府推出了全长 27 公里的江滨路改
建工程。工程实行分段开发，与以往不同，在这一工程中，政府首次将绿化放在首
位，力争要建一条美丽的"绿色长廊"。1998 年，温州市委、市政府提出了"还绿
于民"的旧城环境建设思路，出台了建设生态城市的规划。这标志着温州旧城改
建从经济效益型的规模扩张向社会效益的品位提高的转变；同时，改变了原先单一
的沿街改建和以道路改建为主的建设方式，转而实行了整体功能为主导的大规模成
片改建。

（二）中外合资的金温铁路[①]

金温铁路是中国第一条合资建设的地方铁路，它横贯了浙西南山区，惠及沿途
16 个县、1500 万百姓。浙西南一带地形复杂，处处崇山峻岭，修建铁路的难度很
大。尽管如此，相对于修建金温铁路所面临的复杂的地形而言，如何筹集足够多资
金成为摆在温州市政府面前最大的难题。为此，20 世纪 80 年代，温州市委、市政
府专门到香港招商引资，为筹资做了大量工作，并得到香港温籍著名学者南怀瑾先
生的大力支持，"催生"了金温铁路的建成。

金温铁路之所以能走出一条中外合资建设的道路来，离不开温州市政府市场化
改革的决心。他们采纳了南怀瑾先生的提议，建立了一家由地方政府和海外资金合
作设立的一家铁路公司，让其拥有独立经营的自主权，打破原有铁路必须由政府或
国营企业经营的规定。在 1989 年至 1990 年底，在双方共同对金温铁路沿线的自然
经济进行考察、认定的基础上，签订了合资建设金温铁路的意向书、协议书和审议
纪要等有关文件。

1991 年 9 月，国家计委批准浙江省与香港联盈兴业有限公司合资建设金温铁
路的可行性报告，开创了新中国内地与境外合资建设铁路的先例。1992 年 11 月 12
日，中外合资浙江金温铁道开发有限公司成立，香港联盈兴业股份有限公司作为大
股东出资 4586 万美元，占股 80%。6 天后，浙江金温铁道有限公司正式挂牌。
1992 年 12 月 18 日，金温铁路正式开工。1998 年 4 月全线通车前夕，金温公司同
意将香港联盈兴业有限公司在金温公司的股权转让给浙江省和铁道部。金温铁路为
浙江省（占股份 55%）和铁道部（占股份 45%）两方合资的铁路。经过 5 年建
设，1998 年 6 月 11 日，金温铁路正式通车。中外合资公司的成立不仅解决了金温

---

① 侯承业：《南怀瑾与金温铁路》，东方出版社 2013 年版，第 9~67 页。

铁路的资金难题，而且有助于金温铁路的科学且整体规划，提高了管理和经营效率以及对工程质量的管控。可以说，金温铁路的建设不仅突破了过去已有的融资模式，而且在其他方面也为中国基础设施建设开了一个先例。

（三）温州轻轨 1 号线[①]

2011 年 11 月 11 日开工建设的温州城市轨道交通 1 号线，计划引入 35 亿元民间资本。这是国内城市轨道交通投资首次大力度向民间资本开放。其中，温州轻轨 1 号线连接温州市瓯海区、龙湾区和瓯江口产业集聚区，工程概算有 86.07 亿元。该项目启动之初，面对巨大的资金缺口，温州市政府决定进行民间募资尝试，规模为 15 亿元。按最初计划，这一融资计划的对象是温州民企，每股 1000 万元。认购民企不承担项目建成后的盈亏风险，每年确保 6% 的固定收益，如果项目能赢利，民企还能参加分红。

温州市政府自认为这个条件已逼近了政府所能承诺之极限，但温州民企却不予理会，理由是收益率和可参与度很低。因此，温州市政府转变思想，将 15 亿元的融资机会面向温州个人投资者，每股 1 万元，不参加分红，不承担盈亏风险，不参与经营管理，不论项目盈亏，每年确保 6% 的固定收益。

很显然，这样的融资条件比针对民企要苛刻，但令政府没想到的是，15 亿元的融资额度不到 1 个月时间，即被 7000 余温州市民抢购一空。在思想禁锢的牢笼被打开之后，恰逢国家对 PPP 项目开禁，于是温州轻轨 1 号线又成功尝试了信托融资、保险融资、融资租赁以及"永续债"发行，融资渠道越拓越宽。

此外，这个案例还有一个很人性化加市场化的设计：由于轻轨的投资回收期很长，而市场上的投资收益是随经济形势及资金紧缺程度而变化的，为了使个体投资人放心，温州轻轨 1 号线的个人股权以 1 年为期，到期后，个人可以继续持有亦可以赎回变现。结果，连续几年，个人到期赎回率都不超过 10%。因为对个人投资者而言，6% 的固定收益虽不及民间地下集资利率，但购买轻轨股权旱涝保收，风险为"零"，也是相对来说安全且划算的投资。

（四）瓯江口一期市政工程[②]

2015 年 11 月中旬，温州市单体投资额最大的 PPP 项目——总投资达 136 亿元

———————————

① 鲁宁：《"PPP 模式的温州案例"之镜鉴》，载于《金融博览》（财富）2016 年第 10 期；赖囡楠、刘晓华：《温州城市轨道交通建设拟引进 35 亿元民间资本》，载于《城市轨道交通研究》2011 年第 12 期。

② 《温州探索投融资机制创新：引社会资本投入公用事业》，http://news.66wz.com/system/2015/11/20/104640349.shtml。

· 238 ·

的瓯江口一期市政工程正式开工。该项目通过 PPP 模式吸引民间资本投入社会公共领域，是温州市政府在基础设施融资模式改革上迈出的坚实一步，让城市发展"蓝图"步步走向现实。可谓是 PPP 模式温州探索的一个缩影。

1. 为 PPP 建章立制

2015 年 6 月，温州市出台《关于推广运用政府和社会资本合作模式的实施意见》，对 PPP 投资项目识别、准备、采购、执行、移交各环节流程做出了正式而详细的规定。根据规定，PPP 项目将享受各项税收优惠和行政事业性收费减免政策，在安排各类财政专项资金和政府性补贴时，享受与政府投资项目同等的财政扶持政策。

2. 一举多得扩大投资

瓯江口一期市政工程项目由上海建工集团与瓯江口开发建设投资集团共同合作，组建项目建设公司负责实施。投资估算约 136 亿元，主要包括市政道路工程、市政桥梁工程、河道景观园林工程、地下综合管廊工程、城市家具工程、智慧物联网工程六大板块，建设道路总长 77.5 公里，河道总长 32.4 公里，市政综合管廊 13.5 公里，桥梁 60 座，景观绿带 290 多公顷。工程计划工期六年左右，争取四年半建成。届时瓯江口一期 24 平方公里区域的市政基础设施条件将全面到位。

瓯江口产业集聚区管委会主任姜增尧说："该项目的开工建设，既是集聚区谋划区域整体开发，对 16 平方公里范围市政基础设施整体建设的重要尝试，也是我们探索投资建设新模式，实行 PPP 建设，引进社会资本参与开发、共建共赢的创新举措。"据介绍，瓯江口产业集聚区是温州转型发展的主阵地、主平台之一。随着前期的建设投入，目前产业集聚区空间拓展快速推进，基础设施建设全面展开，起步区基础设施建设初现雏形，部分产业项目落地建成投产。瓯江口一期市政工程的建设，将助推"温州赶超发展三年超万亿投资计划"的实施，提速推进"东方时尚岛、海上新温州"建设步伐。

瓯江口一期市政工程，中心片污水处理厂、临江生活焚烧发电厂已经完成社会投资人采购，以及瑞安瑞祥小学等 PPP 项目的推进，为温州市公共基础设施建设注入新鲜血液。引入社会资本，一方面有效地减轻了政府的财政压力；另一方面也引入先进的技术和管理能力，极大地提高了公用事业设施的运营效率和管理水平。

三、温州基础设施融资模式的发展成效

随着温州基础设施融资模式的多元化，在不增加当地财政负担的前提下，温州

的基础设施投资显著增加，基础设施条件日臻完善，经济增长显著。

（一）温州基础设施投资迅速增长

改革开放后，温州面对基础设施落后、交通闭塞的现状，在 1978 年和 1979 年全力补齐这一块制约经济发展的短板。从表 9 - 1 不难发现，在这两年里基础设施投资占全社会固定资产投资的比重分别为 95.67% 和 74.10%，也就是说，由于没有民间资本的参与，政府只能把有限资金绝大部分投到基础设施来补这块短板。在之后的年份，基础设施投资占全社会固定资产投资的比重维持在 20% 上下。20 世纪 80 年代，温州的经济发展开始高速增长，财政收入也因此快速上升。从基础设施投资占财政总收入的比重来看，基础设施投资占财政总收入的比重一直维持在 30% 以上，但由于民间资本参与基础设施建设受到各种约束，说明温州财政对基础设施的投资和建设的力度并没有减少，反而有所增加。

20 世纪 90 年代以来，温州实施了"基础设施优化计划"和"百项千亿"工程，城市基础设施投资逐年增加，民营资本也逐渐加入基础设施建设中，因此我们可以看到，基础设施投资占财政总收入的比重从 1990 年的 32.21% 上涨到 1999 年的 64.38%，其中上涨的部分大多来自民营资金。2000~2007 年，基础设施投资占财政总收入的比重基本维持在 45% 左右，由此不难发现，政府在这一时期仍然对基础设施保持高度重视。2008 年国际金融危机后，温州在基础设施投资方面开始下降，其中 2008 年基础设施投资实际值的增长率降为 - 15.18%，基础设施投资占财政总收入的比重下降到 33.73%。为了应对经济危机带来的负面冲击，温州市政府运用多元化投融资渠道以及 2015 年后 PPP 业务的展开，温州在基础设施方面的投资进一步加大，基础设施投资占财政总收入的比重由 2008 年 33.73% 上涨到 2015 年的 91.88%，由此可以发现，一方面，政府加大了对基础设施的投资；另一方面，如此大比重的投资没有民营资本的充分参与（特别是 PPP 项目实施）是无法完成的。

总之，在温州政府财政的大力支持和民营资本的充分参与下，温州基础设施建设投资的实际值从 1978 年的 3599 万元上涨到 2015 年的 1961019 万元，38 年里上涨了 544.9 倍，年均增速为 18.6%。在持续的高投资下，温州的基础设施条件得到极大的改善。

（二）温州基础设施条件迅速提高

随着基础设施投资的增加，温州农村基础设施和城市基础设施条件迅速提高。我们无法直接找到每年基础设施建设的具体数据，但可以从它们结果性指标的变化中看到其背后基础设施的完善和增长。

首先，在农村基础实施方面，本章选取农村用电量作为结果性指标，该指标不仅能反映农村生活消费的提高，也能部分反映农村生产条件的改善，因为其增长背后是农村电力实施、饮水设施和农村公路等基础设施的日臻完善。图 9 - 1 显示，温州农村用电量从 1978 年的 0.43 亿千瓦时迅速增加到 2015 年的 85.49 亿千瓦时，增加 198.8 倍，年均增速高达 15.4%。从增速来看，1993 年后温州农村的用电陡然增长，这可能源自 1992 年我国确立建设中国特色社会主义市场经济体制，温州基础设施建设融资模式也即将步入稳定阶段。从农业生产来看，温州农渔业机械总动力从 1978 年的 28.99 万千瓦快速上涨到 2015 年的 214.79 万千瓦，增加 7.4 倍，年均增速为 5.6%。基础设施条件的改善大大促进了温州农业的发展。

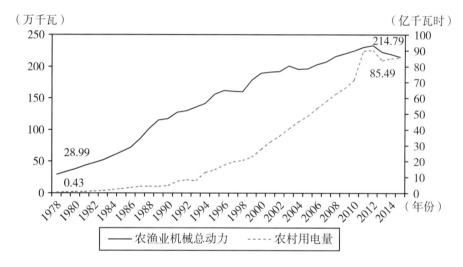

图 9 - 1 温州农村基础设施的建设情况（1978 ~ 2015 年）

资料来源：《温州统计年鉴 2016》。

其次，在城市基础设施方面，本章将从客运量、货运量和邮政电信三个维度来考察改革开放以来温州城市基础设施建设取得的成就。图 9 - 2 为温州分类型客运量的累加图，图中每一根柱形代表该年总的客运量。从总的情况来看，温州总客运量处于上升趋势，尽管 2012 年后开始迅速下降，但是仍然反映了温州在交通运输方面取得了巨大进步。从图 9 - 2 可以看出，温州的人员往来主要是通过公路运输来完成的，从 1978 年运输 1156.89 万人次上升到 2015 年的 19198 万人次，增加了16.6 倍，年均增长率为 7.9%。这说明改革开放后，温州公路建设取得飞跃发展。此外，值得注意的是，温州市政府在 20 世纪 80 年代中后期和民航共同投资 1.325亿元兴建的永强机场从 1990 年开始运行，之后该机场又经历扩建和完善，其运客量也从 3.4 万人上涨到 2015 年的 388.92 万人，翻了 114.4 倍，年均增速高达 20.9%，大大促进了温州与全国乃至世界的交流，促进了经济之间互动和发展。在交通运输方面更具有标准性的事件是 1992 年开始建设金温铁路，该铁路由金华市至温州市，贯穿浙西南山区。全线长 251 公里，计有桥梁 135 座，共长 14 公里，隧道 96 座，共长 35 公里，沿途设车站 27 个，于 1998 年 6 月 11 日正式开通，极大地改善了温州基础设施条件。这不仅方便了人员的交流，也方便了货物运输。

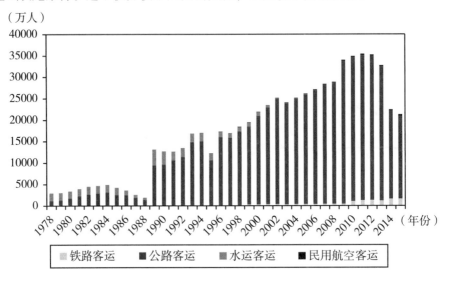

图 9 - 2 温州客运量分类变动情况（1978～2015 年）

资料来源：《温州统计年鉴 2016》。

从图 9 - 3 温州货运量的变化来看，尽管公路运输仍然是货物运输的主力，但是水路运输一直保持较快发展的速度，这说明温州在发展新型的交通方式时，比方说铁路和航空，仍然在巩固和加强其得天独厚的临海和多河道的优势。其水运货物从 1978 年的 221.56 万吨上涨到 2015 年的 4387 万吨，增加 19.8 倍，年均增速为 8.4%，其传统的优势运输方式在当今仍发挥着巨大作用。铁路货物运输虽然绝对数量少，但它的增速是最快的，其货物运输量从 1999 年的 11.31 万吨上涨到 2015 年 470.91 万吨，足足翻了 41.6 倍，年均增速高达 26.2%。

最后，本章从邮政电信行业考察了温州基础设施的建设情况。从图 9 - 4 容易看出，温州自改革开放后，其邮电事业取得飞跃式发展，特别是 1993 年后，其增长速度可以用"爆炸式"增长来形容。具体来看，邮政电信业务总收入从 1978 年的 705 万元上涨到 2015 年的 1605911 万元，翻了 2277.9 倍，年均增长率高达 23.2%；电话总户数（户）从 1978 年的 7924 户上涨到 2015 年的 13018497 户，增长了 1642.9 倍，年均增速为 22.2%。这些数据充分说明了温州在现代通信和物流方面都做得非常出色，为当地的经济发展降低了交易成本，促进信息互通互联，促进货物高效传输，激发了经济的活力，促进了经济的增长。

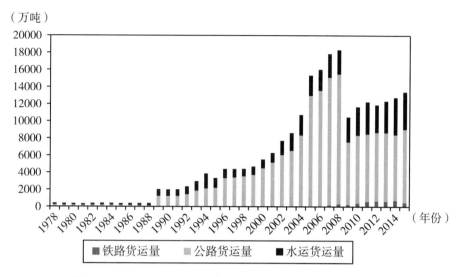

图9-3　温州货运量分类变动情况（1978～2015年）

资料来源：《温州统计年鉴2016》。

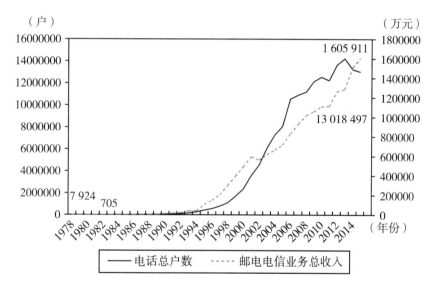

图9-4　温州邮政电信事业的发展（1978～2015年）

资料来源：《温州统计年鉴2016》。

（三）温州经济增长显著

从图9-5可以看出，自改革开放后，温州的经济发展一直走在浙江乃至全国的前面。特别是1991～2005年，温州的GDP增长率远远高于全国的GDP增长率。

但在 2008 年世界金融危机后，温州 GDP 的增长率不仅低于浙江省平均水平，还低于全国平均水平。尽管如此，可以看到，2015 年温州 GDP 的增长率走出低谷，已经超过浙江省和全国平均水平。

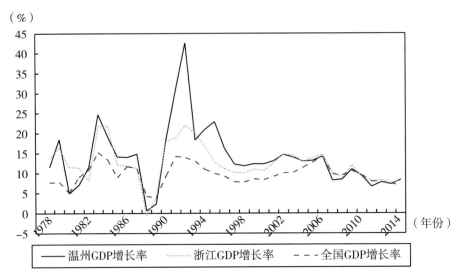

图 9 - 5　温州、浙江和全国 GDP 增长率

资料来源：《温州统计年鉴 2016》《浙江统计年鉴 2016》《中国统计年鉴 2016》。

从表 9 - 2 可以看出，在改革开放初期，温州人均生产总值低于浙江和全国平均水平，以 1978 年为例，温州人均生产总值只是浙江省的 0.7190，是全国的 0.6182。但是，经过改革开放 40 年，温州经济经历一个快速发展阶段，实现了年均增长率 11.8% 的两位数的高增长。到 2015 年，温州人均生产总值是浙江省的 1.1080 倍，是全国的 2.2312 倍。

表 9 - 2　　　　　　　　温州、浙江和全国人均实际生产总值

年份	温州人均生产总值（元）	浙江人均生产总值（元）	全国人均生产总值（元）	温州比浙江人均生产总值的倍数	温州比全国人均生产总值的倍数
1978	238	331	385	0.7190	0.6182
1979	260.372	371.713	408.87	0.7005	0.6368
1980	302.974	427.652	435.435	0.7085	0.6958
1981	312.256	472.668	451.605	0.6606	0.6914
1982	328.44	519.67	485.1	0.6320	0.6771
1983	360.57	555.087	529.76	0.6496	0.6806

年份	温州人均生产总值（元）	浙江人均生产总值（元）	全国人均生产总值（元）	温州比浙江人均生产总值的倍数	温州比全国人均生产总值的倍数
1984	443.156	669.613	602.14	0.6618	0.7360
1985	520.506	808.633	674.135	0.6437	0.7721
1986	586.67	897.341	723.415	0.6538	0.8110
1987	661.164	992.338	795.025	0.6663	0.8316
1988	748.986	1090.645	870.1	0.6867	0.8608
1989	744.464	1073.102	892.815	0.6937	0.8338
1990	753.508	1106.864	914.375	0.6808	0.8241
1991	883.694	1296.527	985.6	0.6816	0.8966
1992	1145.732	1531.868	1111.88	0.7479	1.0304
1993	1618.162	1857.903	1251.635	0.8710	1.2928
1994	1895.194	2214.721	1399.09	0.8557	1.3546
1995	2270.758	2569.553	1535.765	0.8837	1.4786
1996	2766.512	2882.679	1670.515	0.9597	1.6561
1997	3190.152	3183.889	1806.035	1.0020	1.7664
1998	3547.152	3489.071	1929.235	1.0166	1.8386
1999	3929.618	3819.74	2058.98	1.0288	1.9085
2000	4358.732	4129.556	2216.445	1.0555	1.9665
2001	4837.588	4446.323	2383.535	1.0880	2.0296
2002	5458.768	4957.387	2584.12	1.1011	2.1124
2003	6244.406	5610.45	2825.9	1.1130	2.2097
2004	7082.88	6325.079	3093.09	1.1198	2.2899
2005	7959.434	7035.736	3425.345	1.1313	2.3237
2006	8950.228	7895.343	3839.605	1.1336	2.3310
2007	10132.14	8908.203	4363.205	1.1374	2.3222
2008	10857.08	9670.827	4759.755	1.1227	2.2810
2009	11638.68	10411.27	5181.33	1.1179	2.2463
2010	12825.82	11397.65	5704.93	1.1253	2.2482
2011	13851.84	12205.96	6219.29	1.1348	2.2272
2012	14641.28	13141.03	6675.13	1.1142	2.1934
2013	15680.87	14179.38	7157.535	1.1059	2.1908
2014	16668.81	15217.39	7641.095	1.0954	2.1815
2015	18135.6	16367.62	8128.12	1.1080	2.2312

资料来源：《温州统计年鉴2016》《浙江统计年鉴2016》《中国统计年鉴2016》。

总之，不管从 GDP 增速还是从人均 GDP 的相对值来看，温州的经济水平都取得巨大发展，这无疑离不开温州的基础设施建设，它是温州经济发展的催化剂和车轮。

四、温州基础设施融资模式的特点及启示

温州基础设施融资模式的变迁和发展遵循了"政府与市场相结合、市场主导、互惠互利"的多元化发展思路，它的核心在于发挥政府这只有形的手的同时，还积极调动市场这只无形的手，充分发挥市场在资源配置上的优势，让更多的资金参与到公共基础设施建设中，这对一个资金稀缺的赶超型国家来说，无疑会加速其基础设施建设，进而为国民经济的发展铺路架桥。本节主要是总结温州基础设施融资模式的特点及其启示。

（一）温州基础设施建设融资模式的特点

温州基础设施建设融资模式的成功主要在于它注重政府与市场相结合的原则，其实践经验可以总结为以下四个方面：资金筹措多元化、建设行为企业化、资源享用商品化、政府调控规范化。

1. 资金筹措多元化

温州自改革开放以来就尝试用市场的力量，在不增加政府财政负担的情况下，积极引入民营资本参与公共基础设施建设。一个重要的原因是，受地理和资源等因素的制约，改革开放前温州的经济一直较为落后，政府财政资金因而短缺，加之国家对温州市的基础设施投资一直较少，温州基础设施在改革开放初期十分薄弱。正所谓"要想富，先修路"，面对基础设施的短板，温州市政府借助改革契机，发挥"自主改革、自担风险、自求发展、自强不息"的温州精神，积极引入市场机制，通过实行"自贷、自建、自管、自偿"的运行机制来调动民营资金的积极性，保证了温州基础设施建设的资金来源。温州最早的旧城改造中就包括基础设施融资模式的创新手段：收取城市基础设施配套资金，如在向房地产开发商出让土地使用权时就将预定开发区内的基础设施建设资金平摊计入地价，或规定开发商开发土地的同时必须建造配套设施以及向改变土地使用功能的单位和个人收取基础设施配套费；收取或提高基础设施服务的价格；发行有价证券向社会公开募集资金等。温州的旧城改造、金温铁路以及温州轻轨 1 号线都体现了这些特点。本章以温州的旧城

改造为例，政府投入的比例不足 5%，其余资金均通过市场上各种途径筹措而来，具体见表 9 - 3。

表 9 - 3　　　　　累计到"八五"期末的旧城改建资金来源构成

资金来源	政府统筹投入	房地产开发获利收入	社会统筹	利用外资	其他	合计
投入额（亿元）	7	30	80	15	20	152
比例（%）	4.6	19.7	52.6	9.9	13.2	100

资料来源：史晋川等，《制度变迁与经济发展：温州模式研究》，浙江大学出版社 2002 年版，第 287 页。

2. 建设行为企业化

当筹集到足够的资金后，基础设施进入建设阶段。选择什么样的建设机制、建设者和政府的管理机制都关系到基础设施的建设效率和质量。我国基础设施建设中一般存在以下问题：政府垄断基础设施建设，还没有形成社会投资的自主经营和自主管理的机制；投资主体和建设单位分离；多环节的资金拨付导致资金流失严重；项目投资建设中各个环节的竞争机制还不健全等。温州市则灵活运用"公共品的政府提供并不代表公共产品也必须由政府生产"这一原则，将基础设施的建设主体由政府变为企业，从而解决了上面的问题，提高了基础设施建设的效率及质量。这一做法更是在金温铁路建设中得到很好的执行。1992 年 11 月 12 日，浙江金温铁道开发有限公司成立，香港联盈兴业股份有限公司作为大股东出资 4586 万美元，占股 80%。6 天后，浙江金温铁道有限公司正式挂牌。1992 年 12 月 18 日，金温铁路正式开工；1997 年 9 月 8 日，金温铁路全线建成开通运行，在通车前夕，香港联盈兴业有限公司把其在金温公司的股权全部转让给温州政府；经过 5 年建设，1998 年 6 月 11 日，金温铁路正式通车。

3. 基础设施享用商品化

基础设施项目建成投产后就进入运营、维护阶段。基础设施的可使用年限一般都较长，且往往是公众直接使用，因此，基础设施的经营效率和服务质量的高低直接取决于运营和维护的好坏。在我国，基础设施通常由政府投资、政府建设，并且由政府垄断经营。然而，由于财力不足等问题，温州市政府无法独立承担基础设施的后期运营和维护费用，因此温州政府在运营和维护阶段也开始引入市场化机制，采取一种"以桥养桥，以路养路，以水养水，以电养电，以邮养邮"的基础设施经营方式，将部分基础设施，如土地、道路、桥梁等公共设施商品化，根据"谁消费、谁付费"的原则，对基础设施使用的公众进行适度的收费。从瓯江大桥开始，以及后来的楠溪大桥、飞云江大桥和清江大桥，都是采取过桥费的方式使桥梁运营维护得以持续。这种市场化经营方式让基础设施从纯公共产品变为准公共产品或者俱乐部产品，通过有偿使用，不仅可以提高人们对基础设施的利用效率、避免对基础设施的过度使用，而且可以使基础设施获得自我积累、自我发展的能力，实现建设资金的良性循环。

4. 政府调控规范化

政府从改革开放前的计划体制下万能的中央计划者的角色退出，即从一个既是裁判员又是运动员转变为一个市场竞争的裁判员，为市场竞争提供一个相对公平的环境，发挥价格信号在基础设施建设中的作用。市场化需要的不再是政府从头到尾的干预和安排，而是需要它着力维持一个有效的市场运行环境和提供必要的宏观管理。让投资、建设和管理行为有序的回归市场，发挥市场主体在公共基础设施建设和风险管理中的优势和作用。

虽然政府需要给予市场宽松环境，但仍应以确保基础设施建设的有序进行为目标，实行灵活而有效的调控，发挥规划、平衡、协调、服务的职能作用，履行好裁判员的职能。具体包括：对基础设施的建设进行规划；维护市场秩序，不仅要利用市场优势实现资源优化配置，而且要运用行政权力克服市场失灵；积极推进市场机制的建设和完善，释放市场活力。

（二）温州基础设施建设融资模式的启示

温州基础设施融资模式具有鲜明的温州特色，既有经营性或准经营性项目，也有无经营收入的公益性项目。但这些项目成功的背后却是"政府主导改革、筑牢产权基础、引入市场机制、实现合作共赢，做好风险管控"的原则在起作用。若其他地方能结合各自实际，创造性地参照、借鉴、发展温州做法，其基础设施融资模式及项目建设应该也会取得同样的经济和社会效应。

1. 政府主导型改革

在转轨体制环境下，特别是改革开放初期，国有经济和集体经济是温州经济的绝对主体，资源的配置方式为计划经济，因此，政府在制度变迁中的作用尤为关键，特别是公共基础设施领域，可以说只有政府才能主导其改革进程。离开了政府的推动，就很难有效推进该领域的改革。政府作为一个公共选择中的主体，不仅要考虑当地的社会福利，还要受财政的约束。更何况，政府还有其自身利益的考虑，比方说经济增长和财政收入最大化。甚至，政府在推行基础设施制度改进的过程中存在经济租金、政治租金以及官员权力寻租等问题，进而阻碍基础设施建设和提供。然而，温州基础设施融资模式的成功却表明，"公共产品—市场失灵—政府干预"的逻辑范式并不一定成立，政府的边界并没有如庇古福利经济学所声称的那么大，或者说公共品领域并不完全属于政府的管辖范围。只要政府敢于放松管制，主动改革，重新界定政府边界，在公共领域引进私人资本，则会大大有助于提高公共品的提供效率，进而有助于提高社会福利。

2. 产权的相对性决定了供给方式的可转变性

产权界定是一个连续的过程，也就是说，在纯私人产品和纯公共产品之间还存在俱乐部产品（或者准公共产品）。从供给方式上看，传统新古典理论认为，产权清晰界定是市场机制发挥作用的前提，而公共产品属于"市场失灵"的部分，应该由政府供给。温州旧城改建的案例表明，即使是公共产品也可以通过产权的部分界定以获得部分的私人属性，从而可以获得部分租金，这样就可以通过市场方式让市场主体（企业）参与进来，并提供相应部分的公共产品。特别是当公共产品特别稀缺时，产权界定的潜在收益就会越高，因而市场就更有动力来提供公共产品。因此，在公共产品特性稀缺时，且政府有面临财政约束，这时政府可以通过界定公共产品的产权边界来达到扩大公共品提供的目的。

3. 引入市场机制，让价格成为配置资源的主要方式

结合温州实际和实践，构建"使用者付费"是引入市场机制的必由之路。同时，激励社会资本提高前期项目的质量，降低后期维护成本。对于无法向公众收费的项目，如环城路等，可由政府支付相应费用，在社会资本收回投入的同时也能实现收益。此外，探索创新项目竞标方式也会增加市场的活力。也就是说，在一定程度上由社会资本自主选择，如在政府承担的服务费年支付比例方面，社会资本可根据自身风险承受能力、回报要求等因素，在一定范围内选择支付年限及年支付比例，充分调动社会资本的积极性。

4. 合作共赢，建立相应的融资配套机制

从温州轻轨 1 号线的实践看，6% 的固定回报且无须投资人承担任何风险，项目若有盈利还可参加分红，以此来吸引民营资本的加入。如果类似轻轨项目要盈利非常难，且民企资金的机会成本更高，即年保底收益也不止 6% 的情况下，若固定收益率无法提高，政府则可以让参与民企共同进行项目周边地块的综合开发来实现合作共赢的目标。由于该模式涉及公私两方的合作，合作关系较长、较复杂，因此成功操作需要前提条件，包括法律制度、基础设施等的搭建。具体来说，需要建立项目服务和收费定价机制以及建立信息共享机制。

5. 风险管控，精准评估政府债务负担

对政府来说，最为重要的是管控风险，特别是财政需要一部分投资，因此要做好财政预算的评估，并对项目实施严格监管。在项目初期，要对政府的支出负担作全面评估，并评估政府支出与项目的公共效益是否匹配，同时要签订合约并严格予以执行，有效防范地方政府债务的无序扩张。具体而言，政府对于基础设施建设项目做到对症下药、量体裁衣：一是要确定重点推广领域。优先选择收益稳定、合同关系清晰、技术成熟的项目，如市政供热、供水、供气、污水处理、垃圾处理、城市公共交通、停车场、养老服务设施、保障房建设等。二是要匹配合适的回报收益机制。对于收入能覆盖成本和有回报收益的经营性项目，主要采取授予特许经营权方式；对于收入部分覆盖成本和有回报收益的准经营性项目，通过特许经营权（补贴部分）或者政府出资入股，实现政府和社会资本合理分摊风险。三是要引入竞争，坚持公开招标。社会资本参与收益类项目的积极性相对较高，相关部门应委托有资质的专业机构进行信息的统一发布和技术指导，并由经验丰富的专业人员组成专家团队，以合理的价格进行招标评议。

五、本章小结

基础设施是一个地区经济赖以发展的必要条件。然而，由于公共基础设施往往具有公益性和正外部性等性质，加上其初期建设的投资巨大、投资回报周期长等特点，导致公共基础设施的供给常常无法满足社会经济发展的需求。

本章对温州基础设施融资模式的历史沿革进行了全面梳理。改革开放之初，长期没有铁路和航空，有的只是水路和颠簸不平的公路，可以用"相当落后"来形容当时的温州基础设施。为了发展经济，补齐基础设施这块短板，温州人民发挥"自主改革、自担风险、自求发展、自强不息"的温州精神，积极探索和创新基础设施建设的融资模式。自改革开放以来，我们根据不同时间段融资的特性，把温州基础设施建设融资模式划分为五个阶段。第一阶段为 1978～1987 年，温州基础设施建设进入起步阶段，也是投融资改革的起步阶段。第二阶段为 1988～1994 年，这一时期是温州投融资体制改革的发展阶段，也是城市基础设施建设和融资规模的迅速扩大期。第三阶段为 1995～2002 年，温州以土地经营为核心的城市经营融资方式已逐步确立，土地出让收入成为温州城市建设资金的主要来源，并对此产生了高度依赖。第四阶段为 2003～2014 年，虽然土地出让和银行贷款仍是主要融资方式，但温州城市基础设施的融资方式开始向多元化方向发展。第五阶段为 2015 年至今。2015 年 6 月，温州市政府出台《关于推广运用政府和社会资本合作模式的

实施意见》，正式把 PPP 模式引进社会资本投资新建、在建的基础设施和公共服务项目，作为温州控制政府总体债务水平、优化政府债务结构、增强政府债务规划能力的探索。这些融资模式演变出了一个又一个成功案例，比如温州旧城改建、中外合资的金温铁路、温州轻轨 1 号线和瓯江口一期市政工程。

温州基础设施在筹资、建设、运营与维护等方面的改革，让温州基础设施建设迈入了一个快车道，从而彻底改变了温州基础设施薄弱和落后的面貌。在温州政府财政的大力支持和民营资本的充分参与下，温州基础设施建设投资的实际值从 1978 年的 3600 万元上涨到 2015 年的 196 亿元，38 年里上涨了 544.9 倍，年均增速为 18.6%。在持续的高投资下，温州的农村基础设施和城市基础设施条件迅速提高。在经济增长方面，不管从 GDP 增速还是从人均 GDP 的相对值来看，温州的经济水平都取得巨大发展，这无疑离不开温州的基础设施建设，它们是温州经济发展的催化剂和车轮。

温州基础设施建设融资模式的成功主要是注重政府与市场相结合的原则，其实践经验可以总结为以下四个方面：资金筹措多元化、建设行为企业化、资源享用商品化、政府调控规范化。虽然温州基础设施融资模式具有鲜明的温州特色，既有经营性或准经营性项目，也有无经营收入的公益性项目。但这些项目成功的背后却是"政府主导改革、筑牢产权基础、引入市场机制、实现合作共赢，做好风险管控"的原则在起作用。若其他地方能结合各自实际，创造性地参照、借鉴、发展温州做法，在基础设施投融资模式及项目建设上应该也会取得同样的经济和社会效应。目前，我国正在大力推行 PPP 项目，PPP 是一个新型的融资模式，也是一种创新的管理模式和社会治理机制。我们可以从温州基础设施建设融资模式中找到一些共同的元素，这些元素为推广和运用 PPP 模式提供了许多可以借鉴的成功经验。

附录

温州基础设施发展（大事记）

1. 1980 年 3 月，宁波—温州—香港海运航线正式通航，自营的出口商品可以在温州港口就地集中、换装，及时外运。

2. 1982 年 1 月，温州市区新辟铁井栏、环城东路、木杓巷 3 个贸易市场。

3. 1983 年 12 月，临（海）台（州）22 万伏输变电工程及慈湖变电所建成，全线长 188 公里，华东电力网开始向温州供电。

4. 1984 年 4 月，温州集资兴建了中国第一座农民城——温州龙港镇。

5. 1984 年 12 月，瓯江大桥建成通车。

6. 1985 年 1 月，苍南县龙港镇首次公开有偿出让土地使用权。

7. 1985 年 3 月，温州至广州不定期货运班轮航线开通。

8. 1986 年 3 月，楠溪江大桥建成通车。

9. 1987 年 8 月，国家计委同意兴建温州市供水工程。

10. 1988 年 2 月，苍南县桥墩至泰顺县雅中的 35 千伏输电线路正式投入运行，泰顺县从此并入华东电网。

11. 1988 年 3 月，市区人民路改建工程开工，社会投入成为城市建设资金筹措的主要渠道。

12. 1988 年 4 月，温州市国际直拨电话开通。

13. 1988 年 11 月，文成至泰顺公路全线通车。

14. 1989 年 1 月，飞云江大桥建成通车，桥长 1721 米、宽 13 米。

15. 1990 年 5 月，乐清县方江屿垦工程竣工。

16. 1990 年 7 月，中国第一座集资建造的机场——温州机场——建成通航。

17. 1991 年，苍南县农民合股创办以经营专线航班为主的全国首家航运包机公司。

18. 1992 年 12 月，温州开始建设全国第一条股份制铁路——金温铁路。1998 年 6 月 11 日，金温铁路正式开通。金温铁路成为中国第一条由地方、铁道部和香港三方合资兴建的铁路。

19. 1993 年 1 月，温州至香港开通国家级货运班轮。

20. 1993 年 11 月，浙西南通信光缆温州段全线架通。

21. 1994 年 5 月，市区人民路西湖锦园天桥建成，这是温州市首座人行天桥。

22. 1994 年 8 月，瓯江二桥（温州大桥）正式开工。

23. 1995 年 2 月，温州市被列为全国 45 个公路主枢纽城市之一。

24. 1996 年 1 月，温州机场大道、车站大道建成通车。

25. 1997 年，温州跨世纪发展工程、全省最大的水利建设项目——珊溪水利枢纽工程飞云江截流成功。

26. 1997 年 12 月，温州市历史上最大的移山填海工程（温州半岛工程）动工兴建。

27. 1998 年 5 月，中国最长的公路桥——温州大桥建成通车。

28. 1998 年 8 月，温州市 "828 工程" 最后一个项目——温州电厂二期扩建工程动工兴建，这是省内最大的中外合资项目之一。甬台温高速公路温州段工程动工，标志着温州 "跨世纪百项工程" 的启动。

29. 1998 年 10 月，温州七里港区一期 1.5 万吨级多用码头建成投入使用。

30. 1999 年 1 月，国家开发银行批准珊溪水利枢纽工程 12.14 亿贷款申请。

31. 2000 年 5 月，珊溪水库下闸蓄水。水库面积 35.4 平方公里，总库容 18.04 亿平方米。

32. 2000 年 6 月，瓯江上第三座大桥——东瓯大桥建成通车。

33. 2000 年 8 月，泽雅水库通过竣工验收。

34. 2001 年 1 月，温州市区江滨东路、学院东路竣工通车。

35. 2001 年 3 月，温福铁路建设正式启动。温福铁路全长 352 公里，温州境内 97 公里。

36. 2001 年 7 月，温州市政府举行 500 千伏瓯海变电所竣工投运仪式。该变电所是温州市第一座，也是当时国内最高电压等级的变电所。

37. 2001 年 8 月，根据国际民用航空通行惯例和我国有关机场建设规定，民航温州站更名为"温州永强机场"。

38. 2001 年 12 月，连接洞头花岗岛与三盘岛大型跨海大桥——洞头大桥架通，至此，海岛洞头人民"七桥连八岛，天堑变通途"的梦想终于成为事实。金丽温高速公路温州段三期工程建成通车。该工程起自瓯海区古岸头，止于南白象，与在建的南白象互通立交相接。

39. 2002 年 2 月，温州城市中心区三大道开通，初步形成中心区的道路网络。

40. 2002 年 5 月，文成县"李井桥"通车。至此，温州市漫水公路历史宣告结束。洞头县五岛相连工程正式通车。建成后全县重要岛屿实现和公路联网，加快了温州（洞头）半岛工程的建设进程。

41. 2002 年 6 月，温州市中心片污水处理厂一期工程（10 万吨/口）正式投入运行。

42. 2002 年 7 月，温州港龙湾滚装码头投入使用，填补了温州港无滚装码头的空白。

43. 2002 年 9 月，金丽温高速公路永嘉、鹿城段开工。

44. 2002 年 11 月，铁道部、浙江省合资建设甬台温铁路协议书在北京签署。

45. 2002 年 12 月，温州火车站邮件处理中心投产使用。

46. 2003 年 2 月，温州港七里港区一期工程基本建成。

47. 2003 年 4 月，温州半岛工程在洞头霓屿岛举行开工典礼。该工程涵盖水利、交通、港口建设等项目，有浅滩工程、洞头五岛连桥工程、灵昆大桥、灵昆接线公路和状元岙深水港等。

48. 2003 年 5 月，瑞安市飞云三桥正式开工。瑞安市飞云江 2 号高速客船首航铜盘岛成功。

49. 2003 年 10 月，浙闽边贸物流中心在苍南县灵溪建成。

50. 2003 年 12 月，浙江省重点工程龙湾港区二期开工。

51. 2004 年 8 月，永强机场举行扩建工程，预计 2006 年投入使用。

52. 2004 年 12 月，七都"百年一遇"标准堤塘工程举行奠基典礼。温福铁路浙江段工程在瑞安市飞云镇破土动工。诸永高速公路温州段和绕城高速公路北线工程在永嘉瓯北镇芦田村同时开工。

53. 2005 年 4 月，诸永高速公路温州段开始全线施工。

54. 2005 年 6 月，温州绕城高速公路北线工程在永嘉瓯北镇黄田开工。

55. 2005 年 8 月，新状元水厂与永强垃圾焚烧发电厂同日举行通水典礼与投产运行仪式。

56. 2005 年 10 月，甬台温铁路开工建设大会在台州市举行。该铁路全长282.42 公里，总投资约 163 亿元，计划工期 4 年。

57. 2005 年 12 月，国家重点建设项目 500 千伏安雁（温南）变电所正式投产。该变电所位于平阳县昆阳镇，总投资近 3.8 亿元，是温州南部最大的变电所。

58. 2006 年 1 月，楠溪江供水工程正式开工。该工程是一项向瓯江北岸部分平原地区提供居民用水及工业用水的跨区域引水工程，属于全省四大引水工程之一。

59. 2006 年 11 月，洞头县大瞿岛"户户通电"工程竣工。至此，温州市实现了户户通电，也标志着浙江省"户户通电"工程全面竣工。

60. 2007 年 8 月，浙江省重点工程南塘大道仙岩段开工建设，该工程北接南塘大道二期肩牛山隧道南出口，南至仙岩镇新丰村与瑞安塘下交接处。

61. 2007 年 12 月，浙江新 58 省道（分泰线）正式通车，标志着温州市"两小时交通圈"的全面闭合。

62. 2008 年 7 月，温福铁路飞云江特大桥主桥正式合龙。大桥主跨结构采用曲线路段上的长大跨连续梁，是国内客运专线铁路上的首次尝试。

63. 2009 年 1 月，温州市区沿江防洪堤东方造船厂路、汤家桥北路、龙腾南路、茶白公路、六虹桥路和新纺织路等 6 条城市新道路正式通车。

64. 2009 年 6 月，甬台温、温福铁路全线通电。两条铁路建设技术标准为一级双线电气化铁路，全线设计时速 200 公里，预留时速 250 公里的提速条件。

65. 2009 年 12 月，温州永强机场扩建工程、飞云江三桥龙湾段接线工程、龙湾滨海工业园六个省市重大工业项目举行集体开工仪式。金温铁路扩能改建工程建设动员大会在丽水市举行。

66. 2010 年 1 月，滨海大道瑞安段工程举行开工仪式。滨海大道瑞安段工程北起塘下镇场桥浦，南至飞云镇吴桥头，全线长约 19.8 公里，投资概算约 15 亿元。金温铁路扩能改建工程建设动员大会在丽水市举行。扩能改建后的金温铁路将按照全新的线位走向，线路正线全长 188.3 公里，比现有金温铁路缩短 60 多公里。

67. 2010 年 2 月，总投资达 3.2 亿元的临江垃圾焚烧发电厂二期工程举行奠基仪式。

68. 2010 年 3 月，顺溪水利枢纽工程开工建设。该工程位于平阳鳌江北港支流顺溪，是一个以防洪、供水、灌溉为主，结合发电于一体的骨干水利工程。

69. 2011年1月，温州市高速公路和城市建设重大项目融资签约仪式在市人民大会堂举行，该项目总投资为315亿元。同时，市城投公司与国家开发银行浙江分行签订总规模400亿元的滨江商务区建设融资意向书。

70. 2011年11月，温州市域铁路S1线石坦隧道工程和温州机场综合交通枢纽工程同日开工建设。

71. 2012年12月，鹿城双屿至藤桥公路工程开建。瓯江口新区17个项目、市人民医院娄桥新院、温州奥体中心主体育场等一批重大项目开工建设。温州市域东部的大罗山隧道、环山东路和环山南路三大交通建设工程开工。

72. 2013年2月，温州市开通4G业务，与杭州一起成为全国最早的4G业务全面试商用城市。

73. 2013年6月，甬台温天然气和成品油管道工程在温州经济技术开发区开工，该工程总投资1.96亿元，总长59.35公里，是省重点工程之一。温州大道东延、瓯江路东延、温州高新区文昌路（温州大道—机场大道）段道路及综合管廊工程、环山北路龙湾段、瓯海大道东延及枢纽集散系统五条城市主干道集体开工。

74. 2013年12月，厦深铁路开通，温州到深圳日发7趟动车，全程7个多小时。

75. 2014年5月，温州最大光伏发电项目——市农投集团4.128兆瓦分布式光伏发电项目正式并网发电。

76. 2014年7月，温州市首个垂直流人工湿地试点工程验收，工程总投资581.7万元，2013年10月开工建设。该工程包括生态氧化池工程、提升泵池工程、垂直流人工湿地工程、排水管道工程、出水展示区工程。

77. 2014年7月，浙江省重点节能减排项目——温州经济技术开发区污泥焚烧综合利用热电联产工程并入电网。该工程最大年发电能力1.3亿千瓦时。

78. 2015年6月，龙湾区（高新区）2015年百亿重大工程集体开工，共17个项目，总投资105.48亿元，涉及产业提升、基础设施、城市有机更新等领域。

79. 2015年11月，温州市单体投资额最大的PPP项目——总投资达136亿元的瓯江口一期市政工程正式开工。

80. 2015年12月，温州市域铁路S2线一期工程开工建设，北起乐清市城东街道下塘，南至瑞安市区，线路长度63公里，与S1线未来将在灵昆站交会。

参考文献

[1] Y. 巴泽尔：《产权的经济分析》，上海人民出版社、上海三联书店1997年版。

[2] J. 斯蒂格利茨：《政府为什么干预经济——政府在市场经济中的角色》，物资出版社

1999 年版。

　　［3］D. W. 布罗姆利：《经济利益与经济制度——公共政策的理论基础》，上海人民出版社、上海三联书店 1996 年版。

　　［4］V. W. 拉坦：《诱致性制度变迁理论》，上海人民出版社 1994 年版。

　　［5］陈柳钦：《公共基础设施 PPP 融资模式问题探讨》，载于《甘肃行政学院学报》2008 年第 6 期。

　　［6］陈文宪：《城市建设市场化道路探寻》，载于《人民日报》，1995 年 5 月 4 日。

　　［7］凤亚红、李娜、左帅：《PPP 项目运作成功的关键影响因素研究》，载于《财政研究》2017 年第 6 期。

　　［8］金戈、赵海利：《公共支出分析》，浙江大学出版社 2011 年版。

　　［9］金晓霞：《温州城市基础设施有效利用民间资本的路径选择》，同济大学研究生学位论文，2008 年。

　　［10］林毅夫：《关于制度变迁的经济学理论：诱致性变迁与强制性变迁》，载于《财产权利与制度变迁》，上海人民出版社、上海三联书店 1994 年版。

　　［11］李浩然：《温州新跃迁》，上海社会科学院出版社 1996 年版。

　　［12］刘薇：《PPP 模式理论阐释及其现实例证》，载于《改革》2015 年第 1 期。

　　［13］鲁宁：《"PPP 模式的温州案例"之镜鉴》，载于《金融博览》（财富）2016 年第 10 期。

　　［14］王帅力、单汨源：《PPP 模式在我国公共事业项目管理中的应用与发展》，载于《湖南师范大学社会科学学报》2006 年第 35 卷第 1 期。

　　［15］文春晖、李明贤：《PPP 模式与我国"两型社会"建设》，载于《财经问题研究》2011 年第 3 期。

　　［16］史晋川等：《制度变迁与经济发展——温州模式研究》，浙江大学出版社 2002 年版。

　　［17］张晶：《PPP 融资模式在我国交通基础设施建设中的应用分析》，载于《内蒙古科技与经济》2004 年第 S1 期。

　　［18］郑巧凤：《温州市瓯江口新区土地开发 PPP 模式研究》，载于《国土与自然资源研究》2015 年第 4 期。

　　［19］钟洁慈、游闽：《PPP 融资模式介入城市公共服务建设项目的路径选择——以温州为例》，载于《长春金融高等专科学校学报》2016 年第 6 期。

　　［20］钟晓敏等：《公共财政之路浙江的实践与探索》，浙江大学出版社 2008 年版。

第十章

政府购买服务

党的十九大报告指出，要完善公共服务体系，保障群众基本生活，不断满足人民日益增长的美好生活需要。提供公共服务是政府的重要职责，但单一的"公共提供＋公共生产"模式不仅效率不足，且不能满足人民的多样化需求。如何改进公共服务的提供模式，用更少的财政资金提供更好的公共服务，是政府的改革重点。

政府购买服务，即政府以"委托代理"的方式与社会承购方在公共服务购买方面缔结契约关系，是政府在探索过程中的有效尝试。这种"公共提供＋私人生产"的方式，不仅能够有效盘活社会富余资源，且能够极大促进各部门间的竞争，加快公共部门与私人部门的改革。因此，推广政府购买服务，是新时期转变政府职能、创新社会治理、改进政府提供公共服务方式的必然要求。

一、政府购买服务背景

（一）理论背景

20世纪出现的新公共管理理论和新制度经济学为政府购买

服务提供了理论支撑。这两种理论都主张在公共产品和服务的生产中引入市场竞争机制，通过让更多的社会组织和私营部门参与公共服务的提供和生产，提升服务的质量和效率，从而促进公共服务的有效供给和公共资源的有效配置。

新公共管理理论主张，政府是"掌舵者"不是"划桨者"，政府应当把管理和操作分开，在公共产品或服务组织中，政府主要负责公共产品和服务的提供，生产完全可以由社会组织来进行。同样，新制度经济学的基本理论认为，纯公共产品的生产和提供是两个不同的概念，提供者和生产者可以是同一个单位，也可以分离。新制度经济学的交易费用理论进一步阐述，公共产品或服务的生产到底由组织内部单位来进行还是通过向市场购买来实现，主要取决于谁组织生产这种产品和服务的综合成本更低、绩效更优。

（二）实践背景

1. 国际实践

政府购买服务制度最早起源于欧美发达国家。19 世纪末 20 世纪初，工业化的加速发展带来了贫困、疾病和失业等社会问题。为此，英、德等国出台了各种社会保障政策，开始承担起为社会成员提供福利的责任。第二次世界大战以后，受贝弗里奇模式的影响，西方国家政府对经济和社会生活的干预不断增强，社会保障范围不断扩大，公共福利开支大幅度上升。20 世纪 60～70 年代，西方福利国家发展进入较为成熟阶段，相关制度法规建设日益完善，社会保障和社会服务内容几乎覆盖所有领域。但随着服务对象和范围的不断扩大，社会福利费用支出也随之增长，在财政收支矛盾的背景下，政府包办公共服务的弊端日益突出。特别是在 20 世纪 70 年代末，发达国家经济发展进入严重"滞胀"阶段，庞大的社会福利支出日益成为沉重负担。为控制财政赤字，各国政府开始大规模削减福利支出。受"新公共管理"（NPM）理念和运动的影响，在"市场化、竞争非垄断、分权以及效率衡量"等核心理念的推动下，以新西兰、美国和英国等为代表的发达国家普遍推行"购买公共服务"（service purchasing）制度[1]，大规模削减福利支出，实行国家、集体和个人共同参与、共担风险的积极福利政策，把商业组织与非营利性的志愿团体引入福利的供给，强调政府不再是唯一的福利提供者。随着实践的发展，政府购买服务逐渐变成了一种缩小政府规模和政府干预的方式，从而使政府与私营或其他组织形成了一种合作关系，共同承担社会责任。目前，政府购买服务理念广泛传播，已经成为许多发达国家的通行做法，一些发展中国家亦纷纷效仿。

---

[1] 麻富根：《政府购买公共服务的国际经验与启示》，载于《中国政府采购》2014 年第 4 期。

2. 国内实践

在计划经济时期，政府在资源配置中起决定性作用。公共服务的供给模式是政府垄断供给，政府主要是运用行政手段直接指挥和管理各种活动。随着社会的不断发展，政府机构越设越多，在维持部门运行上的支出也越来越大，许多财政经费用于"养人"而不是"办事"。由于没有竞争，政府人员工作时普遍缺乏动力，效率低下。另外，在垄断供给模式下政府承担了所有公共服务的具体生产职能，但却并不能实现所有生产的成本最优。这些原因导致提供公共服务的成本居高不下。

计划经济向市场经济的转变，确立了市场在资源配置中的决定性地位。但在转变之后相当长的时间内，政府在提供公共服务方面仍然保持垄断地位。随着经济社会的不断发展，特别是市场经济的不断深化，人们对公共服务的需求多样性、差异性日益明显，公共服务提供手段单一、保障不足等问题日益突出。[①] 民间开始自主探索改革，尝试在某些领域由私人部门生产公共服务，例如民办教育。与此同时，随着生活质量的提高，人们对公共服务的要求也随之提高，民间的某些成功探索对政府提供公共服务的垄断地位产生威胁，现实倒逼公共部门改革。因此，20 世纪90 年代，一些地方政府开始探索政府购买服务，上海、浙江等都在探索中取得了一定成效。

二、浙江省政府购买服务的发展历程

政府购买服务作为一种新型的公共服务提供模式，在浙江省起步较早，实践最早可以追溯到20 世纪90 年代末。整体发展可以大致分为以下三个阶段：

（一）探索试点阶段（1999～2003 年）

1995 年，上海浦东新区开始尝试政府购买公共服务，区社会发展局委托上海基督教青年会管理罗山市民会馆，这是我国较早探索政府购买公共服务的案例。受此启发，浙江省开启了政府购买服务的探索试点工作。1999 年，温州市人力资源和社会保障局开始向市鞋革协会购买专业技术评定服务，这是浙江省最早的政府向社会组织购买服务实践。[②]

2000 年11 月，长兴县教育局在美国考察时受其教育财政拨款方式的启发，回

---

① 谢海山：《国内外政府购买服务的简要历程》，载于《社会与公益》2012 年第8 期。

② 温长秋：《政府购买行业协会服务问题研究——以温州市为例》，浙江师范大学硕士论文，2016 年。

国后开始积极探索教育领域的政府购买服务。在中国，各级政府用公共资金设立学校，学生在公立学校接受教育，因为学费低而间接享受政府的教育补贴。但在美国的一些地方，公共财政中的教育补贴通过教育券直接发到学生手中。所谓"教育券"（school voucher），就是政府发放给学生的具有固定面额的有价凭证，学生可以据此选择政府所认可的各种学校就读，教育券可以冲销部分学费，学校凭券到政府部门换取教育经费。这种拨款体制的好处是：一方面，政府承担了义务教育的责任；另一方面，教育"消费者"有权择校。这样一来，无论是公办学校还是民办学校，都有等同的机会获得教育券，也即有等同的机会获得政府的教育补贴，哪个学校办学质量高，就会吸引更多的学生来就读，学校也就能得到更多的教育券，从政府那里获取更多的经费补贴，从而调动了学校办学的积极性。

2001 年，浙江省长兴县结合实际在国内自发试验"教育券"制度，出台了《长兴县教育局关于教育券使用办法的通知》；2002 年，长兴县教育局进一步拓展了教育券的功能，将教育券由原来的扶持民办教育、职业教育的功能扩展到扶持贫困学生，出台了《长兴县贫困学生助学互助会经费补助实施细则》；2003 年 7 月，为保障和改善贫困地区教育，省财政厅和教育厅联合发布了《关于对经济困难家庭子女接受中小学教育实行免费入学的通知》，决定对困难家庭子女接受中小学教育采取教育券方式予以资助，教育券制度开始在全省进行试点，当年就有 40 余个县市区推行了教育券制度；2005 年，教育券制度在全省范围内正式推广。该项目荣获第三届"中国地方政府创新奖"。

（二）全面推行阶段（2004～2014 年）

随着 2003 年《中华人民共和国政府采购法》的实施，浙江省逐步扩大政府购买服务的试点范围，在规章制度、购买内容、购买方式等方面不断完善，政府购买服务在省内全面推行。

浙江省政府购买服务的规章制度经历了地方层面自主制定到省级层面统筹的演变。从地方层面看，省内各地区积极探索，自主制定了一系列的地方法规。例如，宁波市 2005 年制定了我国最早的规范政府购买公共服务的政府性文件，重点选择教育、卫生、文化等领域实施社会事业改革，在保障公共服务的前提下，实行监管权、所有权和经营权的分离；2006 年 1 月，市政府印发《关于推进居家养老服务工作的若干意见》，同年 5 月下发《关于大力推进政府公共服务实行政府采购工作意见的通知》；2007 年 4 月，宁波市政府印发《关于加快发展养老服务业的实施意见》；2009 年 11 月，宁波市政府发布《宁波市政府服务外包暂行办法》，这是国内首个政府服务外包规章。杭州市于 2007 年发布《关于政府购买城市公交服务实施意见》；2010 年 11 月，出台了《杭州市人民政府关于政府购买社会组织服务的指导意见》。正是基于各地的成功探索，根据《国务院办公厅关于政府向社会力量购买服务的指导意见》，浙江省政府开始出台规范性文件进行统筹。2014 年 6 月 5日，为规范和推进政府购买服务，进一步加快政府职能转变，提高公共服务供给水平和效率，经省政府同意，省办公厅制定了《浙江省人民政府办公厅关于政府向社会力量购买服务的实施意见》（以下简称《实施意见》）。2014 年 12 月 27 日，为贯彻落实《实施意见》要求，积极稳妥地推进我省政府购买服务工作，根据《财政部关于推进和完善服务项目政府采购有关问题的通知》等政策规定，省财政厅结合我省实际制定了《浙江省政府购买服务采购管理暂行办法》。

随着制度的规范化，全省各地积极探索政府购买服务工作，按照"先易后难、积极稳妥"的原则，不断丰富购买内容。从各地实践看，政府购买服务主要涵盖医疗卫生、就业、教育、养老、文化体育、交通、环保、城市绿化保洁等基本公共服务领域。在此基础上，各地因地制宜拓展了政府购买服务范围，比如，2013 年，杭州市将政府购买服务扩展到非物质文化遗产展览馆设计方案、大学生见习训练跟踪服务、杭州市服务外包形象年度宣传、道路户外广告规划编制等多个项目；2014年，温州市将反倾销、反补贴、保障措施（含特保）、国际贸易壁垒和国内产业损害信息的收集和调查、行业经济运行分析及预测、鞋革专业系列初中高级专业技术职称资格申报资料的初审和专业知识培训、考试及评审的组织、行业名牌产品初审及推荐等项目纳入政府购买范围。表 10 - 1 收集了浙江省各地市政府购买服务的一些典型案例。

表 10 - 1　　　　浙江省各地市政府购买服务的典型案例

地区	项目	涉及服务范围
杭州市	杭州市政府购买城市公交服务项目	交通运输服务
宁波市	宁波市政府购买文化惠民服务项目； 宁波市政府购买教育培训服务项目	教育服务； 文化体育服务
温州市	温州市瓯海区政府购买"三百"工程服务项目； 温州市政府购买行业协会服务项目； 温州市政府购买小微企业服务券项目	社会保障和就业服务； 行业管理服务
嘉兴市	海宁市政府购买应用治安视频监控服务项目； 海盐县政府购买义务教育阶段直饮水服务项目； 平湖市政府购买公共交通服务项目	公共安全服务； 教育服务； 交通运输服务
湖州市	湖州市南浔区政府购买居家养老服务项目； 德清县政府购买社区矫正服务项目； 湖州市政府购买公共交通服务项目	社会保障和就业服务； 城乡社区服务； 交通运输服务

续表

地区	项目	涉及服务范围
绍兴市	绍兴市越城区政府购买校园保安服务项目； 诸暨市政府购买校车接送服务项目； 绍兴市上虞区政府购买保洁物业管理服务项目	教育服务； 节能环保服务
金华市	金华市政府购买公园维护管养服务项目	城乡社区服务
衢州市	衢州市衢江区政府购买职业培训服务项目； 常山县政府购买数字城管外包服务项目； 常山县政府购买公共自行车服务项目	社会保障和就业服务； 信息技术服务； 交通运输服务
舟山市	舟山市政府购买公共文体服务项目； 岱山县政府购买河道保洁服务项目	文化体育服务； 节能环保服务
台州市	台州市道路交通事故社会救助基金日常管理业务政府购买服务项目； 台州市路桥区政府购买公交服务项目	商务服务； 交通运输服务
丽水市	庆元县政府购买农村公益电影放映服务项目； 武义县政府购买路面保洁服务项目	文化体育服务； 节能环保服务

另外，根据公共服务范围广、多样性的特点，各地灵活采取多种购买方式，鼓励和支持社会组织、企业参与公共服务的供给。杭州市蔬菜批发市场追溯体系、交通流信息采集等服务类项目和温州市、舟山市、湖州市城乡居民大病保险项目，采取的是公开招标签订合同的购买方式；湖州市公共交通服务、绍兴市浙江绍剧团、绍兴大剧院的演出服务、嘉兴对公益性文化场馆，则采取的是财政补贴的购买方式；湖州市长兴县教育券、温州市政府购买小微企业服务券项目等，采取的则为凭单制。

（三）进一步规范阶段（2015 年至今）

政府购买服务通过发挥市场机制作用，吸引更多社会力量参与提供公共服务，可以更好地满足新形势下人民群众对公共服务多样化、个性化、专业化的需求。为进一步推动构建多层次、多方式、多元化的公共服务供给体系，为人民群众提供更加便捷、优质、高效的公共服务，浙江省 2015 年按计划如期完成了政府购买服务制度框架体系搭建（见图 10–1），发布《浙江省政府向社会力量购买服务指导目录（2015 年度）》（以下简称《指导目录（2015）》），对"买什么"给出明确的范围清单。各市、县（市、区）也全面启动实施政府购买服务指导目录。《指导目录（2015）》每年在征询各地市意见的基础上进行修订，以期更符合现实需求。《浙江省政府向社会力量购买服务指导目录（2016 年度）》比 2015 年的 65 项增加了一倍，共有 130 项服务列入，其中"公共服务"97 项，"政府履职所需辅助性事项"33 项。

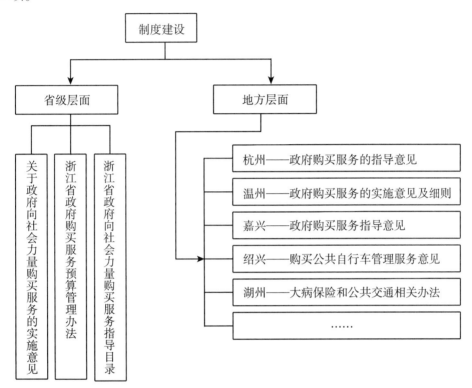

图 10 - 1　浙江省政府购买服务制度的建设情况

制度的不断完善推动了健全工作机制的进程。一是政府层面，确立了"政府统一领导，财政部门牵头，机构编制、民政、工商管理、审计以及行业主管部门协同，职能部门履职，监督部门保障"的工作机制，并建立了浙江省政府购买服务工作联席会议制度，由常务副省长领导，成员包括四大办公厅、省财政厅、省编委办、省民政厅等 23 个部门和单位，主要负责拟订政府购买服务工作的重大政策措施和协调工作等。二是部门层面，省财政厅作为此项工作的牵头部门，专门成立了由厅党组书记、厅长担任组长的"浙江省财政厅推进政府购买服务财政工作领导小组"，并由分管此项业务工作的厅领导兼任领导小组办公室主任，高密度、大力度牵头推进政府购买服务工作开展，取得了显著的阶段性成果。同时，省财政厅还进一步明确了政府购买服务工作的厅内任务分工，将 15 项具体工作分别交由 10 个职能处室牵头负责，通过细化分工，落实责任，形成合力，举全厅之力推进政府购买服务各项具体工作扎实有效开展。

三、浙江省典型案例做法及成效

从浙江省各地政府购买服务的实践来看，按购买方式可分为以下三类：

（1）合同制。合同制可以分为竞争式招标购买、有限竞争协商购买和定向购买。竞争式招标购买通常采用公开招标与邀请招标的方式，通过竞争选择最符合条件的机构签订合同。有限竞争协商式购买是指通过与多家服务机构谈判，选择合适的供应商。定向购买是指政府向指定的供应商直接购买。

（2）补助制。补助意指政府对服务提供者的补贴，以减少服务生产成本，增强其服务能力。补助的形式有资金、免税或其他税收优惠、低息贷款、贷款担保等。补助的领域主要是一些涉及面广、公益性较强的特定行业。

（3）凭单制。凭单制指政府向特定消费群体发放消费券、养老券、食品券等补贴，服务提供机构用凭单与政府兑换现金。这是政府对社会组织的一种间接支持方式，其本质是将原本由国家提供的服务委托授权给社会机构。凭单制的适用范围较广，通常被用于社会福利、教育、医疗、食品、培训等公共服务的提供。

各地在政府购买服务的实践中方法多样，涌现出不少成效良好的项目。对典型案例的梳理，有助于进一步推广政府购买服务工作。

（一）合同制案例：温州瓯海区政府购买"三百"工程服务项目

2013 年，温州市瓯海区政府为给困难家庭子女、空巢（失独）老人等弱势群体送温暖，并由此呼吁社会的齐抓共管，实施了温州市瓯海区政府购买"三百"工程服务项目。该项目是温州市瓯海区民政局、温州市瓯海区社会组织发展基金会，首次通过公共资源交易中心向全国公开招投标的社会购买服务项目。

1. 项目基本信息及实施背景

帮助困难群体、提供养老服务等都是政府需要承担的职责。但是，由政府直接提供这些服务往往不能取得满意的结果。首先，老百姓的个性化需求难以得到充分满足。其次，政府缺乏专业的机构和人员来提供这些服务，尤其是对于养老、心理辅导等需要丰富的医学知识以及心理学背景的服务。如果这类服务由政府通过养机构的方式提供，结果很可能事倍功半。因此，政府绝对有理由采取购买服务的方式来提供百姓需要的个性化服务。

社会服务"三百"工程项目中的"三百"指百名单亲（在监）困难家庭子

女、百名空巢（失独）老人、百名困难新居民。现实社会中有许多单亲家庭孩子得不到父母完整的爱，容易变得心理失衡，常常会产生孤独感、自卑感，而变得脆弱、自闭，缺乏自信。同时，存在许多失去再生育能力的失独（空巢）老人，疾病或意外让他们遭遇独子夭折的厄运，只能独自承担由此带来的养老压力和精神空虚。相当数量的在温务工新居民面临着户籍户口、医疗就业、生活居住条件、子女教育等方面的困难和问题。因此，政府希望通过生活上的帮助及心理上的关爱，并由此呼吁社会齐抓共管，形成一套关爱体系，让服务对象都能够感受到社会的温暖。

2. 项目具体实施办法

政府购买服务并不意味着政府完全将责任转移给服务的承接主体，政府需要主动承担起管理职责。政府作为一个管理者，需要在项目实施前制订详细的计划书，充分表达百姓需求，并对服务的价格、流程等做出相应规定。在实施过程中，政府需要起到监督作用，以保证承接主体能够提供最优质的服务。最后，政府对服务进行综合绩效评价，据此来拨付款项，确保资金获得最大收益。

"三百"项目的购买主体为瓯海区民政局，由其根据项目的内容、要求、时限、经费标准和来源等，填写政府采购计划书报瓯海区财政局进行审批，项目获批后向瓯海区公共资源交易中心提出公开招标申请，并委托杭州华旗招标代理有限公司制作招标文件，通过区公共资源交易中心网发布招标公告。本服务事项的经费由温州市瓯海区社会组织发展基金列支。

该项目的主要内容是：通过摸底调查、访谈、心理测验，建立全面系统的资料档案；通过针对性的帮扶活动，帮助服务对象树立自信，以达到助人自助的目的；通过宣传报道营造更好地活动氛围，呼吁社会群众更加关注困难群体。

在实施过程中，项目承接者会针对单亲（在监）家庭子女的特征开展关爱辅导工作，服务内容包括生活帮困、心理健康宣传教育、学业辅导、就业规划等。一是摸底调查、访谈、心理测验及建档；二是家庭教育及子女学业辅导；三是开展就业规划及社会技能培训；四是进行心理知识普及、个体心理咨询、团体心理辅导及心理素质拓展；五是开展扶贫帮困活动等。

针对失独（空巢）困难老人的特征展开帮扶照料工作，提供定期走访、送医送药、生活照料、心理疏导（危机干预）、困难慰问、文化活动、老有所为等全方位的服务。一是摸底调查、访谈及建档；二是定期走访及节日慰问；三是进行生活照料、陪伴及文娱活动建设；四是开展健康知识讲座、医疗康复服务、心理疏导及危机干预；五是开展困难帮扶资助活动等。针对百名新居民开展帮困救助工作，提供生活帮困、健康知识宣教、免费义诊、就业指导、低偿家电服务、心理与法律维权援助、文娱活动建设等全方位的服务。一是摸底调查、访谈、心理测验及建档；

二是定期走访及困难资助；三是进行就业指导及租房信息提供；四是开展健康知识及亲子教育讲座；五是进行心理与法律维权援助活动等。

"三百"项目的绩效目标主要是：（1）单亲家庭子女项目：通过家庭教育及子女学业辅导，降低失学率；通过就业规划技能培训，提高被服务对象就业率；通过心理讲座，消除被服务对象心理困扰。（2）空巢老人项目：通过提供生活照料、心理疏导、文娱活动提升被服务对象幸福指数；通过开展老年人身心健康知识讲座，组织医疗服务、送医送药，提高被服务对象的身体健康素质；经常关心老人的饮食起居及心理、生理需求，疏导不悦情绪，使之参与社区文化活动，老有所为。（3）新居民项目：提供就业指导及租房信息，改善服务对象的生活居住条件；举办健康知识讲座，增进父母与子女间的沟通交流；推出新居民"健康团体体检项目"，免费义诊、送医送药，提高新居民的医疗卫生水平；开展消防安全宣教，增强安全意识，参与社区自治工作。

为了规范"三百"项目的购买，温州市瓯海区结合实际对购买方式及流程、服务价格标准做出了明确规定："三百"项目于 2013 年 12 月 31 日通过公共资源交易中心统一公开招标，6 家社会组织在规定的时间内提出招标申请。服务价格标准如表 10 - 2、表 10 - 3、表 10 - 4 所示。后经审查，共有 5 家社会组织符合招标条件。2014 年 1 月 21 日于温州市公共资源交易中心 3 号评标室进行评审，经评标委员会综合评定，确定温州市心理学会为三个标段的中标人，并在区公共资源交易网进行公告。

表 10 - 2　　百名失独（空巢）困难老人帮扶照料工程服务价格标准

项目	报价（元）	成本分析
困难慰问资助	55000	困难资助：根据对象家庭困难状况进行，计划资助 55 人，每人 1000 元； 定期走访：500 元/次，按 20 次计； 节日慰问：100 元×50×2 次 = 10000 元； 生活照料陪伴：200 元/次，按 50 次计； 文娱活动建设：2000 元×5 次 = 10000 元； 聘请专职社工费用：30000 元； 健康知识讲座：1000×5 场 = 5000 元，宣传册 5000 元； 医疗康复服务：200 元/次，按 100 人次计； 志愿者市内交通费用：人均 100 元，共计 100 人次 宣传费用：主要包括网站的维护、联系的通信费及制作宣传广告； 资料费：包括各类材料（包括档案袋）
专职社工工资	30000	
定期走访及节日慰问	20000	
生活照料陪伴及文娱活动建设	20000	
健康知识讲座及健康自助宣传册	10000	
医疗康复服务	20000	
志愿者的交通补助	10000	
资料费	10000	
宣传费	10000	
合计报价	185000	

表 10 - 3　　　　　百名新居民帮困救助工程服务价格标准

项目	报价（元）	成本分析
健康体检及送医送药	30000	健康体检包括生理与心理两个方面，药物馈送10000 元； 困难资助：根据对象家庭困难状况进行，计划资助 40 人，每人 1000 元； 聘请专职社工费用：30000 元； 消防安全知识宣教及家电维修；消防干部讲座及更换零部件； 健康知识及亲子教育讲座聘请专家每场 2000 元 × 10 场＝20000 元； 心理与法律维权援助及文体活动：100 元/次，按 100 次计，至少咨询 50 例，举办不少于 4 场娱乐晚会； 文化活动建设； 志愿者市内交通费用，人均 100 元，共计 100 人次； 宣传费用主要包括网站的维护、联系的通信费及制作宣传广告； 资料费：包括各类材料（包括档案袋）
定期走访及困难资助	40000	
专职职工社区	30000	
消防安全宣教及家电维修	10000	
健康知识及亲子教育讲座	20000	
心理与法律维权援助、文娱活动建设	20000	
志愿者的交通补助	10000	
资料费	10000	
宣传费	10000	
合计报价	180000	

表 10 - 4　　　　百名单亲（在监）家庭子女关爱扶导工程服务价格标准

项目	报价	成本分析
困难资助	50000	困难资助：根据对象家庭困难状况进行，计划资助 50 人，每人 1000 元； 家庭教育：2000 元 × 3 场＝6000 元； 子女学业辅导：1000 元 × 12 场＝12000 元； 一对一辅导：80 元/小时，按 150 小时计； 志愿者市内的交通费用，人均 100 元，共计 100 人次； 聘请专职社工费用：30000 元； 心理健康普及宣讲主要是请专家授课：2000 元 × 5 场＝10000 元； 就业规划及送子女参加相关的技能培训； 宣讲费用主要包括网站的维护、联系的通信费用及制作宣传广告； 资料费：包括各类材料（包括档案袋）
家庭教育及子女学业辅导	20000	
心理健康普及宣讲	10000	
就业规划技能辅导培训	15000	
志愿者的交通补助	10000	
专职社工工资	30000	
资料费	10000	
宣传费	10000	
合计报价	155000	

　　在项目完成后，温州市民政局、瓯海区财政局、瓯海区妇联、瓯海区老龄办及瓯海区社会组织发展基金会等相关单位联合召开了瓯海区政府购买社会服务"三

百"项目验收会。验收会就项目前期准备、实施阶段、服务成效、财务状况等进行评估验收，并对项目执行过程所存在的不足提出整改意见。最后，根据评估考核结果和合同履约情况，通过国库集中支付费用。

3. 项目成效及展望

"三百"项目开展过程中，温州市心理学会借助瓯海区老龄办、瓯海区妇联、瓯海区新居民局、瓯海区司法局、瓯海区教育局、瓯海区人口计生局等多个部门力量的支持，服务对象辐射瓯海区景山、梧田、新桥、仙岩、瞿溪等 11 个街镇，50 多个社区，直接受益 147 户单亲（在监）困难家庭子女，114 户困难失独（空巢）老人，102 名困难新居民，困难家庭 40 户，问题青少年 25 户，间接受益对象近 600 人，撰写个案、小组及社区案例 59 个。

温州市瓯海区民政局和温州市瓯海区社会组织发展基金会将相关履职职能转移给温州市心理学会后，腾出了更多的时间用于监管。温州市心理学会承接项目后的一年内，支出直接用于帮扶对象的费用达到 243725 元；社工累计走访 900 余次；义工志愿者服务时长超 400 小时；电话联系咨询超 1500 人次；社工走访行程达 9000 公里；开展专题讲座 20 次，受众人数达 1000 多人；义工培训 18 次，培训人次达 500 多人；印制服务便民卡超过 2000 张。引起媒体和社会公众的广泛关注。

"三百"项目取得的经济成效十分显著：项目的实施盘活了社会资源，通过整合各方资源，筹集帮扶金达到 533000 元，其中社会各类爱心人士捐助 333000 元，省福利彩票基金 20 万元（见表 10 - 5）。

表 10 - 5　　　　　　　　　"三百"项目的经济成效

服务对象	捐助内容	捐助金额
单亲、新居民	"六一"大型爱心帮扶	募集善款 222400 元
新居民	长期结对	爱心人士资助金额 11 万元
新居民	广场咨询服务	生活用品 1000 余份
单亲困难家庭	公益讲座	慰问品金额 17800 元
困难服务对象	春节慰问	慰问金 3 万余元
合计		直接经济捐助近 40 万元

除了经济成效，"三百"项目的实施还创造了巨大的社会效益，不仅收获了

瓯海区妇联、娄桥街道、郭溪街道和潘桥街道等相关单位的好评，且得到了受服务群众的广泛认可。另外，通过政府相关部门将行业管理职能有序让渡给行业协（商）会的举措，拓展了行业协（商）会的服务领域和内容，提高了协（商）会组织的公信力和向心力。一年中，"三百"项目部共有132篇宣传稿件被省级、市级及区级等多家媒体录用。通过家庭教育辅导，使困难家庭父母、亲子之间的关系更加和谐，使家庭环境更加稳定；通过就业规划及社会技能培训，使服务对象能够自食其力，自强自立；通过媒体宣传推广，呼吁社会群众更加关注弱势群体，建立长效的社会募捐机制；通过扶贫帮困，帮助服务对象减轻经济负担，改善困难状况；通过服务效果满意度评估和回访服务得知，该项目得到了服务对象普遍的认可，服务对象相继送来了锦旗和多封表扬信，一定程度上提高了政府的美誉度。

"三百"项目的实施帮助孵化了社工机构，催生一系列政府采购项目，培育了一批社工人才队伍。通过"三百"项目，成立了瓯海区心理与社工服务中心，承接政府其他职能采购项目。例如，2014年8月底与娄桥街道签订的社会工作专业化社区试点项目；2014年10月与瓯海区妇联签订的留守儿童关爱辅导项目；2015年3月与市妇联签订的反家暴项目等。通过对持证社工的登记管理、社工人才的培养、社工项目的承接和评估，孵化了一批优秀的社工机构，也练就了一支15人的专业社工团队。下一步，项目部将继续坚持走专业化的社工道路，本着"助人自助"服务理念，帮助更多弱势群体，为构建和谐社会贡献力量。

"三百"项目的实施虽然取得了明显的成效，但在实施过程中也出现了一些问题，这对进一步发展政府购买服务具有借鉴意义。主要出现的问题有：虽然有的主管部门已把相关职能和公共服务转移给社会组织，但对社会组织完成公共服务的质量、效果以及资金使用等情况，缺乏有效的绩效评估和监督；项目实施时政府购买服务的顶层设计内容只有概念上的定性，对具体购买需求并没有详细规定，同时对购买服务的流程也没有统一规范；职能转移未真正做到"费随事转"，职能已转移但原来的人员和经费未转移；尽管近些年来大力培育扶持社会组织的发展，但大部分社会组织自身力量仍较薄弱，对政府的依赖性强，其主要原因是组织自身缺乏"造血功能"，组织管理人才缺乏。

针对实施过程中发现的这些问题，温州市政府职能部门在项目完成后，及时做出讨论总结，各职能部门将继续探索创新，进一步推动全市政府购买服务工作，加快社会管理创新服务。主要的发展方向有：加强对项目的跟踪监管。旨在促进承接主体认真履行购买服务合同，增强服务能力，提高服务水平，确保提供服务的数量和质量达到预期目标；加强项目的需求调查，建立动态机制。建立购买目录的需求调查、论证和动态调整机制，通过对社会公众需求进行有效调查和分析，科学决策优先购买次序，并随市场变化动态调整；加强项目履约绩效管理。建立健全由购买主体、服务对象及第三方组成的综合性评审机制，对购买服务项目数量、质量和资金使用进行履约验收、绩效考评，考评结果向社会公布，并作为未来编制购买内容和选择承接主体的重要依据；对承接主体采取内控、合同、市场、法律等多元约束，规范其行为。要求承接主体建立内控制度，注重服务质量；搞好政府购买服务与部门职能转移、事业单位分类改革、行业协会脱钩等相关改革的衔接，实现"人、费随事转"，争取实现将政府购买服务与政府职能转移工作以及与调减编制人员相结合，凡是适宜政府向社会组织转移职能、购买公共服务的事项，原则上不再增加机构、编制、人员。

（二）补助制案例：衢州市衢江区政府购买职业培训服务项目

2015 年衢江区政府为了提高劳动者技能培训的质量，增强培训的针对性和有效性，进而提高培训后的就业率和创业率，购买了职业技能培训服务项目。

1. 项目实施背景

建立健全面向全体劳动者的职业培训制度，对城乡有就业要求和培训愿望的劳动者提供职业技能培训，属于国家基本公共服务范围。有别于政府单位的固定上班时间，培训机构提供培训服务更注重效率，培训时间设置更为灵活，能适应培训者的要求，课程设置也更为专业。因此，相较于传统的政府直接提供培训服务，采取政府购买服务的形式将培训服务外包更能确保培训质量，增强培训的针对性、有效性，切实提高培训后的就业率和创业率。以浙江省推进政府向社会力量购买服务试点扩面工作为契机，衢州市衢江区研究确定 2015 年开始试行培训服务的政府购买，即通过竞争择优的方式选择培训机构，对合格的培训成果实行政府购买，促进承接培训机构积极开展培训，促进建立规范化、市场化、社会化的职业培训体系。

2. 具体实施办法

衢江区政府购买职业技能培训服务项目以衢江区人力资源和社会保障局及就业管理服务局为购买主体，由衢江区就业管理服务局会同相关部门，根据省、市、区政府购买服务和职业培训有关文件精神，按照"条件公开、自愿申请、竞争择优、社会公示"原则，采取公开招标的购买方式。2015 年由同级财政从促进就业资金（包括就业专项资金、失业保险基金）中按实列支，从 2016 年开始编列政府购买服务项目预算予以保障。

劳动力职业培训项目主要的购买内容有：就业技能培训（包括农村富余劳动力、城乡失业人员、进城求职劳动者、高校毕业生、劳动预备制等培训）；创业培训（包括城乡有创业愿望的各类劳动者培训）；岗位技能提升培训（包括岗前培训、转岗培训、在岗培训、紧缺工种培训、高技能人才培养）等。服务的对象主要是在16周岁到法定退休年龄内，具有就业要求和培训愿望的下列人员：衢江区户籍的农村富余劳动力、城乡失业人员（包括失地农民）、进城求职劳动者、退役士兵、高校毕业生、本区企业新招员工或在岗员工等。

衢江区政府对购买的培训服务有明确的质量要求：承接培训的机构要增强培训的针对性和有效性，要以政府指导和市场需求、企业岗位实际需求为导向，以促进城乡劳动者就业创业为目标。就业技能培训要求以培养劳动者的就业技能为重点，帮助提高职业技能和适应职业变化能力，根据市场用工需求学到1~2门实用技术，旨在帮助所有求职者明确职业发展方向，提高求职面试技能及就业能力，实现就业再就业。创业培训要求把有志创办企业的创业者组织起来，为其提供创办企业、管理企业知识的系统培训。其目的是通过提高企业创办者创业的心理、管理、经营等素质，增强参与市场竞争和驾驭市场的应变能力，使接受培训者在较短的时间内成为微型企业的老板。在培训结束时，承接培训服务机构须对参加培训的学员进行理论考试和操作技能考评，成绩合格的学员可获得国家承认的职业资格证书（或专项职业能力证书）。

该项目设定的承接主体准入条件为：依法在民政部门登记成立或经国务院批准免予登记的社会组织，以及依法在工商管理或行业主管部门登记、具有培训能力的机构和企业等社会力量。包括以下两类承接培训机构：（1）职业教育或职业培训机构。机构须具备法人资格且正常开展了两年以上职业培训或职业教育，具备与培训专业、培训目标、培训规模相适合的专业教师、实训教师、管理人员、教学设备、实训设备，规章制度健全完整，依法开展活动，无违法违纪行为，财务状况稳定。（2）相关企业。具备开展职业技能培训和技师、高级技师培养条件的企业，包括具备与培训专业、培训目标、培训规模相适应的理论和实训教师、管理人员、实训设备，规章制度健全，依法经营，无违法违纪行为，按规定足额提取并使用职工教育经费的企业。

招标文件等相关信息在媒体公告后，共有12家机构积极响应参加投标竞争。经过专家公正、公平评标，最终确定8家机构承接衢江区职业技能培训的主体资格。其中1家为公办机构，7家为民办机构。衢江区人力资源和社会保障局及就业管理服务局与承接主体分别签订了购买合同，明确培训的工种、人数、评价标准、补贴方式等权利义务和违约责任。合同期限为一年。

为了明确培训补助标准，衢江区就业管理服务局会同相关部门，根据衢州市职业培训指导价，结合衢江区实际情况研究确定。具体培训价格标准见表10-6。

表 10 - 6　　　　衢江区职业培训时间、培训工种及培训经费

培训项目	具体工种		培训时间（课时）	经费补助	备注
就业技能培训	家政服务员（月嫂）	初级工	22 天（154 课时）	500 元/人	
		中级工	25 天（175 课时）		
	计算机操作员	初级工	22 天（154 课时）		
		中级工	25 天（175 课时）		
	电、焊工	初级工	22 天（154 课时）		
		中级工	25 天（175 课时）		
	中式面点师、中式烹调师	初级工	22 天（154 课时）		
		中级工	25 天（175 课时）		
	其他工种	初级工	22 天（154 课时）		
		中级工	25 天（175 课时）		
创业培训	电子商务其他工种		10 天（70 课时）	500 ~ 1000 元/人	经培训后在 6 个月内实现创业的（培训后经工商注册领取营业执照、网上实名认证后连续经营 2 个月以上且月均 10 条以上交易记录、扩大经营规模成效显著）比例达到 20% 及以上的按 1000 元/人标准补贴；达到 10% 及以上的按 800 元/人标准补贴；低于 10% 的按 500 元/人标准补贴
	互联网 + 农业类		10 天（70 课时）		
	互联网 + 商贸类		10 天（70 课时）		
	其他工种		10 天（70 课时）		
岗位技能提升培训（企业技能人才自主评价）	初级工 + 岗位工种		22 天（154 课时）	500 元/人	具体补贴标准结合培训课时确定
	中级工 + 岗位工种		25 天（175 课时）	600 元/人	
	高级工 + 岗位工种		20 ~ 30 天（140 ~ 210 课时）	1000 元/人	
	技师 + 岗位工种		20 ~ 30 天（140 ~ 210 课时）	1200 元/人	
	高级技师 + 岗位工种		20 ~ 30 天（140 ~ 210 课时）	1500 元/人	

注：45 分钟/课时，原则上 7 课时/天；培训工种每年可根据市场需求适时调整。

为规范培训项目的考核评价，衢江区政府制订了具体的考核指标和评估机制：

（1）强化日常监管。培训前：承接培训机构在开班前 7 个工作日，向区就业局提交开班申请。未履行审批程序的不许开班。开班申请应包括培训班名称、培训学员花名册、职业（工种）、培训地点、培训时间、培训实施方案和课程安排表、使用教材、培训资质（或核准项目）等资料。区就业局要及时将培训学员花名册录入浙江省公共就业服务信息系统。同时要求每个培训班必须配备指纹考勤机，实行上课签到、下课签退制度。培训中：按上报的教学计划、课程表、到课率等进行突击检查，发现一次未培训或未按规定要求培训，给予警告批评；发现 2 次，取消本班次培训资格，不予补助培训经费，勒令培训学校整改；发现三次，取消本年度培训资格并报主管部门备案。培训后：培训结束后实行抽查制，按培训学员 20% 的比例进行抽查。每个培训班的学员必须备有实时的联系方式。由购买主体对当期举办的培训进行实时检查，查出到课率不足的按相应比例扣除培训费用。若发现本班有 20% 弄虚作假，取消本班培训经费，并取消年度培训资格。

（2）建立综合考评机制，并将政府补贴与培训成本、培训质量、就业创业效果挂钩。综合考评采取 100 分制，具体考核指标和评分办法见表 10 – 7。

表 10 – 7　　　　　　　　　衢江区职业培训绩效考核评分

考核指标	评分细则
教学计划、大纲、教材（15 分）	培训职业（工种）以国家职业标准的教学计划、大纲和教材为准，其中培训教材原则上统一使用人社部印制的职业培训教材，其他出版社的需经区人力资源和社会保障局核准备案。按以上要求实施得 15 分，没有的酌情扣分
培训课程设置（15 分）	培训课时以国家职业标准设定的为准，其中操作技能课时不少于总课时 1/3。电子商务培训不少于 10 天。每少 10 课时扣 3 分，扣完为止
学员到课率（20 分）	经衢江区就业管理服务局不定时抽查，学员平均到课率达到 95% 及以上得 20 分；达到 85% 及以上得 10 分；平均到课率 85% 以下不得分
学员纪律（10 分）	经衢江区就业管理服务局抽查，学员上课纪律和鉴定纪律好得 10 分，一般得 5 分，不规范、无组织纪律的不得分
学员满意度（10 分）	在每个班培训结束后，随机电话回访鉴定合格学员的 20%，出现小数的用"进一法"确定人数。回访学员的满意度达到 80% 及以上得 10 分；达到 70% 及上的 5 分；达到 60% 及以上得 3 分；在 50% 及以下不得分
就业率（10 分）	建立培训后跟踪制度，6 个月内实现就业率达到 80% 及以上得 10 分；达到 70% 及以上得 7 分；达到 60% 及以上得 5 分；达到 50% 及以上得 3 分；在 50% 及以下不得分
创业率及成功创业典型（20 分）	提供培训后成功创业典型，资料翔实。经培训后在 6 个月内实现创业的比例达到 20% 得 20 分；达到 10% 及以上得 10 分；低于 10% 得 5 分

资料来源：浙江省政府购买服务工作联席会议办公室编，《浙江省第一批政府购买服务试点经验交流材料汇编》（内部资料）。

项目结束后会根据培训绩效考核标准进行评分，考核成绩在 85 分以上（含 85 分）的定点培训机构，实行全额拨款，并优先安排下一批培训项目；考核成绩在 70～85 分（含 70 分）的定点培训机构，按 90% 拨款；考核成绩在 60～70 分（含 60 分）的定点培训机构，拨给标准费用的一半；考核成绩在 60 分以下，甚至出现弄虚作假的定点培训机构，一经发现，将不支付培训经费并严肃追责，取消其年度培训资格。

该项目最后的结算实行国库直接拨付到培训机构的方式。具体流程为：（1）由培训机构填报培训基本情况、提供有效支付凭证等资料，向区人力社保局或区就业局提出资金拨款申请；（2）区人力社保局或区就业局对上报的申请事项进行核查，根据培训核查情况，提出资金拨付方案；（3）区人力社保局或区就业局整理汇总各期培训资料和考核考评情况报区人力社保局党组讨论，同意后按程序予以拨付。

3. 项目成效

衢江区政府购买职业技术培训服务，先是对培训定点机构进行资格招标，而后培训对象可在定点培训机构中进行自主选择，营造了公平、公正的竞争氛围。从而极大地调动了培训机构组织生源、加强管理、以质取胜的积极性，激发了办特色、树品牌的内在动力。

衢江区购买培训服务的费用是根据各定点培训机构实际完成的培训数量拨付，并与严格的考评情况挂钩，这种做法使政府培训经费的使用有依据、有绩效。较之以往"一拨了之"，即按照培训专项资金来源数额直接分配给培训机构的做法，在资金使用绩效上有了很大提高。

衢江区政府购买职业技术培训服务，使相关主体之间形成了利益共同体，政府、培训机构在促进就业、创业工作中形成了合力。2015 年以来，共举办各类就业创业培训班 13 期，参训人员 709 人次，通过培训，共有 100 多人实现了创业和二次创业，吸引越来越多的人员加入创业培训的阵营，取得了"培训促创业，创业带就业"的倍增效应和较好的社会效益。

（三）凭单制案例：长兴教育券制度

2001 年，长兴县为了扶持职业学校和民办学校的发展，在全国率先实行"教育券"制度，引起了教育界和理论界的巨大反响。2003 年，这一制度在浙江省范围内得到推广，浙江省也因此成为全国第一个全省推广"教育券"制度的省份。虽然 2005 年后，义务教育与职业教育一系列的改革弱化了教育券的使用，但教育券这一制度仍有其深远意义。

1. 教育券制度实施背景

在教育券制度的实践中，存在着两条发展主线：一条是弗里德曼倡导的市场机制主线，通过教育券开拓教育竞争市场，提高教育效率；另一条是皮科克、詹克斯、昆斯等人倡导的政策机制主线，通过公共政策的有效控制，帮助弱势群体获得公平的受教育机会。后一条主线是前一条主线的延伸和发展，其引申意义在于市场与政策的契合。

政府投资教育是由于教育的正外部性，而这种正外部性最终是通过受教育的个体表现出来的，因此，政府教育投资的受益者应该是受教育者，而不是某个学校。政府直接拨款给公立学校，即直接提供教育服务的情况下，可能由于缺乏竞争而导致资金的使用效率较低。而且，在传统拨款体制下，学校由于更注重政府的要求而忽略了受教育者的需求，这样的结果显然与政府的初衷相悖。教育券制度不仅为这个问题提出了解决方案，而且在利用得当的情况下还可以实现政府其他的特定目标，长兴较早受到国外制度的启发并开始了我国教育券制度的探索。

2. 长兴教育券制度的实施与发展

长兴的教育发展一直有两个问题：一是没有人愿意上职业高中，职高入学率相对于普高只有 0.73∶1，而省里规定的标准是 1∶1；二是长兴的民办学校规模小、招生困难，但由于公办学校数量有限，政府需要扶持民办学校以增加教育资源。如何提高职业高中与民办学校的入学率是长兴县亟待解决的问题。2000 年，长兴县教育考察团在美国加州考察时，受到了当地教育券制度的启发：让学生自主择校，由政府付一部分学费，无论是民办学校还是职业高中，都可以依据学生数量获得相应的补贴，这种做法可以在一定程度上提高办学的积极性；同时，负担的减少也可能影响学生的择校意愿。

2001 年夏天，长兴正式出台了《长兴县教育局关于教育券使用办法的通知》。长兴教育局为鼓励更多的初中毕业生报读中等职业学校，在当年秋季招生时，向报读中职的学生发放一张教育券，学生凭券抵交 300 元的学费。同时，为扶持义务教育阶段的民办学校，对报读民办学校的学生发放价值 500 元的教育券。这一年，长兴县首次发放教育券 2149 张，其中职业高中 2123 张，民办学校 21 张，合计人民币约 65 万元。此时教育券的发放范围很小，仅限于就读中等职业学校和义务教育阶段的民办学校的学生，具体包括就读于职教中心、技工学校和清泉武校高中部长兴籍学生（职业中学教育券）和清泉武校长兴籍小学生和初中生（民办学校教育券）。

2002 年秋季，长兴教育券的功能进一步扩展，针对贫困家庭学生给予教育券资助。当年，全县初中和小学阶段的部分贫困生，每学期可分别获得一张面值 200

元或 300 元的教育券。全县这一求学阶段的 740 多名贫困生中，有 260 余名得到了教育券资助。同时，长兴县还发动县妇联、县团体协会、新华书店等部门单位购买教育券，又资助了多名贫困生。当年长兴县发放的教育券数量上升到 3540 张，合计人民币 106 余万元。

2003 年教育券又开始向高中阶段推行。为支持薄弱高中和民办高中教育的发展，长兴教育局扩大了教育券发放范围，向民办普通高中（华盛虹溪中学）的学生发放价值 100 元的教育券，而报读薄弱普通高中（泗安中学）的学生可以凭券抵学费 200 元。当年总共有 6596 人获得教育券，金额达到 151 万元，其中发放给薄弱高中的有 624 张。

2004 年，长兴县在发放扶贫助学教育券的基础上，加大了对弱势群众子女教育的帮扶。一是对低保户子女、孤儿、烈士子女、列入政府供养的未成年人、三峡移民子女等五类对象实行免费入学。当年共有 298 人免费入学。二是对残疾家庭子女和残疾学生每人每年发放 200 元到 400 元的学费补助。三是对贫困高中学生每人每年资助 800 元。四是对贫困大学生贷款政府进行担保贴息。2004 年共发放教育券 5762 张，其中扶贫教育券发放 2802 张，职业中学发放教育券 2960 张。长兴县2001 学年至 2004 学年各类"教育券"发放统计见表 10 - 8。

表 10 - 8　　　　长兴 2001 学年至 2004 学年各类"教育券"发放统计数

种类	2001 学年（张）	2002 学年（张）	2003 学年（张）	2004 学年（张）	合计（张）	金额（万元）
职业中学	2123	3203	3688	2960	11974	359.22
民办义务教育	26	21	25		72	2.43
扶贫助学		316	1472	2802	4590	131.20
民办高中			787		787	7.87
薄弱普高			624		624	12.48
合计	2149	3540	6596	5762	18047	513.2

注：职业中学教育券为 300 元；民办义务教育教育券政策规定为 500 元，但实际统计的平均数为 337.5 元；扶贫助学教育券中，小学阶段的为 200 元，初中阶段的为 300 元；民办高中教育券券额为 100 元，薄弱普通高中教育券为 200 元。

资料来源：根据长兴教育局提供有关数据，以及《浙江实施教育权现状调查：一张薄纸承几多公平理想》，载于《钱江晚报》2006 年 9 月 6 日进行整理。

推行教育券制度最早是为了支持职业教育与民办教育，以缓解其他高中教育、中专教育发展的不平衡。然而，长兴县经过几年的实践后发现，教育券在扶贫助学方面具有更加突出的作用。浙江省政府也关注到了这一点，为了保障和改善贫困地区教育，省政府决定在全省推广教育券制度。2003 年 7 月，由省财政厅和教育厅联合发布了《关于对经济困难家庭子女接受中小学教育实行免费入学的通知》，决定对困难家庭子女接受中小学教育采取教育券方式予以资助，教育券制度开始在全省进行试点，当年就有 40 余个县、市、区推行了教育券制度。2005 年，省政府决定在全省范围内正式推广教育券，并将其纳入农村中小学"四项工程"。这四项工程分别是"家庭经济困难学生资助扩面工程""爱心营养餐工程""食宿改造工程"和"教师素质提升工程"。其中，"家庭经济困难学生资助扩面工程"和"爱心营养餐工程"通过教育券形式向贫困学生发放。

在此背景下，从 2005 年秋季开始，长兴教育局除继续向就读职业中学学生发放教育券以外，将教育券的重心全面转向扶助贫困家庭学生，通过教育券对义务教育阶段家庭经济困难的学生实行"三免一补"政策，即免收学杂费、课本作业费、住宿费和补助营养餐费。2006 年秋季开学起，九年义务教育阶段家庭经济困难学生免除学杂费工作从"扩面工程"中剥离出来，纳入全省免除学杂费工作统一管理。长兴县教育券只包括免除课本作业费、住宿费和补助营养餐费的功能，从"三免一补"降为"两免一补"。2007 年 6 月，《中等职业学校国家助学金管理暂行办法》颁布，具有中等职业学校全日制正式学籍的在校一、二年级所有农村户籍的学生和县镇非农户口的学生，以及城市家庭经济困难学生享受国家助学金。国家助学金由中央和地方政府共同出资设立，主要资助受助学生的生活费开支，资助标准每生每年 1500 元（按月发放）。这项范围广、力度大的政策使全国平均约 90% 的中职生受惠；在长兴县，100% 的中职生可以获得资助。2008 年春季开始，浙江省全省范围内对义务教育阶段学生免除课本费，对贫困生免除课本费的工作也从"扩面工程"中剥离，教育券从"两免一补"进一步降为"一免一补"。2009 年春季全国范围内免除住宿费以后，教育券的扶贫功能只剩下"一补"。一系列义务教育的免费政策已经普惠到了每一个学生，再加上职业教育政策的变化，长兴县的教育券制度完成既定目标后被这些政策替代，逐步淡出。

3. 长兴教育券的成效及启示

长兴教育券制度成效显著，获得了 2005 年度第三届"中国地方政府创新奖"。长兴教育局实施教育券制度的首要政策目标，就是扶持职业学校和民办学校的发展。推行教育券制度后，长兴县的民办学校、职业学校都有了长足发展。虽然不能将长兴的民办和职业两类学校的发展完全归因于教育券制度的实施，但不可否认，教育券的确降低了职业学校和民办学校学生求学的成本，特别是对家庭收入水平比较低的学生来说，教育券的价格补贴作用增强了他们教育选择的能力。同时，教育券背后所代表的政府信誉，对于学生择校也起到了良好作用。

仅在教育券实施的第二年，长兴县民办学校清泉武校的在校生就由 2000 年的 341 人增加到 2002 年的 1171 人，华盛虹溪中学在校生由 2001 年的 926 人增加到

2329 人。华盛虹溪中学林宗景校长认为，当初每人数百元的教育券的确起到了很大的促进作用，特别是国家重视、支持民办教育的象征意义得到了充分的彰显。职业学校的招生规模也在实施教育券制度后不断扩大。以长兴职业技术教育中心为例，2000 年只有 800 多个学生，2001 年春季的入学者获得了每人 300 元的教育券，到 2003 年时该校招生规模就达到了 3600 多人，2005 年达 4500 多人。即使后来教育券制度逐渐淡出，长兴县仍旧连续多年保持了中职与普高 1∶1 的发展态势。长兴职教中心书记沈玉良形象地描述道："教育券对职业教育走出低谷帮助很大，由教育券扶上马走一阵后，现在可以策马奔驰了。"①

长兴的教育券制度在实施过程中把核心思想转为"扶贫扶弱"。长兴县自 2001 年实施以券代助之后，资助家庭贫困、无力支付书杂费的孩子的力度有目共睹，做到了"没有一个孩子因交不起学费而失学"。"政府没有忘记我们"成为一个颇具象征性意义的政府关注民生的宣传性口号。同时，教育券还进一步规范了贫困助学金的各项管理制度，确保助学工作科学、规范，专款专用，保证了这批经费最终用在教育上。据贺武华（2010）对长兴华盛虹溪中学与长兴职教中心的学生的问卷调查表明，绝大多数孩子认为政府发行教育券对贫困学生有很大的帮助。

虽然后来新的政策基本上替代了长兴县最早推行的教育券，但是教育券正面导向的潜力仍然巨大。比如，教育券虽然在义务教育阶段的作用被替代，但是否可以转向学前阶段试点，继续发挥作用呢？另外，即便长兴的原有做法不再存留，但教育券制度仍有政策转移、扩散价值。在政策转移方面，长兴在衢州"劳务培训券"的启发下把教育券制度延伸到了农村劳动力培训领域；在政策扩散方面，浙江省内及其他省份都有尝试性地实践教育券制度，大部分取得了较为显著的改革成果。这说明，更广泛意义的长兴教育券的探究与实践远未结束，教育券的公平意义、社会效应乃至政治效应也远未结束，它在发挥政府的教育导向作用、彰显政府公德与教育理念、促进弱势群体与弱势学校发展，以及推进民办教育与职业教育发展等方面仍蕴藏着巨大的潜力。

四、浙江省政府购买服务的影响

（一）媒体报道及获奖

浙江省是国内较早开始探索政府购买服务的先行者之一，在教育、养老、就业

---

① 贺武华：《"中国式"教育券：政策新生及其实践再推进——基于对长兴教育券的新近考察》，载于《教育学术月刊》2010 年第 11 期。

培训、文化、医疗等方面的创新性做法引起了广泛的关注。《人民日报》《光明日报》《中国财经报》《21世纪经济报道》《浙江日报》《文汇报》《浙江青年报》《今日早报》《都市快报》等多家报纸刊登了浙江的一些成功案例，比如长兴的教育券制度、宁波市海曙区的政府购买居家养老服务、衢州的劳务培训券制度、温州市的"三百"项目等。其中，"浙江省长兴县教育券制度"荣获第三届中国地方政府创新奖，"浙江省宁波市海曙区政府：政府购买居家养老服务"荣获第四届中国地方政府创新奖。

（二）学术影响

长兴县教育券制度的探索，标志着国内政府购买服务的研究从象牙塔走向实践，也推动了政府购买服务相关研究的进一步深化。在此之后，学术界对长兴县教育券的理论基础、中美实施教育券的差异、如何在教育券中兼顾效率与公平问题进行了深入的探讨，并涌现了大量的相关文章，如吴华（2003）、赵宏斌（2003）、贺武华（2010）。相关研究又进一步推动了政策新生，推进了改革实践。如，教育券的范围从义务教育拓展到高中教育，进一步拓展到学前教育。除教育券外，宁波市海曙区自2004年3月起推行一种新型的养老模式：通过政府购买服务，组织专门的服务人员深入老人家中，让老人不离开家也能得到精心的护理，这是一种以家庭服务保障为基础、以社区照顾为依托，以机构供养为补充的养老方式。这种"政府购买居家养老服务"的方式在宁波市海曙区的试行取得了较好的效果，引起了学者们的关注。王诗宗（2007）高度肯定了宁波市海曙区政府的做法，认为政府购买居家养老服务低成本、大面积地在一定程度上满足了高龄、独居、贫困老人的最迫切需求；洪艳（2009）认为，宁波市海曙区的做法可以满足老人的多样性需求，同时也促进了社会组织的发展。

（三）政策推广

浙江省在探索政府购买服务过程中出现的这些成功的创新案例，为我国转变政府职能、创新社会治理、改进政府提供公共服务方式积累了宝贵经验。某些做法也为其他地区借鉴，在实践中进一步发展。比如，在浙江省内，衢州市受长兴教育券的启发，于2002年开始试行"劳务培训券"，不仅利用市场机制鼓励了社会力量办培训，同时也提高了培训专项资金的利用率；湖州市、金华市等地也相继推行了政府购买居家养老服务，均取得了较好的效果。在浙江省外，山东淄博市2004年秋开始尝试同时在义务教育和学前教育实行"教育券"，该举措也获得了教育部和山东省政府的高度认可；2006年2月9日，国务院办公厅颁发了《关于加快发展养老服务业的意见》，北京市、深圳市、江苏省等地区开始了政府购买居家养老服务的试点，这种新型的"社会化养老"模式是解决人口老龄化带来的养老问题的有效途径。

五、本章小结

政府购买公共服务在我国属于政府提供公共服务的一种新理念、新机制和新方法，是转变政府职能和创新经济社会治理体系、推进政社合作良性互动的重要途径。浙江的政府购买服务起步较早，追溯到 20 世纪 90 年代末，按照"先易后难、积极稳妥"的原则，浙江的政府购买服务内容不断丰富、规章制度不断健全、程序日益规范。从浙江各地实践看，政府购买服务的方式主要有：合同制、补助制和凭单制。根据《浙江省政府向社会力量购买服务指导目录（2017 年度）》，已有144 项服务纳入指导目录，其中公共服务有 96 项。目前，承接政府购买服务的领域主要在养老、就业、公共医疗和社区工作等基础公共服务领域。

参考文献

［1］财政部科研所课题组：《政府购买公共服务的理论与边界分析》，载于《财政研究》2014 年第 3 期。

［2］曾维和、陈岩：《我国社会组织承接政府购买服务能力体系构建》，载于《社会主义研究》2014 年第 3 期。

［3］杭州市财政局课题组、陈锦梅、吴文兴、吕天佑：《关于政府购买服务问题的思考》，载于《经济研究参考》2010 年第 44 期。

［4］贺武华：《"中国式"教育券：政策新生及其实践再推进——基于对长兴教育券的新近考察》，载于《教育学术月刊》2010 年第 11 期。

［5］洪艳：《"政府购买服务"的探索与实践——基于宁波市海曙区政府购买居家养老服务的思考》，载于《湘潮（下半月）（理论）》2009 年第 4 期。

［6］李一宁、金世斌、吴国玖：《推进政府购买公共服务的路径选择》，载于《中国行政管理》2015 年第 2 期。

［7］刘小川、张艳芳、刘威礼：《基于政府职能转变的政府购买服务制度创新研究》，载于《财政研究》2015 年第 5 期。

［8］苏明、贾西津、孙洁、韩俊魁：《中国政府购买公共服务研究》，载于《财政研究》2010 年第 1 期。

［9］王力达、方宁：《我国政府向社会力量购买服务问题研究》，载于《中国行政管理》2014 年第 9 期。

［10］ 吴玉霞：《政府购买居家养老服务的政策研究——以宁波市海曙区为例》，载于《中共浙江省委党校学报》2007 年第 2 期。

［11］ 杨方方、陈少威：《政府购买公共服务的发展困境与未来方向》，载于《财政研究》2014 年第 2 期。

［12］ 岳经纶、谢菲：《政府向社会组织购买社会服务研究》，载于《广东社会科学》2013 年第 6 期。

［13］ 浙江省财政厅办公室课题组、周瀛：《从长兴教育券制度看财政教育经费使用效率》，载于《财政研究》2008 年第 1 期。

［14］ 吴华：《转变公共教育资源配置路径的意义——"教育券"的政策分析》，载于《全球教育展望》2003 年第 7 期。

［15］ 赵宏斌：《教育券：基础教育财政资源配置的制度性创新》，载于《教育与经济》2003 年第 2 期。

［16］ 王诗宗：《地方治理在中国的适用性及其限度——以宁波市海曙区政府购买居家养老政策为例》，载于《公共管理学报》2007 年第 10 期。

第十一章

养老保险制度改革：
浙江的探索和经验

　　计划经济下，企业按照企业职工工资总额的一定比例提取养老保险基金。其中 30% 上交总工会，实行全国统筹，统一调剂使用。实行市场经济后，私人企业、股份制企业等其他所有制企业职工占比数量大幅度增加，劳动力流动性增强，伴随企业改革的深入，将所有人群（包括农民）纳入社会养老的安全网之中的呼声日益高涨。养老保险逐步从"企业保险"向社会保险过渡。

　　浙江省的社会养老保险改革遵循"广覆盖、低水平、可持续"的原则，在全国率先起步。经过 30 多年的发展，在保障水平、覆盖范围和资金结余方面都走在了全国的前列。2017 年，浙江省企业退休人员养老金平均水平 2467 元/月，其中正常缴费退休人员养老金标准达到 3085 元/月。浙江省城乡居民基础养老金省定标准经过 5 次调整，从 2010 年的 60 元/月提高到目前 135元/月。实际养老金水平达到 159 元。截至 2017 年底，浙江省基本养老保险参保总人数达到 3897 万人，其中，领取待遇人数1285 万人，超过浙江省 60 周岁以上人口数 215 万人。按照户籍法定人员的基本养老保险参保率来评判，浙江省 2017 年底达到

88.6%。企业职工基本养老保险参保人数达 2500 万人；机关事业单位养老保险参保人数 204 万人；城乡居民基本养老保险参保人数达到 1192 万人。截至 2017 年底，浙江省基本养老保险基金滚存结余 3800 亿元，其中企业职工基本养老保险基金滚存结余 3597 亿元。由此基本实现了由适应传统计划经济体制的养老保险制度过渡到适应社会主义市场经济体制的养老保险制度的历史性转变，建立起符合浙江省省情的"覆盖城乡、多层次养老保险制度"。

纵观浙江省社会保险基金发展历程，经历了试点探索、全面改革、城乡统筹、深化改革四个阶段。对养老保险制度而言，重点和难点都是保证基金的可持续性，形成资金不可持续的形成原因有多方面，制度层面、执行层面和环境层面兼而有之，为防范这些风险，浙江省进行了很多有益的探索和尝试，如缴费年限养老金制度、养老保险调剂金制度、地税征缴模式等方面，这些探索和尝试的经验，对其他省份化解社会保险制度风险，形成全国层面的社会养老保险制度，都发挥了积极作用。

一、浙江省社会保险制度的发展历程

（一）试点探索阶段（1985～1993 年）

党的十一届三中全会之后，特别是我国进行经济体制改革以后，浙江省开始着手进行以退休费用社会统筹为主要内容的养老保险制度改革。1985 年，开始在温岭、海宁等县实行城镇企业离退休基金社会统筹试点，在试点的基础上又进一步做了推广。到 1988 年底，全省已有 75 个市县开展了社会统筹。90 年代，浙江省又对养老保险进行调整和规范，并建立省级统筹的后备基金。1991 年浙江省根据国务院《关于企业职工养老保险制度改革的决定》，开始了统一企业养老保险制度的改革。到 1992 年末，全省所有市县绝大部分的国有企业、县以上集体企业都实行了以县市为单位的离退休费用社会统筹。从 1993 年开始，养老保险覆盖面逐步扩大到城镇小集体企业、三资企业、私营企业和个体劳动者。同时，浙江省农村养老保险在 20 世纪 90 年代初开始起步，1992 年在杭州、宁波、嘉兴三地进行农村养老保险制度的改革。从此，浙江省农村养老保险开始从家庭养老模式向社会养老模式转变。1995 年，浙江省对农村保险范围、实施对象、缴费形式、补助标准等方面做了具体的规定，要求农村养老保险采取区别对待、先易后难的办法，加快了浙江省养老保险推广的步伐。到 1998 年底，农保已经覆盖全省 96% 的乡镇，入保率近 35%。月领养老金最高超过 150 元，参保人员初步享受到农村养老保险的待遇。

（二）全面改革阶段（1993～2002 年）

1996 年浙江省确立了社会统筹和个人账户相结合的养老保险制度。但是，各个地方的实施办法不同，使得全省出现了多种个人账户比例，为了解决这个问题，浙江省实施了"三个统一"办法。1999 年 10 月，《浙江省职工基本养老保险条例》的实施标志着浙江城镇养老保险开始步入法制化轨道。同年，按照中央有关实行系统统筹的 11 个行业养老保险划归地方管理的要求，浙江省各级财政部门从大局出发，配合有关部门认真做好下划后的统筹管理工作。2000 年，浙江省财政会同劳动保障部门制定了城镇企业职工基本养老保险调剂金的征集、使用和管理办法，建立了养老保险省级调剂金制度。2002 年以来，根据省政府要求，省级和各级地方财政部门会同有关部门积极开展"抓两头、促中间"工作。一是抓好困难市县基金自求平衡机制的建立。通过签订政府目标责任状和省级调剂金补助杠杆作用，建立省级养老保险调剂金分配与基金支付困难市县目标任务完成情况挂钩的激励机制，鼓励 14 个养老保险基金支付能力薄弱的市县建立自求平衡机制；二是抓好经济发达市县的养老保险扩面工作，以养老保险社会化为目标，根据浙江所有制结构的特点，要求 26 个经济发达市县在 2～3 年内基本实现养老保险全覆盖。这一时期，具有浙江特色的养老保险制度日趋完善。由于国务院机构的改革，农村社会养老保险工作由民政部门移交给劳动和社会保障部门。受此影响，浙江农村养老保险制度进入整顿阶段，参保覆盖面不再扩大，参保总人数开始萎缩。参保总人数从最高时期的 614 万下降到 444 万人。这一期间，浙江省多数地区农村养老保险工作处于职能移交、业务半停顿状态。随着城市化、市场化进程的不断推进，农村居民养老需求不断扩大，迫切需要建立新型的农村养老保险制度。

（三）城乡统筹阶段（2003～2010 年）

2002 年，党的十六大报告提出，"有条件的地方，探索建立农村养老、医疗保险和最低生活保障制度"。2005 年以来，浙江省在杭州、宁波、嘉兴等地开展了新型农村养老保险制度的探索和创新。与此同时，浙江省 26 个经济发达市县在 2004 年底已经基本实现养老保险全覆盖。此外，浙江省财政厅还积极参与《浙江省职工基本养老保险条例》的修订和"双低"政策制定，通过扩大养老保险覆盖面、低缴费基数、低缴费率的"双低"政策，充分体现养老保险的社会性。2006 年，党的十六届六中全会通过的《中共中央关于构建社会主义和谐社会若干重大问题的决定》中提出，"加快机关事业单位养老保险制度改革""有条件的地方探索建立多种形式的农村养老保险制度"。2008 年，国务院印发《事业单位工作人员养老保险制度改革试点方案》，选择部分省市开展事业单位养老保险改革试点。制定职工在机关事业单位与企业之间进行流动，以及改制事业单位职工养老保险的相关政策。2009 年国务院决定开展新型农村社会养老保险试点，为了进一步完善浙江省社会养老保险体系，在国务院试点意见的安排下，浙江省政府发布了《关于建立城乡居民社会养老保险制度的实施意见》。

（四）深化改革阶段（2010 年以后）

为达到 2012 年基本实现城乡居民应保尽保的目标，2011 年浙江省发布了《关于尽快实施城乡居民社会养老保险制度的意见》，要求确保所有城乡居民老有所养。为了建立个人缴费、政府补贴相结合的城镇居民养老保险制度，根据党的十七大精神和"十二五"规划纲要等规定，国务院决定从 2011 年起开展城镇居民社会养老保险试点。在总结新型农村社会养老保险和城镇居民养老保险试点经验的基础上，2014 年，国务院发布了《关于建立统一的城乡居民基本养老保险制度的意见》，决定在全国范围内建立统一的城乡居民养老保险。为此，浙江省发布了《关于进一步完善城乡居民基本养老保险制度的意见》，并且将"城乡居民社会养老保险"更名为"居民基本养老保险"。2017 年底，参加基本养老保险人数为 3913.07 万人，比上年末增加 174.01 万人，参保率为 88.63%。全年基本养老保险基金总收入 3252.25 亿元；全年基本养老保险基金总支出 2856.29 亿元；年末基本养老保险基金滚存结余 3800.3 亿元。①

二、浙江省社会养老保险制度运行面临的主要风险

社会养老保险制度的建立过程，采取"摸着石头过河"的渐进式改革策略。在城乡二元经济结构的背景下，采取了多层次广覆盖的养老保险制度。对于养老保险而言，最大的风险来自养老保险基金征缴、支出、管理过程中的资金风险。概括起来，这种风险可以分为制度本身风险、执行过程风险和制度环境风险三个方面。

（一）制度本身风险

1. 收支年限不匹配

养老保险制度设立之初，为保障制度的顺利实施，将参保人员缴费年限（包括

---

① 浙江省财政厅社保处：《浙江省社会保险基金风险预测和应对研究报告》（内部资料），2016 年。

视同缴费年限）设定为 15 年，只要交足 15 年，退休后按月发基本养老金。基本养老金由基础养老金和个人账户养老金组成。退休时的基础养老金月标准以当地上年度在岗职工月平均工资和本人指数化月平均缴费工资的平均值为基数，缴费每满 1 年发给 1%。个人账户养老金月标准为个人账户储存额除以计发月数，计发月数根据职工退休时城镇人口平均预期寿命、本人退休年龄、利息等因素确定（见表 11 –1）。

表 11 –1　　　　　　　　　个人账户养老金计发月数

退休年龄（岁）	计发月数	退休年龄（岁）	计发月数	退休年龄（岁）	计发月数
40	233	51	190	61	132
41	230	52	185	62	125
42	226	53	180	63	117
43	223	54	175	64	109
44	220	55	170	65	101
45	216	56	164	66	93
46	212	57	158	67	84
47	208	58	152	68	75
48	204	59	145	69	65
49	199	60	139	70	56
50	195				

资料来源：《浙江省财政社会保障工作年册》（2016）。

　　另外，社会养老保险制度对退休年龄的规定不严格，法定退休年龄偏低且不统一，行业提前退休状况严峻，这与不断增加的人口预期寿命极不相称，同样导致社会保险基金增收不可持续，加剧了养老保险基金收支不匹配，造成浙江省养老保险基金巨大的支付压力。如图 11 –1 所示，以浙江省企业职工基本养老保险支付能力趋势为例，自 2011 年起，职业基本养老保险支付能力直线下降。到 2017 年，职业基本养老保险支付能力只达 21.7 个月。

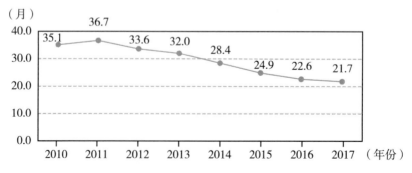

图 11 –1　企业职工基本养老保险支付能力（2010 ~ 2017 年）

资料来源：历年《浙江省财政社会保障工作手册》。

2. 社会保险待遇调整的随意性

目前，我国主要实行由中央制定社会保障政策标准，而地方负责执行社会保障政策。根据《国务院关于建立统一的企业职工基本养老保险制度的决定》和《国务院关于完善企业职工基本养老保险制度的决定》，我国城镇职工基本养老保险的缴费率为28%（企业20%、个人8%），个体工商户和灵活就业人员的缴费率为20%。受经济下行影响，许多企业尤其是中小微企业及个体工商户、灵活就业人员、农民工普遍反映养老保险负担过重，难以承受。为了降低企业成本、增强企业活力，2016年4月，人力资源和社会保障部、财政部发布了《关于阶段性降低社会保险费率的通知》。通知规定："从2016年5月1日起，企业职工基本养老保险单位缴费比例超过20%的省（区、市），将单位缴费比例降至20%；单位缴费比例为20%且2015年底企业职工基本养老保险基金累计结余可支付月数高于9个月的省（区、市），可以阶段性地将单位缴费比例降低至19%，降低费率的期限暂按两年执行。具体方案由各省（区、市）确定。"一方面，部分地区城镇职工基本养老保险基金收不抵支；另一方面，在经济下行压力下，降低基本养老保险费率，必然会减少养老保险基金收入，加剧养老保险基金的收不抵支。因此，中央出台的降低养老保险费率政策与地方保险基金收支平衡存在矛盾。

中央对于社会保障标准的调整比较随意。2005～2015年，我国企业退休人员基本养老金实现了"11连涨"，调整时机和调整幅度带有一定的主观随意性。与此相应，根据全国性统一政策，浙江省最近十年的职工养老金每年增幅在10%以上（2016年增幅调整为6.5%）。2005～2017年，浙江省职工养老金累计增发2115元（见表11-2）。

表11-2　　　　　　　　历年职工养老金待遇调整

年份	国家调整水平	浙江省月人均增加额（元）
2005	上年在岗职工工资增长率的60%左右	60
2006	上年在岗职工工资增长率的100%左右	100
2007	上年在岗职工工资增长率的70%左右	125
2008	上年月人均基本养老金的10%左右	130
2009	上年月人均基本养老金的10%左右	135
2010	上年月人均基本养老金的10%左右	150
2011	上年月人均基本养老金的10%左右	160
2012	上年月人均基本养老金的10%左右	226
2013	上年月人均基本养老金的10%左右	238

续表

年份	国家调整水平	浙江省月人均增加额（元）
2014	上年月人均基本养老金的 10% 左右	239
2015	上年月人均基本养老金的 10% 左右	250
2016	上年月人均基本养老金 6.5% 左右，企业 7%	160
2017	上年月人均基本养老金 5.5% 左右，企业 6%	142
2018	上年月人均基本养老金 5% 左右，企业 5.5%	135（待定）

资料来源：历年《浙江省社会保障财务制度选编》。

3. 特殊人群转入基本养老保险加剧基金缺口

2011 年，浙江省出台《关于解决未参保集体企业退休人员及其他相关人员基本养老保障等遗留问题的实施意见》（以下简称《实施意见》），允许未参保集体企业退休人员等一次性补缴纳入职工基本养老保险。另外，随着被征地农民数量的猛增和征地矛盾的突现，为了缓解征地矛盾，保护农民利益，浙江省的各地区也纷纷开始了对以养老保障为主的被征地农民基本生活保障制度的探索。2014 年，省政府出台《关于调整完善征地补偿安置政策的通知》，扩大了一次性补缴纳入职工基本养老保险的对象范围，允许被征地农民选择参加职工基本养老保险或城乡居民基本养老保险，各地通常做法是参照《实施意见》一次性补缴纳入职工基本养老保险。这两个文件解决了基本养老保障领域的一些突出问题，但极大地增加了职工基本养老保险基金的负担，且使支付风险提前显现。据统计，截至 2016 年 3 月底，全省一次性补缴参加职工基本养老保险人数合计约 360 万人，其中已享受待遇 274 万人，占享受待遇总人数的 50%。被征地农民一次性补缴占全部补缴人数 60% 左右，共计 221 万人，其中已享受待遇 155 万人。全省一次性补缴基金收入累计 1441 亿元，占基金累计结余的 48%，是当前基金账面结余较多的重要原因。但一次性补缴人均水平（转入基金部分）仅 4 万元左右，按人均养老金待遇 1.5 万元/年计，不够支付 3 年，之后都需要基金兜底。[①] 而且，在落实《实施意见》和被征地农民参保政策时，从地方政府层面看，征缴和发放都属地管理，地方政府擅开政策口子、擅自打折征收、随意扩大参保范围等情况也是存在的，进一步加剧基金风险。

4. 养老金保值增值问题

（1）基金投资渠道过于狭窄。我国现行的基本养老保险制度是半基金制（部分积累制）。国际经验表明，实行半基金制（部分积累制）必须解决基金的保值增

---

① 浙江省财政厅社保处：《浙江省社会保险基金风险预测和应对研究报告》（内部资料），2016 年。

值问题，否则难以实现基金的纵向平衡。但受限于现行社会保障资金管理规定，长期以来，我国养老保险基金主要通过存入银行和购买国债获取利息收入的方式来实现保值和增值，其他方向的投资所占比例非常少。然而，实践证明由于受通货膨胀的影响，通过存银行和购买国债这种单一的定率收益投资是难以实现保值增值的。因此，虽然养老保险基金的数额非常庞大，但由于国债的发行数额是有限的，从而导致购买国债这一投资渠道的利用效率非常低。综合来看，基金的投资渠道过于局限在银行存款这个单一范围。

（2）基金投资政策过于强调安全性。现行社会保险基金管理制度对基金运营的管理过于严苛，总的来说社会保险基金投资理念过于偏向保守，过分强调安全原则，注重安全胜于收益，而忽略了效率的价值。在单一而严格的投资方向指引下，社会保险基金实际丧失了回避投资风险的权利。因此，出现贬值也就在情理之中。根据以前出台的社会保险基金投资的相关法律法规，社会保险基金只能多数甚至是全部采取银行存款或购买国债的形式进行保值增值。毫无疑问，这两种基金投资方式有力地保证了社会保险基金的安全性和低风险性。但是，银行存款利率与同期的通货膨胀率的大小关系不能事先预知，这就会将社会保险基金的保值增值情况陷于一定的未知风险中，很有可能影响其未来的保障能力与支付能力。所以，过于强调安全性的社会保险基金投资政策和方针会给未来一段时期的社会保障事业埋下隐患。占比重最大的养老保险基金的收益率只有超过通货膨胀率和工资增长率，才能实现真正意义上的增值，保证未来的支付能力。过于强调基金投资的安全性显然不能适应社保基金增值的客观要求，甚至连最基本的保值都困难。从投资角度讲，过分安全同样会导致不安全，真正的安全必须结合实际经济情况灵活确定，赋予投资者更多的选择权，这是回避投资风险的最好的制度。

（二）执行风险

按制度要求，养老保险缴纳基数应为"全部职工工资总额"。但是，实际执行中的"工资总额"外延，在各地差异很大。有的地区从减轻企业负担和发展经济的角度出发，允许部分企业的缴费基数并非"全部职工工资总额"。抓征缴、抓清欠，不断提升基本养老保险收入水平成为浙江省政府必须要解决的重要问题。

在缴费人数方面，各地执行的标准也有松有紧。有的私营企业主只给企业核心管理人员缴纳养老保险，有的私营企业主只给本地户籍职工缴纳养老保险。地区间养老保险覆盖率差异大的另一个重要原因是对于非户籍人口的社保执法力度弹性大。一方面，由于地区经济发展水平不同，企业出于自身负担的考虑，给企业职工缴纳养老金的积极性不高；另一方面，一部分非户籍企业职工或是出于在当地短期就业的考虑，或是将来也没有取得当地户口的打算，在考虑到所缴纳的养老金不能全部带走的结果时，这部分人员就认为没有参保的必要，因此其积极性也不高。两方面的因素综合起来导致不同地区间非户籍人员的参保率存在差距，从而导致地区间覆盖率存在差异。基本养老保险覆盖国有企业、城镇集体企业、股份制企业、外商投资企业、城镇私营企业全部职工和个体劳动者及城镇临时工的扩面，被提上议事日程。

（三）环境风险

浙江早在1987年就已成为人口老龄化的省份。近年来，浙江人口老龄化呈现加速增长的趋势。据省老龄委统计，今后浙江老年人口每年将以平均40万左右的速度增长。2010年，浙江60岁以上老年人口占总人口15.1%以上，到2044年，老年人口将达到最高值2100多万，将占总人口的41%左右。随着人口老龄化的加速增长，养老保险制度赡养率（指制度内领取人数与缴费人数的比率）将居高不下（见图11-2）。

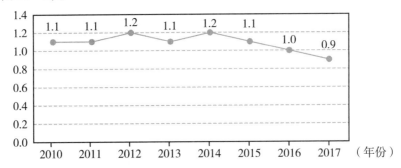

图11-2 城乡居民基本养老保险抚养比（2010~2017年）

资料来源：历年《浙江省财政社会保障工作手册》。

首先是供养人数增加，人均寿命延长导致养老金给付增多。老年人口的增多预示着领取养老金的人数增加，社会保障制度需要供养的人数将增多。同时，随着社会的不断发展，生活水平和医疗水平不断提升，使得人均寿命延长，在退休年龄不变的情况下，老年人领取养老金的期限将会延长。在人数增多和时间延长的双重压力下，国家需要给付的基金数量不断增多，而为制度缴费的人数却不变甚至减少，导致基本养老保险支出逐年递增，基金往往会造成入不敷出的赤字局面（见图11-3）。

其次，养老保险基金筹集更加困难，老龄人口的增多导致养老负担日益沉重。目前，中国的大多数老年人口仍然遵循以家庭养老为主、社会养老为辅的养老模式，浙江省也不例外。中国典型的家庭成员包含一对夫妇、一个孩子以及四个需要抚养的老人，这样就对年轻人造成了庞大的压力。同时，家庭养老在面对老龄化问题上也变得无力。随着老年人口数量的不断增加，每年发放的养老金总额也在不断

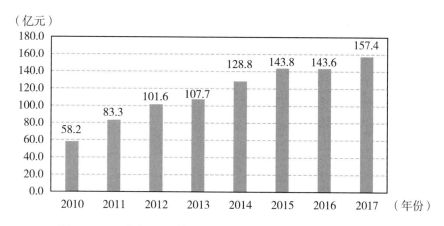

图 11 – 3　城乡居民基本养老保险支出（2010～2017 年）

资料来源：历年《浙江省财政社会保障工作手册》。

增加，而每年缴纳养老保险金的人数却不断减少，随着老龄人口数量不断增长，全社会养老负担也在逐渐扩大。

三、浙江省应对社会养老保险制度风险的主要做法

前文提到浙江省社会保险制度本身及其运行过程中存在着制度、执行、环境等方面的风险，并非浙江所特有。但是，浙江省财政很早就意识到这些问题，并主动出击，积极应对这些风险。实践证明这些做法是有效的。

（一）积极探索，建立健全社保基金多渠道筹措机制

健全社会保障资金筹措机制，是进一步完善社会保障体系的基础条件，是深化社会保障制度改革的关键之举。2004 年 10 月，浙江省政府出台《浙江省人民政府关于建立社会保障资金多渠道筹措机制的意见》，要求各级部门切实采取有效措施，多管齐下健全社会保障资金筹措机制。多渠道筹措社会保险基金，改善养老保险基金收支状况。

资金来源主要有：（1）财政预算安排。通过调整财政支出结构，每年财政预算安排向社会保障事业倾斜，不断提高财政社会保障支出的比重。此外，将当年安排新增事业单位预算经费结余部分和地方财政超收入部分，除保证法定支出外，主要用于补充社会保障基金。（2）当年国有资产收益的 50%～60%。（3）当年土地出让金收入的一定比例。例如，金华市规定土地出让金总额的 5%，杭州市规定国

有企业土地出让金中的级差地租收入的 15%，嘉兴市规定破产改制企业土地使用权出让收入的 10%，用于补充养老保险基金。（4）建筑施工企业工程直接费用的一定比例。（5）破产企业提取视同缴费年限部分的基本养老保险费及改制企业土地出让金安置职工后的结余。

多渠道筹措社会保险基金政策的实施，极大地改善了养老保险基金收支状况。例如，嘉兴市 1997 年市本级养老保险基金出现赤字；到 2004 年底，嘉兴市本级养老保险基金滚存结余 1.6 亿元，支付能力增加了 5 个月。

（二）设立社保风险准备金

社会保障风险准备金是指为确保按时足额支付各项社会保障支出，在社会保障资金正常安排和筹措形式之外，通过拓展其他渠道筹集，主要用于防范地方社会保障支付风险而建立的一项政府专项资金。21 世纪初，浙江省经济高速发展，许多农民土地被征收，为了解决被征地农民社保问题，浙江省人民政府下发了《浙江省人民政府办公厅关于深化完善被征地农民社会保障工作的通知》，明确规定为确保征地农民社会保障制度长期稳定运行，各地要抓紧建立社会保障风险准备金，用于应对未来的支付风险，缓解政府财政今后的支付压力。此后，省级政府和地市政府针对社会保险准备金制度的建立和健全出台了相应方针。例如，为了贯彻落实省政府要求，台州市各级政府实施了《台州市市级多渠道筹措社会保障风险准备金管理暂行办法》，规定社会保障风险准备金实行市、县（市、区）两级统筹。市级（不含椒江区、黄岩区、路桥区）为一个统筹单位，对社会保障风险准备金实行统一管理；各县（市、区）根据当地实际，各自建立社会保障风险准备金，分别管理。另外，浙江省人力资源和社会保障厅等 5 部门关于完善被征地农民衔接转入企业职工基本养老保险政策的通知中进一步规定，自 2017 年 1 月 1 日起，在保持原政府出资标准的基础上，按照新参加企业职工基本养老保险的被征地农民人数，由当地政府以参保时上一年度当地在岗职工平均工资为缴费基数、按 18% 的缴费比例，一次性提取 5 年的费用充实当地社会保障风险准备金；上年末企业职工基本养老保险基金支付能力在 9 个月及以下、9~18 个月（含 18 个月）、18 个月以上的市（县），从土地出让收入中充实社会保障风险准备金的比例由原规定的不低于 5% 分别调整至不低于 8%、7%、6%，专项用于弥补企业职工基本养老保险基金缺口。上述文件的出台，进一步表明浙江省在逐步建立健全社保风险准备金制度，降低基金支付的风险。

（三）建立社保调剂金

为了化解本省各县市社保基金收支压力不平衡的风险，浙江省在构建社保调剂金制度方面采取了许多措施，尤其是建设养老保险调剂金方面。21世纪初，浙江省根据中央指示精神并结合省情，出台了《浙江省城镇企业职工基本养老保险调剂金征集、使用和管理试行办法》（以下简称《试行办法》），明确规定城镇企业职工基本养老保险以市、县（市）为统筹单位，市、县（市）政府要对本地的养老保险工作负全责。在巩固完善市、县（市）统筹的基础上，建立省、市两级调剂金制度。基本养老保险调剂金本着责、权、利相统一的原则，实行统一提取、统一管理、统一调剂使用。另外《试行办法》还对调剂金的征缴比例和返还额做出了规定：基本养老保险调剂金按各地征缴的基本养老保险基金总额的1%提取，由省财政部门负责征集上缴省的基本养老保险调剂金，每半年按当期征集额的50%返回给各市及省社会保险基金管理中心。这些措施的出台，表明浙江省养老保险省级调剂金制度初步建立。

2002年以来，为激励困难市、县建立基金自求平衡机制，省政府通过签订政府目标责任状和省级调剂金补助杠杆作用，建立省级养老保险调剂金分配与基金支付困难市、县目标任务完成情况挂钩的激励机制。为进一步规范省级调剂金使用，2009年出台的《浙江省企业职工基本养老保险省级统筹实施方案》对调剂金建设做出了进一步的规定：省里主要负责制定全省统一的基本养老保险政策，包括缴费基数、缴费比例、统筹项目、待遇调整等政策；统一对基金收支平衡确有困难的市、县（市）给予适当调剂补助统一管理、分级使用基本养老保险基金。省级统筹实施前，各地累计结余的基本养老保险基金仍留存当地，纳入同级财政专户管理。实行省级统筹后，各地必须严格执行基本养老保险基金收支预算，当期结余基金留存当地，用于弥补本地以后年度基金缺口。基金预算中的收支缺口，由当地历年基金结余、地方财政补助和省级调剂金解决。对因省里出台减收增支政策造成的基金收支缺口，省里及时调整基金预算，并给予适当调剂补助。对因其他原因造成的基金收支缺口，由地方政府负责解决，动用当地历年基金结余的，需报经省人力资源社会保障、财政部门批准。省级调剂金调剂补助数额原则上不超过当地财政对缺口专项补助的金额。另外，为提高基本养老保险省级调剂补助能力，从省级统筹实施之月起，省级调剂金上缴比例统一调整为当期基本养老保险个人账户记账额以外缴费部分的2%。省级调剂金入不敷出时，由省级财政安排资金给予补助，并适时调整上缴比例。

为进一步发挥调剂金在保障离退休人员待遇上的作用，2017年浙江省人力资源和社会保障厅等3部门下发了关于实施新一轮企业职工基本养老保险省级调剂办法的通知，规定新一轮省级调剂补助期限暂定为3年（2016~2018年度），各地基本养老保险省级调剂金上缴比例仍按当期基本养老保险个人账户记账额以外缴费部分的5%，省级调剂金上解办法不变。年度终了，省财政厅、省人力社保厅按规定对各地上缴省级调剂金额度进行结算。另外，根据各市（县）企业职工基本养老保险基金当期支付能力情况，建立基金预警机制。

（四）社保基金的保值增值

为提高社会保障基金收益水平，省财政厅认真开展了基金保值增值探索，2005年提出了《浙江省社会保险基金保值增值方案》，于 2006 年在全省组织实施。之后，省财政厅为了在确保社会保险基金可持续支付和安全运行的前提下，利用社会保险基金结余进行保值增值运作，以有效提高基金收益水平，降低政府性债务融资成本，提出了《浙江省社会保险基金保值增值运作管理办法（试行）》。文件明确规定：市县级社保基金采取"委托—借款"方式运作。市县政府将符合本办法规定要求的结余基金委托给省社会保险基金管理中心，并由市县政府与省社保基金中心签订社保基金保值增值委托协议。

省社保基金中心根据市县政府委托的符合本办法规定的结余基金，与市县政府签订社保基金保值增值借款协议，借款协议范本另行制定。借款协议签订后，市县政府方可按协议约定借用社保基金，并按时足额偿还借款本金和支付保值收益。省级社保基金的保值增值授权省社保基金中心以直接借款方式运作。这些举措进一步让社保基金发挥出保值增值的作用，不让资金"躺"在账本上。

另外，结合省情，浙江省可以拓宽更多的投资渠道，提高社会保险基金投资收益率。目前，浙江省社会保险基金仍有一定的结余，尤其是职工基本养老保险，受部分积累制和一次性补缴制度影响，尚有较多的结余基金。就宏观经济整体而言，如果实现积极稳妥的社会保障基金投资政策，逐步将社会保障基金投入资本市场，把保值增值压力转变为良好的投资回报，将会增强基金支撑能力，减轻财政支付压力，化解潜在的社会保障债务危机，实现社会保障制度的可持续发展。同时，还可促进资本市场的繁荣，为国家提供建设资金，促进经济发展，实现社会保障基金、资本市场和经济社会发展的相互促进和良性互动。为此，借助浙江属于市场经济比较发达省份的优势，积极向国家争取社保基金投资运营试点，开展多元化投资运营，可以将多余资金适量投资国有独资企业、适量投资债券基金、委托贷款取得收益、适量投资基础设施等，从而提高社保基金收益率。

（五）建立社会保险基金地税征收、财政监管、社保支付的征缴管理体制

1997 年，浙江省政府下发了《关于建立统一的企业职工基本养老保险制度的通知》，对基金征收管理进行了重大改革，决定自 1998 年 10 月 1 日起在全省实施养老保险基金地税征收、财政监管、社保支付的征缴管理体制。由地方税务机构代

征养老保险费是走出养老保险筹资困境的有力步骤，提高了养老保险的社会化程度，减少征收成本，提高了征缴率。各地税部门积极借鉴"税保挂钩、银税联网"的义乌模式，改进了征缴方式。全省从社保费"三费合征"管理到"五费合征"落实，社保基金规模不断壮大。另外，海宁市和嘉兴市开发和运用社会保险费年度清算软件进一步提升社会保险费征收效率，促进和规范了当地社会保险费征缴管理。1999 年，浙江省在落实《社会保险基金财务制度》和《社会保险基金会计制度》后，在巩固和完善社会保险基金全部纳入财政专户、实行收支两条线管理的基础上，从确保基金的安全完整、提高收益着手，每年定期、不定期地开展社会保险基金专项检查，加强财政监管。

为了加强规范社会保险费的征缴，浙江省人民政府于 2005 年实施了《浙江省社会保险费征缴办法》（以下简称《办法》）。《办法》做出了一些规定：（1）社会保险费按照参保关系由人民政府地方税务机关实行属地征收。原实行行业统筹的企业社会保险费征缴按照国家和省有关规定执行。（2）缴费单位应当按时足额缴纳社会保险费。职工（雇工）个人应缴纳的社会保险费由所在单位在其工资（薪金）中代扣代缴。（3）社会保险费依照税款解缴入库的规定，及时、足额缴入国库，并纳入社会保险基金财政专户，由财政部门依法进行核算和监督，实行收支两条线管理，专款专用，任何单位和个人不得截留、侵占和挪用。地方税务机关不得从社会保险基金中提取任何费用。社会保险费征收所需工作经费列入各级财政预算。（4）地方税务机关、劳动和社会保障部门、财政部门应当加强协作，互通信息，共同做好计算机联网，实现信息共享。浙江省后续也出台了相关的政策文件，采取各种办法建立健全征缴管理体制，提高社保基金的规模。

（六）"长缴多得、多缴多得"的激励机制建设

从制度上激励参保人员缴纳养老保险，浙江省不断探索"长缴多得、多缴多得"的机制。2013 年，《浙江省人力资源和社会保障厅、浙江省财政厅关于 2013 年调整企业退休人员基本养老金的通知》要求基本养老金实行"双挂钩"办法。具体由两部分组成：第一部分调整标准为退休人员月人均 110 元、退职人员 82 元；第二部分按本人缴费年限长短确定，具体为缴费年限每满 1 年（不满 1 年按一年计算），每月增加 5 元。之后，2016 年出台的《关于 2016 年调整退休人员基本养老金的通知》进一步提高了退休（退职）人员的待遇，继续采取定额调整、挂钩调整与适当倾斜相结合的调整办法。调整为退休人员月人均 120 元、退职人员 100 元。本人缴费年限 15 年及以下的部分，缴费年限每满 1 年，月基本养老金增加 2 元；本人缴费年限 15 年以上的部分，缴费年限每满 1 年，月基本养老金增加 3 元。在上述调整基础上，对高龄退休人员予以适当倾斜：2015 年年底前，男年满 70 周

岁、女年满 65 周岁及以上且不满 80 周岁的退休人员，每人每月增发 30 元；年满 80 周岁及以上的退休人员，每人每月增发 60 元。

2014 年浙江省政府根据国务院《关于建立统一的呈现居民基本养老保险制度的意见》，出台了《浙江省关于进一步完善城乡居民基本养老保险制度的意见》，决定将浙江省城乡居民社会养老保险改名为城乡居民基本养老保险，增设养老保险缴费档次，提高缴费补贴标准，规定地方政府对选择最低缴费档次的，补贴标准不低于每人每年 30 元；对选择 500 元及以上缴费档次的，补贴标准不低于每人每年 80 元，体现了"多缴多得"的激励政策。

浙江省多年来对基本养老金进行调整，逐步缩小了企业与机关和事业单位退休人员的差距。缴费年限养老金的待遇也不断提高，财政对离退休人员的保障水平不断提升。

上述对策可以集中在表 11 - 3 中反映。

表 11 - 3 　　　　　　浙江省针对不同风险所采取的措施

措施	针对的风险	主要举措
多渠道筹措社会保险基金	制度风险、环境风险	按照公共财政框架要求，构建社会保险基金筹措机制，化解制度风险和环境风险的根本制度
风险准备金	制度风险、环境风险	化解制度风险和环境风险的补充制度
调剂金	制度风险、环境风险	化解制度风险和环境风险的补充制度，同时为社会保险事权上移的前期准备
社保基金保值增值	制度风险	化解制度风险的补充制度
缴费年限养老金	制度风险	化解制度风险的激励制度
地税征缴模式	执行风险	化解执行风险的根本制度

四、浙江省社会保险制度建设取得的成就及对全国的影响

浙江省在社会养老保险制度改革中所采取的一系列行之有效的做法也在全国范围内得到推广。

（一）缴费年限养老金制度推广到全国

浙江省设立的缴费年限激励政策，在全国其他省份引起了极大关注。湖北、河

北、吉林等地在养老金待遇调整工作上不同程度地借鉴了浙江的经验。例如，河北省 2016 年出台的退休人员基本养老金调整方案规定，企业退休人员按照本人缴费年限（含视同缴费年限）每满一年增加 2.5 元（不满一年按一年计算）；按照本人 2015 年 12 月按月发放的月基本养老金的 0.5％ 再增加基本养老金。另外，中央对缴费年限养老金政策制定上，其做法也不同程度地借鉴了浙江等地的实践经验。最新出台的《关于建立城乡居民基本养老保险待遇确定和基础养老金正常调整机制的指导意见》明确了五项主要任务，首次明确居民养老保险基础养老金由中央政府确定的基础养老金最低标准、地方政府提高的基础养老金和加发的年限基础养老金三部分构成。对长期缴费、超过最低缴费年限的，应适当加发年限基础养老金，激励个人长期缴费。

（二）社保调剂金制度推广到全国

从浙江省的汇总情况看，养老保险基金收大于支。但是，各县市之间很不平衡。有不少市县遇到支付困境，地方财政不堪负担。从长期来看，必须走提高统筹层次的路子。只有实现省级统筹或国家统筹，才可能分散风险，增强调剂功能。在统筹层次尚未提高的情况下，浙江省于 2000 年逐渐建立的省、市两级调剂金制度，对于分散县市风险发挥了重要作用。一方面，通过调剂金平衡机制，各县市的经济发展差异逐步缩小，各地基本养老保险省级调剂金上缴比例不断调整，总体提升。这有效保障了退休人员的生活，确保基本养老金按时足额发放，促进形成统一的人力资源市场和参保人员跨地区合理流动，推动社会保障事业持续健康发展。另一方面，推行调剂金制度扩大了养老保险的覆盖面，加快了养老保险实现省级统筹的步伐。这些成果对建立起适应浙江省经济社会发展，独立于企事业单位之外，资金来源多元化、保障制度规范化、管理服务社会化，权责明确、抗风险能力强、可持续发展的基本养老保险管理体制起到了很大的作用。

浙江省社保调剂金制度在一定程度上说明了提高养老保险统筹层次的迫切性。2010 年 10 月 28 日，我国首部《中华人民共和国社会保险法》获人大通过，于 2011 年 7 月 1 日正式生效实施。该法第一次明确提出，基本养老保险基金实行省级统筹，逐步实行全国统筹。随后，每年的重要会议和场合几乎都会提及"推进基础养老保险全国统筹"等相关内容。实现养老保险全国统筹是提高基金使用效率，均衡地区间和企业、个人负担，促进劳动力合理流动的重要举措，而中央调剂金制度是改革的重要"起步"之举。

浙江省社保调剂金制度在平衡区域能力上的积极效应，也引起了中央政府的关注。2017 年 3 月 5 日，国务院《关于 2016 年中央和地方预算执行情况与 2017 年中央和地方预算草案的报告》中明确提出：2017 年，在社会保障和就业方面，要求适当提高退休人员基本养老金标准，建立基本养老金合理调整机制，稳步推动基本养老保险制度改革，提高制度覆盖面，在推进各项相关改革工作的基础上，研究制定基本养老保险基金中央调剂制度方案。

（三）地税征缴体制在全国推开

我国的社保征缴模式主要有两类：一类是社保征收模式，即由社会保险经办机构负责征收社保费；另一类是税务征收模式。其中税务增收模式又可以分为两种：一种是税务代征模式，即社会保险经办机构负责核定缴费数额，由税务部门负责征收；另一种是税务全责征收，即税务部门负责包括缴费数额核定、征收在内的全部征缴环节。为了从制度上保障养老保险基金收支的正常运行，浙江省在社会保险基金增收上，最早建立"地税征、财政管、社保用"的"征管用"三分离的运行模式。① 这种运行模式，不仅部门分工更加科学，而且有效地扩大了覆盖面，提高了收缴率，降低了征收成本。②

另外，这一模式也在不断完善中。1998 年全省实施了养老保险基金地税征收、财政监管、社保支付的征缴管理体制，这是当时中国税费征缴体制的一大创新和亮点。2005 年 3 月 16 号，浙江省人民政府第 36 次常务会议审议通过《浙江省社会保险费征缴办法》，确定了浙江省的社会保险费按照参保关系由人民政府地方税务机关实行属地征收。通过贯彻落实上述文件，浙江省提高了社保费的征缴率，扩大了基金规模。例如，2006 年，浙江省地税部门共征收入库社会保险费 433.58 亿元，增长 29.46%，增收 98.67 亿元；2006 年末，浙江省五项社会保险基金滚存结余 667.68 亿元，比 2005 年末滚存结余数增长 35.43%。多年来，浙江省地方税务局和财政、劳动保障等部门相互配合，基本形成了"地税征收、社保支付、财政管理、审计监督"的机制。

浙江省在税费征缴体制的改革和创新的效果有目共睹。近年来，采用浙江模式增收管理社会保险基金的省份越来越多。2018 年 3 月，国家印发了《深化党和国家机构改革方案》，改革国税地税征管体制，为提高社会保险资金征管效率，将省级和省级以下的国地税机构合并，并且将基本养老保险费、基本医疗保险费、失业保险费等各项社会保险费交由税务部门统一征收，由此实现在全国范围内推行由税务部门征收社会保险费的征缴程序，也标志着浙江经验走向了全国。

---

① 1996 年全国养老保险基金累计结余 570 亿元，被挤占挪用达到 92 亿元。一个部门统管缺乏约束、制衡的机制。

② 这与地税部门征管手段强、人员素质高、权威性强等特点分不开。

（四）社会保险风险准备金制度在全国推开

2000 年杭州市、嘉兴市等地开始尝试多种方式筹集社会保险基金，在扭转养老保险收付困境方面发挥了积极作用。结合各地经验，浙江省人民政府出台《浙江省人民政府关于设立社会保障资金多渠道筹措机制的意见》，浙江省财政出台的《浙江省多渠道筹措社会保障资金实施办法》明确规定了社会保障资金的五大来源：从收缴的国有资产收益中提取用于充实社会保障资金；从按规定征收的国有土地有偿使用收入总额中提取用于充实社会保障资金；从各级政府集中统筹的预算外资金中划转充实社会保障资金；各级政府预算超收财力中安排充实社会保障资金；其他可用于充实社会保障资金的来源。同时对各来源渠道的出资标准进行了具体规定：

（1）各级财政部门按照不低于当年实际收缴国有资产收益总额的 30% 提取充实社会保障资金。具体比例由各地确定。

（2）各级财政部门按照不低于征收的国有土地有偿使用收入总额 5% 的比例提取充实社会保障资金。所提取资金不包括按《浙江省人民政府关于加快建立被征地农民社会保障制度的通知》规定，应从国有土地有偿使用收入中提取，并专门用于对被征地农民参加基本生活保障制度和基本养老保险制度的补助支出。

（3）实行预算外资金集中统筹的地区，各级财政部门按照集中统筹的资金总额的一定比例划转充实社会保障资金。具体比例由各地确定。

（4）政府预算超收的财力，除保证法定支出外，应重点用于充实社会保障资金。

文件还规定，按多渠道筹措办法筹集的社会保障资金，由各级财政部门单独建立"社会保障风险准备金"。社会保障风险准备金纳入各级社会保障基金财政专户统一管理，专账核算。这从制度上降低了社会保障风险。

养老保险风险准备金制度在浙江率先建立后，很快在其他省份得到了认同。目前，河北、山东等省份陆续借鉴浙江经验，建立风险准备金制度。

五、本章小结

社会保障是现代国家较重要的社会经济制度之一，是社会进步和文明的象征。浙江省的社会养老保险改革，遵循"广覆盖、低水平、可持续"的原则，在全国率先起步。经过 30 多年的发展，在保障水平、覆盖范围和资金结余方面都走在了全国的前列。纵观浙江省社会保险基金发展历程，经历了试点探索、全面改革、城乡统筹、深化改革四个阶段，对养老保险制度而言，重点和难点都是资金的可持续性问题。资金不可持续的形成原因有多方面，制度层面、执行层面和环境层面兼而有之，为防范这些风险，浙江省进行了很多有益的探索和尝试。例如，建立健全社保基金多渠道筹措机制，设立社保风险准备金，建立社保调剂金，社保基金的保值增值等。中央出台的很多政策文件都吸收了很多浙江的经验。设立缴费年限养老金、设立养老保险调剂金制度、地税征收、财政监管、社保支付的征缴管理体制和设立社会保险风险准备金制度被写入 2018 年出台的《关于建立城乡居民基本养老保险待遇确定和基础养老金正常调整机制的指导意见》。

参考文献

［1］翁礼华：《盛世不可忘社保》，载于《浙江财税与会计》2002 年第 10 期。

［2］劳晓峰：《地税代征——养老保险制度改革的现实选择》，载于《浙江财税与会计》1998 年第 12 期。

［3］浙江省财政厅编：《见证十年——浙江财政社会保障工作十年回眸》，浙江科学技术出版社 2005 年版。

［4］钟晓敏：《公共财政之路——浙江的实践与探索》，浙江大学出版社 2008 年版。

［5］浙江省财政厅社会保障处：《浙江省财政社会保障工作年册》（2006～2016 年）。

［6］浙江省财政厅：《浙江省社会保障财务制度选编》（2000～2016 年）。

附录一

浙江省1978～2007年省财政工作大事记

1978 年

2 月 10 日　省革命委员会根据财政部规定，将属省掌握审批减免税的部分权限下放。下放给地（市）革命委员会掌握审批的是：专门利用废旧物品作主要原料生产的企业，按规定纳税有困难的，可给予定期减免工商税；直接为农业生产服务的县办"五小"企业，开办初期纳税有困难的，可减或免征工商税一年，期满仍发生亏损需减免税的，另作审批。下放给县（市）革命委员会掌握审批的是：除生产烟、酒、棉纱三种产品的新办社队企业，开办初期纳税有困难的，可减免工商税、所得税一或两年；对未经批准或违法从事工业、商业、运输、建筑等经营活动的单位和个人，可征收"临时经营"工商税。各地报省审批的减免税事宜，由省财政局批复。

2 月　召开全省财政工作会议。

11 月 25 日　浙江省执行国务院批转财政部《关于国营企业试行企业基金的规定》。（1）凡全面完成国家下达的八项年度计划指标以及供货合同的工业企业，可按职工全年工资总额5%提取企业基金；（2）各级企业主管部门，按其直属企业汇总计算，盈亏相抵以后的利润，超过年度利润指标的部分，可分别按5%、10%或15%的比例提取企业基金；（3）企业基金主要用于职工集体福利设施，弥补职工福利基金的不足和职工奖金。

12 月 2 日　浙江省执行国务院批转财政部《关于减轻农村税收负担问题的报告》。减免税从1979年开始。

1979 年

3 月 1 日　浙江省贯彻国务院决定，从3月开始，提高部分农产品收购价格，并实行价格补贴。

5 月 18 日至 6 月 3 日　召开全省财政工作会议，会议学习中央工作会议精神；传达全国财政和税务两个会议精神，听取省委书记铁瑛、省革命委员会副主任李丰平在省委工作会议报告。省革命委员会副主任王博平到会讲话。会议分配落实今年财政收支计划。

7 月 全省召开了税收大检查汇报会，这次检查从 19 日分组出发，检查了杭州、宁波、温州三市和绍兴、海宁、衢县、余姚、温岭、丽水、定海 7 县，历时 21 天。查出问题：（1）欠税漏税严重，全省到 6 月底止，欠税达 8300 多万元；漏税方面，杭州市今年 1～5 月检查 1106 户，有漏税的 817 户，占 73%；（2）逃税、抗税现象也有发生；（3）个别区、社领导干部法制观念淡薄；（4）有的地方征收管理较松，少数地方有违反税收政策的现象。

1980 年

2 月 1 日 国务院发出《关于实行"划分收支、分级包干"财政管理体制的通知》，从 1980 年起实行。明确划分中央和地方财政的收支范围。在收入方面：中央所属企业的收入、关税收入和中央其他收入，归中央财政的固定收入；地方所属企业的收入、盐税、农牧业税、工商所得税、地方税和地方其他收入，归地方财政的固定收入。经国务院批准，上划给中央部门直接管理的企业，其收入作为固定比例分成收入，80% 归中央财政，20% 归地方财政。工商税作为中央和地方的调剂收入。省人民政府于 4 月 24 日发出通知，自 1980 年起，对地、市、县实行"划分收支、分级包干"的财政管理体制。

8 月 12～18 日 在建德县召开部分地、市、县财政局长座谈会，研究探讨新的财政体制出现的新情况和新问题，寻求解决的方针和具体措施。

10 月 31 日至 11 月 10 日 召开全省财政局长会议。丛贵珠同志传达赵紫阳总理在国务院全体会议上的讲话，以及姚依林副总理在全国财政厅局长座谈会上的讲话。会议贯彻全国财政厅长会议和农业、行政事业财务会议精神，研究新财政体制执行情况和改进意见，安排今冬明春工作。

1981 年

1 月 26 日 浙江省贯彻执行国务院《关于平衡财政收支、严格财政管理的决定》，为确保 1981 年财政收支平衡、消灭赤字，必须对财力的分配和使用采取集中统一的原则，严格财政管理和财经纪律，力求迅速由被动转为主动，实现经济的稳定。

3 月 7～17 日 召开全省财政工作会议。会议学习中央工作会议精神和国务院《关于平衡财政收支、严格财政管理的决定》。研究落实全年财政收支预算及加强税收和企业财务管理等问题。

1982 年

3 月 4 日　国务院批转财政部《关于查清偷漏欠税情况和加强税收工作的报告》。遵照国务院要求，浙江省各级人民政府加强对税收工作的领导，支持税务部门做好工作。税务机构要进一步健全和加强。实行地方政府和上级税务部门的双重领导，业务上以上级税务部门领导为主。主要领导干部的任免、调动，要征得上一级税务机构同意。各地在精简中不要合并税务机构，削弱征管力量。各地区、各部门都不得超越权限擅自决定减免税收。各级税务机关要秉公执法，克服管理偏松、监督不力的状态。要积极促进生产，大力组织投入，为平衡国家预算做出贡献。

12 月 9~22 日　召开全省财政工作会议，传达全国计划、财政会议精神，落实 1983 年财政工作各项指标，并讨论财政工作如何开创新局面的问题。

1983 年

4 月 24 日　国务院批转财政部《关于全国利改税工作会议的报告和关于国营企业利改税试行办法的通知》，自 1983 年 1 月 1 日起实行，征税工作从 1983 年 6 月 1 日开始办理。6 月 24 日省人民政府批转省财政厅《关于贯彻执行国营企业利改税试行办法的补充规定》的通知。

1984 年

1 月 18 日　省财政厅印发《浙江省乡一级财政管理试行办法的通知》。乡财政的管理体制有两种：（1）定收定支，收入上缴，指出下拨，结余留用；（2）核定收支，支出下拨，部分收入采取乡财政与县市财政比例分成。

3 月 3 日　省财政厅召开全省第二步利改税资料普查工作会议，全省第一步利改税取得初步成果。全省 1642 户国营工业企业除暂不实行的 20 户和 227 户亏损企业外，其余 1395 户企业都实行利改税。实行面占 98.6%，比全国 94.7% 高 3.9%。全省实行利改税的预算内国营工业企业当年完成的工业总产值、产品销售收入和实现利税分别比利改税前的 1982 年增长 12.7%、12.2% 和 11%，企业留利增加 1.02 亿元，增长 44%。企业留利比例和人均留利分别从 1982 年的 17.62% 和 366 元提高到 22.72% 和 425 元。第二步利改税的总体设想是：通过各项税收，把企业由于价格、资源、生产等条件的不同而形成的利差收入收归国家，使企业的利润能处于大体相同的水平线上，通过对产品税率的调整，实施奖限，调节生产，促进企业提高素质，恢复和开征几种地方税，作为将来地方财政收入的固定来源。根据这个设想，共设置 11 个工商税种：产品税、增值税、营业税、资源税、车船使用牌照税、房产税、土地使用税、城市维护建设税、所得税、国家资金税、利润调节税。

8 月 2 ~ 13 日 召开全省财税工作会议，会议学习中央和国务院领导的指示和全国第二步利改税会议精神，讨论 11 个税收条例草案和利改税的财务处理办法。研究了浙江省补充规定及贯彻意见。

9 月 5 日 国务院批转财政部《关于在国营企业推行利改税第二步改革的报告的通知》，浙江省遵循中央部署自 1984 年 10 月 1 日起，试行第二步利改税。

1985 年

1 月 15 ~ 26 日 全省财政工作会议召开。会议重点确定了浙江省财政体制改革方案。根据国务院规定，1985 年将浙江省财政体制由"划分收支、分级包干"改为"划分税种、核定收支、分级包干"。

3 月 21 日 遵循国务院《关于实行"划分税种、核定收支、分级包干"财政管理体制的通知》，浙江省按照规定基本依利改税第二步改革以后的税种设置，划分各级财政收入；仍按隶属关系划分中央和地方财政支出；重新计算收支基数，确定新的收入分成比例。

4 月 6 日 省财政厅、省人民银行下发《关于国营企业奖金税收入划分、留解及账务处理的通知》。规定各市、县所属国营企业缴纳的国营企业奖金税，全额作为市县预算收入入库。按实际入库数的 48% 上解，52% 留归各市、县财政。该留解比例自 1985 年 1 月 1 日起试行。

5 月 23 日 省政府下发《关于改进财政管理体制的通知》，决定自 1985 年起，对市、地、县财政管理体制作相应改进。对各级财政收入和支出作了划分；对税收分成比例作了调整。

11 月 8 日 省财政厅颁发《浙江省预算外资金管理实施办法（试行）》。办法规定设置预算外资金项目的批准权限在国务院、财政部和省人民政府，各地、各部门和各单位均无权增设。

11 月 9 日 省财政厅印发《浙江省乡财政总会计制度（试行）》。

1986 年

3 月 5 日 省财政厅、省粮食局联合下发《关于农业税恢复征收粮食的通知》。对农业税恢复按"实物征收、货币结算"办法，一律按粮食比例收购价结算。

3 月 19 ~ 21 日 在萧山县召开全省第一次财政收入亿元县（市）会议。

7 月 7 日 浙江省按照财政部《关于调整部分企业第二步利改税实施方案的通

知》，自 1986 年起，企业缴纳的城市维护建设税和批发营业税，不再执行返回利润和抵扣调节税、所得税的有关规定。

7 月 8 日　浙江省调整部分国营商业、物资企业第二步利改税实施方案。

11 月 5～10 日　在绍兴县召开全省第二次财政收入亿元县（市）会议。

12 月 31 日　浙江省印发《关于进一步用好用活财政资金，扩大试行资金有偿使用范围的意见》的通知。将财政支出由无偿拨款逐步改为有偿使用。

1987 年

1 月 27 日　省政府发布《关于加强预算外资金管理的通知》。

3 月 14～20 日　全省财政工作会议召开，财政部副部长迟海滨参加会议。会议重点就安排 1987 年预算盘子和压缩支出指标，如何推动和促进增产节约、增收节支运动开展做出部署。

6 月 19 日　浙江省印发《关于事业、行政单位预算外资金实行财政专户储存若干具体规定》。对浙江省事业、行政单位预算外资金实行"由财政部门专户储存、计划管理、财政审批、银行监督"。

6 月 23～24 日　在余杭县召开全省第三次财政收入亿元县（市）会议。

6 月 30 日　省财政厅印发《关于改进国家能源交通重点建设基金分成办法的通知》。按新规定，自 1987 年 1 月 1 日起，中央与地方能交基金的分配，由原来超收分成的办法改为总额分成办法，即任务指标以内的能交基金 70% 缴中央，30% 归地方；当年超收部分，实行五五分成。省与各市、地、县仍维持七三分成比例。

8 月 5 日　《浙江省乡镇企业财务制度》和《浙江省乡镇企业会计制度》颁发施行。

12 月 28 日　省财政厅制定《浙江省乡（镇）财政预算、决算制度（试行）》，对乡（镇）财政预、决算的编制及审批做出规定。

财政部下发《关于宁波市财政计划单列有关问题的通知》，决定自 1988 年起，将属于宁波市（包括所属六个县、市）的各项财政收支从浙江省划出来，在国家预算中实行计划单列。

1988 年

4 月 26～30 日　在海宁市召开全省第四次财政收入亿元县（市）会议。

5 月 20 日　根据财政部对全民所有制企业承包收入退库规定，浙江省实行"分季退库、年终清算、多退少补"的退库办法，分季累计退库额不得超过企业累计应得部分的 80%。

7 月 24 日　省政府印发《关于局部调整财政管理体制的通知》。1988～1990年，国务院对浙江省实行"收入递增包干"办法（不含宁波），以 1987 年决算收入为基数，递增 6.5% 包干。据此，省政府决定对浙江省定额上缴和工商三税调剂分成比例在 90% 以下的市县的增收分配作局部调整。1988～1990 年，以上述县市 1987 年实际上缴数额为基数，实行"递增上缴、超收分成"的办法。

8 月 25～29 日　召开全省财政工作会议。会议传达全国财政、税务工作会议的精神，讨论编制复式预算、资金分账制财务规定，压缩行政支出、开展国有资产管理工作等财政制度，以及加强税收工作和开征新税等问题。

12 月 31 日　省财政厅颁发《浙江省行政经费"预算包干"办法（试行）》。

1989 年

1 月 18 日　召开全省财政工作会议。会议要求坚决实行紧缩的财政政策，努力抑制资金需求，控制财政支出，同时狠抓经济效益，加强征收管理，增加财政收入，并合理调整分配结构，适当集中资金，增强宏观调控能力，量入为出，努力实现财政收支平衡。

4 月 19 日　省政府印发《关于切实做好耕地占用税征收管理工作的通知》，决定从 1989 年 1 月 1 日起，耕地占用税收入的分成比例为上缴中央 30%，上交省财政 10%，市、县财政留用 60%。

4 月 25 日　省财政厅、省人民银行印发《关于开征"国家预算调节基金"有关预算管理问题的通知》。通知规定：属于中央单位缴纳的国家基金，全部归中央财政；属于省级单位缴纳的国家基金，50% 缴中央，50% 归省财政；属于市、县级单位的国家基金，50% 缴中央，15% 缴省政府，35% 留归市、地、县财政。

1990 年

1 月中旬　召开全省财政工作会议，会议要求继续实行紧缩财政政策，狠抓开源节流。大力组织收入，有保有压。坚持量入为出，量力而行，确保收支平衡。

4 月 24～26 日　在桐乡市召开全省第五次财政收入亿元县（市）会议。

7 月 9 日　《浙江省资产评估机构管理暂行办法》出台。

8 月 16 日　《浙江省国有资产评估暂行办法》公布。

10 月 9 日　《浙江省乡镇财政总会计制度》制定，自 1990 年起执行。

1991 年

1 月 12～18 日　召开全省财政工作会议。会议要求认真贯彻国务院增收节支措施，以提高经济效益为中心，积极支持生产发展；加强税收征管和财税检查监督，大力组织收入；实行紧缩政策，体现过紧日子精神，保编制内人员经费，适当增加农业、教育、科技的投入，基本建设和技术改造大体维持上年水平，压缩价格补贴和流动资金，其他各项支出，有的维持上年水平，有的有所压缩；厉行增收节支，坚持量力而行，确保收支平衡。

6 月 20～23 日　在黄岩召开全省第六次财政收入亿元县（市）会议。

9 月 2 日　《浙江省省级公费医疗改革试行办法》出台，改革当时公费医疗经费"统包统付"的管理办法，逐步实行公费医疗经费以医疗单位为主，享受单位、享受人员适当挂钩共同承担的管理办法。

11 月 16 日　浙江省施行国务院发布的《国有资产评估管理办法》。

1992 年

1 月 14～18 日　全省财政工作会议在杭州召开。会议提出适当加快"利税分流"和"分税制"改革试点。支持农业和农村经济发展；进一步贯彻落实搞好大中型企业的政策措施；严肃税收法纪，加强税收征管和财务监督；坚决实行紧缩政策，厉行增收节支。

2 月 28 日　浙江省《省级会议经费综合定额包干办法》出台。

5 月 22～23 日　在兰溪市召开全省第七次财政收入亿元县（市）会议。

6 月 9 日　财政部通知，在 1992～1995 年期间，中央把浙江省（不含宁波）列入实行"分税制"财政体制试点地区。

7 月 3 日　省政府印发关于试行"分税制"财政体制的通知，决定自 1992 年起至 1995 年，省对各市地县（不含宁波）试行"分税制"财政体制。

1993 年

4 月 12 日　省教委、省财政厅、省税务局等发文调整教育附加费计征率：从 1993 年 5 月 1 日起，教育附加税从"三税"的 2% 提高到 3%，对从事生产卷烟和经营烟叶产品的单位，仍减半征收。

5 月 22～24 日　在上虞市召开全省第八次财政收入亿元县（市）会议。

6 月 9 日　省财政厅、省税务局、省人民银行发布《关于提高商品零售营业税税率后有关预算管理的规定》：自 1993 年 5 月 1 日起，"商品零售" 和 "其他饮食业" 两税目的税率由 3% 提高到 5%，对提高税率增加的收入，60% 归中央财政，40% 归地方财政。

11 月 19 日　浙江省施行财政部制发《地方财政有偿使用资金管理办法（试行）》，坚持 "统一政策、分级管理" 和 "专款专用、有借有还" 的原则。从 1993 年 12 月 1 日起试行。

12 月 15 日　国务院发布《关于实行分税制财政管理体制的决定》，自 1994 年 1 月 1 日起对浙江省实行分税制财政管理体制。分税制财政管理体制改革的原则和主要内容是：按照中央与地方政府的事权划分，合理确定各级财政的支出范围；根据事权与财权相结合的原则，将税收统一划分为中央税、地方税和中央地方共享税，并建立中央税收和地方税收体系，分设中央与地方两套税务机构分别征管；科学核定地方收支数额，逐步实行比较规范的中央财政对地方的税收返还和转移支付制度；建立和健全分级预算制度，硬化各级预算约束。

1994 年

1 月 10 ~ 15 日　召开全省工作财政税务工作会议。会议研究部署 1994 年的财税工作和财政体制改革、税制改革。会议要求全面贯彻党的十四大和十四届三中全会通过的《中共中央关于建设社会主义市场经济体制若干问题的决定》精神，深化财税体制改革，积极支持其他各项改革，坚决贯彻落实加强宏观调控的各项措施；按照省委、省政府确定的经济发展战略和重点，积极筹集资金，支持经济结构的调整，支持能源、交通等基础设施和基础产业建设，进一步促进农业、教育、科技的发展，努力培植财源，增加财政收入；根据 "一要吃饭、二要建设" 和综合平衡的原则，统筹安排财政资金，压缩一般性的财政开支，确保地方不打预算赤字。

2 月 16 日　省政府印发《关于实行分税制财政管理体制的通知》，自 1994 年 1 月 1 日起执行。通知明确中央与地方、省与市（地）、县的收支划分及税收返还数额，确定了省、市（地）分成办法及有关配套措施。浙江省财政体制改革按照规范、简便和公正的要求，确定调整省与市（地）、县财政关系的实施原则为：一是正确处理省与市（地）、县的相互关系，既保证省有一定的调节能力，又使市（地）、县有实力继续加快发展；二是维持各市（地）、县现有利益格局基本不变，适当调整增量部分。既注意保护经济发达地区的积极性，又注意全省地区之间的总体平衡；三是坚持财政税收体制的规范性，按统一办法规范省与市（地）、县的财政分配关系。10 月 7 日下发了补充通知：中央、省电力三税列作中央与省的共享收入，省对市（地）、县的税收返还递增率改按本地区上划中央收入增长的 1 : 0.3

系数确定，不下划市县。

5 月 20～22 日 在乐清市召开全省第九次财政收入亿元县（市）会议。

8 月 9 日 省财政厅印发《浙江省财政有偿使用资金管理办法实施细则（试行）》，确保资金管理要坚持"统一政策、分级管理"和"专款专用、有借有还"的原则。自 1994 年 1 月 1 日起执行。

12 月 31 日 省政府发布关于修改《浙江省预算外资金管理办法》的决定，即日起施行。

1995 年

1 月 16～18 日 全省财政税务工作会议召开。会议要求进一步完善和深化财税体制改革，积极支持国有企业改革和其他配套改革；按照适度从紧财政政策的要求，继续坚持保证重点、压缩一般的原则，适当增加农业、科技、教育等重点投入，严格控制集团消费，坚决抑制通货膨胀；加强税收征管，挖掘增收潜力，积极组织财政收入；坚持量入为出，量力而行的原则，确保地方财政不打赤字预算。

5 月 10 日 省财政厅印发《浙江省预算外资金管理办法实施细则》。

5 月 30 日至 6 月 1 日 在温岭市召开全省第十次财政收入亿元县（市）会议。

1996 年

1 月 18～21 日 全省财政税务工作会议召开。会议要求贯彻落实党的十四届五中全会、省委九届六次全会和全省经济工作会议精神，进一步坚持抓住机遇、深化改革、扩大开放、促进发展、保持稳定的基本方针，继续实行适度从紧的财政政策，深化和完善财税改革，大力支持经济建设和各项事业的发展，整顿财经纪律，加强财税监督，抓紧增收节支，实现全省财政收支平衡。

6 月 18～19 日 在瑞安市召开全省第十一次财政收入亿元县（市）会议。

1997 年

1 月 17～20 日 召开全省财政税务工作会议。会议要求，认真落实党的十四届五中、六中全会和全省经济工作精神，深化财税改革，支持经济结构调整和优化，提高经济增长的质量和效益；严格执法，强化税收征管，保持财政收入的稳定增长；继续实行适度从紧的财政政策，控制支出总量，优化结构，统筹兼顾，保证重点支出的需要；进一步整顿财税秩序，严肃财经纪律，加大对违反财税法规案件的查处力度。

6 月 2 日 省财政厅颁发《浙江省预算外资金管理实施细则》。

10 月 6 日 省财政厅制定《浙江省预算外资金财政专户会计核算暂行办法》。

10 月 23～24 日 在武义县召开了由文成、泰顺、洞头、淳安、岱山、三门、武义、磐安等 8 个县的县委书记（县长）和财政局局长参加的"两保两挂"财政政策座谈会。省财政厅厅长翁礼华、副厅长卢钦寿等出席了会议。

10 月 27 日 在杭州西湖国宾馆召开了由衢县、龙游、常山、开化的县长、财政局局长参加的衢州片"两保两挂"财政政策座谈会。省财政厅厅长翁礼华出席了会议。

11 月 5 日 省财政厅、丽水地区"两保两挂"财政扶贫政策会议在杭州之江饭店召开。参加会议的有丽水、青田、云和、龙泉、庆元、缙云、遂昌、松阳、景宁等 9 个县（市）的县（市）委书记、部分县（市）长和财政局长。省政府副秘书长蔡惠明、财政厅厅长翁礼华、副厅长卢钦寿、省地税局副局长黄旭明、省人大财经委副主任张升耀及丽水地委、行署的领导出席会议。

12 月 23 日 省财政厅、省人行、省审计厅、省检察厅又联合印发《关于加强预算外资金账户管理的规定》的通知。

1998 年

2 月 16～18 日 全省财税工作会议召开。18 日省长柴松岳、省政府秘书长蔡惠明出席会议，并听取市（地）财政局长汇报。

7 月 10 日 省财政厅转发财政部《行政事业单位业务接待费列支管理规定》的通知，并做出补充规定：省级各行政事业单位 1998 年的业务招待费开支标准不超过单位年度预算"业务费"的 1%，以后年度的业务招待费开支标准不得超过当年单位预算中"业务费"的 2%；市（地）、县各级行政单位的开支标准，由各地根据当地实际情况确定，不得超过当年单位预算中"业务费"的 2%。

8 月 9～10 日 全省部分县（市）"两保两挂"财政政策座谈会在丽水召开。

8 月 24 日 省财政厅等部门颁发了《浙江省企业职工基本养老保险实行收支两条线管理暂行办法》，对企业职工基本养老保险基金实行地税部门征收、收支两条线管理。

10 月 23 日 《光明日报》头版头条报道《浙江财政改革"四两拨千斤"》，中共中央政治局常委、国务院副总理李岚清批示："请（项）怀诚、（金）人庆同志阅，并告对此改革的看法。"

11 月 5～9 日 国务院体改办主任刘仲藜一行来浙江调研"两保两挂"财政改革情况，并在丽水地区召集 8 个县市座谈"两保两挂"政策。

11 月 12～13 日 浙江省"两保两挂"工作座谈会在青田县召开，全省实行

"两保两挂"财政政策的 24 个市（地）、县（市）的市、县长、财政局长参加会议，省财政厅厅长翁礼华作总结报告。

1999 年

6 月 29～30 日　在诸暨市召开全省第二次地方财政收入双亿元县（市）会议。

12 月 22～23 日　在衢县召开了浙江省"两保两挂"市、地、县财源建设座谈会，会议的主题是"发展经济，培植新财源，促进当地经济发展和社会进步"。

2000 年

1 月 12～14 日　全省财政、地税工作会议在杭召开。省财政厅长兼省地方税务局翁礼华作了题为《以人为本，深化改革，立足平衡，规避风险，为尽快构建世纪之初的财税新框架而奋斗》的讲话。会议传达贯彻了全国财政工作会议和全国税务工作会议的主要精神，回顾总结了 1999 年全省财税工作，探索建立 21 世纪之初的财税新框架，部署 2000 年以及今后一个时期的财税工作。

1 月 27 日　省财政厅会同有关部门印发《浙江省省本级及系统分成行政事业性收费实行票款分离的若干规定》，以加强行政事业性收费"收支两条线"管理。

7 月 1 日　实施"财政统一发放工资"的改革。省级对 80 家单位实行了统发工资。

2001 年

1 月 1 日　浙江省省级机关会计核算中心于该日正式运作。省级机关首批 48 家单位实行会计集中核算。

是日起，省级对已试编部门预算的 143 个二级单位预算经费实行了财政直接拨付，拨付总量占部门预算内资金的 92%。

1 月 3 日　省长柴松岳、常务副省长吕祖善视察省级机关核算中心，并向全体工作人员表示慰问。柴省长对会计核算中心的工作给予了充分肯定。

1 月 9 日　在金溪山庄召开 11 个市及部分县（市）财政、地税局长座谈会。省长柴松岳出席了这次会议，听取了大家对财税工作的意见，并就财税改革、税收改革、农村税费改革等问题作了讲话。

1 月 10～12 日　全省财政、地税工作会议在萧山召开。财政厅厅长翁礼华在会上总结了 2000 年全省的财政、地税工作，布置了 2001 年主要工作。常务副省长吕祖善出席了这次会议作了重要讲话。

2 月 9 日　省纪委书记李金明就建立会计核算中心做出批示，并充分肯定了会计核算中心这项工作。

2 月 22 日　《中国财经报》头版刊登《浙江的"巧劲"》一文。该文作者通过采访财政厅厅长翁礼华，对浙江财政以"四两拨千斤"的手段拉动社会投资、规范财政支出、提高财政资金使用效益等进行了报道。

3 月　浙江省政府采购网站正式启用。网址为：http：//zj. Chinacai. com/。

4 月 19 日　全省农村税费改革扩大试点工作会议在上虞市召开。省委副书记周国富、副省长章猛进、省财政厅厅长翁礼华、副厅长方仁祥参加了会议。会议确定富阳、北仑、龙游、乐清、定海 5 个县（市、区）为 2001 年农村税费改革扩大试点单位。

4 月 24 ~ 25 日　在舟山市召开了"浙江省'两保两挂'市县加强财政支出管理座谈会"。会议主题是"认真贯彻'两保两挂'财政政策，加强财政支出管理，创新支出管理机制，提高资金使用效益"。

5 月 9 日　《中国财经报》第 2 版全版刊登浙江省财税工作有关情况。在"九五"期间的经济发展过程中，浙江省财税部门坚持为经济服务的方针，深化财税改革，积极探索理财新机制，严格依法理财治税，规范财税监督管理。省长柴松岳在称赞财税部门的同时，要求认真贯彻落实中央提出的建立公共财政框架的要求，及以财政改革支出为重点的各项财政方案与举措，把浙江省财税改革进一步推向前进。

7 月 25 日　常务副省长吕祖善在省级机关会计核算工作会议上充分肯定成绩的同时，要求在总结经验的基础上，按照预算管理体制不变、单位理财机制不变、会计主体法律责任不变的原则，进一步理顺关系，完善政策，加强监督，全面推进会计集中核算制度改革。

7 月 31 日至 8 月 1 日　在苍南县召开了"浙江省第四次地方财政收入双亿元县（市）会议"。会议主题是"深化财政改革，推进会计核算中心和部门预算的实施"。

11 月 26 ~ 27 日　在安吉县召开了"浙江省'两保两挂'市、县（市）会议"。会议主题是"市、县（市）领导怎样抓财政"。

12 月 25 日　中央电视台"新闻联播"栏目就浙江省机关单位建立会计集中核算制度并在省、市、县、乡全面启动作了专题报道。

进一步完善和规范对市县的转移支付办法。按照"适应形势，照顾基层，规范管理，简化核算"的要求，将省财政对市县转移支付的工资、专项补助等进行归并。其中，增列"两保两挂"市县的补助基数 96157 万元，增列"两保两联"市县的定额补助为 80843 万元。这一政策的实施，更加规范了省财政的分配行为。

2001 年底，在推行集中核算的基础上，按照"鼓励合理创收，兼顾各方公平"的原则，提出了"削峰填谷"和"一保一联"的政策措施，以逐步平衡省级机关之间的福利待遇，达到省政府预期的"鼓励合理创收，逐步缩小差距"的调控目的。

2002 年

1 月 12 日 省委书记张德江主持召开书记专题会议，讨论关于在全省实行"减调改稳"税费改革的意见。

1 月 14 日 省财政厅厅长翁礼华向省委常委会汇报浙江省 2001 年全省财政预算执行情况、2002 年全省财政预算草案、全省农村实行"减调改稳"税费改革方案。在听取汇报后，省委书记张德江、省长柴松岳分别作了重要指示。

1 月 16~18 日 在萧山召开全省财政、地税工作会议。会议传达贯彻了全国财政、税务工作会议精神，回顾总结 2001 年全省财政、地税工作，研究布置 2002 年我省财政、地税的重点工作，进一步研究如何深化财税改革、规范财税管理等重大问题。会上，翁礼华厅长作了题为《深化改革 改进作风 不断推进财税规范化管理》的讲话。

1 月 17 日 省财政厅、省民政厅下发《浙江省最低生活保障资金管理暂行办法》，以规范和加强城乡居民最低生活保障资金的使用管理，保证最低生活保障制度的顺利实施。

2 月 26 日 为了切实贯彻《浙江省预算外资金管理条例》，深化"收支两条线"改革，促进预算外资金管理工作的不断规范，在杭州召开了全省预算外资金管理工作座谈会。省人大财经委、省政府纠风办、省政府法制办等领导参加会议并讲了话，省财政厅厅长翁礼华在会上作了题为《深化收支两条线改革，进一步规范预算外资金管理》的讲话。

5 月 23 日 在临海市召开全省经济强县财政座谈会，2001 年地方财政收入 7 亿元以上的县（市）财政局长和有关人员参加了会议。

7 月 9 日 省委、省政府印发《关于全面推进农村税费改革的通知》，决定自 7 月 1 日起，在全省实行以"减调改稳、合理负担、转移支付、配套进行"为主要内容的农村税费改革。

7 月 17 日 省财政厅印发《关于编制 2003 年省级预算的通知》，进一步深化部门预算改革，2003 年部门预算试编部门范围由原 12 个增加到 18 个，新增的 6 个部门是省海洋与渔业局、省公安厅、省司法厅、省工商局、省计生委、省民政厅。编制程序改为采用"二上二下"程序。

7 月 19 日 为了进一步深化预算管理改革，规范和加强省级各部门项目支出预算管理，提高资金使用效益，保障行政工作任务完成和各项事业发展，依据《中华人民共和国预算法》，省财政厅制定并印发《浙江省省级部门项目支出预算管理暂行办法》。

7 月 23 ~ 24 日 在永康市召开浙江省第一次地方财政收入 4 亿元县（市）会议。省财政厅厅长翁礼华和副厅长王彩琴、黄旭明出席并分别主持了会议，金华市委、市政府主要领导到会祝贺。全省 2001 年地方财政收入 4 亿元以上县（市）和 2001 年地方财政收入 3.5 亿 ~ 4 亿元之间的县（市）等 21 个单位的县（市、区）主要领导和财政局长参加会议。会议的主题是"积极发挥财政职能作用，努力做好财政社会保障改革和管理工作，完善社会保障体系，为社会稳定和经济发展提供一个良好的稳定器。"翁礼华厅长作了题为《盛世不可忘社保》的讲话。

9 月 25 日 财政部在杭州召开 2002 年全国财政决算工作会议。浙江省荣获 2001 年度全国财政决算工作二等奖。

11 月 6 日 全省"金财工程"会议在绍兴市召开。会议主题是部署和研究省财政系统"金财工程"建设总体方案，讨论如何加快财政信息化建设步伐。省"金财工程"领导小组组长、省财政厅厅长翁礼华作报告，领导小组副组长、省财政厅副厅长王彩琴及领导小组成员、省财政厅纪检组长傅钱生参加了会议。

11 月 11 日 财政部在杭州召开财政国库单一账户制度改革国际研讨会。会议邀请德国、法国、美国和澳大利亚的 6 位专家介绍了西方国家的国库单一账户制度。中央有关部委和各省财政厅从事财政国库管理工作的同志共 70 多人参加了研讨会。

11 月 21 ~ 22 日 省财政厅在三门县召开浙江省"两保两挂"市、县（市）农村税费改革座谈会。来自全省 30 个市、县（市）的主要政府领导及财政局长参加了会议。省财政厅厅长翁礼华、副厅长王彩琴、省地税局常务副局长、省财政厅副厅长黄旭明，以及台州市政府主要领导出席了会议。翁礼华厅长作了题为《让公共财政覆盖农村》的讲话。各地代表交流了各自的农村税费改革做法，并就农村税费改革中的热点和难点问题作了深入的探讨。

12 月 16 日 省委常委会听取省财政厅关于 2002 年全省和省级预算执行情况及 2003 年全省和省级预算草案情况的汇报。省委书记、代省长习近平对 2003 年的财政工作作了重要指示。指出 2003 年的全省财政预算安排，要贯彻落实党的十六大、省第十一次党代会精神，继续按照"以人为本、四两拨千斤、建立理财新机制"的思路，发挥以"两保两挂"等政策为核心的符合浙江实际的理财制度的优越性，把握财政工作发展趋势；坚持依法理财、依法治税；大力开展增收节支；调整和优化财政支出结构，保证重点支出，有所为有所不为，集中财力办大事；深化财政管理改革，严格财政收支管理，确保完成全年预算收支任务，促进我省国民经济持续健康发展和社会政治稳定。

2003 年

1 月 8～10 日　在杭州市萧山区召开全省财政、地税工作暨先进表彰会议。会议传达贯彻了全国财政、税务工作会议和省委十一届二次全会精神，全面回顾1993 年以来省财政、地税工作的奋斗历程，总结财税改革与发展的基本经验，提出今后五年的总体思路，研究部署 2003 年的重点工作，表彰财政战线涌现的先进集体和个人。会上，翁礼华厅长作了题为《与时俱进　继往开来　不断开创我省财税事业新局面》的报告。会议结束时，省委副书记、常务副省长吕祖善与部分市县财政、地税局主要负责同志进行了座谈，听取意见，并就做好 2003 年的财政、地税工作作了重要指示。

3 月 17 日　省财政厅决定设立省级部门预算改革领导小组，厅长黄旭明任组长。领导小组下设办公室，办公室成员由厅预算处、综合处、行政政法处、教科文处、经建处、国库处、统评处、农业处、社保处、企业一处、企业二处、信息中心、采购办、核算中心及厅办公室等处室负责人组成。

为充分发挥效绩评价在国有企业监管、企业经营、考核经营者业绩等工作中的作用，促进企业提高经营管理效益，省财政厅决定 2003 年在全省范围内开展国有企业集团内部效绩评价工作。

4 月 3 日　国务院召开全国农村税费改革试点工作电视电话会议，中央政治局常委、国务院总理温家宝作重要讲话。此后，省委、省政府紧接着召开了全省农村税费改革工作电视电话会议，对全省农村税费改革工作进行再动员、再部署。省委副书记、省农村税费改革工作领导小组副组长周国富作了重要讲话，常务副省长、省农村税费改革领导小组副组长章猛进主持会议。省财政厅、农业厅等省农村税费改革成员单位主要负责人，省有关部门和单位的负责人以及省农村税费改革办公室有关同志在省电视电话会议会场参加会议，各市、县（市、区）农村税费改革领导小组组长、副组长，各有关部门负责人，各乡镇党委、政府主要负责人在各分会场参加会议。

4 月 10～11 日　全国财政国库工作会议在绍兴市召开。来自全国各地财政厅（局）国库处、国库支付执行机构、政府采购处（办）的负责人百余名代表参加了会议。财政部副部长肖捷到会并就财政国库管理工作作了重要讲话。

4 月 16～17 日　全省财政经济建设工作会议在温州召开，省财政厅副厅长王彩琴到会讲话。

4 月 21 日　全省财政地税系统纪检监察工作会议在杭州市余杭区召开。省财政厅党组书记、厅长兼省地税局局长黄旭明，以及省财政厅党组成员、纪检组长傅钱生到会讲话。

6 月 20 日 省政府办公厅转发省财政厅《关于深化收支两条线改革进一步加强财政管理实施意见的通知》（以下简称《通知》）。《通知》根据目前"收支两条线"工作的有关情况，提出了深化"收支两条线"改革的意见及当前需要解决的几个问题。

7 月 4 日 省委副书记周国富在省农村税费改革办公室《关于我省农村税费改革工作情况的汇报》上做出重要批示："此报告很好，有总结，有分析，有安排，以事说理，比较客观。我省农村税费改革工作开展以来，省市县认识统一，农民欢迎，做了大量工作，取得了初步效果。农村税费改革要真正做好，关键是两条：一是农民知晓政策，农民参与，农民得实惠；二是县、乡部署得当，工作务实，破解突出问题，既能一步到位，又不致反弹。当前，要以学习贯彻'三个代表'重要思想新高潮为强大推动力，进一步搞好全省农村税费改革工作。有关部门要加强研究，加强督查，加强培训，切实做好指导落实工作，把好事办好。"

7 月 18 日 省人大财经委听取省财政厅有关财政工作情况汇报，赞同并肯定调整和完善省对市县财政体制和全面推行省级部门预算改革。

9 月 15~16 日 全省农业税收工作会议在余杭召开。省财政厅厅长黄旭明副厅长方仁祥到会讲话。

9 月 26~27 日 全省财政综合工作会议在杭州富阳召开。省财政厅厅长黄旭明、副厅长方仁祥到会讲话。

10 月 30 日 省农村税费改革办公室主任、省财政厅厅长黄旭明率领检查组赴杭州、萧山、富阳检查督导农村税费改革工作。

省政府印发《浙江省关于进一步完善地方财政体制的通知》。通知明确了完善地方财政体制的指导思想、原则和内容，进一步明确了各级政府的财政支出的责任。

12 月 17~18 日 全省第二次地方财政收入 4 亿元县（市）会议在富阳市召开。会议就努力增收节支，加强和规范政府债务管理，有效防范和化解财政风险，确保财政经济平稳运行进行了交流与研讨。富阳、义乌、余姚、温岭、诸暨、平湖 6 个市在会上作了交流发言。财政部科研所副所长、研究员、博士生导师苏明作了《中国财经形势及财税改革走向》的讲座，省财政厅厅长兼省地税局局长黄旭明作了题为《适度举债，讲求效益，加强管理，规避风险》的总结讲话。

2004 年

1 月 18 日 全省财政地税工作会议在杭州召开。会议回顾总结了 2003 年全省财政地税工作，分析了当前及今后一个时期我省财政地税工作面临的形势，安排 2004 年税收计划和财政收支计划，部署 2004 年全省财政地税工作。省委副书记、省长吕祖善到会看望全体代表并作重要讲话。省财政厅厅长兼省地税局局长黄旭明作了题为《统一认识 明确目标 统筹兼顾 狠抓落实 全面推进我省财税事业改革与发展》的主题报告。

4 月 13 日、21 日　省政府常务会议听取并原则同意省财政厅关于 2003 年省级新增财力安排使用情况、2004 年省级预算安排情况以及 2004 年省长专项资金安排建议的汇报，黄旭明厅长参加会议。

4 月 13 日，省财政厅在金华市召开财政经建工作会议。会上交流了各地财政经建工作开展情况，研究了财政基建财务管理信息系统方案，讨论了 2004 年财政经建管理重点课题研究计划，确定了经建工作考核评比办法。

5 月 13 日　省政府召开省级专项资金管理工作座谈会，就进一步加强财政资金管理，开展财政专项资金绩效评价试点工作，提高财政资金使用效益做出部署。吕祖善省长出席会议并作重要讲话，章猛进常务副省长主持会议，省人大常委会叶荣宝副主任出席会议。黄旭明厅长在会上发言。

7 月 19~20 日　全省"两保两挂"市、县（市）会议在磐安召开。省财政厅厅长黄旭明在会上作了题为《做大蛋糕 增收节支 推进改革 增强财政调控能力》的讲话，回顾总结浙江省上半年财政地税工作，分析当前财政面临的困难和问题，并就如何做大蛋糕、增收节支、推进改革、增强财政调控能力提出了要求。

7 月　"中国浙江"政府门户网站浙江省财政厅子网站开通测试，网址为 www.zjczt.gov.cn。

11 月 9 日　中国财税博物馆正式开馆，财政部部长金人庆、部长助理张少春，国家税务总局局长谢旭人，省长吕祖善，省财政厅厅长黄旭明等领导参加开馆仪式。

2004 年，为加强财政专项资金管理，按照"一项资金、一个办法"的管理要求，省财政厅制订了 60 余个专项资金管理办法，并对科技、教育、农业、卫生 4 个部门的部分专项资金开展绩效评价试点工作。

2005 年

1 月 13 日　全省财政地税工作会议在杭州召开。会议回顾总结了 2004 年全省财政地税工作，分析了财政地税工作面临的形势，安排 2005 年税收计划和财政收支计划，部署 2005 年全省财政地税工作。省财政厅厅长兼省地税局局长黄旭明同志作了题为《落实科学发展观 提高理财治税能力 不断推进我省财政地税事业健康发展》的工作报告。

省政府下发《关于加强地方政府性债务管理的通知》，从严格控制政府性负债建设行为、建立政府性债务归口管理制度、科学编制政府性债务收支计划等十一个方面规范政府性债务管理，防范和化解债务风险隐患，确保财政平稳运行。

4 月 28～29 日　全国财政系统纪检监察工作会议在杭州召开。财政部党组成员、驻部纪检组长金莲淑同志出席会议并讲话。厅党组成员、纪检组长金慧群同志就构建惩防体系作专题经验介绍。

5 月 25～26 日　全省财政地税系统纪检监察工作会议在义乌召开。会议回顾总结了 2004 年度财政地税系统的纪检监察工作，部署了 2005 年的工作。省财政厅党组书记、厅长、省地税局局长黄旭明同志到会并讲话。

8 月 17～18 日　浙江省第一次地方财政收入 8 亿元县（市）会议在宁波市鄞州区召开。黄旭明厅长在会上作题为《落实科学发展观，以"三个三"工作措施为抓手，努力创建地方财政经济的和谐运行机制》的主旨发言。

10 月 20 日　省政府办公厅下发了《关于认真做好财政支出绩效评价工作的通知》，随文下发了《浙江省财政支出绩效评价办法（试行）》和《浙江省财政支出绩效评价指标体系》，对财政支出绩效评价的范围、原则、依据、内容与方法、基本指标与标准、组织管理与实施、工作程序、结果应用等方面作了明确规定。

11 月 29 日　2005 年度全省财政决算工作会议在上虞召开，钱巨炎副厅长到会并讲话。

2006 年

1 月 15 日　省政府办公厅下发《关于印发浙江省地方政府性债务管理实施暂行办法的通知》。

3 月 10 日　根据《浙江省人民政府关于 2005 年度省直单位工作目标责任制考核情况的通报》，省财政厅在 2005 年度省政府工作目标责任制考核中获得优秀。

4 月 21 日　省政府下发《关于全面进行农村综合改革的通知》。

4 月 26 日　省政府下发《关于进一步深化政府采购制度改革全面推进政府采购工作的意见》。

6 月 2 日　省财政厅下发《关于对部分乡镇实行"乡财乡用县管"财政管理方式的指导性意见》，指导各市县按照"预算管理权不变、资金所有权和使用权不变、财务审批权不变"的三不变原则，对经济欠发达、财政收入规模较小的乡镇进行财政管理方式的改革，实行"乡财乡用县管"。

6 月 15～16 日　浙江省"两保两挂"市、县（市）会议在淳安县召开。全省 30 个实行"两保两挂"政策的市、县（市）政府主要领导和财政局局长、6 个不实行"两保两挂"政策的市财政局局长参加了会议。国务院研究室工交司司长唐元博士作了《我国宏观经济形势、政策选择及企业对策》的专题报告，省财政厅厅长、省地税局局长黄旭明同志在会上作了题为《落实科学发展观，健全公共财政体制，积极推进节约型社会建设》的主旨发言。

7 月 26 日　省财政厅与人民银行杭州中心支行联合下发了《关于深化省级财政国库集中支付改革的通知》，明确自 2006 年 10 月 1 日起，进一步扩大省级预算单位纳入国库集中支付改革的范围，到 2007 年 1 月 1 日，省级预算单位将全部实施财政国库集中支付改革。

10 月 1 日　全省 176 家杭外省级预算单位全面实行国库集中支付改革，另有 14 家在杭省级基层预算单位实行改革试点，标志着浙江省国库集中支付改革"纵向到底"全面启动。

2007 年

1 月 24 日　省财政厅下发《关于开展全省行政事业单位资产清查工作的通知》，对我省行政事业单位资产清查工作作了具体部署。

3 月 2 日　省编委《关于调整省财政厅内设机构设置的批复》，同意省财政厅增设政府采购监管处。

7 月 25~26 日　浙江省第二次地方财政收入 8 亿元县（市）会议在平湖召开。全省 27 个地方财政收入 8 亿元以上的县（市、区）政府主要领导和财政局局长、11 个市财政局局长参加了会议。会议围绕加快发展服务业、推动财政收入更好更快增长这一主题，认真交流经验，研讨对策。省财政厅厅长、地税局局长黄旭明同志在会上作了《进一步统一认识 加快发展服务业 推动财政收入更好更快增长》的主题发言。

8 月 28~31 日　全省分管财政工作市、县（市、区）长"公共财政与政府性债务管理专题研讨班"在杭州举办。省长吕祖善、常务副省长陈敏尔出席研讨班并讲话。厅长黄旭明作了《完善公共财政制度 加强政府性债务管理 让公共财政最大程度惠及全省人民》的专题介绍。

11 月 21~22 日　全省财政支出绩效评价工作会议在湖州召开。副厅长钱巨炎出席会议并讲话。

2008 年

2 月 4 日　省财政厅下发《关于全面试行省级政府采购业务管理系统的通知》，省本级政府采购信息化工作全面实施。

3 月 4 日　召开"生态环保财力转移支付政策"新闻发布会，省财政厅新闻发言人、副厅长罗石林介绍新出台的《浙江省生态环保财力转移支付试行办法》，并接受新闻媒体采访。

7 月 29 日 省财政厅下发《关于加强财政支出绩效评价结果应用的意见》，要求各地逐步形成与部门预算相结合、多渠道应用绩效评价结果的有效机制。

9 月 19 日 按照"收入一个笼子、预算一个盘子、支出一个口子"的财政管理要求，省财政厅印发《浙江省省级政府非税收入计划管理试行办法》，加强省级单位政府非税收入计划管理。

9 月 23 日 省政府下发《关于完善省对市县财政体制的通知》，规范省、市县收支范围和收入分成办法，将"两保两挂""两保一挂"财政支出统一调整为"分类分档激励奖补机制"；实行市县营业税增收上交返还奖励和省级金融保险业营业税增收奖励政策，适当提高电力生产企业所在地增值税分成比例；进一步完善省对市县转移支付制度。

10 月 23 日 为减轻企业负担，着力改善民生，省政府下发《关于取消暂停征收部分行政事业性收费项目和降低部分收费标准的通知》，取消、暂停 48 项行政事业性收费，降低 9 项行政事业性收费标准。

11 月 18 日 为减轻企业负担，扶持企业发展，省财政厅与省劳动保障厅、省地税局联合下发《关于临时性下浮企业社会保险费缴纳比例的通知》，对企业社会保险费缴纳比例实行临时性下浮。

11 月 19 日 为进一步减轻企业和群众负担，保持经济较快平稳发展，省政府下发《关于第二批取消暂停征收部分行政事业性收费项目和降低部分收费标准的通知》，取消、暂停 54 项行政事业性收费，降低 2 项行政事业性收费标准。

2009 年

2 月 18 日 根据财政部《关于做好发行 2009 年地方政府债券有关工作的通知》，浙江省首次由财政部代理发行地方政府性债券，发行规模 67 亿元（不含宁波），分两期发行。

5 月 31 日 省财政厅下发《关于全省财政系统开展规范财政权力运行工作的意见》，开展权力"搜索"，规范权力运行工作。

6 月 16 日 省政府办公厅下发《关于清理整合和规范财政专项资金管理的意见》，进一步加强专项资金的清理、整合和规范工作，提高财政资金使用绩效。

7 月 31 日 省财政厅会同省商务厅等制定《浙江省家电以旧换新实施细则》和《浙江省汽车以旧换新实施细则》。

11 月 5 日 省政府办公厅下发《浙江省行政事业单位国有资产管理暂行办法》，加强和规范行政事业单位国有资产管理工作。

12 月 25 日 根据省政府办公厅关于省财政厅、省地税局职能调整的精神，省财政厅、省地税局下发《关于做好耕地占用税和契税征管职能划转工作的通知》，明确从 2010 年 1 月 1 日起省级耕地占用税和契税征管职能从省财政厅划转到省地税局。

2010 年

8 月 5 日 省财政厅、人民银行杭州中心支行印发《关于在省级预算单位推行单位公务卡的通知》，通过推行单位公务卡解决国库集中支付托收业务员问题。

8 月 16 日 省财政厅下发《关于省级财政总预算会计部分事项采用权责发生制核算有关问题的通知》，首次明确省级财政总预算会计采用权责发生制核算的事项及账务处理要求。

8 月 27 日 省政府下发《关于加快推进公共财政管理改革的意见》，对深化财政科学化、精细化管理提出要求。

9 月 16 日 "浙江省财政改革与发展座谈会"在长兴召开。全省 11 个市财政局局长、29 个县（市、区）政府主要领导和财政局局长参加会议。会议主题是"财政支撑保障引导经济发展方式转变"。

9 月 30 日 省政府办公厅下发《关于加强地方政府融资平台公司管理有关问题的通知》，在全省开展地方政府融资平台公司清理、核实和规范管理工作。

11 月 12 日 省财政厅印发《关于将按预算外资金管理收入纳入预算管理的通知》，将按预算外资金管理的收入（不含教育收费）全部纳入预算管理，进一步规范财政收入管理。

11 月 14 日 省编委下发《关于设立省级部门预算编制中心的批复》，省财政厅成立浙江省省级部门预算编制中心。

12 月 15 日 省财政厅印发《浙江省省级行政事业单位国有资产收益收缴管理暂行办法》。

12 月 16 日 省十一届人大常委会第二十二次会议审议通过《浙江省政府非税收入管理条例》。

12 月 16 日 省财政厅印发《省级产业集聚区财政政策实施办法（试行）》。

12 月 22 日 省政府下发《关于做好援疆援藏和扶持省内重点欠发达县资金筹措工作的通知》，决定自 2011 年起按地方财政收入的一定比例向发达和较发达地区筹措资金，用于援疆援藏和扶持省内重点欠发达县。

2011 年

1 月 1 日 《浙江省政府非税收入管理条例》正式施行。

3 月 24 日 省财政厅、省卫生厅联合下发《关于完善省级医院财政补偿机制的实施意见》，建立财政补偿资金与省级医院次均门诊、住院费用合理挂钩的奖罚考核机制。

5 月 13 日 省委、省政府召开全省"小金库"治理工作布置及经验交流电视电话会议。常务副省长陈敏尔出席会议并讲话，总会计师赵立妙代表省"小金库"治理工作领导小组发言。

5 月 18 日 省财政厅召开全省国库集中支付改革工作会议。总会计师赵立妙出席会议并讲话。

6 月 7 日 省政府印发《关于进一步加强国有土地使用权出让收支管理的通知》，对国有土地使用权出让收支预算决算审批程序、计提专项资金等予以明确。

6 月 13 日 全国人大财经委副主任委员储波一行到浙江就县级基本财力保障、地方政府性债务管理情况进行调研。

7 月 20 日 省财政厅对外公布《浙江省 2011 年政府非税收入项目目录》，对全省政府非税收入项目进行统一、全面、系统的公布。

11 月 18 日 省财政厅在杭州召开省级专项性一般转移支付改革布置会。副厅长罗石林出席会议并讲话。

12 月 9 日 省财政厅下发《关于实施省级专项性一般转移支付管理改革的通知》，明确实施专项性一般转移支付收入改革的指导思想和基本原则。

12 月 16 日 根据财政部、教育部《关于减轻地方高校债务负担　化解高校债务风险的意见》，经省政府同意，召开省属高校化债工作会议，启动省属高校债务化解工作。

12 月 29 日 省财政厅同省人力社保厅下发《浙江省城乡居民社会养老保险基金财务管理暂行办法》，明确基金财务管理任务和责任。

2012 年

1 月 12 日 省财政厅下发《关于提高 2012 年城乡居民基本医疗保障财政补助等标准的通知》，明确各级政府人均补助标准达到 250 元以上，同时省财政对全省两类六档地区转移支付标准分别提高到每人每年 165 元、149 元、132 元、99 元、66 元和 36 元。

2 月 20 日 省政府办公厅出台《关于印发浙江省生态环保财力转移支付试行办法的通知》，全面实施省对市县的生态环保财力转移支付。

6 月 1 日 浙江省提高城乡居民社会养老保险基础养老金最低标准至 80 元，并从 7 月 1 日起提高城乡居民社会养老保险省财政补助标准，即全省两类六档地区基础养老金月人均补助标准分别为 80 元、72 元、64 元、48 元、32 元和 27.5 元。

8 月 10～11 日 财政部部长谢旭人一行来浙江考察调研。谢部长一行深入浙江淳安农村考察农村污水处理、视察千岛湖湖中心水环境质量及有关污水处理系统，调研新安江流域生态补偿机制试点工作情况，并听取浙江财政工作情况汇报。这期间，与省委书记、省人大常委会主任赵洪祝进行座谈交流，省长夏宝龙、副省长陈加元陪同考察调研。

8月23日　省财政、人民银行杭州中心支行印发《关于推行乡镇财政国库集中支付制度改革的指导意见》，并选择嘉善等5个县实施乡镇国库集中支付制度改革试点，标志着浙江省乡镇财政国库集中支付正式启动。

9月14日　省政府办公厅公布《浙江省2013年度政府采购目录及标准》。

10月15日　省政府下发《浙江省人民政府关于完善财政体制的通知》，重点调整完善金融业及电力生产企业税收收入预算分配管理体制，建立区域统筹发展激励奖补机制和促进发展奖补机制，并就推进专项性一般转移支付改革、加强乡镇财政管理、提高财政基金使用绩效做出规定。新体制自2012年1月1日起试行。

10月24日　省财政厅、省物价局公布《2011年浙江省行政事业性收费项目和收费标准目录》。

12月26日　以省财政厅财政监督局、绩效管理处和省财政项目预算审核中心为基础的新财政监督局组建完毕，财政监督局实现一体化运行。

2013 年

7月31日　省财政厅印发《浙江省省级预算绩效目标管理暂行办法》。

9月16日　省财政厅转发《财政部关于推进省级以下预决算公开工作的通知》，对2013~2015年市县政府预决算公开工作提出要求。

9月23日　省财政厅印发《浙江省2013年政府非税收入项目目录》。

10月12日　省财政厅发布2014年度政府采购目录及标准，并首次在全省范围内开展重大公共服务项目的政府采购工作。

10月15日　省政府下发《关于实施省级财政专项资金竞争性分配改革的通知》，启动省级财政专项资金竞争性分配改革。

10月25日　省财政厅、省文化厅等部门联合印发《浙江省基本公共文化服务专项补助资金管理办法》，跨部门整合并设立浙江省基本公共文化服务专项资金。

2014 年

1月1日　浙江省城乡居民社会养老保险基础养老金最低标准由每人每月80元调整为100元，省财政厅按照分类分档办法对各类地区基础养老金分别给予每人每月100元、90元、80元、60元、40元和27.5元的补助。

1月17日　省政府办公厅下发通知，决定在开化县开展重点生态功能区示范区建设试点，明确省财政对开化县的财政体制和各项转移支付政策保持不变，同时，安排开化县重点生态功能区示范区建设试点资金，并探索建立生态环境财政奖惩制度。

1 月 21 日 省财政厅印发《关于提高 2014 年城乡居民基本医疗保证财政补助标准的通知》，明确各级财政对城乡居民基本医疗保证人均补助标准达到 330 元以上，其中省财政对全省两类六档地区转移支付标准分别提高到每人每年 213 元、193 元、170 元、129 元、86 元和 46 元。

1 月 26 日 省财政厅出台《浙江省省级机关会议费管理规定》，加强会议费预算编制，规范会议开支标准。

3 月 4 日 省财政厅出台《浙江省机关工作人员差旅费管理规定》，对城市间交通费、住宿费、伙食补助费、公杂费等出差期间发生的主要费用做出规定。

4 月 28 日 省财政厅印发《关于提高 2014 年城乡居民基本公共卫生服务财政补助标准的通知》，明确各级财政与城乡居民基本公共卫生服务人均补助标准达到 35 元以上，省财政对全省三类地区补助标准分别提高到每人每年 27 元、17.5 元和 9.5 元。

4 月 30 日 省财政厅转发《财政部关于深入推进地方预决算公开工作的通知》，要求全省所有市、县（市、区）2014 年开展本级政府预决算公开、部门预决算公开及"三公"经费预决算公开工作。

6 月 1 日 浙江省电信业纳入营业税改增值税试点。

6 月 9 日 省财政厅印发《关于进一步加强财政收支预算执行管理的通知》，要求确保财政收入稳定增长，加大支出考核问责力度。

7 月 8 日 省政府办公厅印发《关于进一步加强省级财政专项资金管理工作的通知》，要求加强财政专项资金管理，提高专项资金绩效、推进专项资金管理信息公开。

7 月 24 日 省财政厅印发《关于进一步推进乡镇财政建设工作的通知》，提出打造"综合型乡财、服务型乡财、数字型乡财、阳光型乡财"的乡镇财政建设工作要求。

8 月 19 日 浙江省发行地方政府债券 137 亿元（不含宁波）。

8 月 20 日 省财政厅公布《浙江省 2014 年财政非税收入项目目录》。

9 月 1 日 浙江省公布 2015 年度财政采购目录及标准。

9 月 12 日 省财政厅等部门印发《关于提高森林生态效益补偿资金标准的通知》，省级以上公益林最低补偿标准提高到 27 元/亩·年，为全国省级最高补偿标准，省级以上自然保护区集体林租赁价格同步提高 2 元。

10 月 23 日 省财政厅印发《关于完善省本级国有资本经营预算有关事项的通知》，进一步扩大省本级国有资本经营预算实施范围，提高省本级企业国有资本收益收取比例。

11 月 13 日 经省政府同意，省财政厅下发《关于推进财政支农体制机制改革费意见》，加快构建与现代农业发展水平和城乡统筹发展要求相适应的财政支农政策体系、支农资金管理体系和支农资金监督体系。

12 月 27 日 省财政厅出台《浙江省政府购买服务采购管理暂行办法》，对政府购买服务的项目范围、采购方式管理、采购项目组织实施管理、合同履行和验收管理等作出规定。

12 月 根据财政部要求，省财政厅对全省市县级存量财政专户进行清理撤并，撤销财政专户 351 个。

2015 年

1 月 1 日 浙江省城乡居民基本养老保险基础养老金最低标准由每人每月 100 元调整为 120 元，省财政按照分类分档办法对各类地区基础养老金分别给予每人每月 120 元、108 元、96 元、72 元、48 元和 35 元的补助。

1 月 27 日 省政府办公厅印发《关于推广运用政府和社会资本合作模式的指导意见》，部署在全省开展推广 PPP 模式相关工作。

2 月 10 日 省财政厅印发《关于推广运用政府和社会资本合作模式的实施意见》，细化、规范 PPP 模式的操作流程。

2 月 12 日 省财政厅举行政府和社会资本合作项目媒体见面会，向社会推出首批推荐项目 20 个，投资规模 1176 亿元。

5 月 26 日 省财政厅会同省林业厅印发《关于提高森林生态效益补偿资金标准的通知》，明确省级以上公益林最低补偿标准由 27 元/亩·年提高到 30 元/亩·年。

6 月 省财政厅建立浙江省 PPP 咨询服务机构库，首批入库机构 41 家。

7 月 13 日 省财政厅出台《浙江省转型升级产业基金管理办法》。

9 月 23 日 省财政厅印发《浙江省政府采购活动现场组织管理办法》，对政府采购开标、评审活动现场组织管理做出了具体规范。

10 月 12 日 省财政厅印发《关于进一步深化完善乡镇财政国库集中支付制度改革的通知》。

10 月 28 日 省财政厅印发《关于加强政府非税收入收缴管理工作的通知》，规范政府非税收入收缴行为，加强政府非税收入管理。

12 月 1 日 省十二届人大常委会第二十四次会议审议批准浙江省 2015 年地方政府债务限额 9188.3 亿元，依法启动对地方政府债务的限额管理。

12 月 8 日 省政府印发《关于加快建立现代财政制度的意见》，要求各地、各部门加快建立具有浙江特色的现代财政制度。

12 月 11 日　省财政厅下发《关于深化财政体制改革的实施意见》，明确从 2015 年起实施新一轮省对市县财政体制。

12 月 31 日　省财政厅会同省人力社保厅印发《关于机关事业单位养老保险制度改革若干问题的处理意见》。

2016 年

1 月 29 日　省财政厅会同省审计厅、省人力社保厅印发《关于加强行政事业单位内部控制建设的通知》。

3 月 27 日　省财政厅印发《关于完善宁波市上交省财政机制的通知》，调整宁波市上交省财政的基数及递增比例。

3 月 31 日　省财政厅印发《关于提高 2016 年城乡居民基本医疗保险财政补助标准的通知》，明确 2016 年我省城乡居民基本医疗保险各级财政补助标准提高到每人每年 430 元。省财政对全省两类六档地区转移支付标准分别提高到每人每年 273 元、247 元、218 元、165 元、110 元和 58 元。

4 月 11 日　省财政厅会同省国税局、省地税局印发《关于全面做好营业税改征增值税试点工作的通知》。

4 月 15 日　省财政厅出台《浙江省基础设施投资（含 PPP）基金管理办法》，进一步规范和加强基金的运作与管理。

4 月 18 日　省财政厅印发《关于进一步推进财政支持农业"三项补贴"政策综合改革的指导意见》。

4 月 20 日　经省政府购买服务工作联席会议办公室研究并报省政府同意，印发《浙江省政府购买服务工作联席会议办公室关于进一步深化政府购买服务改革试点工作的通知》，选取 5 个地区、11 个行业部门、16 个公共民生热点项目开展深化改革试点。

4 月 29 日　省财政厅印发《关于地方水利建设基金征收有关问题的通知》，自 2016 年 4 月 1 日（费款所属期）起，向企事业单位和个体经营者征收的地方水利建设基金按现有费率的 70% 征收。

5 月 1 日　浙江省全面推开"营改增"试点工作。

5 月 10 日　省政府印发《关于进一步完善城乡义务教育保障机制的通知》，全面落实义务教育经费保障的"两免一补"政策。

5 月 16 日　省政府印发《浙江省人民政府关于进一步加强地方政府性债务管理的实施意见》，对地方政府债务管理提出四项强化要求。

5 月 19 日　省财政厅印发《关于实施地方政府债务风险管控财政奖惩政策的通知》。

5 月 25 日 浙江省第十二届人大常委会第二十九次会议审议通过了《浙江省人民政府关于提请审议浙江省 2016 年地方政府债务限额及新增债务预算调整方案的议案》。财政部核定 2016 年浙江省地方政府债务限额 9685.3 亿元，地方政府债务限额比上年新增 497 亿元。

6 月 2 日 经省政府同意，省财政厅印发《浙江省社会保险基金保值增值运作管理办法（试行）》。

6 月 29 日 省政府办公厅下发《关于明确资源税若干政策的通知》，明确我省资源税从价计征改革从 2016 年 7 月 1 日起执行。

8 月 4 日 省委办公厅、省政府办公厅联合印发《关于进一步推进预决算公开工作的实施意见》，对预决算公开的主体与范围以及预决算公开的内容、时间与方式进行了规范与明确，推动全省建立健全全面规范、公开透明的预决算制度。

8 月 29 日 省财政厅印发《浙江省政府产业基金投资退出管理暂行办法》。

10 月 9 日 省财政厅、省人力社保厅等三部门联合印发《关于做好机关事业单位养老保险基金清算工作的通知》，在全国率先开展机关事业单位养老保险清算工作。

10 月 24 日 省政府办公厅印发《关于深入推进城乡居民基本医疗保险制度建设的若干意见》，建立完善全省统一的城乡居民基本医保制度。

11 月 30 日 省财政厅、省地税局印发通知，决定自 2016 年 11 月 1 日起（费款所属期），全省暂停向企事业单位和个体经营者征收地方水利建设基金。

2017 年

1 月 18 日 经省政府同意，省财政厅会同省科技厅出台《浙江省省级科技成果转化引导基金管理办法》，加速推动科技成果转化与应用。

1 月 20 日 省十二届人大五次会议审议通过省人民政府提出的 2017 年省级政府预算，同意省财政厅受省人民政府委托所作的《关于 2016 年全省和省级预算执行情况及 2017 年全省和省级预算草案的报告》。

2 月 14 日 省财政厅出台《关于印发厅内部审计试行办法的通知》，规范厅内部审计工作。

3 月 20 日 省财政厅出台《浙江省农业综合开发资金和项目管理实施办法》，重点推行因素法分配和"放管服"改革。

3 月 21 日 根据省编办《关于调整省财政厅内设机构的函》，省编办同意调整省财政厅内设机构：设立文化处（挂牌浙江省文化企业国有资产监督管理办公室），教科文处更名为科教处。

3 月 22 日 经竞争性评审并报省政府批准，省财政择优选择安吉县等 18 个县（市、区）实施"两山"（二类）建设财政专项激励政策，2017~2019 年省财政给予每个县（市、区）每年专项激励资金 1 亿元。

4 月 14 日　省政府办公厅出台《浙江省地方政府性债务风险应急处置预案的通知》，构建了省、市、县（市、区）三级地方政府性债务风险防控和应急处置机制。

4 月 14 日　省委办公厅、省政府办公厅出台《关于进一步完善省财政科研项目资金管理等政策的实施意见》，给高校、科研单位和科研人员适度放权，并加强单位的制度建设、基础管理和过程服务，激励科研创新的积极性。

4 月 24 日　国务院办公厅出台《关于对 2016 年落实有关重大政策措施真抓实干成效明显地方予以表扬激励的通报》，浙江省财政管理绩效工作受到表扬，并获得财政部 7000 万元资金奖励，杭州市、临安市、江山市和淳安县获得上述奖励资金。

5 月 5 日　省财政厅会同省发展改革委出台《关于印发浙江省浙商回归考核奖励办法的通知》。

5 月 8 日　浙江省实施农业综合开发"3030"新农人行动计划，引导和支持农业创新人才创业发展，省财政每年度给予新农人项目额度不超过 500 万元的支持，连续扶持不超过 3 年。

6 月 5 日　省财政厅出台《关于印发浙江省财政收支考核暂行办法的通知》，着力加快预算执行进度，盘活财政存量资金，提高财政收入质量。

6 月 21 日　省政府办公厅出台《浙江省人民政府办公厅关于实施促进实体经济更好更快发展若干财政政策的通知》，通过实施五方面十三条举措，促进全省实体经济更好更快发展。

6 月 28 日　省财政厅出台《关于清理规范一批行政事业性收费有关政策的通知》，自 2017 年 7 月 1 日起，取消一批省级设立的行政事业性收费，实现省级设立行政事业性涉企零收费。

7 月 6 日　省财政厅通过财政部上海证券交易所政府债券发行系统成功发行浙江省政府债券 299 亿元，这是浙江省首次在上海证券交易所发行政府债券。

7 月 9 日　省政府出台《关于地方政府性债务风险管控与化解的意见》，对进一步规范全省地方政府举债融资行为，严格控制和化解地方政府性债务风险提出了九个方面的意见。

8 月 30 日　省政府出台《关于支持农业转移人口市民化若干财政政策的实施意见》，明确建立财政转移支付与农业转移人口市民化挂钩机制、省以下农业转移人口市民化奖励补助机制等政策。

8 月 31 日　浙江省创新发行融资与收益自求平衡专项债券，按照财政部规定先行试点，分别发行了土地储备专项债券 190 亿元和政府收费公路专项债券 130 亿元，专项用于土地储备和政府收费公路建设需要。

9 月 8 日　省政府办公厅出台《关于建立健全绿色发展财政奖补机制的若干意

见》，进一步完善全省生态文明建设财政政策体系，促进绿色发展。

9月8日 省财政厅会同省环保厅出台《关于印发浙江省"两山"（二类）建设财政专项激励政策绩效考核办法的通知》。

10月16日 省委办公厅、省政府办公厅出台《关于清理规范重点支出同财政收支增幅或生产总值挂钩事项有关问题的通知》，对教育、科技、文化、农业等领域的支出挂钩事项进行清理规范。

10月17日 省委办公厅、省政府办公厅出台《关于严控地方政府性债务的意见》，要求各地、各部门严格落实"三个不得立项"和"六必问责"要求。

10月30日 省财政厅出台《关于调整省级国库集中支付直接支付范围的通知》，从2018年1月1日起，除财政统一发放的工资与津补贴、驻省外及宁波单位的财政资金外，省级各预算单位的财政资金均实行财政授权支付。

10月30日 省财政厅出台《浙江省农业综合开发投资基金管理暂行办法》，创新农业综合开发投入方式，有力推进浙江省现代农业产业发展和农业基础设施建设。

11月22日 省财政厅转发财政部《关于加强全国政府性基金和行政事业性收费目录清单"一张网"管理有关事项的通知》，完善收费清单常态化公开机制及"一张网"管理，建立健全乱收费投诉处理机制。

12月8日 省财政厅会同省科技厅出台《关于印发之江实验室资金管理办法的通知》，支持之江实验室创建网络信息国家实验室，规范之江实验室的资金管理，授予之江实验室适度范围的资金使用自主权及相应的管理责任。

12月13日 省财政厅出台《浙江省省级社会保障风险准备金管理暂行办法的通知》，规范省级社会保障风险准备金的筹集、使用和管理。

12月15日 省财政厅会同省环保厅等三部门出台《关于建立省内流域上下游横向生态保护补偿机制的实施意见》，自2018年起，在省内流域上下游县（市、区）探索实施自主协商横向生态保护补偿机制，计划到2020年基本建成。

12月22日 经省政府同意，省财政厅会同省发展改革委等八部门出台《关于深入推进农业供给侧结构性改革 加快建立以绿色生态为导向的财政支农政策体系的实施意见》。

2017年，省财政厅累计发行5次40期共1559.29亿元浙江省政府债券。其中，分4次通过招投标方式公开发行地方政府债券1230.35亿元，通过1次定向承销方式发行地方政府置换债券328.93亿元，全年平均发行利率3.7%，利率处于全国较低水平，有效降低地方政府融资水平。

2017年，浙江政务服务网统一公共支付平台受理政府非税收入收缴业务3208万人次、收缴资金155.19亿元，90%以上实现一次也不跑。

附录二

改革开放 40 年浙江经济财政发展统计数据

附表 1   **1978～2017 年浙江省 GDP 及其构成**

| 年份 | 历年 GDP | | 历年 GDP 构成（%） | | | |
	GDP 总值（亿元）	人均 GDP（元）	GDP 总值	第一产业	第二产业	第三产业
1978	123.72	331	100	38.1	43.3	18.7
1979	157.75	417	100	42.8	40.6	16.6
1980	179.92	471	100	35.9	46.7	17.4
1981	204.86	531	100	33.7	46.2	20.1
1982	234.01	599	100	36.3	42.1	21.7
1983	257.09	650	100	32.2	44.0	23.8
1984	323.25	810	100	32.3	43.8	23.9
1985	429.16	1067	100	28.9	46.3	24.8
1986	502.47	1237	100	27.1	46.0	26.9
1987	606.99	1478	100	26.3	46.4	27.4
1988	770.25	1853	100	25.4	46.0	28.6
1989	849.44	2023	100	24.8	45.5	29.7
1990	904.69	2138	100	24.9	45.1	30.0
1991	1089.33	2558	100	22.5	45.4	32.1
1992	1375.7	3212	100	19.1	47.5	33.4
1993	1925.91	4469	100	16.4	51.1	32.5
1994	2689.28	6201	100	16.3	52.0	31.7
1995	3557.55	8149	100	15.5	52.1	32.4
1996	4188.53	9552	100	14.2	53.3	32.5
1997	4686.11	10624	100	13.2	54.5	32.3
1998	5052.62	11394	100	12.1	54.8	33.2
1999	5443.92	12214	100	11.1	54.6	34.2
2000	6141.03	13415	100	10.3	53.3	36.4

续表

年份	历年 GDP		历年 GDP 构成（%）			
	GDP 总值（亿元）	人均 GDP（元）	GDP 总值	第一产业	第二产业	第三产业
2001	6898.34	14664	100	9.6	51.8	38.6
2002	8003.67	16841	100	8.6	51.1	40.3
2003	9705.02	20149	100	7.4	52.5	40.1
2004	11648.7	23817	100	7.0	53.7	39.4
2005	13417.68	27062	100	6.7	53.4	39.9
2006	15718.47	31241	100	5.9	54.1	40.0
2007	18753.73	36676	100	5.3	54.1	40.6
2008	21462.69	41405	100	5.1	53.9	41.0
2009	22998.24	43857	100	5.1	51.6	43.4
2010	27747.65	51758	100	4.9	51.1	44.0
2011	32363.38	59331	100	4.9	50.5	44.6
2012	34739.13	63508	100	4.8	48.9	46.3
2013	37756.58	68805	100	4.7	47.8	47.5
2014	40173.03	73002	100	4.4	47.7	47.8
2015	42886.49	77644	100	4.3	46.0	49.8
2016	47251.36	84916	100	4.2	44.9	51.0
2017	51768.3	91512	100	3.9	43.4	52.7

注：本表按当年价格计算，2000 年后人均 GDP 按常住人口计算；自 2004 年起，第一产业包括农林牧渔服务业。

资料来源：《浙江统计年鉴 2017》以及浙江省统计网站。

附表 2　1978～2017 年浙江省城镇及农村居民生活水平情况

年份	城镇居民生活水平			农村居民生活水平		
	人均可支配收入（元）	人均可支配收入指数（上年＝100）	恩格尔系数（%）	人均纯收入（元）	人均纯收入指数（上年＝100）	恩格尔系数（%）
1978	332			165		59.1
1979				195	115.2	57.1
1980	488			219	103.3	56.8
1981	523	105.4	55.6	286	129	55.2

续表

年份	城镇居民生活水平			农村居民生活水平		
	人均可支配收入（元）	人均可支配收入指数（上年 = 100）	恩格尔系数（%）	人均纯收入（元）	人均纯收入指数（上年 = 100）	恩格尔系数（%）
1982	530	99.4	57.3	346	120.4	56.3
1983	551	101.2	59.5	359	102.3	56.2
1984	669	117.1	51.3	446	123.5	54.6
1985	904	117.4	51.3	549	112.5	52.1
1986	1104	114.9	50.8	609	105	50.3
1987	1228	100.3	51.8	725	113.6	48.6
1988	1589	104.9	51	902	108.1	46.4
1989	1797	96.8	54.7	1011	97.4	48
1990	1932	105.3	55.1	1099	102.7	46.1
1991	2143	105	55	1211	108.9	50.5
1992	2619	111.9	51.6	1359	108.8	49.2
1993	3626	114	49.4	1746	110.2	50.2
1994	5066	112	47.4	2225	104.1	47.6
1995	6221	105	47	2966	105.3	50.4
1996	6956	101.8	46.9	3463	106.1	50.6
1997	7359	101.6	43.9	3684	103.8	48.5
1998	7837	105.3	42.5	3815	104.7	47.1
1999	8428	108	40.3	3948	105.6	46.1
2000	9279	109.1	39.2	4254	107.8	43.5
2001	10465	113.3	36.3	4582	106.9	41.6
2002	11716	113.4	37.9	4940	108.4	40.8
2003	13180	111.9	36.6	5431	107.8	38.2
2004	14546	107.4	36.2	6096	107.4	39.5
2005	16294	110.4	33.8	6660	106.4	38.6
2006	18265	110.9	32.9	7335	109.3	37.2
2007	20574	108.4	34.7	8265	108.2	36.4

续表

年份	城镇居民生活水平			农村居民生活水平		
	人均可支配收入（元）	人均可支配收入指数（上年＝100）	恩格尔系数（%）	人均纯收入（元）	人均纯收入指数（上年＝100）	恩格尔系数（%）
2008	22727	105.4	36.4	9258	106.2	38
2009	24611	109.7	33.6	10007	109.5	37.4
2010	27359	106.9	34.3	11303	108.6	35.5
2011	30971	107.5	34.6	13071	109.5	37.6
2012	34550	109.2	35.1	14552	108.8	37.7
2013	37080	107.1	34.4	17494	108.1	35.6
2014	40393	106.8	28.3	19373	108.3	31.9
2015	43714	106.7	28.2	21125	107.5	31.1
2016	47237	106	28.2	22866	106.3	31.8
2017	51261	106.3		24956	107	

注：人均可支配收入指数、人均纯收入扣除了价格变动因素。

资料来源：《浙江统计年鉴 2017》以及浙江统计局网站。

附表3　　1978～2017 年浙江省财政一般预算总收支情况　　单位：亿元

年份	财政总收入	一般公共预算收入	一般公共预算支出
1978	27.45		17.43
1979	25.87		17.74
1980	31.13		17.34
1981	34.34		17.12
1982	36.64		18.88
1983	41.79		21.94
1984	46.67		28.80
1985	58.25		37.40
1986	68.61		50.96
1987	76.36		51.24
1988	85.55		63.14
1989	98.21		74.77

续表

年份	财政总收入	一般公共预算收入	一般公共预算支出
1990	101. 59		80. 23
1991	108. 94		88. 43
1992	118. 36		95. 31
1993	166. 64		125. 04
1994	209. 39	94. 63	153. 03
1995	248. 50	116. 82	180. 29
1996	291. 75	139. 63	213. 71
1997	340. 52	157. 33	240. 16
1998	401. 80	198. 10	286. 81
1999	477. 40	245. 47	344. 04
2000	658. 42	342. 77	431. 30
2001	971. 76	418. 00	597. 30
2002	1166. 58	566. 85	749. 90
2003	1468. 89	706. 56	896. 77
2004	1805. 16	900. 99	1062. 94
2005	2115. 36	1066. 60	1265. 53
2006	2567. 66	1298. 20	1471. 86
2007	3239. 89	1649. 50	1806. 86
2008	3730. 06	1933. 39	2208. 58
2009	4122. 04	2142. 51	2653. 35
2010	4895. 41	2608. 47	3207. 88
2011	5925. 00	3150. 80	3842. 59
2012	6408. 49	3441. 23	4161. 88
2013	6908. 41	3796. 92	4730. 47
2014	7522. 55	4122. 02	5159. 57
2015	8549. 47	4809. 94	6645. 98
2016	9225. 07	5301. 98	6974. 25
2017	10301. 16	5804. 38	7530. 32

资料来源：《浙江财政年鉴 2017》。

附表 4　中国县域经济基本竞争力百强县（市）——浙江篇

2001（第一届）排名	县域单位	2002（第二届）排名	县域单位	2003（第三届）排名	县域单位	2004（第四届）排名	县域单位	2005（第五届）排名	县域单位	2006（第六届）排名	县域单位	2007（第七届）排名	县域单位	2008（第八届）排名	县域单位	2009（第九届）排名	县域单位
9	萧山市	9	绍兴县	7	绍兴县	7	慈溪市	7	慈溪市	5	慈溪市	3	慈溪市	3	慈溪市	3	慈溪市
10	绍兴县	11	慈溪市	9	慈溪市	9	绍兴县	8	绍兴县	6	绍兴县	4	绍兴县	4	绍兴县	5	绍兴县
15	温岭市	14	鄞县	11	温岭市	11	温岭市	11	余姚市	10	义乌市	8	义乌市	8	义乌市	8	义乌市
16	鄞县	15	温岭市	12	余姚市	12	余姚市	12	义乌市	12	余姚市	9	余姚市	9	余姚市	10	余姚市
18	慈溪市	17	余姚市	15	乐清市	15	诸暨市	14	诸暨市	13	诸暨市	12	诸暨市	11	诸暨市	13	诸暨市
22	瑞安市	19	乐清市	16	诸暨市	16	义乌市	15	温岭市	16	温岭市	14	温岭市	14	温岭市	15	温岭市
24	乐清市	20	诸暨市	17	义乌市	18	乐清市	18	乐清市	20	乐清市	17	乐清市	17	乐清市	16	乐清市
25	余姚市	23	义乌市	19	瑞安市	21	瑞安市	20	瑞安市	21	瑞安市	19	瑞安市	21	瑞安市	21	瑞安市
26	诸暨市	24	瑞安市	24	海宁市	24	海宁市	21	海宁市	26	海宁市	22	海宁市	22	海宁市	30	富阳市
28	海宁市	28	海宁市	26	桐乡市	27	桐乡市	24	桐乡市	27	富阳市	23	富阳市	26	富阳市	40	上虞市
30	义乌市	31	桐乡市	30	富阳市	29	富阳市	28	富阳市	31	桐乡市	26	桐乡市	28	桐乡市	46	桐乡市
37	上虞市	33	上虞市	32	上虞市	32	上虞市	42	上虞市	36	上虞市	35	上虞市	40	上虞市	46	平湖市
41	富阳市	37	富阳市	47	宁海市	50	平湖市	47	平湖市	53	平湖市	43	平湖市	49	平湖市	46	长兴县
45	桐乡市	58	东阳市	49	东阳市	52	东阳市	59	东阳市	59	临海市	54	玉环县	52	玉环县	46	德清县
57	东阳市	60	玉环县	50	玉环市	55	临海市	60	临海市	60	永康市	58	临海市	54	临海市	46	嘉善县
71	玉环市	67	临海市	58	平湖市	63	玉环县	64	玉环县	62	长兴县	59	永康市	58	永康市	46	海盐县
78	嵊州市	69	平湖市	64	永康市	64	永康市	65	永康市	64	玉环县	65	长兴县	65	长兴县	46	海宁市
83	临海市	76	永康市	77	象山县	72	海盐县	67	海盐县	71	宁海县	68	宁海县	67	宁海县	50	玉环县
87	永康市	81	苍南县	80	苍南县	74	宁海县	72	宁海县	73	嘉善市	73	嘉善市	73	嘉善市	58	临海市
90	长兴县	82	象山县	82	宁海市	80	象山县	74	象山县	77	东阳市	75	东阳市	74	东阳市	64	永康市
95	苍南县	90	临安市	87	长兴县	81	临安市	75	临安市	78	象山县	76	象山县	75	象山县	66	宁海县
96	象山县	93	嘉善县	89	嵊州市	82	长兴县	79	长兴县	80	临安市	77	临安市	80	临安市	70	象山县
98	平湖市	97	长兴县	90	临安市	84	嘉善市	80	嘉善市	81	德清县	78	德清县	82	德清县	79	奉化市
99	临安市	98	平阳县	91	嘉善市	90	苍南县	83	德清县	83	海盐县	82	奉化市	83	奉化市	80	东阳市
				97	永嘉县	91	奉化市	90	嵊州市	88	奉化市	89	海盐县	85	海盐县	82	临安市
				99	平阳县	94	平阳县	91	奉化市					100	嵊州市	97	嵊州市
				100	德清县	99	德清县	97	苍南县								
总计	24	总计	24	总计	27	总计	27	总计	27	总计	25	总计	25	总计	26	总计	26

续表

2010（第十届）		2011（第十一届）		2012（第十二届）		2013（第十三届）		2014（第十四届）		2015（第十五届）		2016（第十六届）		2017（第十七届）	
排名	县域单位	排名	县域单位	排名	县域单位	排名	县域单位	排名	县域单位	排名	县域单位	排名	县域单位	排名	县域单位
3	慈溪市	3	慈溪市	3	慈溪市	6	慈溪市	6	慈溪市	7	慈溪市	8	慈溪市	4	慈溪市
5	绍兴县	6	绍兴县	6	绍兴县	8	义乌市	8	义乌市	9	义乌市	9	义乌市	7	义乌市
8	义乌市	8	义乌市	7	义乌市	9	余姚市	13	余姚市	14	诸暨市	13	诸暨市	9	诸暨市
10	余姚市	10	余姚市	8	余姚市	16	诸暨市	14	诸暨市	18	余姚市	14	余姚市	14	余姚市
13	诸暨市	19	诸暨市	19	诸暨市	33	海宁市	21	乐清市	29	海宁市	28	海宁市	16	乐清市
15	乐清市	26	乐清市	27	温岭市	44	温岭市	31	海宁市	30	乐清市	29	乐清市	19	温岭市
21	温岭市	27	温岭市	34	海宁市	51	桐乡市	43	温岭市	40	温岭市	37	温岭市	21	海宁市
30	富阳市	28	富阳市	41	富阳市	52	长兴县	60	桐乡市	55	桐乡市	53	桐乡市	26	瑞安市
32	瑞安市	31	瑞安市	48	上虞市	57	瑞安市	63	富阳市	65	长兴县	61	瑞安市	32	桐乡市
43	上虞市	41	上虞市	49	桐乡市	60	富阳市	65	长兴县	70	瑞安市	65	长兴县	40	平湖市
45	海宁市	42	海宁市	51	平湖市	77	平湖市	70	瑞安市	74	永康市	66	平湖市	44	永康市
45	桐乡市	42	桐乡市	53	长兴县	78	永康市	75	平湖市	76	宁海县	67	永康市	45	宁海县
45	平湖市	42	平湖市	58	宁海市	80	宁海县	76	永康市	80	东阳市	69	宁海县	50	长兴县
45	长兴县	42	长兴县	78	临海市	84	东阳市	77	宁海县	90	临海市	71	东阳市	52	临海市
45	嘉善县	42	嘉善县	80	永康市	92	临海市	89	东阳市	95	象山县	81	临海市	54	玉环县
45	德清县	42	德清县	83	嘉善县	96	嘉善县	91	临海市	96	德清县	91	象山县	59	嘉善县
57	玉环市	57	永康市	85	东阳市	99	象山县	99	象山县	98	嘉善县	93	德清县	63	德清县
60	永康市	58	玉环市	93	玉环市	总计	17	总计	17	总计	17	94	嘉善县	64	象山县
63	宁海县	61	宁海县	98	德清县							总计	18	74	嵊州市
63	象山县	61	象山县	100	临安市									76	苍南市
63	奉化市	61	奉化县	总计	20									79	海盐县
74	东阳市	70	东阳市											82	安吉县
75	临海市	79	临海市											85	永嘉县
81	临安市	80	临安市											93	新昌县
96	嵊州市	总计	24											94	平阳县
总计	25													99	
														总计	26

资料来源：前七届来源于《中国县域经济年鉴 2006～2007》，第八届以后来源于中国县域经济网（http：//www.china-county.org/）。

附表 5　杭州市历年财政预算内收支 *

年份		杭州市	市区	萧山区	余杭区	桐庐县	淳安县	建德市	富阳区	临安区
1980	收入	118529	94015	7635	5868	1728	1627	2848	2269	2539
	支出	21726	11867	2010	1550	998	1242	1256	1403	1197
1984	收入	172996	130757	14175	9899	3097	1961	5053	4051	4001
	支出	46937	28710	4281	3329	1886	1635	2212	2745	2139
1985	收入	186472	131923	18325	14012	3463	2675	5399	5123	5366
	支出	57710	35435	5164	4124	2602	2193	2575	3191	2539
1986	收入	205952	141923	22587	16227	4113	3089	5958	5976	6059
	支出	73213	43959	7234	5728	3164	2990	3419	3690	2979
1987	收入	226262	152268	26168	18275	4890	3575	6989	6946	7121
	支出	70396	40157	7987	5789	3132	2964	3324	3834	3209
1988	收入	246961	161208	30087	22134	5610	3605	8155	7923	8239
	支出	95655	53031	12038	7970	4312	3980	4768	5106	4460
1989	收入	25.5	156649	36332	24695	6352	3608	9006	9200	9121
	支出	11.36	61534	15344	11165	4850	4193	5606	5946	4933
1990	收入	25.25	149904	38876	25955	5898	3281	9607	9736	9246
	支出	11.82	62587	16337	11344	5341	4745	5488	6923	5402
1991	收入	267597	158130	41427	27660	6372	3551	10302	10490	9665
	支出	123134	62403	62403	12153	5206	4772	6413	7186	6261

* 表中数据整数单位为万元，有小数点的单位为亿元。

续表

年份	项目	杭州市	市区	萧山区	余杭区	桐庐县	淳安县	建德市	富阳区	临安区
1992	收入	286394	168341	44512	29777	6870	3757	11168	11454	10515
	支出	132841	65984	20354	13288	5663	5436	6938	834	6882
1993	收入	394946	233670	61297	40008	10338	4340	16009	15554	13730
	支出	185168	90545	33011	18494	6875	6510	9541	11525	6510
1994	收入	197292	116733	33555	21158	4858	2405	7158	5910	5515
	支出	215415	102430	37085	23077	8597	8362	11368	13417	11079
1995	财政总收入	55.12	339828	82489	54233	12810	5866	17697	21403	16936
	地方财政预算内收入	23.04	135041	38783	24566	5881	3115	8728	7802	6515
	支出	24.91	120084	42727	26074	10351	9625	11802	15539	12848
1996	财政总收入	635334	414557	79747	54416	14400	7334	19377	26478	18965
	地方财政预算内收入	268438	169987	38288	22299	6651	3962	9401	10382	7468
	支出	302390	151016	47532	31053	12875	12414	13888	18223	15389
1997	财政总收入	740725	485650	94632	61723	16851	8570	20917	32332	20050
	地方财政预算内收入	312797	196885	44042	25769	7779	5211	10788	13732	8591
	支出	363834	197054	52421	32493	13842	13940	15553	21605	16926
1998	财政总收入	869824	585165	106584	65671	18924	10093	22999	37412	22526
	地方财政预算内收入	368484	236269	49502	28995	8980	6224	12100	16737	9677
	支出	424478	237221	61787	37205	13857	15640	17009	23424	18335

续表

年份		杭州市	市区	萧山区	余杭区	桐庐县	淳安县	建德市	富阳区	临安区
1999	财政总收入	102.66	69.94	13.47	7.18	2.09	1.22	2.75	4.45	2.56
	地方财政预算内收入	44.96	28.8	6.16	3.49	1.08	0.76	1.42	2.11	1.14
	支出	56.35	3.52	7.71	4.44	1.74	2.14	1.93	2.71	2.15
2000	财政总收入	142.85	123.73	17.37	9.26	3.06	1.55	3.57	7.35	3.60
	地方财政预算内收入	69.19	59.99	8.18	4.59	1.51	0.93	1.84	3.2	1.71
	支出	73.43	44.57	10.57	5.45	2.05	2.29	2.44	3.77	2.71
2001	财政总收入	188.46	161.22	23.78	12.81	4.25	2.41	4.53	11.03	5.02
	地方财政预算内收入	104.28	88.47	13.29	7.33	2.47	1.78	2.62	6.05	2.89
	支出	104.93	84.95	13.83	7.86	3.07	3.6	3.47	6.17	3.68
2002	财政总收入	257.14	223.5			5.5	2.46	5.65	13.77	6.26
	地方财政预算内收入	118.32	102.30			2.63	1.38	2.66	6.44	2.92
	支出	140.47	116.08			3.87	3.73	4.11	8.41	4.26
2003	财政总收入	329.71	286.15			7.38	3.11	7.2	17.72	8.15
	地方财政预算内收入	150.39	129.08			3.61	1.83	3.59	8.28	4
	支出	163.59	134.05			4.69	4.53	5.2	9.89	5.24
2004	财政总收入	395.75	348.87			7.12	3.64	7.52	20.04	8.56
	地方财政预算内收入	197.45	171.28			4.21	2.31	4.15	10.53	4.97
	支出	195.63	160.23			5.92	5.33	5.56	12.34	6.24

续表

年份		杭州市	市区	萧山区	余杭区	桐庐县	淳安县	建德市	富阳区	临安区
2005	财政总收入	520.79	458.41			10.28	4.78	10.87	24.58	11.87
	地方财政预算内收入	250.46	217.26			5.08	2.77	5.86	12.76	6.73
	支出	238.33	195.76			6.93	6.5	7.28	14.29	7.56
2006	财政总收入	624.49	548.46			11.85	6.09	13.12	30.26	14.7
	地方财政预算内收入	301.39	261.61			5.73	3.29	6.77	15.96	8.04
	支出	275.48	225.43			7.5	8.02	8.71	16.4	9.42
2007	财政总收入	788.42	692.97			13.8	7.39	16.8	38.76	18.7
	地方财政预算内收入	391.62	342.15			6.68	4.13	8.42	20.45	9.79
	支出	335.71	274.71			8.48	10.16	10.65	20.11	11.6
2008	财政总收入	910.55	799.1			16	8.52	19.41	45.07	22.44
	地方财政预算内收入	455.35	397.28			8.22	4.92	9.69	23.58	11.66
	地方财政预算内支出	419.67	345.46			10.91	12.21	12.36	23.92	14.82
2009	财政总收入	1019.43	896.58			17.64	9.57	20.03	50.11	25.51
	地方财政预算内收入	520.79	453.52			9.5	5.59	10.57	27.57	14.04
	地方财政预算内支出	490.39	400.03			14.27	15.19	14.6	27.35	18.95
2010	财政总收入	1245.43	1098.83			23.3	11.92	21.02	60.25	30.12
	地方财政预算内收入	671.34	589.44			13.08	7.2	12.01	32.65	16.97
	地方财政预算内支出	616.48	498.72			17.84	19.14	18.7	36.23	25.9

续表

年份		杭州市	市区	萧山区	余杭区	桐庐县	淳安县	建德市	富阳区	临安区
2011	财政总收入	1488.92	1300.9			30.3	15.27	26.04	77.17	39.23
	地方财政预算同收入	785.15	682.28			17.19	9.52	14.11	40.95	21.1
	地方财政预算内支出	747.51	597.18			22.79	24.02	23.11	46.84	33.56
2012	财政总收入	1627.89	1424.49			34.01	17.2	29.55	78.47	44.17
	公共财政收入	859.99	747.6			19.51	11.21	16	42.01	23.66
	公共财政支出	786.28	622.29			27	27.48	25.25	47.96	36.29
2013	财政总收入	1734.98	1515.76			37.44	19.2	30.72	83.21	48.64
	公共财政收入	945.2	820.73			22.13	12.55	17.31	46.36	26.12
	公共财政支出	855.74	666.23			29.97	37.59	27.43	52.69	41.82
2014	财政总收入	1920.11	1686.64			38.05	21.1	33.32	88.4	52.6
	公共财政收入	1027.32	893.06			23.91	13.86	18.7	49.6	28.19
	公共财政支出	961.18	750.12			32.9	43.56	31.24	57.7	45.66
2015	财政总收入	2238.75	2073.87			43.03	25.09	36.5		60.28
	公共财政收入	1233.88	1081.69			26.97	17.14	21.2		32.56
	公共财政支出	1205.48	1023.51			40.31	50.6	41.09		50.16
2016	财政总收入	2558.41	2384.42			43.04	27.29	38.87		64.79
	公共财政收入	1402.38	1298.8			26.17	17.36	22.71		37.34
	公共财政支出	1404.31	1201.94			40.94	60.07	41.19		60.17
2017	财政总收入	2921.2996	2726.1725			46.5922	30.9065	42.717		74.9114
	公共财政收入	1567.4169	1454.6173			27.8292	17.2688	24.4007		43.3009
	公共财政支出	1540.9156	1332.11			41.6717	57.3686	44.9887		64.7766

注：2011年1月1日起，将按预算外资金管理的收入人全部纳入预算管理。自2012年开始，"地方财政预算内收入"改为"公共财政收入"，"地方财政预算内支出"改为"公共财政支出"。

附表 6

宁波市历年财政预算内收支 *

年份		宁波市	市区	鄞州区	象山县	宁海县	余姚市	慈溪市	奉化市
1980	收入	56289	34776	4451	1725	1910	5037	5753	2490
	支出	15713	6425	1688	1233	1509	1640	1840	1049
1984	收入	93318	58117	7983	3026	2607	8229	9337	3321
	支出	25544	12148	2393	1821	2059	2814	2881	1427
1985	收入	91238	46963	11253	3667	3352	10770	10902	4331
	支出	34610	17449	3634	2218	2325	3495	3562	1927
1986	收入	102264	50873	12797	4548	4198	12477	12391	4980
	支出	48979	27413	4116	2488	2876	4892	4534	2660
1987	收入	113351	55227	14182	5268	4976	14033	13902	5763
	支出	41655	19490	4219	2674	2907	4942	4754	2669
1988	收入	133395	66580	16490	6200	4619	16378	16420	6708
	支出	70336	38395	5493	4101	4665	6799	6635	4248
1989	收入	15.28	74892	18577	7263	6330	19023	18972	7694
	支出	8.94	50139	7466	4995	4482	8528	9077	4668
1990	收入	15.98	76432	20089	7742	6894	20005	20493	8148
	支出	9.7	54171	7471	5266	5514	9372	10234	4963
1991	收入	177875	86731	22525	8684	7827	21448	22008	8652
	支出	106961	62403	9248	5905	6254	10260	11316	5275

* 表中数据整数数单位为万元，有小数点的单位为亿元。

续表

年份		宁波市	市区	鄞州区	象山县	宁海县	余姚市	慈溪市	奉化市
1992	收入	198354	96919	25512	9614	9312	23133	24275	9589
	支出	119113	62758	11171	6856	7664	10876	12799	7009
1993	收入	282516	137582	36830	13867	14041	31659	34114	14423
	支出	180442	92751	20752	10100	11924	16459	17378	11078
1994	收入	177597	98396	19516	6745	7334	18015	19384	8207
	支出	250553	145946	23811	11910	12498	20737	21765	13886
1995	财政总收入	53.11	329148	51669	19225	19730	43576	47066	20731
	地方财政预算内收入	24.79	148231	25016	10167	9032	22365	22986	10156
	支出	35.38	231440	26509	13617	15142	23981	26360	16770
1996	财政总收入	659529	424052	62714	22541	22930	50008	53428	23321
	地方财政预算内收入	320426	201851	30652	11936	11017	26174	26775	12026
	支出	453292	306509	34301	17216	17744	29308	29125	19089
1997	财政总收入	750413	485289	73705	24793	24890	55864	61446	24426
	地方财政预算内收入	370506	237140	36505	13493	11697	29468	29707	12496
	支出	520508	350452	39826	20861	22596	32314	33010	21449
1998	财政总收入	876352	572223	85674	28418	28572	62631	72180	26654
	地方财政预算内收入	417575	266035	42656	15554	13362	32621	33986	13361
	支出	607332	400024	53322	27317	30068	35873	38800	21928

续表

年份		宁波市	市区	鄞州区	象山县	宁海县	余姚市	慈溪市	奉化市
1999	财政总收入	103.99	67.98	10	3.39	3.58	7.11	8.8	3.12
	地方财政预算内收入	50.17	31.95	4.9	1.86	1.75	3.76	4.37	1.57
	支出	69.82	45.97	5.8	2.93	3.52	4.02	4.87	2.7
2000	财政总收入	143.15	93.96	14.01	4.23	4.8	9.29	12.87	4.19
	地方财政预算内收入	64.35	41.17	6.25	2.35	2.19	4.49	5.85	2.06
	支出	83.91	54.11	7.08	3.51	3.95	5.26	6.67	3.31
2001	财政总收入	190.31	120.96	18.51	6.02	7.1	13.82	17.69	6.23
	地方财政预算内收入	99.11	60.55	9.58	3.55	3.93	8.11	9.97	3.44
	支出	116.28	73.1	10.47	4.6	5.13	7.66	10.67	4.66
2002	财政总收入	262.18	189.52		8.21	10.06	18.71	27.03	8.64
	地方财政预算内收入	111.84	79.41		3.82	4.16	8.47	12.38	3.59
	支出	145.26	100.96		5.85	6.74	11.03	15.06	5.62
2003	财政总收入	325	228.76		10.71	13.01	26.23	35.01	11.29
	地方财政预算内收入	139.42	95.97		4.67	5.56	11.99	16.82	4.41
	支出	180.25	122.05		7.64	8.33	15.73	19.69	6.8
2004	财政总收入	295.37	221.78		9.28	10.22	20.15	24.53	9.4
	地方财政预算内收入	151.75	108.93		5.37	5.27	11.98	15.15	5.05
	支出	215.95	150.13		8.42	9.51	18.13	21.99	7.78

续表

年份		宁波市	市区	鄞州区	象山县	宁海县	余姚市	慈溪市	奉化市
2005	财政总收入	466.49	329.46		15.02	16.61	40.36	50	15.04
	地方财政预算内收入	212.38	147.51		7.02	7.59	19.58	23.56	7.12
	支出	264.77	180.33		10.46	11.71	22.13	28.86	11.29
2006	财政总收入	561.17	392.29		17.72	21.32	50.2	62.01	17.63
	地方财政预算内收入	257.38	176.78		8.78	9.92	24.23	28.95	8.72
	支出	292.7	197.4		12.09	13.69	26.77	30.89	11.86
2007	财政总收入	723.92	512.47		22.77	27.66	63.37	75.11	22.54
	地方财政预算内收入	329.12	228.18		11.35	12.9	30.29	35.51	10.89
	支出	371.04	254.84		16.44	17.01	31	37.81	13.94
2008	财政总收入	810.9	569.9		27.34	32.2	70.2	86.01	25.25
	地方财政预算内收入	390.4	270.23		14.84	15.66	33.3	43.44	12.93
	支出	439.4	297.84		24.09	21.32	34	43.8	18.35
2009	财政总收入	966.25	714.97		30.01	30.46	72.65	91	27.16
	地方财政预算内收入	432.77	295.6		16.71	17.91	39.03	49.1	14.42
	地方财政预算内支出	506.08	349.59		23.16	23.58	39.24	50.07	20.44
2010	财政总收入	1171.75	875.86		35.16	40.6	82.07	104.88	33.18
	地方财政预算内收入	530.93	450.33		8.78	9.92	24.23	28.95	8.72
	地方财政预算内支出	600.66	405.49		27.66	28.76	50.55	61.84	26.36

续表

年份		宁波市	市区	鄞州区	象山县	宁海县	余姚市	慈溪市	奉化市
2011	财政总收入	1431.76	1089.43		42.32	50.12	100.76	108.97	40.16
	地方财政预算内收入	657.55	467.85		24.83	26.59	55.02	61.3	21.96
	地方财政预算内支出	750.72	516.6		39.55	36.31	58.25	67.04	32.97
2012	财政总收入	1536.5101	1161.18		46.6772	55.1641	112.8512	116.0336	44.604
	公共财政收入	725.5003	517.2272		27.2793	29.8439	61.6855	65.0916	24.3728
	公共财政支出	828.4437	561.0893		45.8059	41.7143	67.8191	73.0221	38.993
2013	财政总收入	1651.1797	1259.4018		50.6226	60.4075	106.3402	123.2298	51.1778
	公共财政收入	792.808	572.8137		30.6867	33.1354	59.639	69.967	26.5662
	公共财政支出	939.8939	637.3441		54.5353	46.7116	74.5919	81.188	45.523
2014	财政总收入	1790.8851	1364.2482		65.5585	54.7676	119.4262	131.6018	55.2828
	公共财政收入	860.6109	627.0341		33.1678	36.0643	64.807	70.5144	29.0233
	公共财政支出	1000.8563	686.9445		52.7444	50.9391	80.4673	82.0757	47.6853
2015	财政总收入	2072.7267	1521.3006		73.1372	61.3993	133.7851	220.7043	62.4002
	公共财政收入	1006.4065	740.2649		37.9485	41.5712	75.0989	77.7038	33.8192
	公共财政支出	1252.6362	884.5874		61.3051	60.2519	92.5207	93.2586	60.7125
2016	财政总收入	2145.7	1556.4		62.61	80.04	139.11	244.93	62.61
	公共财政收入	1114.5	777.33		38.07	48.79	81.16	132.1	37.05
	公共财政支出	1289.3	859.39		61.37	67.76	93.69	145.72	61.37
2017	财政总收入	2415.8286	1949.5399		67.1918	90.0809	152.4493	156.5667	
	公共财政收入	1245.288	965.7724		39.2698	55.4779	90.648	94.1199	
	公共财政支出	1410.6049	1049.3917		70.2706	80.0286	102.6808	108.2332	

注：2011年1月1日起，将按预算外资金管理的收入全部纳入预算管理。自2012年开始，"地方财政预算内收入"改为"公共财政收入"，"地方财政预算内支出"改为"公共财政支出"。

附表 7

温州市历年财政预算内收支 *

年份		温州市	市区	瓯海区	洞头区	永嘉县	平阳县	苍南县	文成县	泰顺县	瑞安市	乐清市
1980	收入	17089	9209		220	667	2032		267	412	2296	1986
	支出	12233	3342		397	1165	2346		902	953	1576	1651
1984	收入	27234	10056	1682	375	1506	1973	2801	436	405	3432	4568
	支出	25262	5505	1377	899	2613	2316	2983	1462	1452	2579	4076
1985	收入	39267	15439	2499	599	2105	2958	3731	384	387	5557	6509
	支出	32207	8220	1700	1020	3014	3250	3515	1900	1671	3465	4434
1986	收入	50329	20005	3261	856	2858	3061	4881	519	583	6828	7477
	支出	47444	13321	2869	1485	4131	4217	5210	2232	2341	5414	6224
1987	收入	60944	24009	4121	1107	3689	3821	5374	625	735	8267	9196
	支出	46899	12170	3015	1456	4961	4317	5213	2374	2542	5345	5506
1988	收入	75419	29993	5213	1449	4478	4850	6222	600	773	10748	11093
	支出	60869	16743	3844	1830	6343	5383	6355	3048	3091	7315	6917
1989	收入	8.77	32957	6447	1829	5549	5325	8020	773	921	12775	13076
	支出	7.58	21996	4738	2679	7506	6507	7245	3564	3481	9923	8928
1990	收入	8.89	30651	7256	1965	5878	6102	9162	607	905	13885	12459
	支出	8.73	26864	5698	2933	8069	7541	8285	3772	3933	10690	9466
1991	收入	99391	34310	8183	2134	6811	6993	10450	831	1031	14801	13846
	支出	93562	24970	7032	2931	8911	8544	9868	4389	4420	12054	10442

* 表中数据整数单位为万元，有小数点的单位为亿元。

续表

年份		温州市	市区	瓯海区	洞头区	永嘉县	平阳县	苍南县	文成县	泰顺县	瑞安市	乐清市
1992	收入	118946	48938		2095	9190	9019	12027	1005	1133	19362	16177
	支出	102991	31860		3559	11358	9776	11109	4536	4439	14880	11474
1993	收入	186767	74377		2969	16925	14128	16799	1462	1483	30531	28093
	支出	146491	46394		4302	17294	4265	14602	5192	5365	22424	17353
1994	收入	110437	49532		1595	10038	7591	10265	919	912	15052	14533
	支出	162871	53789		3816	18302	15231	16926	6048	5575	24715	18469
1995	财政总收入	26.49	110290		3666	20183	21648	22928	2957	2656	40913	39590
	地方财政预算内收入	13.71	60245		1968	10938	10010	11600	1956	1533	20014	18810
	支出	20.53	73946		5384	19348	19270	18433	8726	8378	24832	26970
1996	财政总收入	321986	140186		4658	22911	13675	27034	3480	5929	47845	46268
	地方财政预算内收入	173898	83873		2646	11779	11069	13553	2304	2261	24397	22016
	支出	215611	62608		6388	22203	20575	20495	10257	10927	31100	31058
1997	财政总收入	387066	178736		5677	25815	27864	30326	3959	7605	52986	54098
	地方财政预算内收入	217639	114248		3283	13225	12981	15368	2635	2934	27248	25717
	支出	250721	83796		7535	21037	21539	21570	12691	11803	35844	34906
1998	财政总收入	459864	218611		6251	29863	33500	35864	4828	5304	60485	65158
	地方财政预算内收入	265692	140883		3757	15758	16230	18545	3252	3604	31340	32323
	支出	282791	91367		8364	23600	24813	28578	13857	13699	38152	40391

续表

年份		温州市	市区	瓯海区	洞头区	永嘉县	平阳县	苍南县	文成县	泰顺县	瑞安市	乐清市
1999	财政总收入	55.15	27.6		0.63	3.29	3.39	4.15	0.6	0.62	7.01	7.88
	地方财政预算内收入	33.46	18.35		0.4	1.88	1.72	2.23	0.44	0.42	3.85	4.18
	支出	33.32	11.57		0.89	2.75	2.92	3.1	1.63	1.49	4.26	4.7
2000	财政总收入	63.87	33.34		0.87	4.13	4.36	4.7	0.71	0.81	9.67	11.07
	地方财政预算内收入	44.52	21.55		0.56	2.35	2.63	2.75	0.52	0.51	5.57	5.75
	支出	42.74	17.71		1.19	2.99	3.79	3.62	1.84	1.82	5.38	6.37
2001	财政总收入	96.11	50.23		1.09	5.56	5.57	5.81	1.72	1.06	10.99	14.08
	地方财政预算内收入	63.41	35.52		0.82	3.41	3.49	3.67	0.7	0.71	7.1	8
	支出	54.56	20.42		0.94	4.08	4.17	4.64	2.5	2.31	7.3	8.19
2002	财政总收入	126.26	67.53		1.26	7.03	6.83	7.14	1.29	1.34	15.51	18.34
	地方财政预算内收入	68.75	39.42		0.69	3.64	3.4	3.85	0.85	0.82	7.88	8.2
	支出	65.76	22.67		1.87	4.96	5.45	5.92	3.12	2.79	9.01	9.97
2003	财政总收入	151.77	81.24		1.51	8.66	7.53	8.22	1.46	1.43	19.49	22.23
	地方财政预算内收入	78.96	44.25		0.86	4.38	3.87	4.58	0.92	0.89	9.49	9.72
	支出	74.26	24.75		2.56	5.55	6.22	7.08	3.21	3.13	10.4	11.35
2004	财政总收入	143.17	70.44		1.37	10.03	6.98	8.42	1.28	1.49	19.09	24.08
	地方财政预算内收入	85.68	46.84		0.9	5.08	3.86	4.77	0.97	1.04	10.74	11.48
	支出	83.31	34.51		1.46	6.18	6.49	8.54	3.73	4.17	12.87	14.08

续表

年份		温州市	市区	瓯海区	洞头区	永嘉县	平阳县	苍南县	文成县	泰顺县	瑞安市	乐清市
2005	财政总收入	204.92	108.62		1.79	12.33	9.05	10.54	1.82	1.81	27.5	31.46
	地方财政预算内收入	109.61	60.54		1.11	6.12	4.55	5.8	1.21	1.26	14.41	14.6
	地方财政预算内支出	93.39	39.3		3.03	8.67	7.33	9.42	4.4	4.9	14.6	16.41
2006	财政总收入	241.08	125.19		2.7	14.86	10.91	12.75	2.31	2.15	32.59	37.62
	地方财政预算内收入	128.78	68.67		1.52	7.44	5.67	7.28	1.54	1.5	17.48	17.68
	地方财政预算内支出	143.7	59.21		3.81	10.44	9.34	13.15	6.03	6.63	16.61	18.48
2007	财政总收入	293.26	149.63		3.31	18.38	13.28	16.9	2.85	2.71	40.03	46.17
	地方财政预算内收入	157.03	82.4		1.77	9.21	7.07	10.01	1.91	1.87	21.16	21.63
	地方财政预算内支出	176.99	71.78		5.26	13.53	11.88	15.65	7.23	6.89	21.14	23.63
2008	财政总收入	339.8	170.96		3.58	21.77	16	19.92	3.43	3.2	46.32	54.62
	地方财政预算内收入	180.1	93.03		2.11	10.8	8.8	11.72	2.32	2.28	23.97	25.07
	地方财政预算内支出	209.7	82.76		6.05	16.87	15.21	19.42	8.69	8.7	25.22	26.78
2009	财政总收入	360.72	176.04		4.29	23.58	17.73	21.8	3.69	3.64	51.01	58.94
	地方财政预算内收入	195.64	98.96		2.27	11.59	9.95	12.93	2.68	2.63	27.4	27.23
	地方财政预算内支出	252.23	105.41		6.39	19.37	18.31	21.77	10.92	10.52	27.02	32.52
2010	财政总收入	411.43	218.95		5.22	2.68	22.01	24.25	4.74	4.65	60.21	68.72
	地方财政预算内收入	228.49	109.74		2.74	13.74	13.35	14.95	3.48	3.43	32.7	34.36
	地方财政预算内支出	310.78	121.9		8.56	24.27	22.75	28.13	14.7	15.42	36.16	38.89

续表

年份	项目	温州市	市区	瓯海区	洞头区	永嘉县	平阳县	苍南县	文成县	泰顺县	瑞安市	乐清市
2011	财政总收入	485.62	224.39		7.02	32.07	28.52	29.68	6.4	6.09	69.33	82.12
	地方财政预算内收入	270.87	127.64		3.07	16.27	16.75	17.43	4.74	4.63	38.68	41.66
	地方财政预算内支出	370.45	136.11		11.26	30.89	28.87	35.14	20.63	18.63	43.15	45.77
2012	财政总收入	517.8928	236.8884		7.7515	35.9241	28.7009	32.1232	6.3951	6.4329	72.00	91.68
	公共财政收入	289.6419	135.141		3.3926	18.4454	17.1174	19.3273	4.9267	4.9193	40.65	45.72
	公共财政支出	387.7865	139.5545		13.1756	34.7358	27.5092	38.0704	21.3884	20.259	46.62	46.48
2013	财政总收入	565.6347	253.5827		7.9604	38.6357	33.0341	37.0288	7.3498	7.0639	78.63	102.35
	公共财政收入	323.9752	147.7942		3.8344	20.8497	20.3581	23.6529	5.8317	5.619	44.74	51.29
	公共财政支出	437.9565	154.0246		15.4061	40.1979	32.8165	45.3291	24.6082	23.5395	50.68	51.35
2014	财政总收入	612.4424	272.0369		8.4838	40.514	36.09	41.0915	8.3213	8.2214	86.46	111.22
	公共财政收入	352.5253	161.3144		4.5021	22.31	22.0002	25.6366	6.4766	6.1912	48.44	55.65
	公共财政支出	488.981	165.3053		16.7861	45.2592	40.5822	49.4925	27.3173	27.581	55.31	61.35
2015	财政总收入	677.915	308.0583			45.8775	40.7597	46.2462	8.9894	9.2774	94.63	124.08
	公共财政收入	403.0735	187.7417			26.358	25.6688	30.0221	7.2617	7.1496	54.72	64.15
	公共财政支出	569.4294	206.9777			53.6715	45.7164	54.4021	33.9441	31.0942	73.40	70.22
2016	财政总收入	723.96	332.43			49.09	43.89	51.66	10.03	10.66	98.01	128.19
	公共财政收入	439.87	203.68			29.59	27.77	31.82	7.92	7.81	59.05	72.23
	公共财政支出	666.75	221.97			60.86	54.7	70.13	41.23	38.85	92.8	86.21
2017	财政总收入	778.2601	357.1447			50.4572	47.2883	55.8685	11.027	11.4307	105.04	140.00
	公共财政收入	465.3504	211.2019			31.5959	29.7951	33.7222	8.2539	7.9105	63.47	79.40
	公共财政支出	761.6108	262.6665			73.9942	60.2825	80.6195	45.4576	45.1527	98.23	95.21

注：2011 年 1 月 1 日起，将按预算外资金管理的收入全部纳入预算管理。自 2012 年开始，"地方财政预算内收入"改为"公共财政收入"，"地方财政预算内支出"改为"公共财政支出"。

附表 8

嘉兴市历年财政预算内收支 *

年份		嘉兴市	市区	嘉善县	海盐县	海宁市	平湖市	桐乡市
1980	收入	28557	12397	2278	1709	5030	3033	4115
	支出	8178	2863	854	829	1525	952	1156
1984	收入	47616	18972	3642	3649	9685	4738	7270
	支出	14318	5026	1498	1599	2688	1503	2004
1985	收入	67192	25105	5100	5002	13467	7812	10529
	支出	20315	7339	2079	2054	3506	2447	2888
1986	收入	75137	27499	6006	5736	15001	8970	11926
	支出	27295	9601	2549	2672	4774	3158	4562
1987	收入	80977	28279	7523	6567	15951	9355	13302
	支出	26646	8950	2988	2526	4861	3067	4248
1988	收入	92088	33290	8569	7418	17251	10782	14778
	支出	33787	11403	3737	3348	5652	4032	5615
1989	收入	10.13	36536	9452	8310	18936	11640	16461
	支出	4.06	14240	4314	4305	6529	4185	7028
1990	收入	10.12	35107	10112	8902	19036	10631	17086
	支出	4.29	14911	4570	4475	6824	4858	7232
1991	收入	106743	35933	10302	10075	21038	11300	18095
	支出	46405	15341	5621	5572	7371	5095	7405

* 表中数据整数单位为万元，有小数点的单位为亿元。

续表

年份		嘉兴市	市区	嘉善县	海盐县	海宁市	平湖市	桐乡市
1992	收入	109758	35934	10163	10679	22250	11394	19338
	支出	51579	15745	6408	6483	8382	5992	8569
1993	收入	142894	47841	13038	13194	28006	15127	25688
	支出	67513	21347	7770	7779	11363	7322	11932
1994	收入	65726	20732	6771	7203	11957	6917	12146
	支出	75906	23958	9055	8713	12675	8364	13141
1995	财政总收入	18.16	61421	16080	16167	36951	18340	32672
	地方财政预算内收入	7.56	24710	7443	7825	14761	7039	13824
	支出	8.53	27439	9568	9503	15096	10063	14650
1996	财政总收入	206087	67361	19192	17791	42718	20924	38121
	地方财政预算内收入	86530	27855	8482	8600	17201	8408	15984
	支出	98293	31932	10130	10443	18523	10803	16462
1997	财政总收入	224812	70413	20820	19085	47464	23971	43059
	地方财政预算内收入	93221	29998	9237	9022	18055	9481	17428
	支出	105886	34249	10580	11466	19572	11822	18269
1998	财政总收入	263167	81205	24628	21684	55853	28631	51166
	地方财政预算内收入	114298	37887	11050	10432	22577	11800	20552
	支出	127319	41911	11951	13066	24848	14344	21199

续表

年份		嘉兴市	市区	嘉善县	海盐县	海宁市	平湖市	桐乡市
1999	财政总收入	29.38	9.07	2.96	2.69	5.78	3.21	5.67
	地方财政预算内收入	13.17	4.51	1.26	1.22	2.44	1.38	2.37
	支出	15.59	5.26	1.44	1.53	2.79	1.76	2.81
2000	财政总收入	40.17	11.73	4.06	3.42	8.16	4.94	7.86
	地方财政预算内收入	19.2	6.16	1.8	1.6	3.89	2.08	3.67
	支出	21.52	7.65	1.95	1.89	4.09	2.24	3.7
2001	财政总收入	53.53	15.21	5.63	4.79	10.62	7.21	10.07
	地方财政预算内收入	29.73	8.81	2.78	2.57	6.12	3.66	5.79
	支出	31.07	10.15	2.77	2.76	6.21	3.8	5.37
2002	财政总收入	72.51	20.39	7.78	6.49	14.67	10.55	12.63
	地方财政预算内收入	31.69	9.57	3.06	3.06	6.29	4.1	5.6
	支出	38.54	12.88	3.51	3.58	7.25	4.83	6.5
2003	财政总收入	92.72	26.08	10.3	8.01	18.08	13.88	16.38
	地方财政预算内收入	41.22	12.61	4.35	3.47	7.65	5.94	7.2
	支出	47.24	14.54	4.87	4.31	8.65	6.56	8.29
2004	财政总收入	113.63	34.51	13.04	9.1	21.31	16.13	19.54
	地方财政预算内收入	54.89	18.07	6.1	4.25	9.81	7.45	9.22
	支出	59.72	18.95	6.99	5.13	10.69	8.08	9.88

续表

年份		嘉兴市	市区	嘉善县	海盐县	海宁市	平湖市	桐乡市
2005	财政总收入	135.14	42.82	15.33	10.5	24	19.48	23.01
	地方财政预算内收入	66.79	22.91	7.28	5.01	11.43	9	11.17
	地方财政预算内支出	73.45	25.15	7.86	6.07	12.58	9.73	12.06
2006	财政总收入	165.11	52.51	18.77	12.95	28.61	25.13	27.15
	地方财政预算内收入	81.55	28.43	8.74	6.17	13.47	11.85	12.89
	地方财政预算内支出	86.35	30.3	8.89	7.03	14.01	12.89	13.24
2007	财政总收入	209.44	66.68	23.15	16.03	36.58	31.85	35.15
	地方财政预算内收入	105.24	36.13	11.02	8.07	17.9	15.06	17.06
	地方财政预算内支出	107.42	37.34	10.71	9.04	17.63	15.72	16.98
2008	财政总收入	252.13	77.88	30.07	19.15	43.96	39.27	41.8
	地方财政预算内收入	126.87	42.72	14	9.69	21.39	18.67	20.4
	地方财政预算内支出	135.92	46.39	14.72	11.41	22.67	19.76	20.97
2009	财政总收入	279.35	88.13	33.38	21.3	48.39	43.7	44.45
	地方财政预算内收入	141.7	47.51	15.97	10.88	23.95	20.82	22.57
	地方财政预算内支出	161.11	55.5	18.13	13.6	26.3	22.49	25.09
2010	财政总收入	334.33	107.26	38	25.26	59.17	51.64	53
	地方财政预算内收入	176.83	60.19	18.82	13.68	30.33	25.51	28.3
	地方财政预算内支出	199.06	69.94	20.74	18.33	32.55	27.31	30.19

续表

年份		嘉兴市	市区	嘉善县	海盐县	海宁市	平湖市	桐乡市
2011	财政总收入	416	132.58	48.04	32.05	71.79	64.08	67.46
	地方财政预算内收入	226.4	77.35	24.32	17.18	38.82	32.44	36.29
	地方财政预算内支出	240.61	83.81	25.29	20.71	39.87	32.93	38
2012	财政总收入	471.9213	145.5695	52.2486	42.706	81.5236	73.8866	75.987
	公共财政收入	257.7319	143.0683	40.6484	18.4454	45.7238	4.9267	4.9193
	公共财政支出	260.703	91.2262	46.6178	34.7358	46.4758	21.3884	20.259
2013	财政总收入	517.4915	154.9498	54.7699	47.369	94.2631	84.6462	81.4935
	公共财政收入	282.3092	153.9736	44.7415	20.8497	51.2937	5.8317	5.619
	公共财政支出	303.3633	112.9831	50.6842	40.1979	51.3504	24.6082	23.5395
2014	财政总收入	568.0944	168.0724	60.058	52.0112	108.4937	90.4052	89.0539
	公共财政收入	307.0675	167.9955	48.4417	22.31	55.6525	6.4766	6.1912
	公共财政支出	334.9028	118.0879	55.3097	45.2592	61.3477	27.3173	27.581
2015	财政总收入	638.7986	192.7904	66.9084	59.3665	121.1194	98.3433	100.2706
	公共财政收入	350.345	190.7041	54.7214	26.358	64.1502	7.2617	7.1496
	公共财政支出	424.1551	161.8219	73.4009	53.6715	70.2225	33.9441	31.0942
2016	财政总收入	673.37	214.23	73.17	63.06	123.36	99.1	100.45
	公共财政收入	387.93	124.16	41.8	35.18	72	56.79	58
	公共财政支出	442.19	152.66	47.51	43.51	78.09	56.41	64.01
2017	财政总收入	769.3136	252.6866	88.4047	71.1562	135.5488	113.2071	108.3102
	公共财政收入	443.7941	143.1413	51.7178	40.652	77.7242	68.8688	61.69
	公共财政支出	494.7026	164.4608	59.5003	48.7021	81.9513	73.5843	66.5038

注：2011年1月1日起，将按预算外资金管理的收入全部纳入收入，自2012年开始，"地方财政预算内收入"改为"公共财政收入"，"地方财政预算内支出"改为"公共财政支出"。

附表 9　　　　　　　　**湖州市历年财政预算内收支 ***

年份		湖州市	市区	德清县	长兴县	安吉县
1980	收入	17527	10235	2610	2326	1894
	支出	6059	2669	896	1100	965
1984	收入	25943	15703	3883	3462	2621
	支出	10620	5109	1750	1992	1774
1985	收入	33685	20201	5170	4775	3409
	支出	12152	6179	1906	2089	1979
1986	收入	37099	21365	5977	5764	3993
	支出	16423	8322	2669	2979	2453
1987	收入	40919	23453	6670	6322	4474
	支出	16556	8227	2606	3169	2554
1988	收入	44814	25489	7339	6983	5003
	支出	20717	10483	3174	3790	3270
1989	收入	4.9	28527	8188	7006	5303
	支出	2.34	11794	3962	4178	3467
1990	收入	5.03	29941	8355	7162	4874
	支出	2.54	12807	3971	4721	3889
1991	收入	52220	30549	9215	7250	5206
	支出	28328	14783	4250	5449	3846
1992	收入	55628	32474	9753	8083	5318
	支出	30437	16061	5094	4976	4306
1993	收入	75057	42981	13657	10033	8386
	支出	41223	20034	7728	6856	6605
1994	收入	34353	18528	6607	5038	4180
	支出	48610	24558	8056	8109	7887
1995	财政总收入	9.58	55344	18862	13566	9974
	地方财政预算内收入	3.96	21669	7301	6006	4580
	支出	5.91	27840	9354	9558	9314
1996	财政总收入	105945	61842	18048	15008	11047
	地方财政预算内收入	43163	24380	7103	6646	5034
	支出	64295	31639	10739	11253	10664

＊表中数据整数单位为万元，有小数点的单位为亿元。

续表

年份		湖州市	市区	德清县	长兴县	安吉县
1997	财政总收入	121178	71276	20518	16899	12485
	地方财政预算内收入	46758	26657	7833	7010	5258
	支出	71240	35212	11755	12761	11512
1998	财政总收入	142466	84791	23622	19449	14604
	地方财政预算内收入	58094	33686	9508	8319	6581
	支出	84380	43859	13770	13813	12938
1999	财政总收入	15.8	9.33	2.58	2.17	1.72
	地方财政预算内收入	7.08	4.2	1.09	1.01	0.78
	支出	10.41	5.33	1.74	1.77	1.57
2000	财政总收入	21.06	11.56	3.8	3.21	2.51
	地方财政预算内收入	9.89	5.68	1.52	1.54	1.16
	支出	13.25	6.82	2.34	2.18	2.91
2001	财政总收入	29.48	14.69	6.11	5.01	3.68
	地方财政预算内收入	16.34	8.16	3.32	2.88	1.98
	支出	19.23	8.99	4.1	3.16	2.98
2002	财政总收入	38.54	18.66	7.8	6.83	5.25
	地方财政预算内收入	18.63	9.16	3.61	3.42	2.44
	支出	24.34	11.58	4.37	4.28	4.11
2003	财政总收入	51.2	23.72	10.15	10.32	7.01
	地方财政预算内收入	25.26	12.18	5.11	4.58	3.39
	支出	30.47	13.9	5.78	5.9	4.9
2004	财政总收入	65.23	29.82	12.33	14.77	8.31
	地方财政预算内收入	33.36	15.32	6.45	7.23	4.36
	支出	36.51	16.32	7.04	7.23	5.92
2005	财政总收入	74.24	34.64	14.29	17.51	7.81
	地方财政预算内收入	39.73	18.16	7.6	9.4	4.57
	支出	44.08	19.28	8.32	9.57	6.91
2006	财政总收入	91.77	43.66	17.32	22.01	8.78
	地方财政预算内收入	49.79	23.53	9.3	12.04	4.92
	支出	55.93	24.81	9.56	13.91	7.64

续表

年份		湖州市	市区	德清县	长兴县	安吉县
2007	财政总收入	114.06	53.5	21.45	28	11.11
	地方财政预算内收入	61.68	28.93	11.15	15.36	6.24
	支出	68.82	31.66	11.8	16.48	8.88
2008	财政总收入	133.78	62.48	25.76	30.81	14.73
	地方财政预算内收入	71.61	33.56	13.47	16.3	8.28
	地方财政预算内支出	86.42	39.16	14.63	20.22	12.41
2009	财政总收入	146.66	66.08	28.38	33.89	18.31
	地方财政预算内收入	80.01	36.18	14.82	18.47	10.54
	地方财政预算内支出	108.81	49.72	18.84	23	17.25
2010	财政总收入	172.35	74.23	34.51	40.1	23.51
	地方财政预算内收入	97.27	42.38	18.6	22.36	13.93
	地方财政预算内支出	127.12	55	21.44	28.75	21.93
2011	财政总收入	219.08	91.2	44.23	54.54	29.11
	地方财政预算内收入	122.12	51.31	23.4	30.75	16.66
	地方财政预算内支出	151.73	65.1	26.07	35.3	25.26
2012	财政总收入	246.8788	97.5176	50.8888	62.1718	36.3006
	公共财政收入	138.5508	54.7662	27.1938	35.5087	21.0821
	公共财政支出	167.5076	69.6303	29.791	38.8625	29.2238
2013	财政总收入	271.6588	105.46	55.7012	68.1088	42.3888
	公共财政收入	154.6646	59.5534	30.9693	39.4376	24.7043
	公共财政支出	197.6149	83.46	33.5748	47.333	33.2471
2014	财政总收入	295.705	114.1636	61.333	70.1566	50.0518
	公共财政收入	167.84	64.4229	33.707	40.2255	29.4846
	公共财政支出	224.567	94.4538	37.923	51.413	40.7772
2015	财政总收入	327.8218	131.13	66.6445	74.3618	55.6855
	公共财政收入	191.3116	77.8149	37.3614	43.1752	32.9601
	公共财政支出	273.8634	120.8512	46.2501	59.0554	47.7067
2016	财政总收入	360.89	148.69	72.79	79.08	60.33
	公共财政收入	211.18	87.84	42.03	45.46	35.85
	公共财政支出	288.62	127.93	46.04	57.46	57.19
2017	财政总收入	408.8918	170.8611	83.7229	87.0288	67.279
	公共财政收入	237.4308	99.7488	48.6632	49.498	39.5208
	公共财政支出	325.0181	148.8044	51.1256	63.0843	62.0038

注：2011 年 1 月 1 日起，将按预算外资金管理的收入全部纳入预算管理。自 2012 年开始，"地方财政预算内收入"改为"公共财政收入"，"地方财政预算内支出"改为"公共财政支出"。

附表10

绍兴市历年财政预算内收支*

年份		绍兴市	市区	柯桥区	新昌县	诸暨市	上虞区	嵊州市
1980	收入	23549		3880	2150	3269	3004	3147
	支出	9152		（市县未分）	1175	2016	1370	1522
1984	收入	41060	11557	11634	2820	5329	5886	4349
	支出	20163	3930	5607	1895	3581	3422	2267
1985	收入	57203	15459	17191	4044	6344	8000	6165
	支出	21579	5356	4647	2203	3194	3552	2626
1986	收入	68491	18149	22120	4575	7634	9332	6680
	支出	29589	7007	7943	3898	4153	4326	3262
1987	收入	77404	20758	25563	5052	8531	10212	7288
	支出	28854	6760	7784	2628	4471	3968	3243
1988	收入	85668	22390	28179	5830	9678	11411	8180
	支出	36940	8779	8872	3671	5662	5159	4297
1989	收入	9.56	25243	31052	6891	10503	12654	9305
	支出	4.37	10296	10851	4238	6484	6407	5398
1990	收入	10.12	26737	33330	6982	10845	13194	10071
	支出	4.59	10390	11618	4454	7172	6352	5868
1991	收入	108717	28637	35329	7741	11741	14590	10680
	支出	50104	11587	12248	4798	7648	75499	6273

*表中数据整数单位为万元，有小数点的单位为亿元。

续表

年份		绍兴市	市区	柯桥区	新昌县	诸暨市	上虞区	嵊州市
1992	收入	115231	30328	37849	8514	12891	14788	10861
	支出	55989	12913	13417	5249	9600	8167	6643
1993	收入	155807	40651	53391	10550	17068	20018	14129
	支出	77204	17134	19402	6943	12177	12195	9353
1994	收入	84199	23020	26238	5762	12605	10016	6558
	支出	100235	20271	32677	8908	14528	15012	8839
1995	财政总收入	20.59	54059	67788	14255	25189	27106	17583
	地方财政预算内收入	9.52	26006	28738	6407	15142	11335	7615
	支出	10.96	24572	30142	10607	17138	15609	11574
1996	财政总收入	235296	61933	77046	16449	28919	30983	20116
	地方财政预算内收入	108287	30219	32052	7424	17252	12850	8640
	支出	123236	29319	33305	11769	19223	18008	11612
1997	财政总收入	265295	70503	86505	18521	32575	35277	21914
	地方财政预算内收入	120575	33835	35611	8340	19017	14364	9408
	支出	141658	35844	35490	13374	22804	21063	13083
1998	财政总收入	306137	81198	98012	21799	38417	41305	25406
	地方财政预算内收入	142046	40236	40580	10156	22556	17321	11197
	支出	164393	41096	40845	15326	25604	26318	15204

续表

年份		绍兴市	市区	柯桥区	新昌县	诸暨市	上虞区	嵊州市
1999	财政总收入	34.12	8.43	10.77	2.62	4.53	4.75	3.01
	地方财政预算内收入	17.02	4.58	4.76	1.33	2.75	2.1	1.5
	支出	19.43	4.75	4.89	1.72	3.12	3.05	1.89
2000	财政总收入	47.87	13.01	13.97	3.72	7.62	5.52	4.02
	地方财政预算内收入	24.54	7.32	6.54	1.85	4.14	2.66	2.03
	支出	25.76	7.18	5.7	2.27	4.37	3.82	2.41
2001	财政总收入	62.37	14.97	18.3	5.77	11.01	7.2	5.12
	地方财政预算内收入	35.59	9.37	9.8	2.85	6.48	4.18	2.91
	支出	37.37	9.69	9.21	3.47	6.62	4.82	3.56
2002	财政总收入	84.99	21.28	24.08	7.2	14.11	10.91	7.41
	地方财政预算内收入	39.62	11.27	10.5	2.87	6.84	4.52	3.62
	支出	45.16	12	11.11	4.01	7.95	5.87	4.23
2003	财政总收入	107.34	26.66	30.83	8.8	18.16	13.86	9.02
	地方财政预算内收入	50.48	14.16	13.54	3.48	8.97	5.95	4.4
	支出	57.05	14.64	15.02	4.79	9.91	7.42	5.28
2004	财政总收入	76.12	22.94	10.94	6.98	16.01	11.51	7.75
	地方财政预算内收入	50.92	15.39	10.72	3.58	10.28	6.23	4.72
	支出	64.5	18.61	14.62	5.31	11.57	8.42	5.97

续表

年份		绍兴市	市区	柯桥区	新昌县	诸暨市	上虞区	嵊州市
2005	财政总收入	150.56	37.7	42.32	11.41	27.19	20.18	11.76
	地方财政预算内收入	76.13	21.18	20.13	4.92	14.15	10.01	5.74
	地方财政预算内支出	80.04	22.27	18.9	6.28	14.43	11.16	7.01
2006	财政总收入	184.73	47.57	52.1	13.5	33.43	25.01	13.12
	地方财政预算内收入	94.55	26.83	25.65	5.97	17.4	12.24	6.46
	地方财政预算内支出	95.49	27.19	23.13	7.3	16.54	13.35	7.98
2007	财政总收入	237.12	59.87	67.02	17.08	43.55	33.03	16.57
	地方财政预算内收入	122.12	33.86	32.79	7.63	22.75	16.71	8.38
	地方财政预算内支出	113.76	29.82	27.27	8.99	20.64	16.89	10.15
2008	财政总收入	274.65	69.16	75.73	20.3	50.33	39.81	19.32
	地方财政预算内收入	143.6	38.98	38.52	9.35	26.52	20.23	10
	地方财政预算内支出	144.09	38.43	34	10.22	27.84	21.22	12.38
2009	财政总收入	298.53	74.75	81.2	23.1	54.69	43.96	20.83
	地方财政预算内收入	160.43	43.02	43.58	10.64	29.57	22.76	10.86
	地方财政预算内支出	169.54	40.57	42.06	13.27	32.29	26.75	14.6
2010	财政总收入	349.25	82.47	93.5	29.13	65.51	54.13	24.51
	地方财政预算内收入	193.23	48.33	51.76	13.5	37.33	29.16	13.15
	地方财政预算内支出	221.95	55.58	51.87	18.81	43.7	32.18	19.81
2011	财政总收入	426.45	98.16	117.03	33.95	80.05	65.11	32.15
	地方财政预算内收入	239.69	59.23	63.77	16.99	45.75	35.52	18.43
	地方财政预算内支出	253.31	63.53	58.64	22.76	49.44	35.76	23.18

续表

年份		绍兴市	市区	柯桥区	新昌县	诸暨市	上虞区	嵊州市
2012	财政总收入	469.3118	103.7528	127.7625	38.5391	92.5995	72.93	33.7279
	公共财政收入	265.7555	63.7549	70.4424	20.0008	52.6188	39.1888	19.7498
	公共财政支出	278.7071	68.7439	62.6082	24.889	55.6945	39.9217	26.8498
2013	财政总收入	502.1486	322.2698		42.2999	100.0066		37.5723
	公共财政收入	293.0721	188.1371		22.6028	59.6047		22.7275
	公共财政支出	312.1077	187.0849		27.5728	67.0386		30.4114
2014	财政总收入	546.3398	348.7162		46.6266	109.5405		41.4565
	公共财政收入	317.2705	201.1253		24.7528	66.3386		25.0538
	公共财政支出	346.4437	204.8234		33.0258	74.1445		34.45
2015	财政总收入	602.189	390.9654		51.5018	112.9322		46.7896
	公共财政收入	362.8935	234.1268		28.0028	71.5894		29.1745
	公共财政支出	421.4117	260.8111		38.5268	80.9001		41.1737
2016	财政总收入	630.08	416.06		52.65	112.59		48.78
	公共财政收入	390.3	255.57		30.94	71.79		32
	公共财政支出	456.1	265.81		41.42	97.24		51.63
2017	财政总收入	705.5282	461.1127		60.3576	123.7812		60.2767
	公共财政收入	431.3596	279.9687		36.36	77.0087		38.0222
	公共财政支出	469.8303	279.9096		45.4128	91.3114		53.1965

注：2013年10月18日，经国务院批准，同意撤销县级绍兴县，设立绍兴市柯桥区；2013年10月，经国务院批准，撤销县级上虞市，设立绍兴市上虞区。2011年1月1日起，将按预算外资金管理的收入全部纳入预算管理。自2012年开始，"公共财政收入"改为"地方财政预算内收入"，"地方财政预算内支出"改为"公共财政支出"。

附表 11

金华市历年财政预算内收支 *

年份		金华市	市区	金东区	武义县	浦江县	磐安县	兰溪市	义乌市	东阳市	永康市
1980	收入	19069	7394		1268	979	304	3680	1859	2162	1423
	支出	10076	2892		931	671	431	1655	1235	1199	1062
1984	收入	27749	9238		1872	1659	296	5484	3130	3648	2422
	支出	16358	4587		1529	1254	1131	2198	1918	2119	1622
1985	收入	37231	12105		2322	2064	320	7284	4606	4911	3639
	支出	19827	5303		1896	1503	1131	2671	2596	2511	2216
1986	收入	43242	11034	2217	2895	2523	426	8960	5254	5628	4305
	支出	25573	4576	2547	2454	2083	1587	3835	3080	3078	2533
1987	收入	49388	11737	2790	3336	2987	606	10317	6134	6476	5005
	支出	27263	4701	2948	2730	2060	1799	4186	3064	3153	2622
1988	收入	59551	13685	3368	3924	3633	850	11890	7992	7961	6248
	支出	33361	5526	3645	3063	2638	2055	4810	4199	3888	3537
1989	收入	6.46	14337	3840	4125	3830	948	13022	8524	8960	7052
	支出	4.44	7624	4323	3626	3176	2665	7038	5398	5530	5044
1990	收入	6.6	13952	4014	4167	3855	964	13846	8963	9380	6900
	支出	4.66	7704	4859	4299	3488	2872	6955	5880	5760	4797
1991	收入	71508	14138	4663	4552	4113	1113	14402	10743	10128	7656
	支出	51068	8844	3705	4472	3728	3087	6898	7097	6520	5208

* 表中数据整数单位为万元，有小数点的单位为亿元。

续表

年份		金华市	市区	金东区	武义县	浦江县	磐安县	兰溪市	义乌市	东阳市	永康市
1992	收入	74536	15262	4132	4405	4422	1236	13439	11702	11088	8850
	支出	60453	10030	4035	5356	4382	3448	8442	8316	7787	6314
1993	收入	97876	19093	5799	5613	5678	1727	16319	17887	14569	11191
	支出	72245	11498	6711	6426	5061	3931	9507	11463	9746	7902
1994	收入	53664	9057	3890	3106	3156	1171	7810	11241	7892	6341
	支出	89830	13663	8672	7200	6463	5013	12611	13957	11572	10679
1995	财政总收入	13.41	21776	8342	8044	8089	3223	20568	24703	21059	18247
	地方财政预算内收入	6.59	10224	4511	4384	3808	1640	8875	13250	10033	9156
	支出	10.31	16133	9278	8699	7395	6252	13885	15908	13397	12147
1996	财政总收入	157482	25012	10165	9195	9033	4342	23642	39474	24310	21309
	地方财政预算内收入	78508	11695	5746	4983	4097	2260	10398	17013	11622	10694
	支出	66246	20787	11934	10280	8245	7241	15156	19215	15147	14149
1997	财政总收入	177343	29028	10732	10792	9918	5367	23974	36148	26719	24665
	地方财政预算内收入	87962	13661	5431	5632	4363	2632	10837	20090	13037	12279
	支出	139986	24138	12284	11572	9684	9642	16851	22418	17474	16323
1998	财政总收入	223207	42302	11750	13251	12126	6203	27296	47018	32838	30423
	地方财政预算内收入	107862	17618	6114	7157	5446	3040	12322	26249	15086	14830
	支出	161204	28539	14655	12336	10928	9616	17580	27488	21124	18938

续表

年份		金华市	市区	金东区	武义县	浦江县	磐安县	兰溪市	义乌市	东阳市	永康市
1999	财政总收入	27.26	5.47	1.34	1.45	1.45	0.87	2.93	6.34	3.4	4.02
	地方财政预算内收入	13.75	2.35	0.73	0.81	0.73	0.41	1.32	3.58	1.77	2.06
	支出	19.24	3.55	1.52	1.38	1.27	1.27	1.99	3.51	2.39	2.36
2000	财政总收入	37.18	7.44	1.68	1.64	1.93	1.11	3.28	8.88	5.41	5.81
	地方财政预算内收入	18.05	3.07	0.87	0.92	0.96	0.53	1.46	5	2.35	2.89
	支出	24.43	4.41	2.23	1.68	1.54	1.47	2.35	4.91	2.78	3.07
2001	财政总收入	51.22	11.81		2.56	3.09	1.41	5.09	12.41	6.81	8.04
	地方财政预算内收入	27.85	5.72		1.58	1.77	0.76	2.89	7.48	3.25	4.4
	支出	33.51	8.62		2.52	2.38	1.95	3.58	6.55	3.77	4.15
2002	财政总收入	66.47	15.67		3.31	3.96	1.75	6.2	16.62	8.8	10.16
	地方财政预算内收入	32.05	7.58		1.68	1.87	0.81	2.82	8.72	3.93	4.64
	支出	42.97	11.67		3.19	2.76	2.44	4.03	8.54	4.93	5.41
2003	财政总收入	88.81	22.22		4.63	5.07	2.38	7.49	23.07	10.77	13.16
	地方财政预算内收入	43.13	11.24		2.31	2.33	1.12	3.39	11.88	4.95	5.92
	支出	54.14	15.35		3.79	3.33	2.84	4.55	11.37	6.36	6.54
2004	财政总收入	81.53	21.61		4.41	4.57	2.41	7.57	23.16	7.38	10.42
	地方财政预算内收入	51.23	13.87		2.84	2.76	1.33	3.93	15.1	5.19	6.2
	支出	68.23	18.26		4.51	4.06	3.53	5.99	16.78	7.54	7.54

续表

年份		金华市	市区	金东区	武义县	浦江县	磐安县	兰溪市	义乌市	东阳市	永康市
2005	财政总收入	124.34	29.52		7.21	7.22	3.07	8.82	35.03	13.79	19.68
	地方财政预算内收入	68.04	17.59		3.75	3.73	1.62	4.53	19.61	7.29	9.93
	支出	80.74	20.62		5.75	4.8	4.15	6.53	19.89	9.23	9.77
2006	财政总收入	150.67	34.04		8.9	8.63	3.61	10.41	44.88	16.86	23.35
	地方财政预算内收入	81.45	20.27		4.54	4.52	1.86	5.42	24.23	8.92	11.7
	支出	93.76	22.87		7.09	5.47	4.77	7.6	23.51	10.9	11.55
2007	财政总收入	187.4	40.05		12	10.71	4.36	13.83	58.88	20.72	26.85
	地方财政预算内收入	101.97	23.88		6.27	5.69	2.25	6.92	32.28	11.33	13.35
	支出	116.15	30.13		8.91	7.05	5.98	10.13	27.45	12.76	13.74
2008	财政总收入	218.94	47.23		13.7	12.41	4.94	16.02	69.16	24.08	31.4
	地方财政预算内收入	119.7	28.22		6.93	6.74	2.53	8.12	37.79	13.57	15.8
	支出	137.58	38.84		10.88	9.17	6.71	8.69	31.98	15.43	15.88
2009	财政总收入	232.63	52.65		14.37	13.17	5.2	17.18	70.81	25.56	33.69
	地方财政预算内收入	129.28	31.49		7.34	7.21	2.72	9.02	38.63	15.15	17.72
	支出	165.36	50.88		12.74	10.09	7.9	10.01	35.69	18.82	19.23
2010	财政总收入	272.68	63.25		16.72	15.74	6.02	20.33	76.98	32.3	41.34
	地方财政预算内收入	155.93	38.99		8.87	9.01	3.28	11.22	42.76	19.4	22.4
	地方财政预算内支出	211.52	59.63		15.85	13.65	10.64	20.7	41.96	24.75	24.34

续表

年份		金华市	市区	金东区	武义县	浦江县	磐安县	兰溪市	义乌市	东阳市	永康市
2011	财政总收入	328.35	77.33		20.52	18.99	7.28	25.94	90.19	40.98	47.12
	地方财政预算内收入	185.77	46.87		11.07	10.58	4.01	13.57	50.46	23.95	25.26
	地方财政预算内支出	235.08	59.5		18.89	14.71	12.48	23.86	49.63	28.91	27.1
2012	财政总收入	376.47	86.1131		23.6763	20.3842	8.3083	31.2098	101.4635	50.3727	54.9421
	公共财政收入	214.8889	52.5886		12.4298	11.5353	4.5345	16.1533	57.4188	30.1057	30.1229
	公共财政支出	271.9519	67.7172		20.461	16.7966	14.0826	26.7404	54.5403	39.2421	32.3717
2013	财政总收入	415.9598	94.4535		25.9748	21.4799	9.4605	34.1077	109.6565	59.4366	61.3903
	公共财政收入	242.472	58.5265		14.2338	12.4634	5.1965	18.1333	63.3101	35.3118	35.2966
	公共财政支出	322.2488	85.5973		25.8175	20.5107	17.5609	31.8613	61.6467	43.2344	36.02
2014	财政总收入	461.4026	102.5727		29.1783	22.7828	11.053	37.5963	119.0249	70.0066	69.188
	公共财政收入	268.8673	63.6948		15.8001	13.4018	6.005	19.9533	69.68	41.4838	38.8485
	公共财政支出	352.8648	91.5494		26.3081	21.635	18.9624	33.4858	72.2345	48.0546	40.635
2015	财政总收入	516.9649	119.65		33.6854	24.7652	12.7606	39.6287	128.3299	81.1887	76.9564
	公共财政收入	309.6885	74.0418		18.6137	15.16	7.322	22.1966	79.2511	48.6173	44.486
	公共财政支出	464.3797	133.2114		34.8721	29.1619	21.4784	38.7705	96.5186	61.0386	49.3282
2016	财政总收入	555.19	136.66		37.45	25.01	13.75	37.39	130.69	92.4	81.84
	公共财政收入	338.14	82.04		22.04	16.61	8.22	22.65	81.79	56.26	48.53
	公共财政支出	542.36	136.87		44.54	42.51	25.27	39.46	114.4	71.42	67.89
2017	财政总收入	601.1841	146.3018		40.9711	28.0999	15.022	40.2022	142.0586	100.8807	87.6478
	公共财政收入	357.7073	86.6168		24.2808	17.7883	8.9072	24.18	84.9995	58.5778	52.3569
	公共财政支出	536.6856	145.3797		45.7985	33.9153	28.5204	42.2997	94.7363	82.6984	63.3373

注：2011 年 1 月 1 日起，将按预算外资金管理的收入全部纳入预算管理。自 2012 年开始，"地方财政预算内收入"改为"公共财政收入"，"地方财政预算内支出"改为"公共财政支出"。

附表 12　　衢州市历年财政预算内收支 *

年份		衢州市	市区	衢江区	常山县	开化县	龙游县	江山市
1980	收入	12870			564	929		1829
	支出	5910			826	1091		1216
1984	收入	12870	9557		564	929		1829
	支出	8103	2011		1192	1533	1429	1938
1985	收入	19650	10142		1031	2173	2100	4205
	支出	10931	3413		1356	2153	1588	2418
1986	收入	22348	9620	1172	1276	2481	2612	5187
	支出	15683	3410	2050	1990	2557	2065	3611
1987	收入	24889	10550	1246	1458	2849	2974	5812
	支出	15664	3672	1923	1990	2563	2134	3382
1988	收入	29167	12797	1591	1699	3029	3620	6431
	支出	20087	4864	2411	2532	2952	2863	4465
1989	收入	3.38	14573	2042	2198	3675	4166	7129
	支出	2.49	6671	2781	3187	3559	3523	5144
1990	收入	3.45	14720	2300	2368	3530	4423	7150
	支出	2.68	6911	3285	3563	3900	3896	5241
1991	收入	34194	13506	2314	2557	3749	4554	7514
	支出	29527	7484	3699	3811	4506	4330	5697

* 表中数据整数单位为万元，有小数点的单位为亿元。

续表

年份		衢州市	市区	衢江区	常山县	开化县	龙游县	江山市
1992	收入	35621	14693	2141	2609	4011	4324	7842
	支出	33083	7695	4029	4225	5278	5319	6537
1993	收入	46362	18107	3390	3777	5303	5654	10131
	支出	39524	9570	4690	5661	5796	6208	7599
1994	收入	25154	8610	2395	2015	2739	3005	6390
	支出	49589	12571	6704	7306	6349	7039	9890
1995	财政总收入	6.08	22981	4279	5021	6897	7946	13631
	地方财政预算内收入	2.96	9896	2651	2231	3338	4092	7364
	支出	5.75	14849	6856	7851	7893	8647	11371
1996	财政总收入	66660	24181	5107	5774	8002	8914	14682
	地方财政预算内收入	31331	9046	3311	2638	3872	4571	7893
	支出	65618	16868	8113	8757	9275	10372	12233
1997	财政总收入	67474	26833	5237	5157	6950	8456	13844
	地方财政预算内收入	31695	9659	3460	2720	3703	4708	7445
	支出	71342	18922	8497	11092	9450	10614	12767
1998	财政总收入	76609	33009	5627	5737	7486	3928	15822
	地方财政预算内收入	37260	12522	3887	3180	4012	5202	8457
	支出	80670	23629	9822	10852	11480	11168	13719

续表

年份		衢州市	市区	衢江区	常山县	开化县	龙游县	江山市
1999	财政总收入	8.08	3.25	0.67	0.67	0.73	1.04	1.71
	地方财政预算内收入	4.25	1.35	0.46	0.4	0.44	0.65	0.94
	支出	9.92	3.43	1.09	1.37	1.16	1.36	1.52
2000	财政总收入	10.34	3.87	0.96	0.93	0.91	1.49	2.17
	地方财政预算内收入	5.81	2	0.63	0.53	0.57	0.89	1.19
	支出	11.63	3.62	1.43	1.65	1.42	1.63	1.87
2001	财政总收入	14.15	4.98	1.29	1.43	1.38	2.12	2.96
	地方财政预算内收入	8.88	2.84	0.92	0.93	0.92	1.4	1.86
	支出	17.76	5.42	2.15	2.33	2.39	2.52	2.94
2002	财政总收入	18.48	7.16		1.98	1.71	2.39	3.72
	地方财政预算内收入	10.67	3.92		1.13	1.04	1.53	2.11
	支出	22.33	7.24		3.23	2.97	2.9	3.67
2003	财政总收入	23.21	11.03		2.71	1.88	3.16	4.44
	地方财政预算内收入	14.04	6.49		1.61	1.15	2.08	2.71
	支出	27.04	11.84		3.9	3.31	3.59	4.39
2004	财政总收入	26.02	12.7		2.94	1.88	3.4	5.1
	地方财政预算内收入	17.08	8.26		2.06	1.25	2.39	3.12
	支出	33.48	15.39		4.6	4.04	4.37	5.08

续表

年份		衢州市	市区	衢江区	常山县	开化县	龙游县	江山市
2005	财政总收入	32.2	16.62		3.22	2.42	3.89	6.05
	地方财政预算内收入	20.02	10.09		2.21	1.48	2.58	3.65
	支出	37.32	16.74		5.22	4.58	4.86	5.92
2006	财政总收入	38.42	19.61		3.64	3.09	4.75	7.33
	地方财政预算内收入	23.53	11.67		2.36	1.82	3.25	4.43
	支出	43.68	19.48		5.48	5.34	6.16	7.22
2007	财政总收入	48.91	25.01		4.54	4.29	6.01	9.06
	地方财政预算内收入	29.35	14.42		2.96	2.55	4.05	5.37
	支出	55.51	25.13		6.93	6.93	7.47	9.05
2008	财政总收入	57.3	29.13		5.52	4.88	7.43	10.34
	地方财政预算内收入	34.39	16.93		3.55	3	4.7	6.21
	支出	67.93	29.71		8.69	8.63	9.24	11.66
2009	财政总收入	62.34	33.09		5.66	4.89	7.93	10.77
	地方财政预算内收入	37.85	19.2		3.81	3.25	5	6.59
	支出	95.39	40.41		12.02	13.41	12.94	16.61
2010	财政总收入	75.35	41.28		6.45	5.77	8.93	12.92
	地方财政预算内收入	46.98	24.8		4.49	3.85	5.81	8.03
	支出	107.09	44.01		13.7	13.93	16.08	19.37

续表

年份		衢州市	市区	衢江区	常山县	开化县	龙游县	江山市
2011	财政总收入	95.02	53.08		8.51	6.28	11.12	16.03
	地方财政预算内收入	57.52	30.76		5.31	4.34	7.09	10.02
	地方财政预算内支出	125.4	50.26		16.19	17.91	18.24	22.8
2012	财政总收入	106.3893	59.0532		8.9902	7.3876	12.5477	18.4106
	公共财政收入	63.4154	33.9345		5.716	4.5735	8.0506	11.1408
	公共财政支出	138.8942	57.3761		17.3567	19.4013	20.4601	24.3
2013	财政总收入	118.2149	64.4259		10.0045	9.2134	14.1294	20.4417
	公共财政总收入	72.7535	39.7692		6.5063	5.0779	9.0001	12.4
	公共财政支出	165.5099	71.8623		18.8772	22.4913	23.7791	28.5
2014	财政总收入	126.821	68.4996		10.7906	9.7886	15.6645	22.0777
	公共财政收入	80.3239	43.4912		7.1903	5.7685	10.2129	13.661
	公共财政支出	191.94	82.4201		21.4095	29.8987	27.3117	30.9
2015	财政总收入	143.9944	77.804		12.455	10.8293	18.6471	24.259
	公共财政收入	94.0151	50.4451		8.6833	6.883	12.6556	15.3481
	公共财政支出	230.6709	96.2472		23.4053	32.4323	35.5861	38
2016	财政总收入	155.03	85.23		12.72	12.9	20.08	24.1
	公共财政收入	102.56	55.1		9.4	8.16	14.04	15.86
	公共财政支出	268.53	107.52		35.15	41.73	42.13	42
2017	财政总收入	174.4772	100.0146		13.9715	13.215	22.0688	25.2073
	公共财政收入	111.2838	61.4835		9.878	8.4353	14.8161	16.6709
	公共财政支出	300.4654	123.498		37.7589	44.2416	49.7543	45.2126

注：2011年1月1日起，将按预算外资金管理的收入全部纳入预算管理。自2012年开始，"地方财政预算内收入"改为"公共财政收入"，"地方财政预算内支出"改为"公共财政支出"。

附表 13　　　　　　　　舟山市历年财政预算内收支 *

年份		舟山市	市区	定海区	普陀区	岱山县	嵊泗县
1980	收入	7032		1265	1799	1611	586
	支出	4502		1044	1220	773	458
1984	收入	9535		2335	2538	1950	513
	支出	8056		2457	2072	1362	833
1985	收入	14155		3445	3528	3009	929
	支出	9819		2358	2037	1392	1025
1986	收入	17385		4075	4237	3315	1152
	支出	13741		3479	3047	2106	1400
1987	收入	20697	15688			3515	1494
	支出	13058	9563			1855	1641
1988	收入	21558	16720			3514	1324
	支出	18582	14003			2474	2105
1989	收入	2.33	18462			3650	1157
	支出	2.03	14953			2950	2365
1990	收入	2.23	17687			3362	1285
	支出	2.02	14815			3026	2403
1991	收入	23623	18413			3683	1527
	支出	21993	15553			3326	3114
1992	收入	25619	19852			3931	1836
	支出	25025	17802			3771	3452
1993	收入	31388	23857			4605	2926
	支出	29405	20593			4575	4237
1994	收入	16981	12243			2862	1876
	支出	38148	26504			6233	5411
1995	财政总收入	6.61	49913			9662	6526
	地方财政预算内收入	4.18	31178			6168	4411
	支出	4.63	31358			7593	7312
1996	财政总收入	72674	53959			11289	7426
	地方财政预算内收入	47494	34770			7739	4985
	支出	55474	38468			9403	7603

＊表中数据整数单位为万元，有小数点的单位为亿元。

续表

年份		舟山市	市区	定海区	普陀区	岱山县	嵊泗县
1997	财政总收入	58775	43493			9711	5571
	地方财政预算内收入	30694	21612			5613	3469
	支出	64036	43975			11885	8176
1998	财政总收入	70986	53616			11041	6329
	地方财政预算内收入	39944	29343			6395	4206
	支出	79996	56913			13880	9203
1999	财政总收入	8.19	6.38			1.15	0.66
	地方财政预算内收入	4.98	3.79			0.71	0.48
	支出	9.37	6.76			1.5	1.11
2000	财政总收入	10.77	8.7			1.32	0.74
	地方财政预算内收入	6.23	4.87			0.83	0.52
	支出	11.48	8.44			1.74	1.3
2001	财政总收入	12.39	10.04			1.5	0.85
	地方财政预算内收入	7.98	6.39			0.98	0.61
	支出	15.84	11.68			2.43	1.73
2002	财政总收入	15.71	12.9			1.78	1.03
	地方财政预算内收入	9.01	7.26			1.02	0.72
	支出	19.99	14.83			2.92	2.25
2003	财政总收入	18.98	15.71			1.94	1.33
	地方财政预算内收入	11.39	9.25			1.15	0.99
	支出	23.09	17.26			3.28	2.55
2004	财政总收入	19.53	15.92			1.85	1.77
	地方财政预算内收入	13.57	10.87			1.29	1.41
	支出	28.93	21.82			3.78	3.33
2005	财政总收入	28.52	23.57			2.62	2.34
	地方财政预算内收入	18.21	14.77			1.63	1.81
	支出	31.94	23.89			4.24	3.81
2006	财政总收入	37.12	30.67			3.42	3.02
	地方财政预算内收入	24.26	19.62			2.17	2.47
	支出	40.82	29.74			6.33	4.75

续表

年份		舟山市	市区	定海区	普陀区	岱山县	嵊泗县
2007	财政总收入	52.56	44.04			4.87	3.65
	地方财政预算内收入	35.06	28.98			3.1	2.98
	支出	56.52	42.03			8.18	6.31
2008	财政总收入	66.68	54.86			7.54	4.28
	地方财政预算内收入	43.15	35.55			4.25	3.35
	地方财政预算内支出	65.47	48.11			9.19	8.17
2009	财政总收入	76.99	63.18			9.32	4.49
	地方财政预算内收入	48.78	39.98			5.11	3.69
	地方财政预算内支出	78.16	58.64			11.4	8.12
2010	财政总收入	98.53	80.07			13.43	5.03
	地方财政预算内收入	61.04	50.28			6.76	4
	地方财政预算内支出	105.03	77.45			17.59	9.99
2011	财政总收入	127.18	105.39			16.35	5.44
	地方财政预算内收入	76.48	63.64			8.47	4.37
	地方财政预算内支出	148.1	107.18			24.56	16.36
2012	财政总收入	133.4507	109.9811			17.5825	5.8871
	公共财政收入	85.5627	70.9286			9.7712	4.8629
	公共财政支出	155.223	115.8504			25.1024	14.2702
2013	财政总收入	137.4225	113.5618			17.6664	6.1943
	公共财政收入	92.628	76.6682			10.5928	5.367
	公共财政支出	189.826	136.8485			31.4575	21.52
2014	财政总收入	148.9268	122.8716			18.891	7.1642
	公共财政收入	101.0203	83.659			11.4443	5.917
	公共财政支出	188.1904	138.5561			29.8684	19.7659
2015	财政总收入	159.592	132.3464			19.2207	8.0249
	公共财政收入	112.7221	93.2174			12.6037	6.901
	公共财政支出	239.6523	183.0572			35.5707	21.0244
2016	财政总收入	173.29	144.12			20.73	8.44
	公共财政收入	120.32	99.5			14.09	6.73
	公共财政支出	250.54	188.79			38.15	23.6
2017	财政总收入	187.2217	155.261			23.188	8.7727
	公共财政收入	125.7644	103.579			15.5195	6.6659
	公共财政支出	258.6044	192.9251			41.5997	24.0796

注：2011 年 1 月 1 日起，将按预算外资金管理的收入全部纳入预算管理。自 2012 年开始，"地方财政预算内收入"改为"公共财政收入"，"地方财政预算内支出"改为"公共财政支出"。

附表 14

台州市历年财政预算内收支 *

年份		台州市	市区	椒江区	黄岩区	玉环县	三门县	天台县	仙居县	温岭市	临海市
1980	收入	13673		1162	3454	1000	727	1155	996	2308	2736
	支出	10538		463	1450	978	806	1048	1174	1728	1884
1984	收入	22395		2408	5250	1711	1186	1428	1262	3655	3433
	支出	17500		1495	2445	1417	1487	1726	1808	2598	2597
1985	收入	31377		4057	8342	2300	1591	2342	1970	5353	4676
	支出	20479		1876	2844	2100	1523	2301	1905	3210	2916
1986	收入	39385		5122	10543	3056	2034	2807	2384	6548	5982
	支出	28283		2747	4518	2637	2140	2564	2721	4457	4034
1987	收入	44576		5766	11004	3744	2281	3425	2777	7951	6903
	支出	28865		2448	4799	2750	2300	2981	2952	4448	4121
1988	收入	53424		6285	12853	2336	4842	2378	3185	9991	9982
	支出	37443		3590	6214	2434	3754	2852	3560	5943	7751
1989	收入	6.11		6776	15215	5393	2692	4488	3648	11534	9136
	支出	4.76		4746	8511	5095	3211	4343	4200	8222	6541
1990	收入	6.59		8056	16714	5712	2750	4940	3743	13124	8655
	支出	4.99		4865	9278	4911	3260	4499	4416	8385	7367
1991	收入	76019		10562	18749	6505	3693	5310	4116	13777	10027
	支出	60485		6713	10380	5862	3937	5172	4927	10495	8680

* 表中数据整数单位为万元，有小数点的单位为亿元。

续表

年份		台州市	市区	椒江区	黄岩区	玉环县	三门县	天台县	仙居县	温岭市	临海市
1992	收入	83454		12586	21347	7883	3473	5788	4287	15156	12215
	支出	65169		7502	11612	6530	4268	5573	5442	10521	9357
1993	收入	129977		18327	35357	12352	5131	8302	7618	21887	20069
	支出	98104		10178	22613	8826	5514	7388	7917	15739	13697
1994	收入	86479	35834			8004	2939	4856	4613	16558	13675
	支出	121969	48518			11955	6979	9047	9230	18245	17995
1995	财政总收入	20.37	83411			20572	6918	12119	12188	36541	31970
	地方财政预算内收入	10.46	42731			10039	3414	5801	5956	19688	17013
	支出	14.49	56137			14686	8168	10149	11265	22738	21715
1996	财政总收入	241315	97448			24195	7281	13576	13528	49697	35502
	地方财政预算内收入	120900	49805			11760	3719	6189	6712	23688	19027
	支出	165445	62124			16935	9423	11097	12582	28728	24556
1997	财政总收入	263381	82168			27878	6703	14129	14898	51094	36511
	地方财政预算内收入	134112	27294			13308	3401	6275	7093	27144	19597
	支出	196390	78293			20869	12220	12294	14697	32025	25992
1998	财政总收入	309568	134217			31836	8451	16607	16665	61306	40486
	地方财政预算内收入	162619	72242			16033	4459	7170	7668	34018	21029
	支出	223500	92734			24378	13137	13720	16161	35353	28017

续表

年份		台州市	市区	椒江区	黄岩区	玉环县	三门县	天台县	仙居县	温岭市	临海市
1999	财政总收入	38	15.73			3.82	1.16	2.04	2.25	8.55	4.45
	地方财政预算内收入	19.73	8.58			2	0.65	0.88	1.02	4.15	2.46
	支出	25.89	10.75			2.73	1.38	1.66	1.8	4.34	3.22
2000	财政总收入	53.18	20.8			5.56	1.68	2.85	2.91	13.48	5.9
	地方财政预算内收入	26.15	11.06			2.76	1.01	1.31	1.33	5.66	3.02
	支出	33.19	13.81			3.55	1.77	2.28	2.05	5.85	3.87
2001	财政总收入	65.04	27.25			7.53	2.41	3.31	3.08	13.9	7.56
	地方财政预算内收入	38.81	17.16			4.27	1.58	1.81	1.8	7.75	4.43
	支出	42.86	17.7			4.59	2.75	2.85	2.58	7.17	5.22
2002	财政总收入	86.83	36.22			10.02	3.16	4.6	4.24	17.79	10.8
	地方财政预算内收入	43.11	19.71			4.58	1.67	2.01	1.77	8	5.36
	支出	55.64	22.78			5.83	3.79	3.73	3.37	8.8	7.28
2003	财政总收入	108.68	46.58			12.21	4.11	5.6	4.89	22.29	13
	地方财政预算内收入	52.69	24.57			5.13	2.14	2.58	2.05	9.74	6.49
	支出	68.88	28.94			7.33	4.1	4.52	3.97	11.47	8.57
2004	财政总收入	99.75	43.9			10.61	3.87	5.8	3.57	20.32	11.68
	地方财政预算内收入	55.97	26.7			5.26	2.1	3.05	1.93	10.46	6.47
	支出	79.15	31.66			8.48	4.78	5.81	4.56	13.72	10.15

续表

年份		台州市	市区	椒江区	黄岩区	玉环县	三门县	天台县	仙居县	温岭市	临海市
2005	财政总收入	147.45	63.82			18.01	5.33	7.7	5.5	29.42	17.66
	地方财政预算内收入	72.33	33.72			7.5	2.75	3.75	2.51	13.48	8.63
	支出	88.09	35.23			8.95	5.69	6.96	5.07	14.93	11.25
2006	财政总收入	175.69	75.15			23.98	6.53	8.75	6.61	33.39	21.28
	地方财政预算内收入	86.11	38.5			10.39	3.42	4.25	3.08	15.8	10.67
	支出	104	41.4			10.9	6.99	8.03	6.26	17.14	13.29
2007	财政总收入	218.38	92.3			30.83	8.62	10.01	8.12	41.89	26.61
	地方财政预算内收入	108.86	47.28			13.76	4.57	5.16	4.06	20.41	13.62
	支出	126.93	47.64			15.08	9.19	8.97	7.27	21.93	16.85
2008	财政总收入	248.02	104.83			35.65	10.72	11.54	9.24	45.39	30.65
	地方财政预算内收入	126.05	53.78			15.83	6.11	6.05	4.8	23.38	16.1
	地方财政预算内支出	153.81	57.17			18.35	10.12	10.6	8.72	28.47	20.38
2009	财政总收入	263.16	112.24			37.01	11.63	12.44	9.34	47.55	32.95
	地方财政预算内收入	136.02	59.56			16.56	6.1	6.54	4.94	25.02	17.3
	地方财政预算内支出	124.57	12.37			19.13	14.1	12.94	12.33	28.9	24.8
2010	财政总收入	310.62	134.94			40.14	13.67	14.01	10.66	57.01	40.19
	地方财政预算内收入	164.88	72.36			18.25	8.07	7.81	5.67	30.59	22.13
	地方财政预算内支出	222.76	88.05			22.07	15.92	16.99	14.66	34.04	31.03

续表

年份		台州市	市区	椒江区	黄岩区	玉环县	三门县	天台县	仙居县	温岭市	临海市
2011	财政总收入	370.47	162.81			46.66	16.34	17.07	13.02	66.55	48.02
	地方财政预算内收入	200.12	89.94			21.69	9.6	9.66	6.86	36.17	26.2
	地方财政预算内支出	265.53	101.07			26.15	18.69	19.76	15.35	45.17	39.34
2012	财政总收入	408.9456	176.3763			55.2054	17.95	14.6808	19.8451	72.1978	52.6902
	公共财政收入	220.423	98.179			25.1128	10.6818	11.0722	7.9028	38.8678	28.6066
	公共财政支出	287.9269	106.6533			29.6662	20.6448	22.1533	18.4085	48.6941	41.7067
2013	财政总收入	448.466	194.543			60.0092	19.698	21.4333	16.1768	78.5977	58.008
	公共财政收入	247.7341	110.3883			27.599	11.8035	12.2958	9.299	43.8479	32.5006
	公共财政支出	329.03	116.8714			37.1482	22.658	23.6993	21.4202	60.7223	46.5106
2014	财政总收入	485.2909	206.1986			64.4759	21.3292	23.3522	18.8972	87.7077	63.3301
	公共财政收入	265.2092	115.6668			29.8358	12.7657	13.2867	10.5588	47.8388	35.2566
	公共财政支出	371.4666	140.5076			39.9668	25.3475	26.085	23.7033	64.5088	51.3476
2015	财政总收入	539.7827	228.2818			72.2956	23.6843	25.8932	23.4602	98.3574	67.8102
	公共财政收入	298.017	128.3947			34.4987	14.4987	15.0268	13.466	54.1213	38.0108
	公共财政支出	457.2105	179.9424			48.1184	30.5551	32.931	34.3653	72.6079	58.6904
2016	财政总收入	583.83	248.5			74.34	24.77	29.89	26.71	103.2	76.42
	公共财政收入	343.28	145.18			42.62	15.58	17.04	16.25	61.69	44.92
	公共财政支出	514.4	166.29			54.39	32.9	36.5	43.31	94.34	86.67
2017	财政总收入	656.9658	270.361			83.4006	26.2791	32.9491	30.5219	115.7118	97.7423
	公共财政收入	382.2482	156.8587			48.4919	16.783	19.2068	18.525	68.09	54.2928
	公共财政支出	563.0966	191.6237			64.6672	40.5848	41.6031	49.9327	91.1183	83.5668

注：2011 年 1 月 1 日起，将按预算外资金管理的收入全部纳入收入预算管理。自 2012 年开始，"地方财政预算内收入"改为"公共财政收入"，"地方财政预算内支出"改为"公共财政支出"。

附表 15 丽水市历年财政预算内收支 *

年份		丽水市	市区	莲都区	青田县	缙云县	遂昌县	松阳县	云和县	庆元县	龙泉市	景宁县
1980	收入	6408		1418	666	670	762	581	638	377	1077	
	支出	7808		1188	1247	1030	550	577	899	647	907	
1984	收入	13268		1989	914	1121	1080	680	396	582	1252	254
	支出	44645		1941	1756	1701	1123	1000	831	1256	1483	920
1985	收入	16311		2825	1282	1374	1719	1013	479	809	2614	399
	支出	61418		2286	1943	1892	1624	1293	916	1323	2327	1292
1986	收入	14110		3131	1504	1590	1916	1215	558	962	2658	486
	支出	19960		2609	2572	2242	1804	1617	1081	1895	2983	1609
1987	收入	16580		3579	1684	1825	2216	1358	677	1226	3183	564
	支出	20697		3639	2678	2453	1849	1615	1198	1968	2917	1739
1988	收入	19292		4998	1686	2139	2504	1650	638	1398	3704	575
	支出	26219		5432	3307	3075	2265	2202	1642	2411	3890	1995
1989	收入	2.2		4331	2007	2459	2803	1941	765	1545	4084	804
	支出	3.14		4543	3727	3719	2769	2696	2009	2932	3926	2605
1990	收入	2.18		4356	2135	2243	2706	2055	739	1591	4003	703
	支出	3.43		4501	4335	3987	3036	3054	2383	2869	4349	3147
1991	收入	22945		4448	2458	2708	2801	2116	799	1550	4014	750
	支出	36930		4882	4849	4364	3429	3257	2685	3092	4474	3144

* 表中数据整数单位为万元，有小数点的单位为亿元。

续表

年份		丽水市	市区	莲都区	青田县	缙云县	遂昌县	松阳县	云和县	庆元县	龙泉市	景宁县
1992	收入	23362		4615	2451	2932	2722	1999	876	1679	3882	800
	支出	41703		5431	5509	4859	3758	3887	3112	3580	4685	3440
1993	收入	32684		6289	3243	4880	3623	2992	1565	2300	4843	1159
	支出	49473		6456	6393	6272	4391	4624	3366	4407	5141	3998
1994	收入	18467		4279	1127	2150	2258	1442	1054	1037	2964	745
	支出	60445		7638	7853	7059	5668	5545	4666	5370	6503	4764
1995	财政总收入	4.67		9014	5039	7013	5174	3509	2452	3473	6253	2061
	地方财政预算内收入	2.45		5539	2263	2872	2861	1659	1474	1513	3410	1201
	支出	7.25		8948	9763	8773	6948	6135	5540	6376	7173	6175
1996	财政总收入	57863		11248	6768	8285	6354	4081	3369	4119	7135	3020
	地方财政预算内收入	32558		7169	3569	3726	3724	2062	2114	2078	3888	1872
	支出	86635		10541	11612	10787	8100	7515	6529	7238	7815	7799
1997	财政总收入	64627		12930	7683	9678	7656	4750	3562	3286	6818	4031
	地方财政预算内收入	26960		7755	4085	4458	4642	2870	2307	2208	3933	2356
	支出	103759		11927	13891	12244	9522	8921	8285	8982	9543	9825
1998	财政总收入	80780		19551	8593	10796	8831	5641	4066	3856	6854	7370
	地方财政预算内收入	47210		10130	5640	5470	5302	3481	2897	2777	4324	3681
	支出	115428		13681	14682	14487	10009	9729	8759	9641	9932	12178

续表

年份		丽水市	市区	莲都区	青田县	缙云县	遂昌县	松阳县	云和县	庆元县	龙泉市	景宁县
1999	财政总收入	10		2.68	1.03	1.27	1.05	0.68	0.54	0.46	0.79	0.92
	地方财政预算内收入	6.04		1.52	0.68	0.71	0.65	0.44	0.37	0.31	0.49	0.46
	支出	13.84		2.1	1.83	1.57	1.2	1.1	0.98	1.11	1.16	1.41
2000	财政总收入	12.83	4.47		1.33	1.6	1.34	0.76	0.65	0.54	1.01	1.13
	地方财政预算内收入	7.62	2.58		0.89	0.88	0.84	0.5	0.43	0.35	0.63	0.53
	支出	16.54	4.25		2.13	1.84	1.47	1.29	1.15	1.28	1.48	1.65
2001	财政总收入	17.95	6.36		1.96	2.57	1.9	1	0.97	0.7	1.31	1.17
	地方财政预算内收入	11.73	4.21		1.38	1.42	1.3	0.73	0.69	0.49	0.88	0.64
	支出	23.83	7.07		2.96	2.6	2.12	1.7	1.75	1.70	2.03	1.89
2002	财政总收入	20.92	6.58		2.71	3.08	2.39	1.2	1.11	0.76	1.6	1.5
	地方财政预算内收入	12.15	4.37		1.63	1.46	1.2	0.73	0.66	0.42	0.92	0.75
	支出	29.71	8.82		3.79	3.43	2.55	2.09	1.99	2.03	2.38	2.62
2003	财政总收入	25.63	7.85		3.72	3.57	3.06	1.5	1.37	0.96	1.92	1.69
	地方财政预算内收入	14.78	5		2.26	1.77	1.55	0.9	0.8	0.51	1.12	0.87
	支出	35.6	9.93		4.85	3.82	2.84	2.48	2.61	2.63	3.41	3.03
2004	财政总收入	26.3	7.85		4.05	3.38	3.36	1.8	1.42	0.91	1.79	1.75
	地方财政预算内收入	16.19	5.1		2.71	1.88	1.72	1.11	0.9	0.55	1.19	1.03
	支出	38.68	10.67		5.74	4.24	3.28	3.01	2.42	2.63	3.2	3.47

续表

年份		丽水市	市区	莲都区	青田县	缙云县	遂昌县	松阳县	云和县	庆元县	龙泉市	景宁县
2005	财政总收入	34.81	9.75		6.6	4.61	4.02	1.97	1.93	1.2	2.36	2.38
	地方财政预算内收入	20.01	6.09		3.78	2.34	2.12	1.13	1.14	0.71	1.48	1.22
	支出	45.91	11.64		6.87	5.22	4.04	3.43	2.84	3.36	4.31	4.19
2006	财政总收入	43.2	12.93		8.23	6.01	4.53	2.47	2.35	1.52	2.81	2.37
	地方财政预算内收入	24.94	8.16		4.74	2.85	2.38	1.45	1.37	0.93	1.75	1.32
	支出	55.29	14.35		9	5.66	4.72	4.08	3.53	4.38	4.82	4.74
2007	财政总收入	56.05	19.14		10.07	7.84	5.19	3.04	2.82	1.91	3.62	2.42
	地方财政预算内收入	32.66	11.83		5.98	3.84	2.78	1.79	1.65	1.19	2.19	1.41
	支出	70.88	18.85		11.2	7.92	6.18	5.24	4.66	4.68	6.19	5.96
2008	财政总收入	63.42	21.92		11.22	9.01	5.73	3.36	3.15	2.06	4.17	2.8
	地方财政预算内收入	36.15	12.7		6.9	4.27	3.09	2	1.84	1.25	2.48	1.62
	地方财政预算内支出	85.77	21.85		13.5	9.47	7.55	6.84	5.72	5.75	7.66	7.43
2009	财政总收入	65.58	23.27		11.48	9.01	5.89	3.61	3.29	2.15	4.07	2.81
	地方财政预算内收入	37.42	12.78		7.39	4.49	3.19	2.19	1.9	1.29	2.49	1.7
	地方财政预算内支出	112.87	29.02		19.99	12.51	9.5	8.82	6.89	7.3	9.88	8.96
2010	财政总收入	76.84	28.59		12.3	10.1	6.79	4.04	3.46	2.6	5.16	3.8
	地方财政预算内收入	44.94	16.41		8.12	5.14	3.69	2.55	2.03	1.55	3.21	2.24
	地方财政预算内支出	135.2	33.14		19.43	14.81	12.45	10.81	8.23	9.22	14.61	12.5

续表

年份		丽水市	市区	莲都区	青田县	缙云县	遂昌县	松阳县	云和县	庆元县	龙泉市	景宁县
2011	财政总收入	100.09	36.4		15.74	13.32	7.51	4.88	4.33	3.15	6.71	8.05
	地方财政预算内收入	57.36	22.23		9.32	6.62	4.18	2.92	2.45	1.88	4.09	3.67
	地方财政预算内支出	154.28	37.29		21.07	17.25	14.01	12.99	9.59	11.1	14.07	16.91
2012	财政总收入	112.6576	39.7864		18.7991	14.548	8.3817	5.3011	5.2209	3.5397	7.578	9.5027
	公共财政收入	64.6121	24.9019		10.5442	7.4401	4.6747	3.3046	2.8696	2.1511	4.6409	4.085
	公共财政支出	167.941	39.6927		24.4214	17.7253	15.261	14.8274	10.4122	13.0442	15.1276	17.4292
2013	财政总收入	124.2211	44.3257		20.4903	15.7412	9.2526	5.9294	6.2713	4.1379	8.5218	9.5509
	公共财政收入	73.6997	27.5535		11.9086	8.6976	5.5228	3.9071	3.363	2.513	5.4513	4.7828
	公共财政支出	195.3767	46.2494		26.9096	20.1896	17.8212	18.2451	12.4583	16.3361	18.1776	18.9898
2014	财政总收入	135.0208	50.1058		20.9426	17.0421	9.5367	6.7273	6.8232	4.8702	9.1888	9.7841
	公共财政收入	80.9573	30.6237		12.8629	9.4876	6.0016	4.3818	3.6598	3.0057	6.1381	4.7961
	公共财政支出	217.2733	49.7743		29.2725	24.4622	20.7846	20.138	13.2922	18.4677	20.3976	20.6842
2015	财政总收入	151.5985	58.897		22.2601	17.9527	10.5376	7.7334	7.5806	5.5912	10.3886	10.6573
	公共财政收入	94.5064	35.754		14.9328	11.008	7.116	5.2591	4.2899	3.5508	7.1445	5.4513
	公共财政支出	279.3261	71.3609		34.7733	28.971	25.5202	25.3868	16.1741	24.1717	26.8412	26.1269
2016	财政总收入	164.87	65.25		24.17	18.36	11.42	8.86	7.62	6.33	11.32	11.54
	公共财政收入	103.57	39.11		15.99	12.15	7.8	5.86	4.66	3.91	7.86	6.23
	公共财政支出	341.67	74.25		42.49	37.67	34.8	34.46	20.75	26.74	36	34.51
2017	财政总收入	180.4584	69.6774		26.0034	20.0886	13.389	9.9323	8.3607	7.1115	12.8267	13.0688
	公共财政收入	112.9055	43.439		16.84	13.0521	8.3707	6.307	5.18	4.2048	8.5032	7.0087
	公共财政支出	378.6403	84.0823		45.7465	42.6085	35.5812	37.3097	23.4295	31.7822	41.3571	36.7433

注：2011年1月1日起，将按预算外资金管理的收入全部纳入预算管理。自2012年开始，"地方财政预算内收入"改为"公共财政收入"，"地方财政预算内支出"改为"公共财政支出"。

附表 16　　2011～2017 年浙江省公共财政收支决算情况

单位：万元

预算科目	2011 年	2012 年	2013 年	2014 年	2015 年	2016 年	2017 年
一、税收收入	29520062	32277690	35456603	38539583	41682182	45400849	49407446
增值税	4617513	5075666	6516703	7433978	8099141	14722091	22013738
营业税	9157090	10634916	10699693	10865755	12013322	6787795	
企业所得税	4975586	5369677	5658815	6352531	6622112	7048652	8221918
企业所得税退税	0	0	0	0	0	0	0
个人所得税	1855628	1789266	1938442	2175403	2657383	3170979	3952361
资源税	84968	84064	92289	93013	115259	117612	125769
城市维护建设税	2000708	2180869	2325807	2461134	2749200	3006482	3290856
房产税	991948	1269351	1341081	1584295	1799813	1843028	1953497
印花税	453650	462351	525399	617695	707264	675778	
城镇土地使用税	854992	1053987	1024494	1210429	1328560	1341339	1162865
土地增值税	1480487	1497291	1865333	2057224	2101610	2345487	2889010
车船税	191339	284876	338567	384578	429557	467092	
耕地占用税	513751	647255	587002	632408	625128	826476	649680
契税	2341708	1927216	2542029	2670910	2433702	3047898	3815884
烟叶税	657	905	947	230	131	140	
其他税收收入	37	0	2	0	0	0	1331868
二、非税收入	1987891	2134577	2512638	2680628	6417218	7618930	8636391
专项收入	1107372	1160987	1214034	1283275	4466811	4740234	4675560
行政事业性收费收入	408018	336037	347092	339015	434653	489996	689922
罚没收入	827606	833210	977954	936398	1077566	1234042	1236552
国有资本经营收入	-640704	-527356	-516404	-559954	-615276	-619506	-439550
国有资源（资产）有偿使用收入	272797	282722	428289	504265	955225	1333512	2110384
其他收入	12802	48977	61673	177629	98239	440652	363523
本年收入合计	31507953	34412267	37969241	41220211	48099400	53019779	58043837

续表

预算科目	2011 年	2012 年	2013 年	2014 年	2015 年	2016 年	2017 年
一、一般公共服务	4715495	5036088	5388767	5277369	5844487	6602591	7650264
二、外交	0	0	0	0	0	0	0
三、国防	75374	76706	85349	79349	92020	85155	81472
四、公共安全	2908679	3190272	3477837	3706854	4235531	5185802	5484403
五、教育	7514236	8778625	9500650	10309852	12649312	13000325	14301531
六、科学技术	1439014	1659792	1918660	2079910	2507893	2690418	3034961
七、文化体育与传媒	850908	941755	1060016	1153562	1653808	1587186	1596593
八、社会保障和就业	2918160	3454375	3970594	4355381	5416961	6311852	8017837
九、医疗卫生	2789806	3059117	3507289	4337986	4854983	5424383	5841657
十、节能环保	781140	776980	981384	1206530	1678929	1614033	1901502
十一、城乡社区事务	3384288	3078153	3329295	3890108	5412138	7889346	9101656
十二、农林水事务	3733214	4082038	5130275	5245892	7390814	7224089	6966927
十三、交通运输	2739874	2876419	3725102	3883319	5536540	4637461	3205324
十四、资源勘探电力信息等事务	1378101	1616471	1800477	1916791	3467989	1910162	1935399
十五、商业服务业等事务	969714	846303	894751	1036334	1435653	1335057	1403838
十六、金融监管等事务支出	57751	98694	121385	101299	305091	103265	104677
十七、地震灾后恢复重建支出	27998	0	0	0	0		
十八、援助其他地区支出	0	108858	158529	192024	215715	228034	241530
十九、国土资源气象等事务	304317	283172	365938	380607	916638	458793	679504
二十、住房保障支出	580494	652499	815942	998230	1407333	1608591	1697771
二十一、粮油物资储备事务	131096	122557	136404	145890	246675	187071	167736
二十二、预备费	0	0	0	0	0		
二十三、国债还本付息支出	32037	40089	48181	96554			
二十四、其他支出	1094220	839816	887834	1201839	968645	767915	442393
二十五、债务付息支出					204304	868117	1437049
二十六、债务发行费用支出					18311	22902	9147
本年支出合计	38425916	41618779	47304659	51595680	66459770	69742548	75303171

附表 17

2011～2017 年浙江省政府性基金收支决算情况

单位：万元

项目	2011 年	2012 年	2013 年	2014 年	2015 年	2016 年	2017 年
政府住房基金收入		62290	109198	111434	181064		
城市公用事业附加收入		79965	88154	88049	99381	112530	65507
国有土地收益基金收入		671066	1297151	1155966	653504	1175285	2100068
农业土地开发资金收入		70025	95957	88768	67522	62544	82799
国有土地使用权出让收入		19730010	36699799	33763066	19208282	31929932	57179235
地方教育附加收入		722026	751462	793467			
新增建设用地土地有偿使用费收入		358234	405117	313251	248221	252554	
地方水利建设基金收入		914088	979216	1067928			
残疾人就业保障金收入		214604	244185	297275			
彩票公益金收入		250235	304212	332656	354125	365053	417843
城市基础设施配套费收入		163668	282895	369224	380894	455947	516520
车辆通行费		20320	38819	118556	141971	164401	226155
其他各项政府性基金收入		2575165	3110225	4220528	4414284	-34518246	5341883
本年收入合计		25831696	44406390	42720168	25749248	39300621	65930010
地方教育附加安排的支出		572034	657893	800710			
新增建设用地土地有偿使用费安排的支出		233401	450656	440005	384307	387216	
地方水利建设基金支出		897476	1042034	1215754			
残疾人就业保障金支出		190588	227224	256528			
政府住房基金支出		24589	52560	67990	75145		
国有土地使用权出让相关支出		20751765	36633942	32897462	19237934	30727986	57530919
城市公用事业附加相关支出		71899	83746	84508	94957	96556	61185
国有土地收益基金相关支出		609156	1284944	1026270	799597	907422	1524949
农业土地开发资金相关支出		88818	103298	75652	68111	53519	48250
彩票公益金相关支出		190829	251989	272131	340803	321131	348589
城市基础设施配套费相关支出		166749	222552	258229	331278	357493	345650
车辆通行费相关支出		26634	43996	115386	157722	157993	1622799
其他各项政府性基金相关支出		1844861	2757067	3320452	4348327	-33009316	-61482341
本年支出合计		25668799	43811901	165809	25838181	37560211	65930010

附表 18

2007～2017 年浙江省社会保险基金收支情况

单位：万元

科目	年份	本年收入	上级补助收入	省补助计划单列市收入	下级上解收入	计划单列市上解省收入	本年支出	补助下级支出	上解上级支出	计划单列市上解省支出	按规定核减基金结余	本年收支结余
一、企业职工基本养老保险	2007	3746099	7859		25419		2229043	7859	25419			1517072
	2008	4523968	15825		30755		2761984	15825	30755			1762002
	2009	4792916	28910		38292		3250632	28910	38292			1542284
	2010	5529269	17628		51076	1000	3790134	17628	51076	1000		1739135
	2011	8331480	60000		72042		4791183	60000	72042			3540297
	2012	11443763	64000	0	83729	0	6970499	64000	83729	0	0	4473264
	2013	11884871	78130	0	108977	0	8584585	78130	108977	0	0	3300286
	2014	15569832	264037	0	295131	0	11666573	264037	295131	0	0	3903259
	2015	19113772	407799	0	412737	0	15342771	407799	412737	0	0	3771001
	2016	19760705	39220		411357		17590794	39220	411357			2169911
	2017	24299491	121583		586994		20583791	121583	586994			3715700
二、失业保险基金	2007	288340			15048		82094		15048			206181
	2008	363428	170		18384		100204	170	18384			263289
	2009	439995			21638		177755		21638			262240
	2010	520578			23152	2557	236489		23152	2557		284089
	2011	644738			30407		330983		30407			313755
	2012	875854	0	0	39948	0	411941	0	39948	0	0	463913
	2013	983909	0	0	50518	0	485042	0	50518	0	0	498867
	2014	1146306	0	0	51057	0	553105	0	51057	0	0	593201
	2015	1028850	0	0	49964	0	661429	0	49964	0	0	367421
	2016	937754	0		39544		726503	0	39544			211251
	2017	779059	0		36790		669919	0	36790			109140

续表

科目	年份	本年收入	上级补助收入	省补助计划单列市收入	下级上解收入	计划单列市上解省收入	本年支出	补助下级支出	上解上级支出	计划单列市上解省支出	按规定核减基金结余	本年收支结余
三、城镇职工基本医疗保险	2007	1294627					749519					545108
	2008	1889823					1216736					673087
	2009	2017036					1575890					441146
	2010	2761660			1026		2198232		1026			563428
	2011	3369094	375		9321		2429633	375	9321			939461
	2012	4554659	238	0	13315	0	3130816	0	13315	0	0	1423842
	2013	4953780	1211	0	25549	0	3769396	1211	25549	0	0	1184384
	2014	6081350	564	0	26500	0	4486288	564	26500	0	0	1595061
	2015	6922266	4042	0	32738	0	5086606	4042	32738	0	0	1835660
	2016	7619885	2733	0	44399	0	5722886	2733	44399	0	0	1896999
	2017	9020023	0	0	45724	0	6701619	0	45724	0	0	2318403
四、工伤保险	2007	99881					54075					45806
	2008	141213					87155					54058
	2009	170934					106915					64019
	2010	219752					140777					78975
	2011	278799			139		224985		139			53814
	2012	373132	0	0	735	0	304139	0	735	0	0	68993
	2013	424029	137	0	4281	0	350695	137	4281	0	0	73335
	2014	489648	211	0	6867	0	411257	211	6867	0	0	78391
	2015	576256	341	0	8635	0	439401	341	8635	0	0	136854
	2016	537579	4167		5783		461105	4167	5783			76474
	2017	587500	48		4773		514906	48	4773			72594

续表

科目	年份	本年收入	上级补助收入	省补助计划单列市收入	下级上解收入	计划单列市上解省收入	本年支出	补助下级支出	上解上级支出	计划单列市上解省支出	按规定核减基金结余	本年收支结余
五、生育保险	2007	53642					42158					11484
	2008	77155					59267					17888
	2009	95450					79109					16341
	2010	125423					97901					27522
	2011	161242					121463					39779
	2012	219057	0	0	0	0	174608	0	0	0	0	44449
	2013	252131	0	0	0	0	213435	0	0	0	0	38696
	2014	314533	0	0	0	0	266864	0	0	0	0	47669
	2015	386845	0	0	0	0	297408	0	0	0	0	89436
	2016	377998	0	0	0	0	367376	0	0	0	0	10622
	2017	454593	0	0	0	0	501318	0	0	0	0	−46725
合计	2007	5482589	7859		40418		3156889	7859	40467			2325651
	2008	6995587	15995		49222		4225346	15995	49139			2770324
	2009	7516331	28910		59930		5190301	28910	59930			2326030
	2010	9156682	17628		75254	3557	6463533	17628	75254	3557		2693149
	2011	12785353	60375		111909	3557	7898247	60375	111909			4887106
	2012	41936542	130767	0	336733	3557	26934316	130767	336699	3557	0	15002260
	2013	18498720	79478	0	189325	0	13403153	79478	189325	0	0	5095568
	2014	23601669	264812	0	379555	0	17384087	264812	379555	0	0	6217581
	2015	28027989	412182	0	504074	0	21827615	412182	504074	0	0	6200372
	2016	29233921	46120	0	501083	0	24868664	46120	501083	0	0	4365257
	2017	35140666	121631	0	674281	0	28971553	121631	674281	0	0	6169112

注：为了前后统一，2016 年和 2017 年的城乡居民基本养老保险、机关事业单位基本养老保险、城乡居民基本医疗保险三类数据未纳入表中。

附表 19   2012～2017 年浙江省国有资本经营收支决算总表

单位：万元

预算科目	2012 年	2013 年	2014 年	2015 年	2016 年	2017 年
利润收入	146438	157356	209869	405412	440469	457816
股利，股息收入	8882	8340	24710	23162	26245	27595
产权转让收入	6085	3261	9323	32867	203901	48616
清算收入	4000	9752	128	6622	8284	2956
其他国有资本经营预算收入		11914	11861	32242	64895	118061
本年收入合计	165405	190623	255891	500305	743794	655044
解决历史遗留问题及改革成本支出					41547	22079
国有企业资本金注入					227186	256177
国有企业政策性补贴					33666	13701
金融国有资本经营预算支出					10850	16916
其他国有资本经营预算支出					64115	61883
教育	0	0	498	5158		
科学技术	72	304	309	1182		
文化体育与传媒	338	665	3407	43202		
节能环保	200	0	5811	4007		
城乡社区事务	16634	30616	25999	74191		
农林水事务	134615	5325	6455	12535		
交通运输	66631	50744	34312	88067		
资源勘探信息等事务	15206	78183	57727	88346		
商业服务业等事务		6856	38398	42309		
地震灾后恢复重建支出		120				
其他支出	13044	22624	42194	52238		
本年支出合计	246740	195437	215110	411235	377364	370756

图书在版编目（CIP）数据

迈向现代财政制度：改革开放 40 年浙江财政的改革与
探索／钟晓敏等著．—北京：经济科学出版社，2018.9
ISBN 978 - 7 - 5141 - 9734 - 1

Ⅰ．①迈…　Ⅱ．①钟…　Ⅲ．①地方财政 - 财政改革 -
研究 - 浙江　Ⅳ．①F812.755

中国版本图书馆 CIP 数据核字（2018）第 209555 号

责任编辑：齐伟娜　初少磊　赵　蕾
责任校对：杨晓莹
技术编辑：李　鹏

迈向现代财政制度：
改革开放 40 年浙江财政的改革与探索
钟晓敏　等著
经济科学出版社出版、发行　新华书店经销
社址：北京市海淀区阜成路甲 28 号　邮编：100142
总编部电话：010 - 88191217　发行部电话：010 - 88191540
网址：www.esp.com.cn
电子邮件：esp@esp.com.cn
天猫网店：经济科学出版社旗舰店
网址：http://jjkxcbs.tmall.com
北京季蜂印刷有限公司印装
787 × 1092　16 开　25.75 印张　530000 字
2018 年 10 月第 1 版　2018 年 10 月第 1 次印刷
ISBN 978 - 7 - 5141 - 9734 - 1　定价：85.00 元
（图书出现印装问题，本社负责调换。电话：010 - 88191502）
（版权所有　翻印必究　举报电话：010 - 88191586
电子邮箱：dbts@esp.com.cn）